金融交易学

——一个专业投资者的至深感悟

（第三卷·修订版）

投资家 1973　著

上海财经大学出版社

图书在版编目(CIP)数据

金融交易学:一个专业投资者的至深感悟.第三卷/投资家1973著.
—修订版.—上海:上海财经大学出版社,2022.9
ISBN 978-7-5642-4014-1/F·4014

Ⅰ.①金… Ⅱ.①投… Ⅲ.①金融交易-研究 Ⅳ.①F830.9

中国版本图书馆CIP数据核字(2022)第137685号

□ 责任编辑 陈 佶
□ 封面设计 钱宇辰

金融交易学
——一个专业投资者的至深感悟
(第三卷·修订版)
投资家1973 著

上海财经大学出版社出版发行
(上海市中山北一路369号 邮编200083)
网 址:http://www.sufep.com
电子邮箱:webmaster@sufep.com
全国新华书店经销
上海景条印刷有限公司印刷装订
2022年9月修订版 2022年9月第1次印刷

787mm×1092mm 1/16 24印张 345千字
印数:4 001—8 000 定价:158.00元

Seize the day，boys. Make your lives extraordinary...

We live to be the ruler of life，not a slave.

And not，when we had come to die，discover that we had not lived.

抓紧时间，孩子们。让你的生命不同寻常……

我们活着是为了成为生命的主人，而不是它的奴隶。

以免当我们生命终结，却发现自己从未活过。

目 录

下篇　巅峰对决——大师的手筋

再版序言

今天是《金融交易学(第三卷)》喜迎再版的日子。就在《金融交易学》前两卷出版之后不久,在社会各界支持下,我得以有机会掌管私募基金。在操盘大资金的最近几年,我一边经历金融市场惊涛骇浪的洗礼,一边对书中原有的交易技术和理论体系进行全面检视。现在可以放心地说,没有发现任何大的瑕疵或值得修正的错误。也就是说,站在今天的时间节点上,我认为《金融交易学》的理论框架和技术系统是正确无误的,无须进行任何伤筋动骨的修改和调整。已经购买上一版《金融交易学》的读者,可以放心大胆地学习使用。据了解,在有些社会上举办的股票、期货培训班上,《金融交易学》被用作教材;也有券商和期货公司,以之作为给客户的赠品。这反映的是社会各界对我作品的认可,身为作者我倍感荣幸。

回顾这些年走过的路,我的心中充满谢意。如果没有上海财经大学出版社对此书的出版和读者朋友们的大力支持,我什么都不是。我原本只不过是一粒微尘,浮游在天地之间,靠着各界朋友的帮助才浪得虚名。中国的股票交易员有上亿人,包括专业的和业余的;期货交易员有数百万人,他们直接或间接从事与期货交易相关的工作;外汇交易员也有几十万人。其中既比我聪明也比我勤奋的大有人在,但至今大多数人还只能待在家庭交易员的位置上动弹不得,没有掌管规模资金的机会。还有的交易员一直渴望职业交易,但缺乏足够的资金。我的际遇与其说是靠自身的努力,不如归结为幸运。因此这篇序言,实际上就是给社会各界的感谢信。下面一一列出那些我需要郑重感谢的朋友们的名单,没有他们就没有我的今天。

感谢祖师爷杰西·利维摩尔(Jesse Livermore)给了我从事金融交易

的灵感和勇气。这位天才人物是金融交易领域的奠基人。他的著名传记《股票作手回忆录》(*Reminiscences of a Stock Operator*)和伟大著作《股票大作手操盘术》(*How to Trade in Stocks*)光耀千古,为后人指明了方向,是一切基金经理和专业交易员的必读教科书与案头必备。

感谢天涯论坛,《金融交易学》的前身——连载贴“一个专业投资者的至深感悟(原创修订版)”在天涯被套红置顶,受到众多网友的广泛好评与热烈追捧,奠定了出版基础。所以天涯论坛就是《金融交易学》的摇篮和诞生地。一切都是从这里开始。

感谢四川《金融投资报》的副总编辑陈大禹先生,他让《金融交易学》在《金融投资报》连载数年,扩大了受众面与影响力。我的很多读者都来自《金融投资报》。

感谢上海财经大学出版社总编辑黄磊先生,他慧眼独具,令《金融交易学》得以成书,迅速面世。相信随着时间的流逝与沉淀,《金融交易学》将成为交易界经典之作。

感谢国内期货界知名交易家、畅销书《十年一梦——一个操盘手的自白》的作者青泽先生,他当时抱病为《金融交易学》作序,提携后进的精神令我感念不忘。

感谢上海读者许伟忠、奕瑜、季廷良等几位先生以及王美玲、顾建华、慕离俐、陈黛云、王金榴、朱之光、扬勤、王丽英等几位女士,他们精心筹备、排除万难,于 2012 年 4 月 30 日在江苏饭店组织了全国读者上海见面会。这次成功的会议极大地增进了网友之间的感情与联系。

感谢成都读者张国彬、王世忠、何明昆、杨佩洁、杨云高、徐斌、廖腾荣、廖焰红、何萍、周智凤、兰静、周静萍、袁艳等几位朋友,他们热情饱满、群策群力,于 2013 年 10 月 2 日在八宝酒店组织了全国读者成都见面会。这次会议内容丰富、讨论热烈,令人回味无穷、难以忘怀。

感谢我所有的私募基金合伙人与投资者,在你们的信任与支持的陪伴下,我才得以从事这项充满风险与挑战的事业。有机会为你们服务、与你们一起共进退是我最大的荣幸,为你们控制风险和创造收益是我的责任与使命。我旗下私募基金的大门永远为你们敞开。

感谢上海的奕瑜先生和他率领的200多人的实名团队，将我2011年12月至2013年12月在呱呱网的全部授课内容，共计400多集教学视频整理成图片文字版。这是一项浩大的工程，我将以现在看待市场的视角，对这些宝贵素材进行大幅删减与改写，命名为《从一文不名到财务自由——投资家1973金融交易实战教程》系列，陆续出版面世，以利后人。

感谢三年来到我的办公地点——先是上海浦东，后来搬到上海虹桥西的淀山湖畔——拜访我的几十家机构和个人，你们的惠顾令我动容。感谢我所有的同事，与你们一起工作无比幸运。感谢上海财经大学出版社的再版。在黄磊总编辑的领导下，《金融交易学》第三卷的再版与前两卷的小修小改不同，这次属于逐字逐句修订，是大修大改，相当于重新出版。上海财经大学出版社编辑陈佶审稿全书。

最后感谢全体读者和我所有的学生，你们的陪伴令我人生丰满，不虚此行。

投资家1973

2022年5月1日

无知者无畏

（作者序）

2013～2017年，写作过程长达5载，《金融交易学》第三卷终告完成。想必各位读者已经知道，《金融交易学》前两卷目前已经被视为交易界的经典，不少机构以之作为培训的教材，一些证券公司和期货公司也买来作为赠送客户的礼品，在淘宝网上甚至一度被炒到了300～400元/册的价位。之所以如此，是因为作为一套金融交易教科书，它们泄露了太多的商业机密，这次出版的第三卷也不例外。掐指算来，从2008年至今，为了给后人留下这套金融交易教科书，我从36岁写到45岁，已经写了10年。我把一生精力最旺盛的时期都用在这件工作上，诚所谓“字字看来皆是泪，十年辛苦不寻常”。

值此《金融交易学》第三卷定稿之际，日历已经翻到了2018年，我的金融交易生涯也将迈入第22个年头。回首来时路，我的感受是：匪夷所思、不可思议。很多事情我只是凭一股毅力一路做下去，当初并不知道结果是什么。现在所有问题都得到了解决，才恍然发觉：一切都是最好的安排。在吃了那么多苦、遭了那么多罪之后，你若问：后悔吗？我的回答是：不后悔。倘若时光倒流，我可能还是会不可避免地受到金融交易的吸引；但是如果早知道我会在这条道路上一摸20余年，需要付出那样大的代价，很多事情恐怕都未必有勇气去做了。下面这篇在微信朋友圈流传的鸡汤小文，也许最能说明我的心情。

1796年的一天，德国哥廷根大学，一个19岁的青年吃完晚饭，开始做导师每天布置给他的三道数学题。前两道题顺利完成了。第三道题写在一张纸条上，是要求只用圆规和一把没有刻度的直尺做出正17边形。

青年像做前两道题一样开始做起来。

但是，随着时间一分一秒过去，第三道题竟然毫无进展。困难激起了青年的斗志：我一定要把它做出来！他拿起圆规和直尺，在纸上画着，尝试着用一些超常规的思路去解这道题……终于，当窗口露出一丝曙光时，青年长舒了一口气，他终于做出了这道难题！

见到导师时，他对导师说：“您给我布置的第三道题我做了整整一个通宵……”导师接过青年的作业一看，当即惊呆了。他用颤抖的声音对青年说：“这真是你自己做出来的？”青年回答道：“当然，但是，我很笨，竟然花了整整一个通宵才做出来。”

导师请青年坐下，叫他当面做一个正 17 边形。青年很快做了出来。导师激动地对青年说：“你知不知道，你解开了一道有两千多年历史的数学悬案？阿基米德没有解出来，牛顿也没有解出来，你竟然一个晚上就解出来了！你真是天才！我最近正在研究这道难题，昨天给你布置题目时，不小心把写有这道题目的纸条夹在了给你的题目里。”

多年以后，每当这个青年回忆起这一幕时，总是说：“如果有人告诉我，这是一道有两千多年历史的数学难题，我不可能在一个晚上解决它。”这个青年就是享有“数学王子”之誉的卡尔·弗里德里希·高斯(Carl Friedrich Gauss)。有些事情，在不清楚它到底有多难时，我们往往能够做得更好，这就是人们常说的“无知者无畏”。

扪心自问，我缺乏“数学王子”高斯那样的智商。他一道题解了一个通宵，而我一道题解了 20 多年，熬了无数个通宵！假如时光能够倒流，会发生些什么呢？

假如时光倒流到 4 年前，我没有勇气开发“黑马集中营”选股程序；

假如时光倒流到 5 年前，我没有勇气撰写《金融交易学》第三卷；

假如时光倒流到 6 年前，我没有勇气成立私募基金；

假如时光倒流到 7 年前，我没有勇气在网上免费授课两年；

假如时光倒流到 8 年前，我没有勇气撰写《金融交易学》第二卷；

假如时光倒流到 9 年前，我没有勇气为《金融投资报》写四年专栏；

假如时光倒流到10年前，我没有勇气撰写《金融交易学》第一卷；

……

假如时光倒流到20年前，我没有勇气进入金融市场，选择交易这条路。

但是所有这一切事，我全都做了，仅仅因为当时这些工作需要有人做；而我不知道它们有那么难，所以坚持下来了，而且有些事情能做成功纯属偶然。像“黑马集中营”选股程序，那么庞大复杂的结构是在编写的过程中逐步完善的。现在那些密密麻麻的代码看起来就头疼，想进入状态谈何容易？现在哪怕是要做一点小小的修改，都得坐在电脑前发呆一整天才能进入状态，然后才能开始对它“动手术”，就像给一名病人做手术那样小心翼翼。

在经过这么多年内外盘、股期汇全方位的操盘实战之后，我对金融交易形成了自己独特的理解和体会。这些理解和体会非常复杂、一言难尽，简单概括来说就是：**如果不能形成正确的交易模式，则永无出头之日；如果不把防守放在第一位，则所有的胜利都将没有任何意义**。那些喜欢重仓豪赌又是在非临界点进场、仓位控制和风险管理粗放型的交易者，他们99次成功操作所创造的利润，经不住一次失败所造成的打击。

那些恬不知耻地到处鼓吹自己“一年N倍”的重仓交易者，却根本没本事将资金曲线的回撤控制在清盘线以内。他们宣称对这件事无能为力，而且他们“讨厌”清盘线的约束，主张不设清盘线。但是究竟有哪一个投资者会把钱交给一名不知死活的基金经理，任由他无止境地亏损下去呢？

交易就像驾车，车速快、惯性就大，刹车必然困难，安全与速度到底哪一样更重要？同理，高速盈利也必然伴随着巨幅回撤。那些习惯于重仓蛮干的原始交易员、本能交易员或流氓交易员，他们一天的回撤就能高达20个百分点，不触发清盘线简直难如登天；而让他们放弃重仓陋习，比戒毒还难。对投资者来说，这些人的威胁就和那些经常闯祸的“马路杀手”们一样大——一个账户交到他们手上，多则数月，少则数天，很快会触发清盘线。这种故事一再重复，就像一个无法走出的怪圈。而我，意在破除怪圈，走向持续盈利。

趋势跟踪是在金融市场上盈利的根本途径和基本方法。趋势跟踪必须强调胜算，尽量减少止损的次数；在资金管理方面，应该从轻仓入手，以控制单笔止损的金额。相对重仓也不是不可以，但那是在浮盈保护下滚动加码的结果，不是一出手就重仓。比如我在期货市场上，如果趋势比较流畅，通常两三周之内就能盈利 20%，并且可以一再重复，显然不单是“轻仓长线”那么简单。事实上，我的杠杆是动态调整的，概而言之，就是**“分散持仓，分批进场；先锋不赢，后续不进；宏微结合，知变应变；赢扩输缩，波段兑现”**这四句口诀。

所谓“重仓者必死”，不仅是指重仓者会因为逆势而死在流畅的趋势行情里，或者虽然属于顺大势的一方，但因为重仓而在凌厉的回撤行情里爆仓——更多的时候，是死在漫无边际、长达数月的无趋势行情里！后者才是金融市场上可怕的黑洞，那种煎熬和绝望堪称暗无天日，无数背负沉重盈利压力的交易者如热锅上的蚂蚁一般焦灼不安。遇到这种复杂难做的行情，重仓者的生死往往就在一念之间：谁先失去耐心和理性冲出阵地，谁先阵亡！

市场行情可分为趋势行情与非趋势行情，非趋势行情不能交易；趋势行情又可分为强可跟踪性趋势、弱可跟踪性趋势与不可跟踪性趋势，堪称极为复杂。不可跟踪性趋势就是虽然价格重心在上移或下移，但往往伴随着剧烈的反扑，因而不可跟踪；弱可跟踪性趋势就是通常所说的“震荡盘升”或“震荡盘跌”，虽然是趋势但涨跌速度慢，跟踪起来很辛苦；强可跟踪性趋势是指趋势的运行简洁流畅，临界点清晰可辨认，因而具备最高的交易价值。

有些时候，长线看涨（或看跌）也许没错，但它可以直接涨上去（或跌下来），也可以在行情正式发动之前先回撤一次——那样恐怕又会踩死一批人。所以在复杂诡异的局面下，必须强调趋势是否已经确立，动态调整仓位。合格的交易员，必须做到当趋势展开时不掉队；当行情发动失败时不能受重伤，最多只能受点皮外伤。交易员就像章鱼，必须知道什么时候爪子要伸出去，什么时候又得缩回来。章鱼的爪子何时伸缩，取决于它敏锐的触觉。

用交易界的语言来讲，所谓“赢扩”，就是当浮盈稳定增长的时候在临界点果断加码，变小头寸为大头寸，变少头寸为多头寸。所谓“输缩”，就是当浮盈增长遇阻或一开始就亏损时，变大头寸为小头寸，变多头寸为少头寸。赢扩输缩的结果，是确保浮盈大小与持仓市值相匹配，从而让账户风险得到控制。

一般而言，对股票交易来说，总的浮盈不得小于持仓市值的3%（期货是1%），否则就要减仓，而不是继续加码或开新仓。因此，成熟的交易员总是密切关注浮盈的增减变化，以此作为判断行情发展是否正常的依据。这种资金管理策略也体现了交易的客观性：即浮盈出现意味着交易初步正确，浮盈稳定增长意味着交易正确的证据在增加，同时有了加码的理由和对抗回撤的资本。浮盈增长遇阻说明趋势发展遇阻或市场出了问题，后续部队继续进场的理由消失……这就是交易的客观性原则。普通散户没有20年的功力，特别是欠缺掌握大资金的历练，要天然地掌握正确的交易系统，同时又搞明白这一套资金管理策略是不可能的。

成功交易员跟能征惯战的将帅带兵打仗很像。资金就像士兵，因为只有极少数人适合做将帅，所以绝大多数人做不好交易。交易需要每时每刻做决定，这对普通人来说是极大的痛苦。相对于做决定，人们更希望你直接告诉他们应该怎么做，他们喜欢执行指令甚于自己决策。现实生活中如果遇到一时看不清形势的问题，你大可以推迟做决定，待过去一段时间之后，解决问题的答案自会浮现。但是金融交易却经常要求你立即做决定：进场还是不进场？持有多大的头寸？已经持有的头寸加码还是减码、持有还是清除？这些问题全都令人头疼，是痛苦的源泉。总之，交易要求交易者直面问题和解决问题，判断和决策快速化并且高质量化，这和普通人判断质量低下并且不敢承担责任的本性是背道而驰的。

金融交易高度的挑战性导致一般交易者在交易过程中会面临巨大的心理冲突，而且就算一个人心理素质强大并且天然地具备快速决策能力也照样无用：因为他们没掌握正确的交易系统，不知道正确的做法。其直接后果是这些胆大心粗的交易者比那些在交易中存在巨大心理冲突的人所造成的亏损还要严重。总之，交易是系统工程，谨小慎微和粗枝大叶的人都不能成功。太在乎钱的人不会成功，不拿钱当钱的人也不会成功，只有兼顾大局与细节的人才能盈利。你要有原则，但又不能太固执；你要能变通，但又必须遵循系统、进退有据。有些人既不想学习，说是洗脑；又不想投资，说是骗钱；还不能坚持，什么都想免费，但是又想赚钱。对他们来说，最好就是拿上一根打狗棒，出门带个碗沿街乞讨就行了。

投资家 1973

2018 年 1 月 1 日

上篇　登峰之路

——系统化交易

金融交易的本质方法，就是在有限风险的条件约束下，从不确定中寻找确定性。养成“只在趋势行情里才持仓”的习惯，学会“只在明显的趋势行情里下注”，力争“把所有操作都局限在明显的趋势行情里”，是成熟交易者的基本操守。

——投资家 1973

第一章　无畏的人生

第一节　安全、明白、可复制地赚钱

金融市场是快速吞噬金钱的怪兽，任何一笔交易都可能亏钱。交易者来到这里，必须同时做好如下四件事才能赢钱：

第一，必须有意识地节制交易频次、近乎挑剔地过滤交易信号——交易频次太高不行，太低也不行。无论是谁，交易质量总是与交易频次成反比。而过低的交易频次，意味着你已经错失了不少机会。必须有一套理论高明、实践高效的交易系统，一劳永逸地解决问题。

第二，尽可能在胜算较高的条件下进场——太早不行，太晚也不行。你必须在一个叫作“临界点”的位置，恰到好处地介入。这个位置视生处高、易守难攻，能快速脱离成本区，取得浮盈保护；或者，这个位置刚刚发生过回撤，短期内不太容易再次回撤。

第三，潜在的损失不但是明确量化的，而且必须是你能承担得起的——太大不行，太小也不行。过大的损失你无法承受，过小又太容易发生。

第四，你不仅要知道亏损时出场的条件或位置，还必须知道盈利时该如何出场——太早不行，太晚也不行。只有当你的操作节奏与市场的实际运行节奏大致合拍才行。

以上四条全部具足方可交易。如若不然，趁早打住。

在交易这行，很多人都说不存在唯一正确的盈利模式，即所谓“条条大路通罗马”。但我恰恰认为“自古华山一条道”，即正确并且可复制的盈利模式有且仅有一种。其他的盈利模式要么是错误的——那些做法违背金融交易的基本原理；要么不可复制、不可传授，或与直接在市场上交易赚钱无关——例如巴菲特。古往今来，真正在二级市场上赚钱的盖棺定论的大赢家，通常都是趋势交易者，而且是宏观趋势交易者占据了绝对多数，这绝非偶然。有一种说法叫“趋势如山”，意思是趋势像山岳一样不可撼动，并且周而复始、恒常出现。

既然如此，趋势跟踪理应就是在交易市场上获利的不二法门。但真实的市场生态较为复杂。因为除了交易员，金融市场还养活了一大群人。他们的盈利模式形形色色、各不相同，并不值得奇怪。比如在喊价时代的芝加哥期货交易所，场内经纪人依靠一种叫作“剥头皮”的短线交易过活。很少有人注意到，欧美地区所谓的“剥头皮者”和港台地区所谓的“帽客”，以及中国内地所谓的“黄牛党”即票贩子在英文里是同一个词——scalper，都是指通过赚取短差获利者。但是这些人之所得仅限于糊口，难以从中诞生出伟大的交易家。

一些外汇经纪商依靠点差和滑点过活。证券公司和期货公司依靠佣金过活，数额可能还很巨大。但是这些业务与金融交易，即直接在二级市场上买卖股票、期货、外汇、债券和期权无关。此外，还存在一些对散户来说可能闻所未闻的盈利模式，比如所谓的“价差套利”，实际上就是通过赌合约之间的价差缩小来赚钱。此外还有所谓的“期现套利”，就是当期现价差有利可图时，真的拉几车黄豆或螺纹钢去交割。再比如一些粮食类期货小品种，长期被“盘霸”控制，他们打着“稳定粮价”的旗号，靠高抛低吸、多空通吃来过活。其他还有 A 股市场上的 IPO 网上、网下配售，定向增发……显然，这些都与在二级市场上赚钱关系不大。意欲在金融市场上崛起的年轻人，还是将这些“盈利模式”忘干净为好。

我将要通过本书传授的盈利模式，简单来说就是“投机＋单边”，即不参与交割或行权的方向性交易。在金融市场上摸爬滚打了 25 年，在“玩耍”过股票、期货、外汇、国债、期权……在掌管过大资金，分别操作过内盘（指中国内地）与外盘（指欧美国家）市场之后，我想指出的是：金融交易的本质是对未来下注，而未来是不确定的，这就是风险之所在。金融交易的模式、方法说一千道一万，归根结底绕不过一道坎儿：猜测未来市场价格大幅波动的方向，并对此布局和下注。因此，谁对未来市场价格波动方向的研判能力强，谁就具备了成为赢家的基础。否认这一点，则不足以与之谈论金融交易之道。

当然，真正赢钱并不简单。交易者仅仅知道应该“买卖什么”“何时进场”这些重大课题的答案还不够，还必须知道应该“买卖多少”与“何时出场”。这两大课题得不到解决，资金曲线必定大起大落，风险无法控制。基金经理也会因为触发清盘线而惨遭淘汰。诚然，金融交易是系统工程，其六大法则——顺势、待机、控仓、止损、持盈、止盈，只要有一个环节没做到或做得不好，就赚不到钱或赚不到大钱。单是拥有正确的技术系统这一项——这意味着交易者有足够的智慧洞察市场的运行规律并予以高度提炼——就会轻易耗费掉交易者 20 年、30 年乃至一生的时间，更毋论还有资金管理、自我管理等课题需要解决。

我有足够的理由相信，金融市场如同危机四伏的原始森林，年轻后学凭借一己之力极难走出。交易者不要迷信“庄家”“机构”，以为他们有什么神秘的妙方，能够玩弄“对冲”“套利”于股掌之间。如果说这个世界上真的存在什么“无风险”或“低风险”利润的话，那就是银行利息。问题在于，你对这种“利润”是否感兴趣？如果满足于此，还来参与市场交易干什么？既然从事金融交易，就是冲着超额利润来的（注意：20％～100％的年化收益率为“超额利润”，更高的不是；刻意追求“一年 N 倍”是自寻死路，无药可救）。这个不承担风险，那个不承担风险，风险让谁承担了？简言之，风险让无知者承担了。无知者包括个人，也包括大量机构，尤其是那些喜欢把“对冲”“套利”挂在嘴边夸夸其谈的机构。

其实，对真正的行家来说，所谓“对冲”“套利”不过就是旁门左道而已，“投机＋单边”才是光明大道。换言之，不懂交易的人才会大谈特谈“对冲”和“套利”，真懂交易的人不会很看重这些。道理很简单：真有本事看清后市的发展方向，又有控仓、止损等防守措施作后盾，还搞“对冲”“套利”干什么？所谓“对冲”，不就是一个口袋进钱、一个口袋出钱，或一根水管进水、一根水管出水吗？以股指期货空单对冲股票现货为例，不等市值对冲没有意义，等市值对冲只是锁定利润而已，但同时也剥夺了现货头寸继续盈利的能力。

要想恢复现货头寸的盈利能力，还必须“解锁”；而一旦“解锁”，就意味着在股指期货空单上已经兑现了一大笔亏损，严重侵蚀了现货头寸之前所创造的利润。这样的事情如果多干几次，试问现货头寸所创造的利润是否所剩无几？早知如此，还不如把现货头寸直接平仓了事。显然，只有当持有的现货头寸规模太大，又突然遭遇系统性风险来不及卖出时，对冲才有意义。但是话说回来，什么叫“突然遭遇系统性风险来不及卖出”？难道基金经理是吃干饭的吗？可见，无论怎么解释，对冲都是笨人才干的事，行家绝对不屑为之。以认沽期权对冲股票现货的蠢笨之处与此同理。当然，股票被质押、冻结或丧失流动性的情况除外。

在金融交易的世界里，危害最大的莫过于“有奶就是娘”的思维方式。例如一个新手可能认为：凡是赚钱的交易必定是正确的交易，亏钱则是错误的交易。或者，凡是赚到钱的人必定是“高手”，其看法和做法总是正确的，于是一心仰慕“高手”，想方设法地亲近、仿效“高手”。但是，“高手”赚到钱是一回事，如何赚到的却未必经得起深究。人们往往只看到利润——有些传说中的利润只不过是一些无从考证的神话——却对他的做法是否违背金融交易的基本原理，也就是他在盈利的同时究竟冒了多大的风险难得其详。

虽然多数正确的交易是赚钱的，并且多数赚钱的交易也是正确的，但“正确的交易”与“赚钱的交易”并不等价。因为有些交易虽然赚钱了，方法却是错误的，因而不足为训；有些交易虽然亏钱了，但依然是正确的，因为遵循的是正确的系统信号与交易规则。虽然从结果上看是亏钱的，但当时如果不那么做反而是错误的。所谓“盈亏同源”，是说交易者进出场的规则要一致，要有能力区分哪些是规则内的、正常的亏损，哪些是规则外的、不应该发生的亏损。图 1－1 与图 1－2 可以帮助大家理解“正确的交易”与“赚钱的交易”，以及“懂交易的人”与“赚到钱的人”的区别和联系。

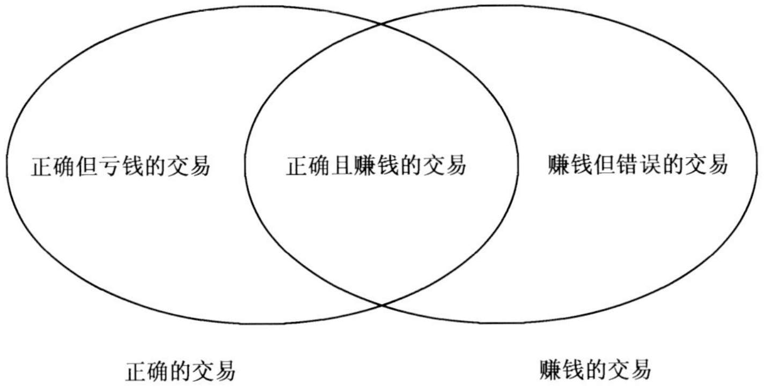

图 1－1 “正确的交易”与“赚钱的交易”

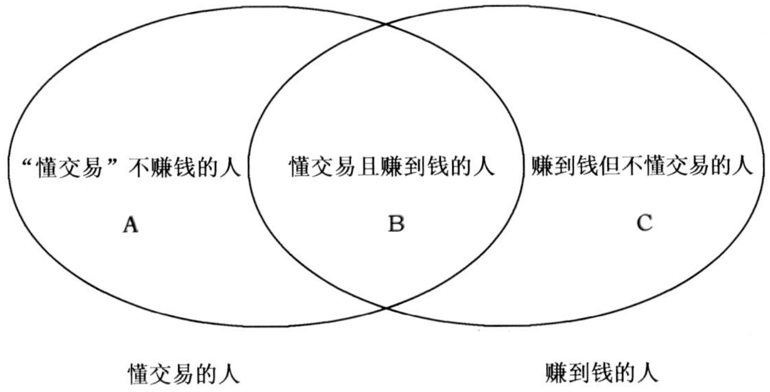

图 1－2 “懂交易的人”与“赚到钱的人”

在图 1－1 中，左边的集合是“正确的交易”，右边的集合是“赚钱的交易”，二者存在交集，但并不重合。在图 1－2 中，左边的集合是“懂交易的人”，右边的集合是“赚到钱的人”，二者存在交集，但也不重合。市场上有一些真正懂得交易并且能够持续盈利的人，虽是极少数，但他们客观存在。还有些人，虽然“懂交易”却还不能盈利——尽管精研交易之道多年，但在技术系统、资金管理或自我管理方面存在盲区，眼下依然处于亏损状态；但只要有明白人指点并且勇于虚心改进，就有扭亏为盈的希望。

另有一些福报大、偏财旺的人，非唯投机，干任何一行都是钱来毫不费工夫。这类人社会影响大却没有任何学习价值。除极个别有自知之明的以外，大部分人误以为自己懂交易。但实际上除非赔光一切，否则永远不可能真正搞懂。有些在市场上赚过钱的人四处演讲，甚至著书立说。但恐怕连他们自己都没意识到，他们赚钱的原因与他们所认为的毫不相干。

聪明的读者也许已经猜到，大众眼中声名显赫的交易专家，实际上未必真懂交易。用《海龟交易法则》里面的话来说，他们可能只是一些“交了好运的平庸之辈”而已。听起来简直难以置信！那么他们到底靠什么赚钱呢？如果说他们依靠“稀里糊涂”四个字赚钱，你是否相信呢？比如，他们在交易中可能从来不控制风险，反而一直顺风顺水，什么“坏事”也没有发生。你来仿效一下试试看？恐怕一次就足以致命。又如，他们一旦被深套，就硬扛到底加死码，最后死里逃生反败为胜，甚至一战成名。你下次也这样做试试看？只怕立即就会身陷巨大的麻烦，甚至堕入万劫不复的深渊。

新手们一直认为是天经地义的一个事实——年度收益率越高，则交易能力越强，交易能力与年度收益率成正比，是大错特错的。注意“年度”不重要，“年化”才重要。真正成熟的交易家会放弃对过高的年度收益率的追求，他们的年度收益率一般介于 20%～120%，以年化 20%～30%最为常见——反而转向求稳。在他们的思想意识里，对风险的管控高于一切，对回撤的限制必须精细化。因此慢就是稳，稳就是准，准才是快。成熟交易家这种似乎并不特别突出的交易业绩，与动辄年赚数倍甚至十几倍、几十倍的期货大赛冠军相比，看起来更像是“二流货色”——如果他们真的参赛，这就是最有可能的结果。

但是，相信我，那些所谓“一年 N 倍”的奇迹，不过是业余散户的玩法。对于通常规定亏损达到 10%～20%就得清盘解散的大型基金的操盘者而言，究竟又有多大的回旋余地呢？就算有天大的本事，敢不小心翼翼、如临深渊、如履薄冰？反观那些年赚数倍乃至十几倍的“超人”们，往往却像流星划过天际，一夜之间赔掉几乎所有的交易资本，灰头土脸地告别金融市场。为什么这样的悲剧一再上演？道理很简单：市场的波动幅度并没有那么大！就一波中级行情而言，内盘期货市场无论涨跌，其幅度通常也就 20%左右而已。就算是波幅较大的欧美期货市场，也很难超过

50%。那么“超人”们一轮行情下来高达几倍、十几倍的收益从何而来呢？无他，高杠杆重仓豪赌罢了。

喜欢走夜路，容易遇见鬼；常在河边走，最终湿了鞋。仅此而已。对于不喜欢约束自己的期货狂人来说，灰飞烟灭是其必然结局。从来就没有什么天之骄子，风险面前人人平等。就如我的朋友赵文宇先生（冷眼看客）在他的著名小说《大圈——北美华人黑帮战争》中所描述的那样：“你知道期货市场有名的汉克·卡费罗、贝托·斯坦、迈克·豪斯吗？汉克·卡费罗是美国证券史上最有名的资深分析师，曾创下连续 22 个月盈利不亏损的纪录；贝托·斯坦曾是在华尔街创下一单赚取 10 亿美元纪录的人；而迈克·豪斯则七年雄踞华尔街富豪榜第一。但你知道他们的结局吗？汉克·卡费罗死时身上只有 5 美元，贝托·斯坦被几百名愤怒的客户控告诈骗而入狱 10 年，出狱后一文不名。而迈克·豪斯更惨，他在 45 岁前就破产多次了。”

这些人都有一个共同点，就是 99 次成功积累的金钱却没能经受住 1 次失败打击所造成的损失。或者，1 次失败就足以将他们打回 10 年、20 年前，甚或不如。这些在金融市场中曾经取得过辉煌战绩的人为何会晚节不保呢？因为他们被胜利冲昏了头脑，以为自己无所不能，脑子里的那根叫作“风险控制”的弦松懈了。或者从一开始，他们压根就没有认识到控制风险——节制交易频次、控制仓位和执行止损——的必要性。

怎样才能算得上是“真懂交易”，从而做到安全、明白、可复制地赚钱呢？真懂交易，意味着仅对自己的交易逻辑和盈利模式自圆其说尚且不够，其所言说还必须符合金融交易的基本原理。比如强调胜算，强调大概率事件。比如控制风险，限制损失；截断亏损，扩张利润。比如既强调进攻能力，又强调防守能力，主张攻守兼备。比如使用正期望值的交易系统，交易体系无明显漏洞或重大安全隐患。比如交易体系以稳健性为基础推导出可持续性，以可复制性为基础推导出可传授性……特别是最后一条，事关年轻后进的福祉。如果一种交易体系不能被复制和传授，无论其曾经创造过多少神话，对后人来说又与浮云何异？

趋势何时开始、何时结束，成熟的交易者要看得清楚、说得明白。一般而言，尽管有时对于行情性质的判断存在一个逐步确认的过程，但赢家们的内心始终是亮堂的、不迷糊的。他们总能及时地知道市场在干什么？将来最有可能干什么？涨、跌、横的概率各有多大？与此同时，他们也清楚地知道自己在干什么。一般来说，盈利跟着市场走，能赚多少事先只能估计个大概；但如果交易失败，会亏掉多少事先不但知道，而且一定要是能够承担得起的损失。市场赢家心里对于钱是怎么赢来的，清清楚楚；输又是为何输掉的，明明白白。而输家们，无论盈亏都是稀里糊涂，并且感到忐忑不安，因为他们不知道是否还能重复赢钱的经历，也不知道这次的亏损下次能否避免。这就是赢家与输家的分野。

第二节　“解码”巴菲特

我知道只要谈到交易或者说“投资”，就无法绕开巴菲特。如果不对他“解码”，我们的话题将无法进行下去。中国股民通常以为巴菲特是和我们一样的二级市场操作者，这是极大的误会。事实上，巴菲特并不是通过在二级市场上直接交易股票获利的，他干的是与我们完全不同，因而也无法仿效的事。他所缔造的传奇，明智的做法是作为一个孤立的特例来对待，而不是试图学习和复制。关于巴菲特到底是怎样投资的，我想着重说明以下几件事：

第一，巴菲特拥有多元化的投资策略，远比传说中的“买入-持有”型价值投资要来得更加复杂。他真正的主业首先是保险，其次是实业并购，股票投资只能排在最后。他旗下的伯克希尔·哈撒韦（Berkshire Hathaway）公司是一家以保险为主业的多元化投资集团。如今规模超过700亿美元、性质类似于无息贷款的巨额保费收入，使巴菲特在实施大宗企业并购和超长投资计划时完全无须负债。明了这些，是讲述巴菲特一切投资故事的前提。

从1972年以2 500万美元收购喜诗糖果（See’s Candies）开始，伯克希尔先后将美国伯灵顿北方圣太菲铁路运输公司（BNSF，并购金额高达

340 亿美元)、以色列伊斯卡刀具公司(Iscar)、化工巨头美国路博润公司(Lubrizo)、芝加哥普利兹克家族旗下工业集团(Marmon)、中美能源控股公司(MidAmerican Energy Holdings Company)等优质企业收归旗下。2011 年,并购交易创造的盈利超过 90 亿美元。巴菲特曾经说过:“仅仅固守一种特定的投资类型或投资风格,投资者不可能获得超常的利润。”明白了这句话,读者将不难理解巴菲特所做的如下有别于“价值投资”的投资:套利、债券、期货甚至外汇买卖。例如,巴菲特在 1994～1995 年曾持有 4 570 万桶的石油合约,在 1997 年购买过 1. 112 亿盎司的白银和 46 亿美元的美国长期零息债券,并于 2002 年涉足外汇市场。2012 年一季度,伯克希尔还曾持有固定债券 316. 98 亿美元,其中包括德、英、加、澳、荷五国 AA 级以上债券 109. 9 亿美元。

第二,从伯克希尔历年持股变动情况看,巴菲特投资的股票多数是阶段性持有——例如 2000～2007 年阶段性持有中石油 H 股;只有极少数股票是长期持有——例如可口可乐、宝洁、富国银行和美国运通等优质企业。以可口可乐为例,巴菲特于 1988 年买入 5. 925 4 亿美元,1994 年增持至 12. 99 亿美元。1994 年的持股数量是 1 亿股,1996 年拆细为 2 亿股,2012 年拆细为 4 亿股。1988～2012 年,美国股市几经兴衰,可口可乐股价也如过山车般大起大落,但巴菲特一直坚定持有。截至 2013 年底,可口可乐的股价约为 40 美元,巴菲特的持仓市值高达 160 亿美元(不算 24 年来所收到的丰厚红利,相对于 1994 年投入的原始成本 13 亿美元,累计增值 12. 3 倍),仍然为其第二大重仓股。

然而伟人终究是人,在长期持股遭遇挫折时也有后悔的时候。1998 年 7 月至 2006 年 7 月,可口可乐的股价从 80 美元反复下挫至 40 美元。8 年没涨反而下跌 50%的表现令人沮丧。早在 2003 年年报中,巴菲特就承认:“在股市大泡沫期间,我没有卖出一些重仓股,确实是犯了一个大错误。”但是,巴菲特也曾说过,如果连他这个第一大股东都选择卖出的话,市场各方会因为失去信心而更加疯狂地抛售。这也是他减持股票时需要顾忌的地方。

第三,巴菲特的股票绝大部分不是通过二级市场买的,而卖的时候却绝大部分是通过二级市场卖的。也就是说，广大二级市场上的投资者，只不过是巴菲特出货时的接盘者而已。更令人“气愤”的是，巴菲特通常所买的那些东西甚至不能称之为“股票”，而是一些带有固定回报、有时可以转换为普通股套现的“优先股”和认股权证。

“股神”进场的时机也与众不同。他不会在牛市的亢奋期进场，而往往会在危机和恐慌席卷市场时进场——已有的案例显示，巴菲特对于进场时机的选择并不以精确见长——他经常太早进场。例如 2008 年 9 月 23 日，当金融海啸袭来的时候，巴菲特与深陷危机的高盛达成协议，出资 50 亿美元购入高盛股息为 10%的永久性(即不可转换)优先股，高盛有权在任何时间回购上述优先股，但须支付 10%的溢价。此外，伯克希尔·哈撒韦公司获得了有权在 5 年行权期内的任意时间、以 115 美元/股的行权价(当时股价为 125 美元/股)购买高盛 50 亿美元普通股(折合 4 348 万股，行权后会占高盛总股本的 9%)的认股权证。

但两个月之后，高盛的股价一度跌破 50 美元。巴菲特 115 美元的行权价显然定高了。2008 年 10 月 1 日，巴菲特对面临破产威胁的通用电气出手相救，购买后者 30 亿美元、年息为 10%的永续优先股(通用电气 3 年后可溢价 10%赎回)，并以 22.25 美元的行权价(当时股价为 24.5 美元)获得 30 亿美元普通股的认股权证，有效期 5 年。但是 2009 年 3 月通用电气的股价却一度跌破 6 美元。对此，巴菲特懊悔地说，如果等到 2009 年 3 月市场触底时才动用他的现金，他就会大赚一票了。

第四，“股神”在金融危机期间的股票投资并非如人们所想象的那样都是十拿九稳的，是价值投资理念支配下的高安全边际的抄底行为。恰恰相反，他的这些投资事实上是一种赌博，当时赌的仅仅是标的公司“不会破产”，以及美国经济“不会破产”，而不能奢望别的什么。尽管巴菲特通过“高固定利息优先股＋认股权证”的安排已经使自己置身于股票市场的巨幅波动之外，但是这些投资依然面临巨大风险。因为一旦标的公司真的破产，就算优先股的清偿权优先于普通股，他投入的钱照样会遭受严重损失。就拿对高盛的投资来说，巴菲特也表示，如果国会不能通过救助计划，所有的赌注都将血本无归，他在危机期间对高盛的投资以及所有其他投资均将被扼杀。

此外,巴菲特还做过其他一些看起来“赌味十足”的交易。例如,伯克希尔公司曾卖出48.5亿美元的看跌指数期权。根据该合约,如果2019年后的某个特定日期,包括标准普尔在内的四大市场指数低于对赌双方签约时的点数,伯克希尔公司将要赔付370亿美元。2008年9月30日,伯克希尔公司已因指数连续四个季度下跌而计提67.3亿美元的损失准备。不过话说回来,几十亿乃至数百亿美元的赌注对普通人来说虽是天文数字,但相对于伯克希尔高达2 800亿美元的资产规模,所占的比例很低,所以巴菲特依然是稳健的。何况,他在美国政商两界拥有几无瑕疵的卓越信誉和无与伦比的人脉关系,称得上是一位手眼通天的人物。当金融危机爆发的时候,哪家企业会破产,哪家不会,他心明如镜。2008年,美国大批知名的巨无霸企业受危机冲击同时陷入风雨飘摇之困境,他出手“救助”的是高盛、通用电气,而不是最终破产的贝尔斯登和雷曼兄弟,难道不值得深思吗?

投资只不过是胜算大小的游戏。世界上没有什么事可以绝对预定。这一点对巴菲特来说也不例外。在他漫长的职业生涯中,最险象环生的一笔交易是1987年针对华尔街第五大投行所罗门兄弟公司的“救助”行动。虽然这一经典案例至今还被津津乐道,但实际上无论过程还是结果,都远非人们所认为的那样美好。1987年9月28日,巴菲特出资7亿美元购买了急需现金的所罗门兄弟公司股息为9%的可转换优先股。又是“可转换优先股”,这个名词是否有点眼熟?原来巴菲特早在1987年甚至更早就开始玩这套把戏了。可转换优先股有何优点?很简单,巴菲特是在赌所罗门兄弟公司“不会破产”。因为只要不破产,哪怕所罗门兄弟公司经营得很差,他的投资也不会受任何影响。就算破产,优先股的清偿次序也在普通股之前。而如果所罗门兄弟公司将来经营状况良好,他的优先股还能转换为普通股,享受超额利润。因此巴菲特把这种优先股称为“带彩票的国债”。

1987年9月的美国股市极度低迷、危机四伏,不少公司包括所罗门面临巨大的麻烦。在其生死存亡的关口,巴菲特却伸出“仁慈之手”,逼迫对方支付高达9%的年息，以换取所罗门兄弟公司渡过难关所必需的现金！对此，巴菲特自鸣得意地说："我的出价总是让对手没有还价的余地。"然而，这笔投资的后续发展态势却急转直下。1987年10月19日，"黑色星期一"，美国股市发生了震惊世界的股灾。道琼斯指数单日暴跌22%，导致大批企业尤其是金融机构和无数投资者破产。"债券大王"所罗门兄弟公司也遭受重创。1991年8月，所罗门兄弟公司又因爆出在国债投标中作弊的丑闻而遭受致命打击，股价从36美元一路暴跌至20美元，被政府强制申请破产保护。危难之际，巴菲特以1美元的薪酬出任董事长，对公司管理体系进行大刀阔斧的改革，与政府部门进行多轮磋商，最终支付1亿美元罚金和1.9亿美元调解费，保住了所罗门兄弟公司的国债承销资格。财政部也于1992年取消了对所罗门兄弟公司的制裁措施。

这一段经历不仅保住了巴菲特在所罗门兄弟公司的投资，而且被传为美谈。但个中艰辛，则恐怕不足为外人道也。回忆往事，巴菲特称这段历史"一点儿也不好玩"。1993年后，巴菲特一度增持所罗门兄弟公司的优先股，使其在所罗门兄弟公司的持股比例超过了20%。但所罗门兄弟公司的股价在1994年后一直下跌，因此巴菲特说："迄今为止，这一举措显然算不上是一项非常成功的投资。"1996年后，巴菲特没有选择行权转股，而是将持有的优先股逐步转换为现金撤出。所罗门兄弟公司后来被旅行者集团收购，后者后来又并入了花旗集团。一直到2001年底，巴菲特卖出所有花旗集团的股票，14年前的那笔投资才宣告结束。

当1997年所罗门兄弟公司被旅行者集团收购的时候，巴菲特当初投入的7亿美元已经变成了17亿美元。但这10年的年化回报率不足10%，已经比巴菲特超过20%的年化收益率低了很多；只是勉强保住了当初约定的9%的固定股息，赌对了所罗门兄弟公司没有破产而已。相比之下，巴菲特对高盛的投资取得了丰硕成果。优先股让伯克希尔每年进账5亿美元，折合每天进账137万美元或每秒进账15美元。在2010年的股东大会上，巴菲特算了一笔账，"高盛每秒钟支付给我们15美元，"巴菲特说，"滴答、滴答、滴答……手表的声音变得如此悦耳。"

然而好日子终于到头。2011年3月，不堪重负的高盛向巴菲特一次性支付 56.5 亿美元(其中包括本金 50 亿美元、提前赎回的罚金 5 亿美元以及 1.5 亿美元的股息)溢价赎回了巴菲特手中的优先股,加上之前收到的股息 11 亿美元,巴菲特获利 17.5 亿美元。认股权证部分,2013 年 3 月 26 日,双方达成协议,高盛按照此前 10 个交易日的平均收盘价约 146 美元与 115 美元的行权价之差,乘以权证代表的 4 348 万股,给予伯克希尔等值股票。这批股票价值 13.5 亿美元,约合 900 万股,占高盛流通股数量的 2%。这一安排使巴菲特无须掏一分钱现金即可成为高盛的大股东。17.5 亿美元+13.5 亿美元=31 亿美元,这就是巴菲特投资高盛 5 年所得的收益,62%的收益率相当丰厚!从高盛支付给从巴菲特的回报来看似乎代价高昂,但在危急关头,巴菲特的注资被市场视为对高盛的信心投票。在获得“股神”投资后的第二天,高盛就成功地在股市上通过发行新股筹资 57.5 亿美元。加上巴菲特注入的 50 亿美元,这些宝贵的新鲜血液使高盛得以渡过难关。

多亏巴菲特,高盛活了下来,而且现在它已摆脱了高昂的股息负担——巴菲特则获得大笔现金,可用于下一次的“狩猎”活动。危机发生之后的几年,巴菲特也一直支持高盛,即便是在 2010 年高盛因涉嫌欺诈而遭到美国监管机构起诉时,巴菲特也表示“对这笔投资一点儿都不担心”。危机期间巴菲特救助的另一家企业——通用电气,也为他带来了不俗的回报。2011 年 10 月 17 日,通用电气向巴菲特支付 33 亿美元(其中包括 3 亿美元的溢价)回购了他持有的优先股。加上 3 年 9 亿美元的股息,巴菲特总共获利 12 亿美元,收益率 40%。认股权证部分,因通用电气股价最近几年一直表现欠佳,直到 2013 年权证到期的时候才刚刚爬上行权价 22.25 美元,所以他收获不大。

2011 年 8 月 25 日,巴菲特旗下的伯克希尔·哈撒韦公司再次伸出援手,对陷入困境的美国银行注资 50 亿美元,用于交换的条件我们已是耳熟能详:美国银行以 6%的年股息向伯克希尔出售 5 亿股优先股,美国银行可以在任何时候以 5%的溢价购回;并且伯克希尔公司获得了在今后 10 年里的任何时间、都可以以每股 7.14 美元的价格购入 7 亿股美国银行的认股权证(协议签订时的股价是 7.65 美元)。此前,美国银行为了达到美国新的银行业要求，即在 2013 年年末之前达到《巴塞尔协议Ⅲ》所规定的 6.75%～7%的一级普通资本比率——这一规定的目的是确保大银行有足够的资本抵御危机，无论危机规模大小——以及应对不良按揭贷款导致的诉讼和损失，潜在的资金缺口至少 100 亿美元，最多可能需要 500 亿美元。

美国银行抛售了其所持有的中国建设银行一半的股份，筹资 83 亿美元，并且计划关闭 600 家分支机构。这样就不难理解其与伯克希尔公司达成的协议了。之后，除伯克希尔公司已经收到的 6 亿美元股息之外，随着美国银行的股价从不足 5 美元攀升到了 17 美元，认股权证为巴菲特创造的浮盈超过 70 亿美元！“股神”不愧是一位同时具备深远战略眼光和非凡耐心的投资家。但是，他判断企业价值的能力连他的亲儿子也无法学会，更毋论你我。

最近，“华尔街见闻”又援引路透社的消息称，巴菲特旗下的伯克希尔·哈撒韦正在收购飞机零部件及能源生产设备制造商精密机件公司（Precision Castparts，创立于 1949 年，总部位于美国俄勒冈州波特兰，是一家精密金属零件制造公司，其产品应用在航天、汽车、电力、石油工业及天然气管道上，是波音、劳斯莱斯、空中客车、庞巴迪、赛斯纳、古德里奇等公司的指定零配件制造商。巴菲特 2012 年就开始投资精密机件，对其已经有了深入了解。该行业的优势是其高进入门槛足以将潜在竞争者拒之门外）。这笔交易的价值超过 300 亿美元。如果达成协议，将是伯克希尔·哈撒韦有史以来最大手笔的交易。

收购精密机件之后，伯克希尔的年营收将增加 100 亿美元，员工人数增加 3 万人。该交易将令伯克希尔减少对保险和投资股票的依赖，转型为一家巨型工业集团。如今的伯克希尔·哈撒韦，掌控精密机件、BNSF（伯灵顿北方圣太菲铁路运输公司）和 BHE（伯克希尔·哈撒韦能源公司）等庞然大物，已经不再是 20 世纪 90 年代那个以投资水牛城新闻和制鞋业闻名、以选股能力蜚声业内的投资公司了。乔治·华盛顿大学教授、《后巴菲特时代的伯克希尔》的作者劳伦斯·坎宁安（Lawrence Cunningham）表示：“那些日子已经结束了。伯克希尔如今已真正开始经营工业。”

事实上,巴菲特几年前就做过同样的事情。伯克希尔·哈撒韦在2009年时就成为BNSF的小股东,一年后当BNSF股价下跌13%之后,巴菲特宣布斥资266亿美元收购所有剩余股份,并为此进行了股票增发。巴菲特当时将这笔交易称为“对于美国经济未来的最大押注”,并相信BNSF将成为“伯克希尔未来一个世纪的优质资产”。近年来,巴菲特一直将伯克希尔旗下的五大非保险企业称为“五大发动机”,它们包括BHE、BNSF、IMC、Lubrizo和Marmon。劳伦斯·坎宁安表示:“收购精密仪器之后,伯克希尔将拥有‘六大发动机’。该交易进一步推动了伯克希尔转型为工业集团的战略。”

综观巴菲特所做的一切,几乎没有多少利润是通过在二级市场上直接买卖股票取得的。对于广大投资者来说,他非但不是可以效仿的榜样,反而是一块令无数人困惑的拦路的巨石。在我完成对巴菲特的“解码”之前,你们无一例外都曾经被他挡住去路,无法在我指出的交易之路上前进半步。现在,我们终于长吁一口气,可以踢开巴菲特闹革命了。

第三节　告别短线

在我看来,短线交易是一条死路。非但如此,我还多次在公开场合严厉批评短线交易,从理论上完全、彻底地否定短线交易,强调和肯定波段交易,无论股票、期货还是外汇都是如此。因为说白了,短线交易就是和随机性搏斗,没有比这个更难同时也是更傻的了。短线交易绝不是什么聪明人的专利,只有不太聪明的人才会沉溺于短线交易。因为聪明人只做胜算高、赢面大、容易做的事情。交易学六大法则——顺势、待机、控仓、止损、持盈、止盈——中的“持盈法则”,本身就是对波段交易思想的贯彻落实。

想想看,你在临界点进场以后,不妨对手中的头寸实施“三步锁定”——第一步叫作“止损价锁定”,例如股票逆向波动10%、期货逆向波动3%、外汇逆向波动1.5%、国债逆向波动0.75%时无条件离场(实际止损宽度可以比这里所说的更窄），当然也可以在“图形走坏了”的时候离场。具体什么是“图形走坏了”，以后再讲。当头寸度过危险期、脱离成本价、取得初步利润的时候，例如股票正向波动 10％、期货正向波动 3％、外汇正向波动 1.5％、国债正向波动 0.75％……可把止损线移到成本价，这一步叫作“成本价锁定”。

当利润继续奔跑、远离成本价的时候，则转入第三步——“均线锁定”，例如 5/10 日均线锁定。当头寸离成本价越来越远，浮盈越来越大，就自然而然地转入长线持盈阶段，甚至可以用 20/30 日均线锁定盈利头寸。这一结果难道不正是我们所希望的吗？可是有很多人亏损的单子抱得牢，逢人就说我心态超好、心里特踏实。理由是：“亏钱了我凭什么要出局？”他从来不问问自己：“你凭什么不能亏钱？凭什么你的亏损就不能越来越大？”相反，若是好不容易持有一次盈利的单子，那就心神不宁、如坐针毡，生怕这来之不易的利润又被市场收回。所谓“小人发财如受罪”，就是对这种情形的最佳描述。

大家可能也都不止一次地看过《股票作手回忆录》，其中心思想也是围绕长线，反复论述。主人公也就是我们的祖师爷杰西・利维摩尔明确提出：利润是“坐”出来的，不是“做”出来的。所以在实战中一定要着眼大方向，强调高胜算进场，其间忽略各种小波动和市场噪音，对表现正常的头寸坚定持盈，杜绝短线进出。非如此不足以成为赢家。国内曾经有个“炒客论坛”（已关闭），是国内期货交易员集中汇聚的一个地方。在论坛里你如果去问一名新手：“最近在忙什么呀？”“我在练‘炒单神功’。”他一定会这么回答你。

“炒单神功”？是谁、为什么要鼓励你练“炒单神功”呢？要知道期货公司的客户比证券公司还不如。那些韭菜们一年割一茬，两年割掉一大半，三年就割完了、死绝了。它的客户“伤亡率”如此之高，怎么办呢？得拉新客户啊，得不断从股民里面挖掘、欺骗。怎么骗呢？他鼓励你短线频繁交易。因为他想得很明白、很透彻：反正做期货的也没几个人赚钱，与其你把你的资本金都输给赢家了、输给恶庄了，还不如赶快转化为手续费交给我吧！

既然希望你将资金转化为手续费，那当然是越快越好。你给我频繁交易、做日内短线吧。他热切地鼓励你这么做。想想看炒单对谁有利？对期货公司有利。再看那些炒单大赛，获奖的冠军都是谁？那都是期货公司老总的亲密朋友。期货公司老总请他们吃饭喝酒，开座谈会、表彰会，把他们塑造成神，风光无限。有些期货公司组织的比赛，为了造神不惜一切代价，竟然把选手的手续费都算作利润。然后给你看造出来的神，短短几个交易日如何厉害。

他那么厉害，名气为什么不能持续呢？期货大赛的冠军有哪一个能真正长期红下去的？多年以后，他们一个个要么原地打转、徘徊不前；要么人间蒸发、不知所终。就算他们的成绩是真实的，也不过暂时如此。因为短期内要出成绩，必须重仓豪赌，而原始粗野的操盘手法经不起时间的检验，在这一行亏得精光不过是时间问题。如果比赛赢家真像宣传中的那样强大，期货公司为什么不敢把自己的资管业务直接交给那些人打理？近年一些"大赛冠军"，一操盘基金立即清盘；一些"私募冠军"，第二年就从榜单上消失，还不能说明问题吗？

现在，业内领先的期货公司已经认识到对散户竭泽而渔的做法是一条死路，开始重点考核营业部客户保证金的增减情况，发展以期货资管、基金专户和私募基金为主要形式的大客户业务。昔日对散户的白热化争夺已经转变为对投资顾问的争夺，所谓"优秀投顾在哪里，资金就在哪里"，引导资金从散户手中向专业机构集中，设法提高回报能力，延长客户的存活期。从挤牛奶到养奶牛，在观念上不能不说是一个巨大的进步，也是正确的发展方向。

国内期货界的名人青泽先生，他的大作《十年一梦——一个操盘手的自白》字字珠玑，被称为中国版的《股票作手回忆录》。这个评价堪称恰如其分。那么，青泽先生是怎样交易的呢？我坦率地告诉大家："顺势（右侧）交易＋临界点"战法，我很确定地知道这一点。读者也可以从《十年一梦》中找出一些线索。《十年一梦》里有一章，叫作"与天为敌——重仓交易的危害"，从中可以看出青泽先生严重反对重仓交易。之所以如此，当然是出自他本人失败的经验。

青泽先生说他做国债期货，曾经一天赚了 690 万；后来这些钱又全部赔光。相信这对他的打击是很严重的。出现这种情况无非就是两个原因：一是重仓，二是短线。综观《十年一梦》这部书，从头至尾，青泽先生对短线交易深恶痛绝、非常厌倦。之前他做了十几年的短线交易，最后彻底否定。你若问他为什么在《金融交易学》第一卷的序言里说，成功的交易者里也有短线交易者？我告诉大家，那只不过是礼节性的。作为公众人物，他说话得留点余地。而我说话比较直接。我对短线交易者是不太客气的。

青泽先生的涵养比我好啊，他还给短线交易者留下一席之地。但他如果认可短线交易，为什么又在《十年一梦》里予以否定呢？他做了 20 多年交易，短线经验比我们丰富多了，为什么最终放弃了？因为知名人士在公开演讲的时候往往比较客气。他们一般都会这样说：“条条大路通罗马。”或者说：“寻找适合你的方法。”这是一种团结多数人的说法。实际上，我告诉大家，在这个市场上盈利，有且仅有一种模式：“顺势（右侧）交易＋临界点”战法，没有第二种。

不要以为人家给你留了点面子，就还以为短线交易是行得通的。行不通！真正成功的交易家没有一个做短线的，趁早死了那条心。在短线交易上执迷不悟，无非就是因为控制不住自己的那颗狂心，甚至试图把分时走势拉直，“一年 N 倍”的贼心不死。简言之，就是希望有更多的获利机会，赚快钱、赢暴利，想方设法“利润最大化＋利润最快化”，迅速脱离贫困阶层。但是很不幸，这种想法本身就是导致他们长期待在贫困阶层动弹不得的原因。其实《股票作手回忆录》里的长线思想已经非常清晰。其中有一段话是这样说的：“不理会大波动，设法抢进抢出，对我来说是致命大患。没有一个人能够抓住所有的起伏。在多头市场里，你的做法就是买进和紧抱，一直到你相信多头市场即将结束时为止。”无视趋势，频繁进出，就是一叶障目、不见森林啊！利维摩尔不愧是天才，一语道破天机。短线交易者所热爱的分时走势或超微观图表其实就是道氏理论所说的“日间杂波”，试图抓捕“日间杂波”的下场就是成为“润滑剂”，牺牲自己为市场运行提供流动性。能从《股票作手回忆录》里读出“长线”两个字，才

算是初步读懂。

难道利维摩尔不会做短线吗？当年他靠着600股伯利恒钢铁东山再起，短线时机掌握得何其精妙！他通过精确瞄准伯利恒钢铁，在它爆发的一刹那，扣动扳机，一击命中，当年就赚到几十万美元，然后很快就是几百万美元了。他不但会做短线，还是大师，但是短线交易大师反对短线。再举一个例子：拉瑞·威廉姆斯(Larry Williams)。他有一部著作叫《短线交易秘诀》。书名虽然如此，但他的思想和利维摩尔一样。他建议赚钱的头寸要好好拿稳。他还引用了利维摩尔的话"我的想法从来都没有替我赚过大钱，总是我坚持不动替我赚大钱，懂了吗？是我坚持不动"。

奇怪吗？短线交易大师拉瑞·威廉姆斯在书里所倾向的持仓周期是1～2个星期，也就是我们通常所说的波段交易，并不是散户所理解的高频、日内或超短——一天买卖十几、二十几个来回，不是那个概念！作为知名交易家，他当然倾向于把有利润、有优势的头寸长时间持有了，如果不是这样那才叫咄咄怪事。头寸就像孩子，从婴儿长到成人，需要时间。又像树苗，从小树长成大树同样需要时间。当然，我们也不能空洞地讲长线，具体怎么操作，必须有量化的解决方案。

我现在告诉读者两句话，请你们先记住结论，以后再展开讨论。第一句是："能被10日均线锁定的盈利头寸禁止平仓。"能被10日均线锁定的趋势是最凌厉的趋势，当然不该轻易平仓。当把待机、持盈工作做好了，交易频次自然降低，交易质量随之提高。第二句是：交易者有四种最为常见的"死法"：重仓、短线、逆势、死扛。检视一切输家全部失败的交易，无非就是输在这四种最为常见的恶习上。总之，短线交易者必须正视长期亏损的事实，回到波段趋势交易的正确轨道上来。趋势跟踪才是唯一能够盈利的方法。其他盈利都是暂时的，迟早会被市场连本带利地收回。

关于日内短线频繁交易的危害，网上有一篇短文观点非常好，特录在这里供读者参考。

美丽的罂粟花——论期货日内频繁交易的巨大危害

据说罂粟花妖艳动人，却是制造毒品的原料，长期吸食会上瘾而最终导致死亡。

做股票多年，研究期货也有些年头，我还很少见到有直接旗帜鲜明地批判期货日内交易危害性的文章，也许人们还没有找到真正具有说服力的事例或批驳的理由。但据我多年从事股票交易和期货研究的经验和悟性来分析论证，其实期货的日内交易的的确确具有极大的危害性。

用交易技术分析期货行情的多空以指导交易，应该是做期货的主要手段之一。趋势交易又是做期货赚钱公认的法宝。期货市场每次较大的波动一般都难以逃脱看盘高手的眼睛。但话又说回来，值得交易的大趋势又是那么稀缺，以致70%的时间都在震荡中度过。那么，难道这些趋势高手们只能这样日复一日、眼睁睁地在电脑前干等吗？对于职业交易者来说，这无疑是一种时间的浪费和精神的煎熬。这种情况下，日内交易就自然而然地引起了投资者的关注。

经过观察，所谓的“交易高手”发现在微观技术下，也就是5分钟或10分钟等等这些短期图表也和长期图表一样有规律，比如1分钟K线的技术形态和长期的技术形态一模一样，存在着大量的高确认的技术形态，比如：共振、反振、双底、双顶、磁悬浮……哇！高手们像发现打开金库的钥匙一样兴奋不已。试想，一个品种一天只要有一次机会，那么几十个交易品种轮换波动，岂不是机会多多、天天有事做吗？账户天天都能增值，等发现大的趋势时再持有不动，那么大鱼小鱼不就能一网打尽？岂不美哉！

可是我本人对期货的日内交易早就心存疑惑。以我做股票交易多年的经历来说，见过不少做短线的但最终都难逃失败的命运。偶尔也见过几个短线做得比较好的，但混迹股市多年也还是老样子，即便现在见了面还是口若悬河。我就心想，这些短线客若是发财了，咋就看不出一点有钱的样子呢？连请客吃饭的勇气都没有。所以我判断这些所谓的短线高手能这么多年不被市场淘汰已是对他们最高的奖赏了。最近两年我看的书多了些，也大致感觉到了真正的高手的确存在，但他们都是趋势交易的典范。从这些高手的言谈中，我发现其实他们也是不赞成日内交易的，只是没我这么旗帜鲜明地反对罢了。

单单从理论上讲，做日内交易应该也能成功。为什么？因为其交易技术的分析和长线一样，所不同的就是交易周期在日内完成而已。只要加强训练，应该没有不成功的道理。这看起来也说得过去。但在实践中，给我的感觉却大大超出我的想象，完全不是一回事，这就如同做模拟和做实盘的区别一样。

模拟和实战的不同在于一个是轻松操作，完全能按交易规则办事，冷静判断行情，得而不喜，失而不忧，该怎么做就怎么做，所以赚钱也就比较容易，这也不难理解。而实战就大不一样。因为贪婪和恐惧时刻困扰着你。得了高兴、激动；失了烦恼、忧伤。而这些都是人的天性，一时无法改变。可这些气质又恰恰都是交易中所忌讳和应该克服的。在高压环境之下，又有几人能坦然处之与冷静分析呢？再好的赢利模式和方法也起不到应有的作用。

做股票成功的人大多最终选择了长线，这也不是没有道理的。难道进了期市就不一样了吗？非也！我认为做期货要想大获成功也必须选择长线，所不同的就是比股市多了做空的机会和杠杆的放大而已。这对高手已经是够优惠的了，还试图贪婪地寻求什么日内交易？人心不足啊！

下面我就试着概括一下能导致日内交易最终归于失败的六大原因(我这里的“最终”指的是经过很多次交易及很长的时间后的最终结果)：

1. 日内交易不可能提供充分的考虑时间

大家都知道长期趋势是以日、周、月为单位的，所以即便看到趋势明显转折了再进也不迟，右侧交易法就是这个道理。而且中期趋势一旦形成就会持续很长一段时间，即便掐头去尾，中间也会有相当大一段利润。所以，交易起来相当从容，给我们充足的考虑和下单时间。但这样的优惠条件在日内交易却是不现实的，因为日内交易一般从判断跟踪到下单往往在数分钟乃至几秒钟的时间里完成，其考虑结果的有效性也就大打折扣了。

2. 稳定性太差、随机性太强

单从日内技术分析上看，虽然技术形态也是相当有规律的，但和用于分析长期趋势的日、周、月技术形态来比较就差多了。大趋势一旦形成就很难扭转，如高坝溃体、滚石下山，非外力可以阻挡。但日内交易却船小好掉头，甚至一个大单就可以把好好的趋势破坏。计划往往赶不上变化，这给日内短线交易带来了很大的风险。

3. 日内交易丢掉了期货成功的两大法宝

一个是资金管理，一个是策略。因为交易空间太小、时间太短。试想在短短几分钟的时间里，一两点的空间里你怎么完成试探介入、顺势加码？这是不可能的，更别说有什么周密的策略了。过程简单粗暴，赢亏都在瞬间完成，我看这其实有点赌博的性质。

4. 日内交易的止损很矛盾

日内交易的波动小，投入资金小就失去了日内交易的意义；但重仓交易下又必须设立止损线，从这一点上就没有长线来得自然。长线可以试探性小资金建仓，止损线一般以日为单位，可以过滤掉大量随机性波动，确认性也就大大提高。而日内交易快速频繁、大量随机性波动可以让账户损失迅速扩大，不止损又不行，所以这是日内交易的另一大弊病。

5. 日内交易直接挑战人的精神极限

人的大脑就像一台机器，在正常工作环境里运行尚可应对自如，但它是有极限的，不可能如电脑一样在极短时间内应付大量的运算，在极端情况出现时可能出现故障，而且这种问题的出现常常是一连串的。日内交易做得成功或失败所产生的副产品——喜悦和沮丧，将直接影响下一次交易。而长线交易就不会出现这种情况。这是日内交易和长线交易最大的区别。可这种弊病却是以隐性的方式出现的，并且很难克服；或者说：是人就难以克服。长时间的针对性训练只能有所好转，但比起长线趋势交易的效果还是相差甚远。

6. 日内频繁交易会产生高昂的手续费

它是你的不可承受之重。内盘期货的日内波动往往小于外盘，掐头去尾后的差价小得可怜，再加上手续费的侵蚀，这基本上已经注定你的每一次下单都和赌博无异。除此以外，日内交易还容易产生依赖性。好比本文的标题，赢了想乘胜追击，输了想尽快翻本，可其结果往往是适得其反，最终落得一败涂地！

以上六大弊病的合力才是导致日内交易最终失败的原因。这么多弊端的力量加在一起，你想想做日内交易哪有不败之理？即便理论上行得通，实际上也做不到，况且那些理论我认为也就是披着一件光鲜的外衣而已，经不起仔细地推敲。故最后总结一句话就是：尽早与日内交易诀别，回归到长线趋势交易的正确道路上来，这才是做期货的唯一王道。

如今，热衷短线交易的"炒客论坛"已经烟消云散，但"炒单神功"依然在其他地方谬种流传，引无数新手竞折腰。例如在某个全国知名的股票论坛，流行一种与"炒单神功"相似的"超短打板"，就是希望买进的股票（通常接近涨停）在买入之后继续出现大涨或涨停，如果买对了则称之为"好板"，否则就是"烂板"，"板手"只能自认倒霉。因为大多数股票是追高买进的，所以一旦失败，一只股票亏损10%甚至20%很容易（例如当天从涨停到跌停），最终变成了破产利器，无数散户因此破产。希望新人引以为戒。这里再附上一篇美国交易家拉瑞·威廉姆斯的访谈录，希望能对读者有所启示。

拉瑞·威廉姆斯：像跑一场马拉松那样去进行交易

交易是如此有趣，富有盈利性，以至于我们忽视了交易中最重要的心态。

这种心态就是，你不能只做短期考虑。交易就像一场战争。你能赢得战争中的一场战役，但并不意味着这就结束了，战争仍在继续。很多时候，交易者太集中精力于下一次交易，或想马上挣钱，他们忽视了交易是一项长期的工作。

工作的成功来源于不懈的努力和集聚的力量。伟大的投资者和普通的投资者的区别就在于他们对自己的交易业务有着长期的视野。

这就像跑马拉松。我跑了69次马拉松，所以我对此有一定的经验感受。想知道怎样跑完一场马拉松吗？开始的时候要跑得慢一点，最理想的是，开始的13英里要比最后的13英里跑得更慢，我将此称为渐进式策略。长期坚持不懈地运用有效的交易原则才能赢得财富。

要做的唯一的选择就是：顺市。你也可以说是顺势，也许意义有那么一点点不同。太简单啦，简单得难以想象。简单到如果有外星人，他们都懂。可是你知道何谓“市”吗？你知道如何顺市吗？简单的道理，不是简单的行为能做到的。正如很多人终于知道：幸福。可是何谓幸福？如何才能达到？

是的，当你走到这一步，每一步的操作都行云流水，盈利如探囊取物，轻轻松松。你不再想去看盘，所有那些技巧、秘诀都成为笑谈。你再也不会为贪婪找个理由，也不过问恐惧，那根本就不算事。你不会为任何人所诱惑，再也不会冲动。因为你知道所有的道理。你要做的只有一件事：正确地交易，无论是亏损还是盈利。

我跟从市场已有47年。我见证了很多人进入市场，很多人离开，很多人生活毁于交易，很多人获得了超乎常人想象的巨大财富。我认识很多希望每天都能从交易中获利的人。当我告诉他们这几乎不可能的时候——这是一场马拉松，而不是短跑冲刺——他们大多会继续坚持他们的想法，期待着有人告诉他们一些他们想听到的。

财富是在坚持不懈的基础上产生的，而运气只是碰巧使交易者盈利或损失，而且很多人只是亏损却从没盈利。打破这种模式，像身处一场马拉松那样去进行交易：重要的是终点，而不是你现在的速度和节奏。

第四节　双向交易

有人说，股市出现下跌行情的时候，最好的操作就是不操作。我说这句话不对，更好的操作是融券做空（或做空股指期货、买入看跌股指期权——如果有的话）。有些朋友在股市中被套得很深、亏损很大，他们显然是长线交易者；只不过方向搞反了，他们应该融券做空。如果在熊市里面有券可融，这跟在牛市里面通过做多赚钱有什么不同吗？没什么不同。只不过现在A股市场的融券，券源匮乏，利息太高，而且门槛也太高。要求 50 万元的资金量,把大量散户挡在门外。融资融券、做多做空,双向交易,这是我们的权利。

美国人 100 多年前就可以随心所欲地做空股票了,我们到现在还不能自由自在地做空。好不容易搞出一个融券,交易者即便愿意承担高昂的利息费用也很难融到。等于把你的手脚绑住了。你本来有两只手,一只手做多,一只手做空,现在把你一只手绑起来动不了,你的战斗力不就下降了吗?本来散户的实力就不如机构,信息也不如它们畅通,现在又把你的一只胳膊绑起来,你怎么打得赢?据我所知,一旦市场转为下跌,很多券源就都被各路不明势力瓜分一空,几乎轮不到散户。这是一种不公平。这种局面应尽快改变。

其实早在 2013 年 2 月 28 日,中国证券金融股份有限公司就已经宣布启动转融券业务试点,但实际工作还是以转融资为主。转融券因管理层与该公司重视不够,态度消极,故而进展缓慢。2015 年 6 月 15 日,沪深两市融资余额高达 2.2 万亿元,融券余额只有区区 0.1 万亿元。融资融券规模的严重失衡,导致融券不足以制衡融资。加上股指期货市场规模太小,上证 50(IH)、沪深 300(IF)、中证 500(IC)股指期货全部持仓市值只有可怜的 0.964 2 万亿元,不足以为流通市值高达 56 万亿元的股票现货市场提供对冲风险的功能。

而另一个有助于倾泻股票现货卖压的泄洪闸——股指期权与个股期权尚未上市,并且管理层去杠杆的过程简单粗暴,最终导致踩踏事故型股灾发生,沪深两市连续出现 20 多次千股跌停的局面。事后有人指责是股指期货导致了股灾发生,说什么“期货引导现货下跌”,其实大谬不然。首先,股市下跌有其内在需求,就像上涨的时候也有其内在需求一样;其次,股指期货那一丁点体量,与股票现货市场的规模相比,就像蚂蚁与大象的关系。蚂蚁哪有什么能力引导大象?说“期货引导现货下跌”是倒果为因。

事实恰恰相反,股指期货和股指期权都是用来减小股市波动的。当股指期货持仓量太小的时候,风险无法对冲,持有巨量股票的机构只能选择卖出,卖压自然极大,千股跌停并不奇怪。至于股指期货领先于股票大盘指数下跌，那是市场转弱之后很自然的一种心理反应。在股指下跌过程中，股指期货相对于现货指数的贴水一度高达15%，是股指期货市场规模太小的确切证据。更有甚者，在股指期货遭到严重打压几近关张的2016年5月31日，一张几百手的空单竟然将沪深300股指期货主力合约一度打至跌停。

这说明中国内地股指期货市场“厚度”太薄，持仓量和成交量严重不足，亟待恢复至一个相对安全的水平；同时下调交易手续费的必要性也已经迫在眉睫。上述道理本来不难明白，为何最终还是形成了一本糊涂账，以至于泱泱华夏、莽莽神州，似乎竟无一个明白人呢？

于是，就有了股指期货的保证金被大幅提高，并且征收天价手续费，导致持仓量大幅下降几乎关门大吉的局面。这种做法加剧了现货市场的卖压，因为持有大量股票的机构除了卖出别无他法。更糟的是，股指期权、股票期权、商品期权、创业板股指期货、原油期权、外汇期货等一系列创新产品的上市全部被推迟。说到这里不能不提另一项基本的交易制度T+0。有些散户朋友脑子特别糊涂，他说T+0可不能放开，放开之后危害很大的。

有什么危害？欧美股市、商品期货、外汇现货一直都是T+0交易的，天塌下来了吗？包括A股市场在1995年1月1日之前也实行的是T+0交易制度，后来虽以“抑制投机”为名改为T+1，但也说明放开T+0不存在技术障碍，真正的障碍是思想观念和既得利益。事实上，T+1只会方便庄家坐庄和操纵股价，T+0交易制度才能真正起到抑制投机的作用。举例说明：2014年10月，沪市一只叫作“兰石重装”的新股，连拉24个涨停板；2015年3月，拆除VIE结构登陆A股市场的“暴风科技”，连拉29个涨停板。

如果把这两只“奇葩”视为“大巫”的话，那么与此同时，还有大量同期上市的新股走出与此类似的“小巫”走势，也就是连续出现一二十个涨停板。新股被打扮成供不应求的香饽饽，T+1交易制度配合新股特停制度，不但让想买的人买不进，想卖的人竟然还卖不出，只能一个涨停接一个涨停任股价冲向太空。将来等大势转弱，这些“48元的中石油们”开始

下跌的时候，究竟会对市场造成何种影响？这种无法无天、令人发指的炒作行为难道是要把二级市场变成倾倒垃圾的场所吗？

解决问题的办法其实很简单：新股上市首月不设涨跌幅限制，并且实行 T+0 交易制度，保证新股们大部分偃旗息鼓，很难炒得起来。如此严重的问题，难道还要任其继续吗？再者，难道 T+0 就一定鼓励你短线交易、频繁交易吗？当天买进、当天卖出是你的权利，你可以不用。有了 T+0，照样可以做长线。但是某一天，如果确实发现形势对我们不利，我们买进之后发现买错了，可以立即卖出，就不至于眼睁睁地看着它跌停，把我们封在跌停板里出不来，甚至接着再来几个跌停。在危急时刻，T+0 能救你的命。你说 T+0 重要不重要？

T+0 并不必然导致做短线。我们可以继续做长线。我即使是在 T+0 的期货市场上也是做长线的。有些朋友说，哎呀，T+1 都还打不赢，还搞 T+0 呢，那不输得更多？他就不明白这个 T+1 是绑他手脚的。所以融券做空和 T+0 是市场基本制度的缺失，严重束缚我们的手脚。因此，双向交易要尽快放开。融资融券我看别说 50 万了，1 万、2 万都应该允许做。但是融资比例要降低，1∶0.5 没有问题，1∶1 风险太大，1∶2 融资实际上是 3 倍杠杆，相当于期货市场上的 10 倍杠杆，风险不仅太大，而且是完全失控。

如果市场总体融资规模太大，早晚会出事。尽管长期以来融资始终比融券更受市场各方待见，但融资实际上就是鼓励你重仓豪赌的，风险非常大。因为融资的本质是引入了杠杆工具；而杠杆是一把双刃剑，随时都能砍到自己身上。理论上，杠杆同步放大收益和损失，是个中性工具。但实际上，因为大多数人是输家，所以杠杆对他们来说注定是有害无益的，结果一定会未受其利、先受其害。试想：用本金玩都还赢不了，何况带杠杆？那不是输得更多、更快吗？杠杆绝对不是业余交易者该碰的，只有极少数专业交易者才能玩转杠杆。

以 2015 年 5 月 5～7 日的下跌为例，那仅是一次牛市中的回调，上证指数 3 个交易日内从 4 480 点下跌到 4 112 点，累计下跌 368 点，跌幅 8.2%。2 倍杠杆的交易者就会面临 16.4%的利润回吐或亏损。部分人因为无法满足券商补足保证金的要求，被断头强平在最低点上。比融资风险更大的是配资。有些人出于贪婪和无知，竟然找到配资公司按 1∶9 的比例加杠杆（实际杠杆倍率为 10 倍）。然而，市场的奇特之处在于：你猜得对结果，猜不对过程；看得清方向，看不清路径。市场即便处于牛市也不会一帆风顺。这些人在大跌中毫无悬念地被断头强平在调整最低点，以巨亏告终。业余玩家采用高倍率杠杆，再加上短线频繁交易，损失将会是乘法效应，很快就像一只拔光毛的鸡被扫地出门，无一例外。

2015 年散户大骂股指期货，其实也不全是他们糊涂，不懂股指期货是用来减小股票现货卖压的。个别明白人肯定还是有的。那么除了无知之外，他们到底在骂什么呢？很简单：他们骂的主要原因还是“不患贫，患不均”。也就是说，他们实际上是在想：“凭什么机构能够在股市下跌时还赚钱，而我不能？”这就需要立即调整股指期货 50 万元才能开户的门槛，改为降低门槛或不设门槛，但严格考试——比如在开户时实行营业部和总部两级考试的准入政策。并且，要么把现有的股指期货合约直接改为小合约，比如把上证 50、沪深 300、中证 500 股指期货的合约乘数改为 10 元/点如何？要么在保留大合约的同时上市迷你合约。

以美国股市为例，纳斯达克股指期货的大合约持仓量几乎为零，也就是没什么人玩儿；但迷你合约持仓量很大，成交活跃。标普 500 股指期货也是同样的情形。可以说，合约小型化以吸引更多的交易者参与，是国际大趋势。希望管理层将来上市股指期权的时候，降低门槛并且合约小型化，给更多散户参与的权利；同时，大幅放开股指期货的持仓量限制，通过修改政策与合约小型化等举措，令股指期货的持仓量、成交量至少放大到目前的百倍以上，才能承担起为整个股票现货市场对冲风险的功能。创业板股指期货也应该尽快上市，不能再拖延下去了。制度落后股灾就会重演。制度改革的步伐应该迈得再大一点、再快一点。

第五节　惯性可靠公理与利润导向公理

扒车理论

在还是“绿皮车”一统天下的年代，火车的总体运行速度较慢；尤其是刚启动的时候，对身手矫捷、胆子又大的人来说，是可以“扒车代步”的。当然，这只是为了方便说明问题所举的一个例子而已，并非鼓励你真的那么做，对于高铁时代的火车而言尤其不能。那么，当我们真的需要针对“绿皮车”实施扒车代步的时候，需要注意哪些问题呢？我在此特别提出“扒车理论”，供各位读者深入思考，希望对你们树立正确的交易思想有益：

1. 如果目标是向南，那么向北开的火车不能扒（逆势交易不能做）；

2. 你只能扒已经启动的火车，不能扒停靠在轨道上静止不动的火车，因为你不知道静止不动的火车会在站台上停靠多久，是一周、一个月还是一年（趋势没确立不能做）；

3. 开得太快的火车不能扒（非临界点交易不能做）；

……

简而言之，交易者必须当且仅当交易标的处于上升趋势且位于临界点时，才可以进场做多；当且仅当交易标的处于下降趋势且位于临界点时，才可以进场做空。

所谓“交易标的”，包括股票、期货、外汇、国债（其中期货包括商品期货、股指期货、外汇期货、国债期货，外汇包括外汇现货、外汇期货，国债包括国债现货、国债期货）。此四者，分别对应股市、期市、汇市、债市，统称“正标”。由标的资产又可引申出相对应的衍生品——期权，例如股票期权、期货期权、外汇期权、国债期权。如果继续细分，则有个股期权、股指期权、ETF 期权，商品现货期权、商品期货期权，外汇现货期权、外汇期货期权，国债现货期权、国债期货期权。标的资产是什么，就叫什么期权。

因此金融交易实际上可以分为两大类：正标交易与期权交易。例如股票期权的标的资产可以叫作“正股”，如此等等。对正标交易的要求是：既要猜对结果，又要猜对过程；既要看对方向，又要看对路径（即各个临界点）。因为价格运行的路径和细节往往较为繁复，所以会出现一再止损的现象，容易给人以极大的挫败感。这也是重仓交易者必死无疑的原因所在。期权我们一般只做买方，不做卖方。期权的进场点与正标的进场点完全相同。

在期权上赢钱的前提是：

1. 有能力研判相应“正标”的价格运动方向。

2. 每次只投入极少的资金，例如只占总资金的 1%～5%。因为期权的 ATR 大得惊人，到期摘牌，不但可以亏完，而且很容易发生，堪称金融市场上的大规模杀伤性武器。

3. 进场后做好亏完的准备，不止损。只要到期之前标的资产走出预想中的走势，那些被“打残”的期权还能“满血复活”，反败为胜；而且买方也没有追加保证金的压力。

无论正标交易还是期权交易，都要求最好百分之百地执行右侧交易，并且都是在正标出现临界点时进场。期权与正标的进场点完全一致，这是很多人不知道的秘密。有人误以为可以在正标超涨时买入看跌期权，或在正标超跌时买入看涨期权。但实际上，这样做的风险很大，并不可取。因为期权只是相对于正标同步放大了风险和收益，并无特殊之处。期权进场之后如果正标迟迟不能走出预期趋势，哪怕价格只是维持横盘震荡，买期权的钱也照样亏光。

惯性可靠公理

正标交易是对正标的未来价格运动下注。未来是未知的和不确定的，这就是风险的来源，所以必须尽可能提高胜算，减少止损次数；同时又因为不存在百分之百的胜算，所以控仓、止损等防守措施永远必要。但是，尽管未来是未知的和不确定的，有一件事却是“基本确定”的，那就是惯性。就像一列火车在运行途中，即便刹车，也会冲出几米远一样，惯性在日常生活中司空见惯。而我们趋势跟踪一派，恰恰就是利用惯性来盈利的。在金融市场上，惯性就是趋势。交易者进场之前，必须确认标的

“已经确立”趋势且位于临界点。

所以，当交易者想做多的时候，价位的高低还不是最重要的；也就是说，多头不必试图做多在最低价或接近最低价，而应注重对趋势的确认，以及对临界点的把握。同理，当交易者想做空的时候，价位的高低也不是最重要的。也就是说，空头不必试图做空在最高价或接近最高价，而应注重对趋势的确认，以及对临界点的把握。总之，对趋势的确认要比进场价位的高低重要得多。前人将此总结为一句话，叫作“重势不重价”。不懂这一点的交易者，总是试图做多在最低价、做空在最高价，所以产生了大量的逆势交易、左侧交易。

对正标交易来说，只有上升趋势才可以做多，在下跌趋势做多属于逆势交易，在震荡筑底阶段做多仍属于左侧交易。同理，只有下跌趋势才可以做空，在上升趋势做空属于逆势交易，在震荡筑顶阶段做空仍属于左侧交易。这就好比意欲乘龙飞行，只有骑上“在天飞龙”才是正确的，“在渊潜龙”“在田爬龙”皆非龙也，实乃虫尔！金融交易就是对未来下注，这既是风险所在、困难所在，也是挑战所在、乐趣所在。金融市场上什么都不可靠、靠不住，唯有趋势的惯性和力量，才是我们最大的靠山，也是通向盈利之路的最大法宝。这就是金融市场上的“惯性可靠公理”。这个公理是我们进入金融市场参与交易的理论基础和信心之源，同时也给出了在市场上持续盈利的根本方法——趋势跟踪。

向老农学习交易

在我看来，要想成为市场赢家，须向老农学习。因为农民靠天吃饭，交易员亦然。大的获利机会是市场给的，当这种机会不存在时就只能等待。不要试图强行取利，否则必亏无疑。农民有什么优点值得交易员学习？一是尊重农时。老农不会强令土地在季节不对的时候长出庄稼（善于待机，忌强行取利）。二是不会拔苗助长，经常把小秧苗、小树苗拔出来看看长根了没有（善于持盈，忌短线进出）。三是他们注意养生，饭只吃到七分饱，给胃留有余地（严格控仓，忌一出手就重仓）。四是注重收割，不让已成熟的庄稼烂在地里（学会止盈，忌不知变通，在利润大幅回吐时死扛不动）。特别是最后一条，交易员们应该高度重视。

一个靠天吃饭的农民，在经历了耕地、播种、浇水、施肥等一系列的付出、洒下无数辛勤的汗水之后，终于等到五谷丰茂、稻黍成熟的季节。按说，这是一年中最重要的时刻，只要尽快把地里已经成熟的粮食收割掉，这一年的劳作就算是完美收官了。然而，往往就在此时，最不可思议的事情发生了，而且是一再发生——有那么一位“金融农民”，迟迟不去收割已经成熟的庄稼，而是任其倒伏、出芽，最终全部烂在地里，让一年的劳动成果化为乌有。不必多说，在我操盘基金，发生巨额的利润回吐，又不慎濒临清盘线，事业陷入最低谷的时期，我就像那个不注意收割的农民，捂着心中的痛，挣扎在死亡线上。

利润导向公理

再比如一个餐馆老板，从租房、装修，到聘请大厨、管理员工。每天还要买菜、打扫卫生、核算收支，为顾客提供细致周到的服务，倾听他们的抱怨或挑剔。然而，在做了所有这一切之后，他面临的是最后也是最重要的一个环节——收钱。他不能眼睁睁地看着顾客吃完饭一抹嘴一抬腿走人了事，对不对？如果餐馆老板总是在食客酒足饭饱之后忘记收钱，眼看着他们一个个扬长而去……恐怕要不了多久，这餐馆也该关门大吉了。

农民种地忙活一年，为的是收割，不能在庄稼成熟时任其烂在地里。同理，餐馆老板不收钱，他的一切付出都将白费。除非他们是只问耕耘、不问收获的世外仙人。理论上，我们不应该对利润设限，而应任其奔跑，直至回撤到某个我们不能忍受的位置为止。但实际上，我想说的是，当你对市场未来的发展没有把握，一方面是巨大的不确定性，另一方面是巨额利润。此时你应该干什么？很简单：你应该化不确定为确定——兑现利润，拿钱回家！

这个道理，我在痛定思痛之后，将其归纳为“利润导向公理”。

该公理除了强调收割利润，还提醒我们勿忘从事金融交易的本来目的。在这一行有很多缺乏智慧的交易员，在长期亏损之后误入歧途，把交易等同于数学、科学，皓首穷经地研究金融市场中的“完美秩序”，试图找出一击必中、一劳永逸的交易方法。他们在交易中拒不接受“不精确”与“不完美”。但事实上，“不精确”与“不完美”不仅应当接受，还是赢家创造利润的源泉。这些人忘记了大道至简，忘记了未来只能大致上猜测，任何关于完美和精确的幻想都是神志不清。他们也忘记了交易是系统工程，是技术系统、资金管理与自我管理的协同作战，而不是什么“真传一句话，假传万卷书”。

更为不幸的是，这些人在从事“科研”工作的同时，也忘记了“敦伦尽分”，将对家庭的责任抛到九霄云外。总之一句话：从事金融交易的最终目的是为了“做利润”而不是“做行情”。在我私募生涯的早期，作为广大草根交易员的励志典范，“一举翻倍、扬名立万”这种想法导致我的资金曲线大起大落，几乎把我害死。从这些经历中，我痛感“把一波完美的行情从头吃到尾，然后把这场完美战役写进自己的完美回忆录”这种想法害人不浅。《孙子兵法》云：“故兵闻拙速，未睹巧之久也。”奉劝后来人：如果你用很短的时间创造了很大一笔利润，而且你不能承受失去这笔钱的后果，那么你一定要先拿了这笔钱再说。

第六节　顺势定理与临界定理

顺势定理

惯性可靠公理与利润导向公理，分别代表从事金融交易的理由与目的。如果没有惯性可靠公理，金融交易将沦为毫无胜算可言的赌博。那种只有随机性、没有规律性的“市场”，应当远离。而我们从事金融交易的目的，就是为自己或投资人创造利润。为达此目的，我们必须学会透过现象看本质，做事直奔主题，从纷繁复杂的市场走势中提炼出规律性，再反过来指导实战。除此二者之外，我再给出顺势定理与临界定理，让交易员们的实战活动从此更加有章可循。其中顺势定理的内容可以一言以蔽之：“在代表短期趋势的短期均线与代表中长期趋势的中长期均线同向或再次扭转为同向时进场，胜算最高。”对股票来说，这里的“短期均线”，通常指的是 5/10 周均线；所谓“中长期均线”，通常指的是 30/60 周均线。对期货来说，大级别行情可以与股票同样对待，小级别行情将上述周均线换成日均线即可。

如果短期趋势以10周均线为代表，长期趋势以60周均线为代表，当两者同步上倾时做多，或同步下倾时做空，此为参与周线主动浪，胜算较高。当两者方向相反时，为周线反动浪，胜算降低。一般来说，10周均线通常能够很好地锁定一段周线级别的趋势。当5/10周均线死叉时往往意味着周线级别的主升浪结束。同理，当5/10周均线金叉时通常意味着周线级别的主跌浪结束。但也有一些更大级别的趋势，会存在5/10周均线死叉后再次金叉，或金叉后再次死叉的情形出现。注意以上表述里的“周”换成“日”也是可以的，即研判日线图与研判周线图的方法相同。深刻理解这一点，对构建正确的交易系统有益。

临界定理

临界定理的任务，是为进场点确定一个具体的位置。其内容也可以概括为一句话：“进场在最不可能发生回撤的位置，头寸才能迅速脱离成本区，取得浮盈保护。”最不可能发生回撤的位置有两种：(1)周K线与周均线族之间，以及周均线族彼此之间的乖离小——注意，以5/10/20/30/60/120/240日均线组成的“七均线体系”代替5/10/20/30/60周均线组成的“五均线体系”，效果也是一样的——意味着顺势方的获利盘小，其兑现利润的欲望不强，故发生回撤的概率小(这一种包括共振/反振两类信号)；(2)刚刚发生过回撤，短期内再次回撤的概率小(这一种包括磁悬浮/反悬浮、正N型/反N型、多临/空临三类信号)。

第二种情况也可以通俗地概括为“形态结束，趋势再起”，或者“回撤结束，趋势再起”。这里的“回撤”或“形态”，包括上升趋势中的回调和下跌趋势中的反弹。并且，回调也可以“以横代调”，反弹也可以“以横代弹”。不论是回调还是反弹，尤其是前者，在结束之前往往会出现极度缩量的情形。当标志性K线站到所有周均线之上(指上升趋势，通常放量)，或之下(指下跌趋势，无须放量)，则意味着形态(或回撤)结束、趋势再起。这个位置，就是通常所谓的“临界点”。临界点是多空力量对比严重失衡、最不可能回撤的点。

临界点视生处高、易守难攻。看涨临界点表示价格上涨的概率远远大于下跌的概率，看跌临界点表示价格下跌的概率远远大于上涨的概率，并且都处在“箭在弦上，引弓待发”的关键位置。临界点按照出现的次序可以划分为第一、第二、第三……临界点。第一临界点为初始进场点，其余临界点则为中途上车点，或顺势加码点。注意，这里的“形态”在时间和空间上可大可小。磁悬浮/反悬浮在加速标志性 K 线带动下突破形态之前，维持横盘（即构筑形态）的时间跨度可能达到 30 周左右，甚至长达 70～100 周也有可能。

所谓“多临/空临”，顾名思义，就是“周均线多排＋临界点”或“周均线空排＋临界点”。其“趋势再起”之前的回撤时间跨度最小，一般只有几周，并且通常采取“撤十过五”（回撤到 10 周均线，再越过 5 周均线重归趋势）、“撤二十过十五”（回撤到 20 周均线，再依次越过 10 周与 5 周均线重归趋势）、“撤三十过二十五”（回撤到 30 周均线，再依次越过 20 周、10 周和 5 周均线重归趋势）等形式结束形态、重启趋势。N 型底/N 型顶或 N 型上升中继/下降中继形态构筑的时间介于两者之间，即长于多临/空临，短于磁悬浮/反悬浮。注意，以上讨论是在周图上进行的，同样的情形发生在日图上的研判方法与周图类似，这叫“举一反三”。

第二章　专业交易者

第一节　股市看盘组织化

在金融市场上，专业玩家与业余玩家有何区别？首先，专业玩家看盘是高度组织化的，即要求正确、高效地看盘。不管股票还是期货、外汇还是国债，内盘或者外盘，把各大代表性指数全部看上一遍就能迅速了解全球金融市场的动态，统揽全局；清楚地知道哪个市场可以参与、哪个不能参与，热点集中在哪些板块，领头品种是谁，行情级别的大小……可谓一览无余。而业余玩家，会毫无例外地陷入 K 线图的汪洋大海里，眼睛看花了，却抓不住重点。在讲解看盘组织化之前，先说 K 线图的标准化。对于任何时间周期的 K 线图，我们所采用的移动平均线的参数一律都是 5/10/20/30/60，这一点要求统一并且不允许改变。

日图或微图（“微观图表”的一种，即四分之一个交易日的 K 线图。对于 4 小时为一个交易日的市场而言，微图指的就是 1 小时图。如果交易时间延长到 8 小时，微图指的就是 2 小时图，以此类推）通常再添加 120/240 单位均价线，而不使用任何其他与此不同的参数，这叫“K 线图的标准化”。目的是简化和统一图表，培养正确的看图方法与看图感觉。若移动平均线的参数不固定，或者看月图、周图、日图和微图等多周期图表的方法不统一，那么看图经验就会长期无法形成，最终陷入视觉错误和思维混乱，亏钱成为必然。另外，各周期 K 线图上同参数均线的颜色、线形也都应当保持一致。例如 20 单位均价线在所有周期 K 线图上的颜色全部用绿色，不加粗；30 单位均价线全部用粉色，加粗；等等。

下面先说大家都关心的 A 股市场的看盘组织化。其他各国股市与此大同小异。

截至 2022 年 1 月，沪深两市已有 4 600 多只 A 股挂牌，北京证券交易所挂牌的股票也已经超过 80 只。等到注册制推广到主板以后，恐怕还会高速扩容。与此同时，全国中小企业股份转让系统（即“新三板”）也有大约 7 300 只“股票”挂牌交易。2020 年 7 月 27 日，新三板被划分为精选层、创新层、基础层。但截至目前，新三板全部“股票”的单日总成交额只有 10 亿元左右，不足沪深主板一只股票的成交额；超过 90%的“股票”没有电子竞价成交量，其流通只能通过“协议转让”来完成。因此从流动性来看，新三板远不是一个值得参与的市场。2021 年 9 月 2 日，高层宣布，以精选层为基础组建北京证券交易所。

在不远的将来，沪深北三市挂牌股票数量可能突破 10 000 只，逐步发展成为全球最大规模证券市场的远景清晰可见。在股票挂牌数量如此众多的情况下，看盘组织化、选股自动化是投资股市的题中应有之义，也是股市赢家的必然选择。下面我们使用通达信软件，深入讲解这一问题。首先，中证指数有限公司将在沪深两市挂牌的 4 600 多只股票，按规模和流动性进行排序。先计算样本股在最近一年——新股为上市以来——的日均总市值、流通市值、流通股数、成交金额和日均成交股数 5 项指标，再按 2∶2∶2∶1∶1 的比例进行加权平均，将计算结果从高到低排序；再剔除上市不满 3 个月的新股（除非其上市以来的日均 A 股总市值排名进入前 30 位），同时剔除暂停上市和被 ST 特别处理的股票，选取排名在前 1 800 位的股票，以分级靠档法获得的调整股本为权数，采用派许加权综合价格指数公式进行计算，从而编制出中证系列规模指数，例如中证 100、中证 200、中证 500、中证 1000。

其中：

规模和流动性排名第 1～100 位的个股，组成中证 100 指数（代码 399903）；

规模和流动性排名第 101～300 位的个股，组成中证 200 指数（代码

399904)；

规模和流动性排名第 301～800 位的个股，组成中证 500 指数(代码 399905)；

规模和流动性排名第 801～1 800 位的个股，组成中证 1000 指数(代码 000852)。

注意：

中证 100 指数成分股＋中证 200 指数成分股＝沪深 300 指数(代码 399300)成分股；

沪深 300 指数成分股＋中证 500 指数成分股＝中证 800 指数(代码 000906)成分股。

按照以前的划分，中证 100 指数成分股被归类为大盘股，中证 200 指数成分股被归类为中盘股，中证 500 指数成分股被归类为小盘股。但随着沪深两市挂牌的股票越来越多，而且明显以小盘股居多，再这样划分就不合时宜了。现在更合适的分类方法应该是：沪深 300 指数成分股为大盘股，中证 500 指数成分股为中盘股，中证 1000 指数成分股为小盘股。随着时间的推移，中证 1000 指数成分股也会逐渐呈现中盘化的趋势。假设现在沪深两市挂牌股票数量达到 10 000 只，那么真正的小盘股的市值排名势必会在 1 800 名以外。那时，是否会有中证 2000 指数、中证 3000 指数、中证 5000 指数诞生呢？让我们拭目以待吧。

深市成交额已经长期超越沪市，需要引起特别重视，因此有必要针对深市系列指数做一专门介绍。除了按主板、创业板来划分，深圳证券信息有限公司还将在深市挂牌的全部 A 股按规模和流动性排名，选取排名在前 1 000 位的股票，编制出深市规模指数体系，包括深证 100 指数、深证 200 指数、深证 700 指数、深证 1000 指数。

其中：

规模和流动性排名第 1～100 位的个股，组成深证 100 指数(代码 399330)；

规模和流动性排名第 101～300 位的个股，组成深证 200 指数(代码 399009)；

规模和流动性排名第301～1000位的个股，组成深证700指数（代码399010）；

深证100指数成分股＋深证200指数成分股＝深证300指数（代码399007）成分股；

深证300指数成分股＋深证700指数成分股＝深证1000指数（代码399011）成分股。

深证100指数是典型的大盘股、权重股、蓝筹股指数。当然，与沪市的许多巨无霸相比，深证100指数的大部分成分股只能算是中盘股。（注意，深证100指数实际上有两个：代码为399004的深证100R，以及代码为399330的深证100P。两者样本股一致，计算方法略有区别。前者在计算过程中对上市公司派息进行复权，以保持指数不因上市公司派息因素产生变动，即考虑了股息的红利再投资；后者对上市公司派息不复权，任指数自由回落。其中R代表Return，叫收益指数；P代表Price，叫价格指数。通常所说的中证100、沪深300、中证500等指数都是指价格指数，但在中证指数公司的网页上有当天的R指数值。一般同一指数的R指数高于P指数，其差值就是股息红利再投资的结果。）

关于各大股指在整体市场中的代表性，中美两国股市之间存在一定的对应关系。简单来说，就是沪深300指数在A股市场中的地位，相当于美国股市中的标普500指数。中证800指数在A股市场中的地位，相当于罗素1000指数。而创业板指（399006）相当于纳斯达克100指数。中证1000指数则相当于罗素2000指数。该对应关系如图2－1所示。

下面逐一介绍沪深两市各大重要指数，以沪市为主：

1. 科创50指数（000688）：由科创板按规模和流动性排名前50位的股票组成。

2. 上证50指数（000016）：可以理解为由沪市规模最大的50只股票所组成。其中内地金融指数（000946）成分股至少占其三分之二的权重。故二者走势图高度相似。2015年2月9日，上海证券交易所以上证50ETF指数基金（510050）为标的发行上市了上证50ETF股票期权；2015年4月16日，中国金融期货交易所以上证50指数（000016）为标的

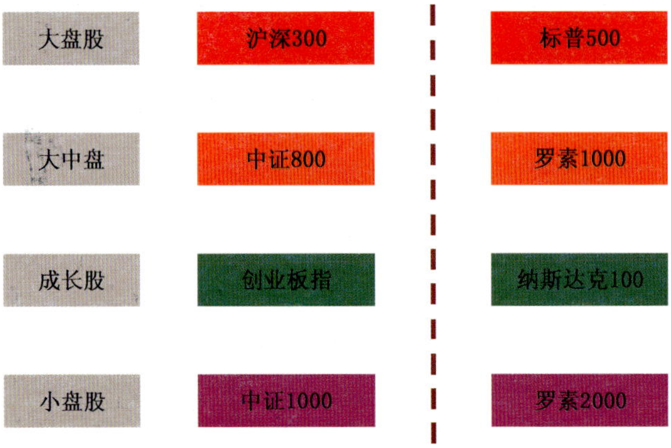

图 2—1　中美股市各大代表性指数之间的对应关系

发行上市了上证 50 股指期货(IH)。由于上证 50 指数成分股都是超级大盘股,股性不活跃,导致该指数走势僵化不堪,加之有国家队力量出于维稳需要针对成分股进行频繁地干预,严重降低了上证 50ETF 股票期权和上证 50 股指期货的交易价值。

3. 中证 100 指数(399903):可以理解为由沪深两市规模最大的 100 只股票所组成。因为其走势由大盘股决定,所以与上证 50、沪深 300 和上证指数一样,被视为大盘股或权重股走势的代表。其中银行、证券、保险等金融股占据了较大权重。

4. 沪深 300 指数(399300):可以理解为由沪深两市规模最大的 300 只股票所组成。目前已经以沪深 300 指数为标的,开发上市了沪深 300ETF 基金(510300、159919)、沪深 300 股指期货(IF)、沪深 300 股指期权(IO)。

5. 上证指数(999999):历史悠久、认知度最高的沪市全市场综合指数,已成为中国股市的代名词。尽管超级大盘股权重过大导致严重失真,但其每天的上下波动依然牵动着亿万投资者的心,即便是推出股指期货多年的沪深 300 指数也无法挑战其权威地位。

6. 中证全指(000985):以沪深市场全部挂牌的 A 股为基础,剔除上市不满 3 个月的个股(除非该股票自上市以来的日均 A 股总市值排在前 30 位),同时剔除暂停上市和被 ST 特别处理的股票,组成“中证全指”,用于纵览沪深两市之全貌。总体而言，中证全指的失真度低于上证指数，比上证指数具有更高的参考价值。

7. 中证500指数(399905)：与深证综指同属观察中盘股走势的工具，由沪深两市按规模和流动性排名位居第301～800位的个股组成。目前已经以中证500指数为标的，开发上市了中证500ETF基金(510500、510510)、中证500股指期货(IC)。

8. 中证1000指数(000852)：由沪深两市按规模和流动性排名位居第801～1 800位的个股组成。作为小盘股走势的代表，其真实度和准确度高于创业板综合指数。

9. 创业板成分指数(399006)：由深圳创业板规模最大的100只股票组成。与该指数相关的交易标的，是创业板ETF(159915)。

10. 创业板综合指数(399102)：深圳创业板全市场指数。

11. 深证综指(399106)：深圳股市的全市场指数，作用类似于上海股市的上证指数。但因为该指数受中盘股影响较大，所以更适合用来观察中盘股的走势。也正因为如此，深证综指与另一个观察中盘股的工具——中证500指数，具有极高的相似度。

12. 深证成指(399001)：由深交所按市值、流动性和行业代表性为依据挑选出的排名前500位的个股组成，覆盖深证综指60%以上的市值，有足够的代表性；也正因为如此，二者走势高度正相关。

13. 深证100指数(399330)：由深圳股市规模最大的100只股票组成。由于该指数成分股中股性僵化滞重的银行、证券、保险类股票极少，故表现比中证100和沪深300趋势性更好。如果以它为标的开发上市股指期货与股指期权，交易价值也会更高。

14. 总市值：通达信软件编制的沪深两市的总市值，将来可能纳入北交所的总市值。

15. 流通市值：通达信软件编制的沪深两市的流通市值，将来可能纳入北交所的流通市值。

16. 平均股价(880003)：通达信软件编制的沪深两市的平均股价。

17. 主板平均(880013)：通达信软件编制的A股主板的平均股价。

18. 创业平均(880033):通达信软件编制的深圳创业板平均股价。

19. 内地金融指数(000946):由中证 800 指数成分股中银行、证券、保险类个股组成。

20. 内地银行指数(000947):由中证 800 指数成分股中银行类个股组成。

21. 内地地产指数(000948):由中证 800 指数成分股中地产类个股组成。

22. 内地资源指数(000944):由中证 800 指数成分股中有色、钢铁、煤炭类个股组成。

现在请读者在通达信界面上点击“工具”—“用户板块设置”,在“用户板块管理”标签页点击“新建板块”,将板块命名为“000”(以后在键盘上敲 000 再回车即可打开该板块,其他板块同理),再点“确定”即可。然后继续创建“111”和“222”板块。

“000”板块是看盘基地,其含义是“一切从这里生起”,内容包括 13 个“根指数”和一批 ETF。“111”板块储存 56 个粗分母指数,“222”板块则储存 110 个细分子指数。

请依据图 2—2 和图 2—3 所示的代码,在 000 板块中输入 56 个品种,作为看盘必备。

	代码	名称	涨幅%	现价	涨跌	买价	卖价	总量	现量	涨速%	换手%	今开	最高	最低	市盈(动)	总金额	量比
1	000688	科创50	0.14	1144.32	1.61	–	–	859.4万	–	0.19	1.92	1136.98	1144.32	1124.85	59.88	424.9亿	0.88
2	000016	上证50	1.25	2913.19	35.97	–	–	4136万	–	-0.12	0.33	2869.70	2925.72	2853.77	9.94	845.2亿	0.97
3	399903	中证100	0.75	4165.33	31.06	–	–	7911万	–	-0.26	–	4116.32	4186.14	4089.29	–	1544亿	0.93
4	399300	沪深300	0.67	4265.90	28.20	–	–	1.49亿	–	-0.21	0.53	4218.47	4283.37	4194.94	12.01	2758亿	0.87
5	999999	上证指数	1.12	3251.07	36.03	–	–	3.73亿	–	-0.12	0.92	3207.15	3260.78	3197.36	12.59	4284亿	0.91
6	000985	中证全指	0.05	5179.14	43.51	–	–	7.01亿	0	-0.09	–	5114.19	5192.51	5100.37	–	9324亿	0.92
7	399905	中证 500	1.03	6332.22	64.70	–	–	1.53亿	–	0.00	–	6249.48	6338.22	6231.73	–	1533亿	0.91
8	000852	中证1000	0.89	6879.37	60.82	–	–	1.74亿	–	0.11	–	6792.32	6882.66	6773.46	–	2696亿	0.92
9	399006	创业板指	0.11	2713.79	3.07	–	–	1.38亿	–	-0.41	3.48	2693.14	2725.68	2668.92	50.77	2357亿	0.95
10	399102	创业板综	0.11	3068.92	3.44	–	–	1.38亿	–	-0.26	3.83	3046.06	3079.80	3029.61	51.38	2357亿	0.95
11	399106	深证综指	0.56	2144.90	11.89	–	–	4.52亿	–	-0.10	2.25	2121.95	2150.50	2116.62	26.44	5621亿	0.95
12	399001	深证成指	0.31	12328.65	38.68	–	–	4.52亿	–	-0.19	2.20	12222.22	12360.59	12141.75	27.07	5621亿	0.95
13	399330	深证100	0.03	5665.31	1.94	–	–	3600万	–	-0.33	0.93	5626.19	5696.07	5580.15	25.90	1122亿	0.79
14	880001	总市值	0.90	8085.67	72.20	–	–	8.24亿	–	-0.09	–	7988.14	8107.54	7966.32	–	9982亿	0.93
15	880002	流通市值	0.92	6655.36	60.69	–	–	8.24亿	–	0.11	–	6571.75	6675.02	6553.13	–	9902亿	0.93
16	880003	平均股价	0.29	24.16	0.07	–	–	8.24亿	–	0.00	–	24.00	24.21	23.89	–	9902亿	0.93
17	880013	主板平均	0.83	16.98	0.14	–	–	6.77亿	–	0.00	–	16.80	17.01	16.75	–	7121亿	0.93
18	880033	创业平均	0.10	29.04	0.03	–	–	1.38亿	–	-0.02	–	28.79	29.10	28.72	–	2357亿	0.95
19	588000	科创50ETF	0.08	1.190	0.001	1.189	1.190	516.7万	7320	-0.07	2.67	1.188	1.192	1.173	–	6.11亿	0.67
20	510050	上证50ETF	1.19	2.891	0.034	2.892	2.894	883.1万	613	-0.13	5.00	2.846	2.910	2.836	–	25.4亿	0.71
21	510300	沪深300ETF	0.66	4.258	0.028	4.258	4.259	403.0万	920	-0.27	3.74	4.210	4.276	4.189	–	17.0亿	0.46
22	159919	沪深300ETF	0.71	4.264	0.030	4.263	4.264	982884	1490	-0.11	2.45	4.234	4.277	4.189	–	4.17亿	0.63
23	510500	中证500ETF	1.02	7.104	0.072	7.104	7.105	220.4万	2672	0.00	3.64	7.001	7.113	6.983	–	15.6亿	0.52
24	512100	中证1000ETF	1.01	1.000	0.010	0.999	1.000	168.6万	43	0.10	9.93	0.982	1.001	0.982	–	1.67亿	0.62
25	159901	深证100ETF易方达	0.97	3.231	0.031	3.231	3.232	257571	555	0.03	1.24	3.198	3.236	3.171	–	8229万	0.80
26	159915	创业板ETF易方达	0.42	2.635	0.011	2.635	2.636	407.5万	32592	-0.18	5.99	2.610	2.642	2.582	–	10.6亿	0.52
27	515860	科技ETF基金	0.32	1.261	0.004	1.259	1.265	44679	20	-0.07	2.48	1.257	1.262	1.242	–	559.1万	1.00
28	515200	创新100ETF	0.17	1.790	0.003	1.774	1.791	3029	5	-0.05	0.22	1.787	1.792	1.759	–	53.99万	0.07
29	159995	芯片ETF	-0.71	1.394	-0.010	1.394	1.395	366.7万	31993	0.07	2.90	1.393	1.405	1.376	–	5.09亿	0.69
30	512480	半导体ETF	-0.54	1.110	-0.006	1.110	1.111	365.8万	9349	0.09	3.87	1.108	1.118	1.098	–	4.05亿	0.66
31	512760	芯片ETF	-0.85	1.282	-0.011	1.281	1.282	368.1万	1372	0.00	3.93	1.286	1.295	1.269	–	4.72亿	1.01
32	399959	军工指数	-1.15	1592.77	-18.48	–	–	462.4万	–	0.08	–	1602.29	1602.29	1560.96	–	138.3亿	0.79
33	512660	军工ETF	-1.39	1.139	-0.016	1.139	1.140	553.1万	226	-0.08	5.98	1.150	1.153	1.118	–	5.29亿	1.07
34	512710	军工龙头ETF	-1.71	0.803	-0.014	0.803	0.804	177.1万	30	0.00	3.39	0.810	0.811	0.787	–	1.41亿	0.87
35	399239	IT指数	0.12	1641.72	1.99	–	–	4947万	–	-0.07	–	1628.72	1647.24	1621.42	–	571.7亿	0.89
36	159939	信息技术ETF	-0.16	1.229	-0.002	1.228	1.229	34001	44	-0.07	0.35	1.231	1.231	1.216	–	426.5万	0.31
37	512720	计算机ETF	-0.43	1.157	-0.005	1.157	1.158	321510	10	0.09	4.31	1.162	1.162	1.145	–	3715万	0.94
38	515000	科技ETF	0.00	1.444	0.000	1.443	1.444	345950	20	0.07	1.25	1.437	1.445	1.424	–	4970万	0.86
39	515750	科技50ETF	0.83	1.330	0.011	1.329	1.330	113068	1	0.08	2.21	1.317	1.330	1.309	–	1491万	0.81
40	515050	5GETF	-0.41	0.968	-0.004	0.967	0.969	115.9万	10	-0.09	1.14	0.965	0.976	0.957	–	1.12亿	0.68

图 2—2 股市看盘组织化,000 板块内容之一

金融交易学

一个专业投资者的至深感悟

资金驱动力 资金博弈 DDE排名 多空阵线 分类过滤 组合分析 自选管理 多股同列 综合排名 定制版面

	代码	名称	涨幅%	现价	涨跌	买价	卖价	总量	现量	涨速%	换手%	今开	最高	最低	市盈(动)	总金额	量比
40	515050	5GETF	0.41	0.968	0.004	0.967	0.969	115.9万	10	0.09	1.14	0.965	0.976	0.957	–	1.12亿	0.68
41	515880	通信ETF	0.11	0.944	0.001	0.943	0.944	335598	1	0.11	1.92	0.935	0.945	0.931	–	3151万	1.04
42	399283	机器人50	-0.87	2974.77	-26.02	–	–	565.8万	–	-0.05	–	2990.92	2994.78	2942.47	–	115.2亿	0.80
43	515070	人工智能AIETF	-0.36	1.105	-0.004	1.104	1.105	58251	200	0.00	0.82	1.109	1.125	1.094	–	641.7万	0.52
44	515700	新能车ETF	-0.54	2.600	-0.014	2.599	2.602	810245	194	-0.18	3.43	2.596	2.609	2.558	–	2.09亿	0.69
45	512980	传媒ETF	0.76	0.662	0.005	0.662	0.664	718703	2000	0.29	1.10	0.656	0.666	0.650	–	4736万	0.57
46	512010	医药ETF	0.57	0.527	0.003	0.526	0.527	807.8万	20	0.00	5.82	0.519	0.529	0.518	–	4.22亿	0.75
47	512290	生物医药ETF	1.28	1.419	0.018	1.420	1.421	902186	120	-0.20	3.66	1.400	1.426	1.381	–	1.27亿	0.95
48	518880	黄金ETF	0.16	3.851	0.006	3.851	3.852	116.5万	2	0.05	3.95	3.860	3.866	3.842	–	4.49亿	0.51
49	512400	有色金属ETF	0.73	1.247	0.009	1.246	1.247	775591	2	0.08	2.66	1.228	1.251	1.225	–	9587万	0.71
50	512880	证券ETF	0.93	0.972	0.009	0.972	0.973	1353万	152	0.10	3.95	0.960	0.975	0.955	–	13.1亿	0.69
51	512000	券商ETF	0.98	0.930	0.009	0.929	0.930	880.1万	15	0.11	3.46	0.918	0.934	0.915	–	8.13亿	0.84
52	512800	银行ETF	2.10	1.118	0.023	1.117	1.118	422.5万	851	-0.17	4.83	1.090	1.122	1.070	–	4.70亿	0.89
53	510900	H股ETF	1.80	0.792	0.014	0.791	0.792	1086万	94	-0.37	8.35	0.768	0.799	0.765	–	8.47亿	0.52
54	159920	恒生ETF	1.47	1.102	0.016	1.102	1.103	1146万	33270	-0.26	8.37	1.081	1.110	1.073	–	12.5亿	0.50
55	513500	标普500ETF	0.69	2.630	0.018	2.630	2.639	585142	27	0.00	2.70	2.628	2.641	2.625	–	1.54亿	0.64
56	513100	纳指ETF	0.00	0.910	0.000	0.910	0.911	152.6万	770	0.00	3.42	0.909	0.912	0.906	–	1.39亿	0.55

图 2—3　股市看盘组织化,000 板块内容之二

000 板块的 56 个品种可分为如下 3 个部分:

1. 序号 1～13,是沪深两市各大指数,作为统揽全局之用,简称为“根指数”。

2. 序号 14～18,是沪深两市的总市值、流通市值和 3 种平均股价。

3. 序号 19～56,常用的 ETF 指数基金和少数几个 ETF 所跟踪的指数(代码 399 打头)。目前已经上市的股指期货品种多为大合约,对小资金不利。散户不妨把 ETF 作为股指期货多头头寸的替代品。

读者可能听说过分级基金 B 类份额,ETF 指数基金与之相比交易价值更高。表面上看,前者存在 2 倍左右的杠杆,上涨时盈利能力更强;但杠杆是把双刃剑,下跌时速度也更快。前者一般流动性不足,溢价率高,不严格跟随标的指数而动;后者流动性相对充沛,溢价率平时接近于零,且严格跟随标的指数而动。当分级基金 B 类份额溢价率够高的时候,会吸引来天量套利盘(称之为“正向套利”,即套利资金先按净值申购母基金,然后拆分成 A 类和 B 类份额。A 份额通常会因为折价而小幅亏损,但只要通过抛售拆分得来的 B 份额所获取的利润足以弥补亏损,该套利就会以巨大的规模进行。与此相反的行为称之为“逆向套利”,即在 B 份

额严重折价时——这种情况较为罕见——分别买入 A 类和 B 类份额合并成母基金，再按净值赎回)，导致其“流通盘”迅速扩大，溢价下降，价格暴跌。

另外，B 基金还存在诸如向上折算、向下折算等一系列复杂问题，令新手徒增困扰。2015 年 7 月，因为“6·15 股灾”的发生，大批 B 基金触发下折(多数分级基金的下折阈值设为 0.25 元，即当分级 B 的交易价格下跌至低于 0.25 元时，会 4 份合并成 1 份。个别基金下折阈值设在 0.45 元)，导致二级市场上的购买者巨幅亏损。按说下折前 B 基金该跌的幅度已经完成，风险已经释放，下折本身不会造成亏损。但实际上，此时这些基金二级市场交易价格相对于净值都还存在高额溢价，溢价率普遍都在 30%～100%。而下折是按净值执行的，即下折的同时溢价消除。这就是下折前的买进者之所以会暴亏的原因。基于上述原因，我给投资者的建议是:除非对于标的指数出现上升趋势有充分的信心，并且 B 基金流动性充沛、溢价率低(3%以下)，否则最好远离 B 基金。不然的话，对标的指数研判失误(包括方向和路径)加上重仓频繁进出，将使 B 基金迅速成为散户交易者的“破产利器”。

“111”板块以通达信 56 个粗分行业指数为内容(简称为“母指数”，这些“母指数”可以在“板块指数”标签里看到)。“222”板块以通达信 110 个细分行业指数为内容(简称为“子指数”，剔除了一切包含子指数的母指数)。以有色指数(880324)为例，它下面细分为铜(880325)、铝(880326)、铅锌(880327)、黄金(880328)、小金属(880329)共计 5 个子指数。再以煤炭指数(880301)为例，它下面细分为煤炭开采(880302)、焦炭加工(880303)2 个子指数。再比如，电力指数(880305)下面细分为水力发电(880306)、火力发电(880307)、新型电力(880308)共计 3 个子指数。同理，钢铁指数(880318)下面细分为普钢(880319)、特种钢(880320)、钢加工(880321)共计 3 个子指数。子指数与母指数之间，以及子指数彼此之间往往表现差异巨大，细分就是为了更加准确地定位热点板块及其领头羊。

需要指出的是，在通达信行情列表的“细分行业”一栏中，用到的是

110个细分行业；而在“板块指数”标签里，用的是56个粗分行业。当在通达信软件里执行条件选股、一键选股或股票池全自动选股时，可以将000板块与“上证A股”“深证A股”一同添加进“选股范围”执行选股程序，这样“根指数”以及重要的ETF就有可能被选出来——股票被选股程序选出来，今后称之为“上榜”。以我编写的“黑马集中营”选股程序为例，当执行“条件选股”时，选股结果被保存在“临时条件股”板块，该板块在选股结束时自动打开，或者在其他页面时通过键入“TJG”查看；每执行一次“条件选股”，“临时条件股”板块的内容都会被刷新一次。当执行“一键选股”时，选股结果在8888板块“上榜”。当全自动选股股票池自动运行时，选股结果在888板块“上榜”，每隔5秒自动更新一次。

除了将000板块与“上证A股”“深证A股”一同添加进“选股范围”执行选股程序，令“根指数”以及重要的ETF有机会上榜外，还可以将111或222板块与“上证A股”“深证A股”一同添加进“选股范围”，令“母指数”或“子指数”有机会上榜。显然，上榜的“母指数”或“子指数”就是热点板块，而上榜个股所属的“细分行业”与被选出的分类板块指数一致的，就是热点板块的领头羊。实践证明，当将222板块与“上证A股”“深证A股”一同添加进“选股范围”执行选股的时候，上榜的细分指数数量太多，早盘的时候往往比上榜的股票还多，这对挑选个股来说是一种妨碍。因此，与“上证A股”“深证A股”一同添加进“选股范围”的板块，建议用000或者111，或者“000＋111”，不用222。

111板块的内容如图2－4和图2－5所示。222板块的内容如图2－6～图2－8所示。

同步	代码	名称	涨幅%	现价	涨跌	买价	卖价	总量	现量	涨速%	换手%	今开	最高	最低	昨收	市盈(动)	总金额	量比
1	880301	煤炭	-6.36	1055.45	-71.74	—	—	3380万	—	0.19	3.60	1105.77	1143.74	1031.60	1127.19	9.92	375.8亿	1.07
2	880305	电力	4.45	1799.57	76.69	—	—	7963万	—	0.04	2.90	1721.60	1811.15	1721.19	1722.88	20.38	541.3亿	1.32
3	880310	石油	-1.29	779.66	-10.15	—	—	3453万	—	0.40	1.08	783.58	808.06	752.90	789.81	10.19	184.1亿	0.88
4	880318	钢铁	4.28	1377.85	61.65	—	—	5722万	—	0.01	3.16	1430.78	1445.88	1343.07	1439.50	9.37	361.7亿	1.09
5	880324	有色	-2.88	1182.41	-35.12	—	—	8002万	—	0.04	3.90	1204.24	1223.85	1144.97	1217.53	33.94	1304亿	0.80
6	880330	化纤	-2.63	3390.63	-91.42	—	—	990.4万	—	-0.06	2.21	3448.28	3473.75	3310.69	3482.05	16.13	160.4亿	0.96
7	880335	化工	-0.13	2635.09	-3.37	—	—	1.03亿	—	-0.10	5.23	2623.15	2694.57	2557.05	2638.46	20.34	1832亿	1.01
8	880344	建材	0.05	1806.05	0.98	—	—	1609万	—	-0.05	2.33	1804.43	1826.58	1766.72	1805.07	15.37	222.5亿	0.82
9	880350	造纸	-2.35	1506.89	-36.31	—	—	868.3万	—	0.16	3.31	1541.23	1541.74	1484.34	1543.20	12.23	63.4亿	0.98
10	880351	矿物制品	-2.06	2305.36	-48.54	—	—	789.1万	—	-0.17	7.21	2324.24	2404.05	2253.91	2353.90	59.30	108.6亿	1.17
11	880355	日用化工	2.86	1904.70	52.95	—	—	111.0万	—	-0.19	2.47	1863.66	1917.25	1826.47	1851.75	61.84	24.4亿	1.23
12	880360	农林牧渔	0.01	1875.82	0.26	—	—	1915万	—	0.15	2.66	1874.04	1882.58	1841.92	1876.08	54.25	201.0亿	1.23
13	880367	纺织服饰	-0.90	1058.01	-9.64	—	—	1008万	—	0.00	1.43	1066.06	1066.89	1048.08	1067.65	23.74	65.0亿	0.79
14	880372	食品饮料	0.22	3043.71	6.56	—	—	1007万	—	0.08	1.62	3033.08	3044.35	2984.78	3037.15	34.87	165.2亿	1.04
15	880380	酿酒	3.40	7348.41	241.32	—	—	620.9万	—	0.00	2.06	7047.30	7423.03	7047.30	7107.09	37.77	425.9亿	1.49
16	880387	家用电器	1.48	3691.08	53.90	—	—	696.2万	—	0.08	1.27	3632.76	3694.11	3607.47	3637.18	18.77	134.6亿	0.95
17	880390	汽车类	0.12	2278.02	2.71	—	—	2800万	—	0.04	1.58	2281.66	2298.45	2243.68	2275.31	31.75	363.3亿	0.83
18	880398	医疗保健	5.25	5438.93	271.45	—	—	1053万	—	-0.01	2.33	5157.80	5474.35	5133.07	5167.48	30.17	396.9亿	1.31
19	880399	家居用品	-1.22	2806.82	-34.68	—	—	190.7万	—	0.39	1.25	2835.79	2835.79	2785.45	2841.50	25.67	26.2亿	0.81
20	880400	医药	2.55	2575.72	64.11	—	—	2758万	—	0.06	1.57	2510.33	2582.39	2493.35	2511.61	37.93	629.1亿	0.99
21	880406	商业连锁	-0.19	852.78	-1.62	—	—	940.0万	—	0.03	0.91	852.78	854.35	846.92	854.40	22.61	91.0亿	0.92
22	880414	商贸代理	-1.35	1213.71	-16.65	—	—	529.8万	—	0.10	2.13	1225.19	1230.24	1190.47	1230.36	10.67	57.7亿	0.84
23	880418	传媒娱乐	-0.15	909.49	-1.40	—	—	867.8万	—	0.03	0.95	911.85	912.93	896.67	910.89	22.31	60.9亿	0.87
24	880421	广告包装	-0.70	1464.64	-10.37	—	—	492.1万	—	-0.09	1.73	1474.91	1477.36	1444.54	1475.01	27.97	39.1亿	0.81
25	880422	文教休闲	1.19	1777.69	20.85	—	—	370.4万	—	0.04	2.10	1754.74	1778.15	1743.97	1756.84	87.13	35.7亿	0.84
26	880423	酒店餐饮	1.56	1247.59	19.13	—	—	634754	—	0.23	1.24	1227.48	1247.66	1210.58	1228.46	—	5.88亿	0.76
27	880424	旅游	2.50	4267.90	104.10	—	—	268.0万	—	0.17	1.31	4118.56	4292.33	4044.28	4163.80	47.70	48.5亿	0.76
28	880430	航空	-2.58	2225.37	-50.84	—	—	679.3万	—	0.02	2.30	2293.05	2311.53	2169.72	2204.21	76.43	165.6亿	1.03
29	880431	船舶	2.40	712.65	16.68	—	—	490.9万	—	0.04	1.73	710.60	725.43	695.64	695.97	280.04	59.0亿	0.83
30	880432	运输设备	-0.99	1276.68	-12.73	—	—	436.2万	—	0.17	0.99	1291.20	1294.01	1260.81	1289.41	23.39	43.0亿	0.78
31	880437	通用机械	-0.13	1544.18	-1.94	—	—	1463万	—	0.00	3.44	1545.67	1562.47	1520.68	1546.12	43.21	240.1亿	0.97
32	880440	工业机械	-0.80	2142.87	-17.38	—	—	2687万	—	0.00	3.24	2154.85	2176.22	2102.42	2160.25	42.72	414.7亿	0.94
33	880446	电气设备	0.62	2206.36	13.60	—	—	6877万	—	0.07	4.06	2188.50	2227.69	2158.64	2192.76	60.11	1154亿	0.96
34	880447	工程机械	-1.17	1290.34	-15.25	—	—	1497万	—	0.00	2.33	1300.80	1306.45	1277.24	1305.59	14.90	126.2亿	0.93
35	880448	电器仪表	0.88	4609.80	40.03	—	—	752.1万	—	0.00	1.97	4566.24	4617.86	4543.49	4569.77	40.04	124.1亿	0.91
36	880452	电信运营	-0.31	920.41	-2.82	—	—	896.0万	—	0.00	1.99	924.43	929.00	912.79	923.23	14.32	50.1亿	1.11
37	880453	公共交通	-1.81	917.32	-16.91	—	—	366734	—	0.08	0.65	930.84	934.01	908.25	934.23	48.13	3.44亿	0.84
38	880454	水务	0.28	1183.12	3.29	—	—	104.7万	—	0.19	0.66	1186.28	1191.58	1165.68	1186.41	15.62	8.26亿	0.79
39	880455	供气供热	0.50	933.64	4.68	—	—	849.2万	—	0.05	3.14	921.57	947.41	906.83	928.96	20.73	88.7亿	1.07
40	880456	环境保护	0.74	1417.02	10.46	—	—	1435万	—	0.10	2.26	1406.47	1419.96	1388.16	1406.56	31.27	137.5亿	0.83

图 2—4　股市看盘组织化，111 板块内容之一

同步	代码	名称	涨幅%	现价	涨跌	买价	卖价	总量	现量	涨速%	换手%	今开	最高	最低	昨收	市盈(动)	总金额	量比
41	880459	运输服务	1.04	1093.17	11.27	—	—	1389万	—	0.10	0.96	1080.12	1098.86	1076.40	1081.90	18.21	101.7亿	0.78
42	880464	仓储物流	0.61	2150.66	13.10	—	—	681.8万	—	0.00	1.62	2133.84	2155.04	2113.34	2137.56	35.98	61.9亿	1.01
43	880465	交通设施	0.32	1538.29	4.88	—	—	690.6万	—	0.11	0.54	1536.44	1548.20	1515.87	1533.41	12.35	36.2亿	0.75
44	880471	银行	0.31	1986.40	6.10	—	—	1953万	—	0.07	0.17	1980.20	1992.10	1975.90	1980.30	5.21	151.6亿	0.69
45	880472	证券	1.33	1677.37	22.09	—	—	2806万	—	0.07	1.29	1658.18	1682.74	1651.84	1655.28	18.33	362.4亿	0.63
46	880473	保险	-0.94	1715.80	-16.28	—	—	275.1万	—	0.16	0.47	1728.97	1734.19	1705.86	1732.08	8.42	66.2亿	0.84
47	880474	多元金融	-1.23	1168.35	-14.59	—	—	561.1万	—	0.07	0.86	1181.66	1185.09	1155.41	1182.94	17.76	33.4亿	0.77
48	880476	建筑	0.77	1357.45	10.50			3350万		0.07	1.61	1365.18	1382.20	1332.90	1368.03	8.84	257.3亿	0.81
49	880482	房地产	0.52	1280.40	6.61	—	—	2417万	—	0.08	1.10	1272.15	1288.12	1268.46	1273.79	13.11	171.8亿	0.94
50	880489	IT设备	-0.13	1476.84	-1.99	—	—	354.4万	—	0.02	1.25	1480.92	1483.28	1458.69	1478.83	91.32	43.1亿	0.88
51	880490	通信设备	-0.46	1500.23	-6.95	—	—	1419万	—	-0.02	2.00	1507.41	1511.07	1481.66	1507.18	54.79	105.5亿	0.86
52	880491	半导体	0.81	3178.82	25.40	—	—	935.7万	—	0.01	2.06	3155.80	3208.59	3119.22	3153.42	60.93	308.6亿	0.71
53	880492	元器件	-0.42	2617.56	-11.17	—	—	3585万	—	-0.01	2.00	2627.08	2642.83	2577.52	2628.73	32.03	530.3亿	0.89
54	880493	软件服务	-0.16	2553.43	-4.19	—	—	2591万	—	-0.04	2.18	2555.82	2560.60	2516.24	2557.82	116.72	358.7亿	0.80
55	880494	互联网	-1.79	2076.67	-37.76	—	—	1872万	—	0.05	2.73	2112.64	2112.87	2056.67	2114.43	27.84	137.4亿	0.76
56	880497	综合类	0.48	1144.43	5.46	—	—	548.4万	—	-0.05	2.66	1136.47	1156.36	1112.97	1138.97	98.27	81.1亿	0.92

图 2—5　股市看盘组织化，111 板块内容之二

	代码	名称	涨幅%	现价	涨跌	买价	卖价	总量	现量	涨速%	换手%	今开	最高	最低	昨收	市盈(动)	总金额	量比
1	880302	煤炭开采	-6.52	1075.99	75.02	–	–	2363万	–	0.22	2.97	1129.89	1168.87	1049.97	1151.01	9.64	279.2亿	1.06
2	880303	焦炭加工	-5.04	830.68	-44.12	–	–	1016万	–	-0.04	7.19	853.26	881.65	821.33	874.80	13.67	96.6亿	1.10
3	880306	水力发电	4.55	2322.00	101.11	–	–	822.5万	–	0.05	1.15	2220.44	2328.55	2220.44	2220.89	24.61	68.7亿	1.43
4	880307	火力发电	3.70	1337.41	47.77	–	–	3002万	–	0.09	2.08	1291.34	1360.11	1290.48	1289.64	15.92	156.1亿	1.14
5	880308	新型电力	5.52	1342.27	70.21	–	–	4058万	–	-0.04	7.36	1265.14	1346.96	1264.58	1272.06	22.48	116.6亿	1.48
6	880311	石油开采	1.73	666.19	11.73	–	–	2534万	–	0.43	1.24	671.91	692.16	642.70	677.92	11.82	131.7亿	0.86
7	880312	石油加工	-0.21	1090.91	-2.33	–	–	810.5万	–	0.36	0.73	1087.42	1126.93	1054.90	1093.24	7.65	40.3亿	0.93
8	880313	石油贸易	-1.79	1377.74	-25.11	–	–	107.6万	–	0.16	2.87	1386.80	1431.19	1338.05	1402.85	23.58	32.1亿	0.92
9	880319	普钢	-4.91	1246.71	-64.33	–	–	4625万	–	0.14	3.15	1301.35	1321.39	1214.51	1311.04	7.68	226.6亿	1.11
10	880320	特种钢	-3.37	2572.62	89.62	–	–	558.3万	–	-0.49	3.54	2661.31	2670.11	2485.71	2662.24	14.38	85.4亿	1.06
11	880321	铜加工	1.93	1206.16	23.78	–	–	530.5万	–	0.09	2.97	1220.83	1238.05	1185.82	1229.94	19.08	49.6亿	0.98
12	880325	铜	-3.19	772.87	-25.49	–	–	1397万	–	0.05	4.22	790.68	799.04	751.77	798.36	22.57	113.7亿	0.74
13	880326	铝	2.08	1147.72	24.43	–	–	1900万	–	0.05	3.64	1156.49	1199.57	1115.14	1172.15	21.85	207.6亿	0.81
14	880327	铅锌	2.50	688.18	18.25	–	–	1036万	–	0.21	5.01	702.66	715.20	661.30	706.43	30.76	69.7亿	0.79
15	880328	黄金	-3.43	1043.19	-37.00	–	–	823.5万	–	0.11	2.21	1053.73	1066.47	1022.86	1080.19	33.99	92.2亿	0.67
16	880329	小金属	2.97	1710.48	52.27	–	–	2846万	–	0.00	4.57	1750.23	1775.80	1646.42	1762.75	49.69	[illegible]	0.88
17	880330	化纤	-2.63	3390.63	-91.42	–	–	990.4万	–	-0.06	2.21	3448.28	3473.75	3310.69	3482.05	16.13	160.4亿	0.96
18	880336	化工原料	-0.46	3145.23	-14.67	–	–	7094万	–	-0.11	5.86	3133.93	3232.37	3054.35	3159.90	28.67	[illegible]	1.03
19	880337	农药化肥	0.23	1786.90	4.11	–	–	1792万	–	0.17	5.78	1771.72	1849.74	1731.40	1782.79	17.02	207.6亿	0.99
20	880338	塑料	1.02	2692.57	27.27	–	–	860.5万	–	-0.36	3.29	2672.04	2719.58	2598.74	2665.30	48.40	[illegible]	0.93
21	880339	橡胶	1.85	1226.44	23.07	–	–	186.1万	–	0.01	2.16	1246.53	1258.17	1204.52	1249.51	56.73	21.8亿	0.81
22	880340	染料涂料	0.80	2882.57	23.00	–	–	383.3万	–	0.10	3.61	2861.74	2885.02	2803.89	2859.57	27.13	56.1亿	1.08
23	880345	陶瓷	2.21	3542.66	76.54	–	–	949858	–	-0.20	2.87	3425.00	3567.11	3425.00	3466.12	40.20	14.7亿	0.97
24	880346	水泥	0.43	1426.99	6.10	–	–	590.1万	–	-0.18	1.92	1442.62	1457.59	1391.41	1420.89	9.39	79.1亿	0.67
25	880347	玻璃	-0.56	2453.35	-13.83	–	–	513.0万	–	0.01	2.95	2433.45	2485.78	2386.75	2467.18	21.06	81.0亿	0.92
26	880348	其他建材	-0.34	2416.96	-8.16	–	–	420.7万	–	0.09	2.35	2406.05	2442.20	2382.60	2425.12	28.12	47.7亿	0.96
27	880350	造纸	-2.35	1506.89	-36.31	–	–	868.3万	–	0.16	3.31	1541.23	1541.74	1484.34	1543.20	12.23	63.4亿	0.98
28	880351	矿物制品	2.06	2305.36	48.54	–	–	789.1万	–	0.17	7.21	2324.24	2404.05	2253.91	2353.90	59.38	108.6亿	1.17
29	880355	日用化工	2.86	1904.70	52.95	–	–	111.0万	–	-0.19	2.47	1863.66	1917.25	1826.47	1851.75	61.84	24.4亿	1.23
30	880361	种植业	-1.54	1494.54	-23.30	–	–	388.7万	–	0.08	3.84	1502.38	1518.32	1476.66	1517.84	67.87	41.8亿	1.03
31	880362	渔业	-1.43	455.80	-6.59	–	–	107.2万	–	-0.02	3.71	461.68	462.80	452.66	462.39	92.73	9.12亿	1.36
32	880363	林业	0.34	1138.86	3.82	–	–	783187	–	0.14	3.03	1132.69	1145.51	1119.35	1135.04	399.30	3.30亿	0.94
33	880364	饲料	1.10	3627.02	39.52	–	–	594.6万	–	0.26	2.98	3594.70	3644.84	3509.11	3587.50	–	62.5亿	1.69
34	880366	农业综合	-0.22	1582.57	-3.43	–	–	666.4万	–	0.11	1.95	1585.74	1596.66	1555.77	1586.00	27.15	82.4亿	1.10
35	880368	纺织	-1.44	1011.83	-14.76	–	–	414.1万	–	-0.05	1.62	1026.91	1026.91	1003.25	1026.59	19.91	24.2亿	0.74
36	880369	服饰	-0.65	1074.19	-7.02	–	–	593.6万	–	0.02	1.32	1078.60	1088.32	1063.65	1081.21	25.66	40.0亿	0.83
37	880373	乳制品	0.72	4399.37	31.27	–	–	178.7万	–	0.11	1.45	4353.46	4414.32	4299.86	4368.10	24.75	34.2亿	1.17
38	880374	软饮料	0.13	1415.18	1.82	–	–	876125	–	0.13	1.53	1416.80	1425.92	1393.25	1417.00	33.79	[illegible]	1.12
39	880375	食品	0.11	2711.78	2.98	–	–	740.4万	–	0.07	1.67	2706.37	2714.01	2659.68	2708.80	38.17	[illegible]	1.00
40	880381	白酒	3.41	9477.79	312.89	–	–	395.0万	–	0.00	2.19	9085.42	9585.87	9085.42	9164.90	37.88	[illegible]	1.46

图 2—6　股市看盘组织化，222 板块内容之一

	代码	名称	涨幅%	现价	涨跌	买价	卖价	总量	现量	涨速%	换手%	今开	最高	最低	昨收	市盈(动)	总金额	量比
41	880382	啤酒	3.69	1613.10	57.47	–	–	498512	–	0.01	0.76	1552.23	1616.67	1526.62	1555.63	30.34	15.2亿	1.19
42	880383	红黄酒	1.91	993.39	18.58	–	–	176.0万	–	0.06	3.18	968.38	1001.11	953.23	974.81	60.57	23.3亿	1.70
43	880387	家用电器	1.48	3691.08	53.90	–	–	696.2万	–	0.08	1.27	3632.76	3694.11	3607.47	3637.18	18.77	134.6亿	0.95
44	880391	汽车整车	0.65	2995.71	19.43	–	–	765.1万	–	0.08	1.39	2994.36	3031.63	2957.71	2976.28	39.51	140.7亿	0.73
45	880392	汽车配件	-0.23	2056.48	-4.79	–	–	1557万	–	0.03	1.75	2060.64	2066.42	2020.24	2061.27	25.51	158.1亿	0.89
46	880393	汽车服务	1.07	657.16	7.12	–	–	362.9万	–	0.12	1.39	664.51	668.96	646.44	664.28	17.76	14.5亿	0.78
47	880394	摩托车	-2.42	1166.16	-28.90	–	–	957042	–	-0.41	1.51	1191.37	1195.40	1137.60	1195.06	41.72	5.51亿	1.02
48	880398	医疗保健	5.25	5438.93	271.45	–	–	1053万	–	-0.01	2.33	5157.80	5474.35	5133.07	5167.48	30.17	396.9亿	1.31
49	880399	家居用品	-1.22	2006.02	-34.68	–	–	190.7万	–	0.39	1.25	2035.79	2035.79	2705.45	2041.50	25.67	26.2亿	0.81
50	880401	化学制药	2.54	2706.95	66.98	–	–	1429万	–	0.06	1.59	2636.29	2710.63	2614.46	2639.97	40.57	320.2亿	1.00
51	880402	生物制药	3.59	4014.50	139.11	–	–	523.8万	–	0.07	1.64	3875.85	4045.52	3831.21	3875.39	44.79	211.1亿	1.11
52	880403	中成药	1.35	1750.27	23.26	–	–	805.1万	–	0.05	1.49	1728.48	1752.05	1715.66	1727.01	26.66	57.9亿	0.92
53	880407	百货	-0.07	821.63	-0.59	–	–	177.3万	–	0.00	0.65	823.90	824.02	814.24	822.22	19.53	13.4亿	0.70
54	880408	超市连锁	-1.35	770.11	-10.57	–	–	119.8万	–	0.09	0.65	780.82	781.03	765.64	780.68	1243.74	6.59亿	0.82
55	880409	电器连锁	-0.31	480.11	-1.51	–	–	332378	–	0.05	0.38	481.73	481.84	475.42	481.62	–	2.41亿	0.66
56	880410	医药商业	0.65	1546.24	10.03	–	–	183.8万	–	0.08	0.92	1532.77	1546.66	1526.01	1536.21	13.76	26.6亿	0.95
57	880411	其他商业	-1.29	745.24	-9.74	–	–	274.6万	–	-0.18	2.09	743.10	754.57	742.03	754.98	18.91	34.4亿	1.34
58	880412	商品城	-0.26	558.40	-1.47	–	–	507500	–	0.08	0.62	560.29	567.59	550.21	559.87	14.26	2.23亿	0.77
59	880413	批发业	-0.76	901.11	-6.90	–	–	100.5万	–	0.14	1.42	909.38	913.90	888.16	908.01	23.98	5.77亿	0.93
60	880414	商贸代理	-1.35	1213.71	-16.65	–	–	529.8万	–	0.10	2.13	1225.19	1230.24	1190.47	1230.36	10.67	57.7亿	0.84
61	880419	出版业	-0.72	941.92	-6.79	–	–	166.1万	–	0.07	0.70	953.67	953.67	937.08	948.71	11.95	11.6亿	0.77
62	880420	影视音像	0.03	931.36	0.28	–	–	701.7万	–	0.02	1.03	930.79	932.97	915.36	931.08	32.57	49.3亿	0.90
63	880421	广告包装	-0.70	1464.64	-10.37	–	–	492.1万	–	-0.09	1.73	1474.91	1477.36	1444.54	1475.01	27.97	39.3亿	0.81
64	880422	文教休闲	1.19	1777.69	20.85	–	–	378.4万	–	0.04	2.10	1754.74	1778.15	1743.97	1756.84	87.13	35.7亿	0.84
65	880423	酒店餐饮	1.56	1247.59	19.13	–	–	634754	–	0.23	1.24	1227.48	1247.66	1210.58	1228.46	–	5.88亿	0.76
66	880425	旅游服务	3.03	8324.42	244.68	–	–	123.0万	–	0.20	1.69	7974.40	8398.39	7812.04	8079.74	54.11	36.1亿	0.81
67	880426	旅游景点	0.11	1267.09	1.41	–	–	145.0万	–	0.06	1.10	1264.30	1275.04	1248.91	1265.68	32.14	12.4亿	0.72
68	880430	航空	2.58	2225.37	58.84	–	–	679.3万	–	0.02	2.38	2293.05	2311.53	2169.72	2284.21	76.43	165.6亿	1.03
69	880431	船舶	2.40	712.65	16.68	–	–	490.9万	–	0.04	1.73	710.60	725.43	695.64	695.97	280.04	59.0亿	0.83
70	880432	运输设备	-0.99	1276.68	-12.73	–	–	436.2万	–	0.17	0.99	1291.20	1294.01	1260.81	1289.41	23.39	43.8亿	0.78
71	880438	机床制造	-4.82	976.61	-49.43	–	–	354.1万	–	-0.09	5.68	1034.57	1035.26	974.11	1026.04	62.57	59.2亿	0.96
72	880439	机械基件	0.55	1662.62	9.03	–	–	1109万	–	0.01	3.06	1651.08	1676.38	1634.44	1653.59	41.42	180.9亿	0.98
73	880441	化工机械	-1.41	1519.45	-21.79	–	–	191.6万	–	0.01	3.29	1531.34	1540.29	1493.02	1541.24	38.66	21.5亿	0.81
74	880442	轻工机械	-2.40	1476.30	-36.23	–	–	148.3万	–	0.16	2.46	1512.68	1516.83	1446.00	1512.53	12.89	19.5亿	0.77
75	880443	纺织机械	-1.34	703.80	-9.58	–	–	770343	–	-0.14	1.37	708.84	716.82	693.48	713.38	34.58	6.89亿	0.85
76	880444	农用机械	-0.95	1011.85	-9.68	–	–	234.7万	–	0.10	7.20	1018.69	1019.66	989.73	1021.53	27.50	14.7亿	0.76
77	880445	专用机械	-0.61	3051.86	-18.87	–	–	2036万	–	-0.02	3.27	3063.77	3099.58	2993.31	3070.73	54.45	352.1亿	1.00
78	880446	电气设备	0.62	2206.36	13.60	–	–	6877万	–	0.07	4.06	2188.50	2227.69	2158.64	2192.76	60.11	1154亿	0.96
79	880447	工程机械	-1.17	1290.34	-15.25	–	–	1497万	–	0.00	2.33	1300.80	1306.45	1277.24	1305.59	14.90	176.7亿	0.93
80	880448	电器仪表	0.88	4609.80	40.03	–	–	752.1万	–	0.00	1.97	4566.24	4617.86	4543.49	4569.77	40.04	124.1亿	0.91

图 2—7　股市看盘组织化，222 板块内容之二

同步	代码	名称	涨幅%	现价	涨跌	买价	卖价	总量	现量	涨速%	换手%	今开	最高	最低	昨收	市盈(动)	总金额	量比
81	880452	电信运营	-0.31	920.41	-2.82	–	–	896.0万	–	0.00	1.99	924.43	929.00	912.79	923.23	14.32	50.1亿	1.11
82	880453	公共交通	-1.81	917.32	-16.91	–	–	366734	–	0.08	0.65	930.84	934.01	908.25	934.23	48.13	3.44亿	0.84
83	880454	水务	-0.28	1183.12	-3.29	–	–	104.7万	–	0.19	0.66	1186.28	1191.58	1165.68	1186.41	15.62	8.26亿	0.79
84	880455	供气供热	0.50	933.64	4.68	–	–	849.2万	–	0.05	3.14	921.57	947.41	906.83	928.96	20.73	88.7亿	1.07
85	880456	环境保护	0.74	1417.02	10.46	–	–	1435万	–	0.10	2.25	1406.47	1419.96	1388.16	1406.56	31.27	137.5亿	0.83
86	880460	铁路	0.26	1071.71	2.73	–	–	148.6万	–	0.34	0.29	1071.06	1074.57	1059.80	1068.98	16.97	6.44亿	0.69
87	880461	水运	0.48	1474.04	7.04	–	–	814.0万	–	0.04	1.09	1462.35	1517.69	1452.99	1467.00	6.20	76.2亿	0.66
88	880462	空运	2.43	812.99	19.28	–	–	407.8万	–	0.00	0.81	791.42	815.38	791.42	793.71	–	17.7亿	0.80
89	880463	公路	0.60	858.83	5.10	–	–	181860	–	0.12	1.54	858.36	863.00	844.62	853.73	70.24	1.30亿	0.79
90	880464	仓储物流	0.61	2150.66	13.10	–	–	681.9万	–	0.00	1.62	2133.84	2155.04	2113.34	2137.56	35.98	61.9亿	1.01
91	880466	路桥	-0.53	1438.63	-7.64	–	–	178.4万	–	0.03	0.50	1448.68	1451.05	1425.73	1446.27	8.67	8.55亿	0.68
92	880467	机场	3.81	2374.44	87.17	–	–	661844	–	0.10	1.20	2271.20	2388.89	2271.20	2287.27	–	10.6亿	1.11
93	880468	港口	-0.07	1475.19	-0.96	–	–	454.1万	–	0.15	0.51	1482.43	1497.84	1455.08	1476.15	11.23	17.0亿	0.75
94	880471	银行	0.31	1986.40	6.10	–	–	1953万	–	0.07	0.17	1980.20	1992.10	1975.90	1980.30	5.21	151.6亿	0.69
95	880472	证券	1.33	1677.37	22.09	–	–	2086万	–	0.07	1.29	1650.18	1682.74	1651.04	1655.28	18.33	362.4亿	0.63
96	880473	保险	-0.94	1715.80	-16.28	–	–	275.1万	–	0.16	0.47	1728.97	1734.19	1705.86	1732.08	8.42	66.2亿	0.84
97	880474	多元金融	1.23	1168.35	-14.59	–	–	561.1万	–	0.07	0.86	1181.66	1185.09	1155.41	1182.94	17.76	33.4亿	0.77
98	880477	建筑工程	-0.64	1414.01	-9.06	–	–	3089万	–	0.08	1.62	1420.67	1439.99	1387.90	1423.07	8.29	237.9亿	0.80
99	880478	装修装饰	-2.18	1036.78	-23.11	–	–	260.7万	–	-0.02	1.59	1053.30	1057.35	1021.68	1059.89	35.83	19.5亿	0.98
100	880483	全国地产	1.54	1540.89	23.31	–	–	1073万	–	0.13	1.05	1515.01	1546.95	1508.06	1517.58	9.16	68.9亿	0.90
101	880484	区域地产	-0.12	1017.21	-1.22	–	–	1029万	–	0.02	1.12	1018.24	1027.00	1003.02	1018.43	32.27	85.5亿	0.90
102	880485	园区开发	-1.09	1324.00	-14.59	–	–	101.3万	–	0.03	0.60	1335.98	1337.35	1313.72	1338.59	12.29	8.79亿	0.80
103	880486	房产服务	-2.45	1089.78	-27.40	–	–	213.3万	–	0.15	2.33	1111.56	1113.41	1075.14	1117.18	31.67	8.52亿	1.02
104	880489	IT设备	-0.13	1476.84	-1.99	–	–	354.4万	–	0.02	1.25	1480.92	1483.28	1458.69	1478.83	91.32	43.1亿	0.88
105	880490	通信设备	0.46	1500.23	6.95	–	–	1419万	–	0.02	2.00	1507.41	1511.87	1481.66	1507.18	54.79	185.5亿	0.86
106	880491	半导体	0.81	3178.82	25.40	–	–	935.7万	–	0.01	2.06	3155.80	3208.59	3119.22	3153.42	60.93	308.6亿	0.71
107	880492	元器件	-0.42	2617.56	-11.17	–	–	3585万	–	-0.01	2.00	2627.08	2642.83	2577.52	2628.73	32.03	530.3亿	0.89
108	880493	软件服务	-0.16	2553.43	-4.19	–	–	2591万	–	-0.04	2.18	2555.02	2560.60	2516.24	2557.62	116.72	358.7亿	0.80
109	880494	互联网	-1.79	2076.67	-37.76	–	–	1872万	–	0.05	2.73	2112.64	2112.87	2056.67	2114.43	27.84	137.4亿	0.76
110	880497	综合类	0.48	1144.43	5.46	–	–	548.4万	–	-0.05	2.66	1136.47	1156.36	1112.97	1138.97	98.27	81.1亿	0.92

图 2—8 股市看盘组织化,222 板块内容之三

第二节 期市看盘组织化

在期货市场我们主要使用文华财经公司的赢顺(wh6,免费)、睿期(wh7,含“一带多”即多账户下单功能,收费)或赢智(wh8,突出量化、实则无用,收费)三款软件看盘交易。这三款软件差别不大,外观相似,功能接近。散户朋友们采用免费的赢顺(wh6)软件即可。下面就以该软件为例,详细讲解其个性化(即标准化)的配置方法。

我们先在赢顺(wh6)一级标签的最左侧(即“中金所”“上期所”的左侧),设置1个自选页面,命名为“我的自设”。然后在“我的自设”的下面,设置10个二级标签(有些是系统自带的),从左至右按顺序排列分别是:“自选”(系统自带)“自选之二”“自选之三”“交易合约”(系统自带)“自选之五”“自选之六”“期权正标”“主力合约”(系统自带)“内盘主连”“外盘主连”。功能如下:

1. 自选:系统页面,不能改名。主要用于快速浏览全球金融市场。

内容如图 2—9～图 2—11 所示。

代码	合约名称	最新	涨幅%	成交量	持仓量	日增仓	买价	买量	卖价	卖量	量比	涨跌
7280	A50指当月	14947.0	-0.36%	33494	829307	0	14946.0	1	14947.0	4	0.00	-54.0
999688	科创50	1229.22	-0.91%	9061238	----	----	----	----	----	----	0.00	-11.33
999016	上证50	3054.02	-2.09%	3356万	----	----	----	----	----	----	0.00	-65.22
399903	中证100	----	0.00%	0	----	----	----	----	----	----	0.00	0.00
999300	沪深300	4563.77	-1.21%	1.26亿	----	----	----	----	----	----	0.00	-56.10
999001	上证指数	3361.44	-0.97%	2.91亿	----	----	----	----	----	----	0.00	-32.81
999985	中证全指	5405.91	-0.50%	6.10亿	----	----	----	----	----	----	0.00	-27.33
999905	中证500	6580.53	-0.38%	1.27亿	----	----	----	----	----	----	0.00	-25.39
999852	中证1000	6973.01	0.19%	1.39亿	----	----	----	----	----	----	0.00	12.90
399106	深证综指	2262.37	-0.00%	3.59亿	----	----	----	----	----	----	0.00	-0.04
399006	创业板指	2908.94	0.08%	1.05亿	----	----	----	----	----	----	0.00	2.18
399102	创业板综	3216.45	0.76%	1.05亿	----	----	----	----	----	----	0.00	24.25
399001	深证成指	13328.06	-0.53%	3.59亿	----	----	----	----	----	----	0.00	-70.79
399330	深证100	6251.73	-0.51%	3055万	----	----	----	----	----	----	0.00	-32.13
999944	内地资源	3311.58	2.08%	3183万	----	----	----	----	----	----	0.00	70.29
8807	二债加权	101.460	0.12%	13490	52023	1262	----	----	----	----	0.00	0.120
8700	五债加权	102.485	0.28%	45296	107883	851	----	----	----	----	0.00	0.285
8800	十债加权	101.355	0.30%	71788	168727	1102	----	----	----	----	0.00	0.300
8620	IH加权	3031.4	-3.12%	77126	119724	2719	----	----	----	----	0.00	-97.6
8600	IF加权	4529.4	-2.23%	122576	208396	1263	----	----	----	----	0.00	-103.4
8680	IC加权	6496.2	-1.09%	123091	314211	2983	----	----	----	----	0.00	-71.4
8151	美元指数	95.447	0.04%	13557	----	----	95.440	0	95.454	0	0.00	0.035
8000	欧元主连	1.14580	0.07%	238860	682070	1577	1.14575	3	1.14605	3	0.00	0.00085
8030	瑞郎主连	1.0814	-0.60%	20997	40932	326	1.0814	2	1.0817	3	0.00	-0.0065
8063	澳元主连	0.7081	-0.83%	92467	191069	-783	0.7074	4	0.7081	3	0.00	-0.0059
8001	纽元主连	0.6609	-0.76%	24361	52905	-2072	0.6603	1	0.6613	1	0.00	-0.0051
8040	加元主连	0.78330	-0.70%	75856	135351	-118	0.78335	3	0.78360	2	0.00	-0.00550
8020	日元主连	0.86845	-0.16%	103481	192696	-1596	0.86830	2	0.86860	2	0.00	-0.00140
8010	英镑主连	1.3523	-0.52%	117567	189120	6664	1.3523	41	1.3528	10	0.00	-0.0071
6780	天然气加权	4.580	-6.07%	408051	948050	-7128	0.000	----	0.000	----	0.00	-0.296

图 2—9　期市看盘组织化，快速浏览全球金融市场页面（“自选”）内容之一

代码	合约名称	最新	涨幅%	成交量	持仓量	日增仓	买价	买量	卖价	卖量	量比	涨跌
6700	WTI原油加权	86.62	1.67%	875950	1626052	17807	0.00	----	0.00	----	0.00	1.42
6550	布伦特加权	89.08	1.34%	827200	1751057	20138	0.00	----	0.00	----	0.00	1.18
5320	CMX黄金加权	1809.8	0.20%	189664	506203	-2370	----	----	----	----	0.00	3.7
5300	CMX白银加权	22.535	0.42%	51019	149116	2008	----	----	----	----	0.00	0.095
5373	铂金主连	1026.4	-0.85%	17470	49750	-632	1024.2	1	1026.1	4	0.00	-8.8
5353	钯金主连	2285.5	-1.76%	1379	5517	-467	2284.0	2	2293.5	2	0.00	-41.0
4000	CMX铜加权	4.5025	0.60%	73178	201257	887	----	----	----	----	0.00	0.0270
4111	LmeS_铜3M	9875.00	0.53%	10967	248244	-1209	9871.00	1	9879.00	1	0.00	52.00
4112	LmeS_铝3M	3087.00	1.68%	10762	649512	-2053	3085.00	5	3086.50	2	0.00	51.00
4113	LmeS_锌3M	3615.00	0.28%	5197	251610	-1325	3617.00	3	3621.00	2	0.00	10.00
4114	LmeS_镍3M	22920	0.35%	4448	220096	-1230	22915	1	22920	1	0.00	80
4116	LmeS_铅3M	2210.50	-0.16%	5773	97199	-801	2210.00	1	2210.50	1	0.00	-3.50
4115	LmeS_锡3M	43100	0.47%	151	14332	5	42815	1	43100	29	0.00	200
3220	美玉米加权	611.50	0.87%	335867	1501673	-7724	----	----	----	----	0.00	5.25
3500	美麦加权	766.50	1.46%	91740	378339	-486	----	----	----	----	0.00	11.00
3100	美豆加权	1521.25	0.95%	219789	749133	3474	----	----	----	----	0.00	14.25
3300	美豆粕加权	435.9	1.70%	94055	412781	2014	----	----	----	----	0.00	7.3
3400	美豆油加权	64.68	-0.23%	101905	426326	-4908	----	----	----	----	0.00	-0.15
3720	美棉花加权	120.91	-0.68%	46146	251284	2499	----	----	----	----	0.00	-0.83
3780	糖11号加权	17.88	0.62%	159641	745121	6824	----	----	----	----	0.00	0.11
3710	咖啡加权	241.65	-0.54%	55058	261840	4294	----	----	----	----	0.00	-1.30
3700	可可加权	2710	0.71%	84911	219308	4539	----	----	----	----	0.00	19
2400	日橡胶加权	240.5	1.26%	370	9338	0	----	----	----	----	0.00	3.0
3820	马棕油加权	5412	1.73%	49782	247614	9710	----	----	----	----	0.00	92
1500	活牛加权	144.025	0.09%	44679	340330	4031	----	----	----	----	0.00	0.125
1900	瘦肉猪加权	101.275	1.63%	40973	258379	2594	----	----	----	----	0.00	1.625
3210	迷你道指主连	34930	-0.61%	264454	81640	-4115	34934	2	34938	2	0.00	214
7460	迷你标普主连	4485.50	-0.81%	1884479	2214200	10259	4485.25	2	4485.50	10	0.00	-36.50
7480	迷你纳指主连	14645.00	-1.07%	757446	237942	1909	14643.00	1	14645.00	2	0.00	-158.75
1693	CME日经主连	27250	0.41%	38275	50393	224	27230	6	27250	1	0.00	110

图 2—10　期市看盘组织化，快速浏览全球金融市场页面（“自选”）内容之二

	文华码	合约名称	最新	涨幅%	成交量	持仓量	日增仓	买价	买量	卖价	卖量	量比	涨跌
↓	9423	2年美债主连	108.0507813	-0.20%	654332	2277726	-2830	108.0468750	215	108.0546875	300	0.00	[illegible]
↓	9443	5年美债主连	118.4140625	-0.43%	1359887	4018345	1047	118.4140625	65	118.4218750	237	0.00	[illegible]
↓	9463	10年美债主连	126.921875	-0.51%	2062982	3939082	52408	126.906250	234	126.921875	770	0.00	-0.65625
↓	9483	长期美债主连	153.53125	-0.83%	390783	1178800	-6175	153.50000	170	153.53125	414	0.00	-1.28125
↓	9193	DAX指主连	15159.0	-1.12%	90763	62081	2127	15160.0	0	15161.0	0	0.00	-171.0
↓	7583	迷你DAX指主连	15155	-1.15%	58229	10697	-81	15150	0	15157	0	0.00	-177
	8074	富时主连	----	0.00%	0	604079	0	----	----	----	----	0.00	0.0
↑	7213	恒指加权	24545	0.16%	25659	128726	0	----	----	----	----	0.00	40
↑	7233	H股加权	8578	0.03%	24045	322339	0	----	----	----	----	0.00	3
↑	9113	比特币主连	40750	10.28%	9585	8334	-128	40615	2	40800	10	0.00	3800
↑	1117	离岸CNH	6.3630	0.13%	24759	----	----	6.3630	0	6.3636	0	0.00	0.0085

图 2—11　期市看盘组织化，快速浏览全球金融市场页面（“自选”）内容之三

2. 自选之二：基本汇率与交叉汇率页面，内容对应“外汇”标签。

3. 自选之三：外盘期货挑选主力合约页面。内容首页如图 2—12 所示。

	文华码	合约名称	最新	涨幅%	成交量	持仓量	日增仓	代码	买价	买量	卖价	卖量	涨跌	开盘
↓	6780	天然气加权	4.580	-6.07%	408051	948050	-7128		0.000	----	0.000	----	-0.296	4.87
↓	6781	天然气01	4.924	-4.89%	12842	58909	1246	NGF3	4.928	1	4.955	1	-0.253	5.20
↓	6782	天然气02	4.772	-4.98%	5183	20338	561	NGG3	4.769	1	4.804	1	-0.250	4.97
↓	6783	天然气03M	4.555	-7.64%	141712	245954	-11981	NGH2	4.551	1	4.555	1	-0.377	4.92
↓	6784	天然气04	4.468	-5.88%	83121	94619	2797	NGJ2	4.420	1	4.470	3	-0.279	4.75
↓	6785	天然气05	4.478	-5.83%	55896	142129	1191	NGK2	4.440	1	4.485	1	-0.277	4.75
↓	6786	天然气06	4.521	-5.67%	21734	66104	112	NGM2	4.524	1	4.528	1	-0.272	4.79
↓	6787	天然气07	4.579	-5.28%	21509	65328	-1284	NGN2	4.434	11	5.000	1	-0.255	4.85
↓	6788	天然气08	4.562	-5.94%	13078	40955	-523	NGQ2	4.584	1	4.597	1	-0.288	4.841
↓	6789	天然气09	4.551	-5.50%	12997	54647	901	NGU2	4.555	1	4.581	1	-0.265	4.82
↓	6790	天然气10	4.594	-4.96%	27248	81932	147	NGV2	4.561	2	4.595	1	-0.240	4.84
↓	6791	天然气11	4.647	-5.78%	6795	37135	-196	NGX2	4.658	1	4.681	1	-0.285	4.98
↓	6792	天然气12	4.828	-5.05%	5936	40000	-99	NGZ2	4.820	1	5.047	1	-0.257	5.12
↑	6700	WTI原油加权	86.62	1.67%	875950	1626052	17807		0.00	----	0.00	----	1.42	85.2
↑	6701	WTI原油01	79.81	1.26%	2788	44020	56	CLF3	79.80	1	80.43	1	0.99	78.7
↑	6702	WTI原油02	79.45	1.48%	1458	34328	-705	CLG3	78.90	1	79.29	10	1.16	78.4
↑	6703	WTI原油03M	91.98	2.01%	392345	355345	-6222	CLH2	91.95	4	91.98	1	1.81	90.1
↑	6704	WTI原油04	89.92	1.82%	163189	245837	5230	CLJ2	89.97	1	89.99	5	1.61	88.3
↑	6705	WTI原油05	88.41	1.78%	86030	156910	9405	CLK2	88.40	1	88.44	1	1.55	86.7
↑	6706	WTI原油06	86.94	1.66%	91042	181792	956	CLM2	86.98	1	87.05	4	1.42	85.4
↑	6707	WTI原油07	85.61	1.58%	29573	85867	2155	CLN2	85.68	1	85.76	7	1.33	84.2
↑	6708	WTI原油08	84.53	1.64%	14440	75350	2663	CLQ2	84.49	1	84.56	9	1.36	83.0
↑	6709	WTI原油09	83.45	1.56%	24761	86615	1804	CLU2	83.38	1	83.48	1	1.28	82.1
↑	6710	WTI原油10	82.38	1.27%	7983	56014	1343	CLV2	82.33	1	83.12	1	1.03	81.2
↑	6711	WTI原油11	81.61	1.22%	5213	54857	-985	CLX2	81.43	1	81.79	1	0.98	80.6
↑	6712	WTI原油12	80.67	1.34%	57128	249117	2107	CLZ2	80.63	1	80.79	1	1.07	79.51
↑	5320	CMX黄金加权	1809.8	0.20%	189664	506203	-2370		----	----	----	----	3.7	1806.
	5321	CMX黄金01	----	0.00%	0	----	----	GCF3	----	----	----	----	0.0	----
↑	5322	CMX黄金02	1807.7	0.19%	571	3373	-531	GCG2	1807.5	2	1808.3	1	3.5	1806.
↑	5323	CMX黄金03	1807.3	0.15%	1619	5254	-128	GCH2	1807.6	2	1808.4	29	2.7	1804.

图 2—12　期市看盘组织化，外盘期货挑选主力合约页面（“自选之三”）内容首页

4. 交易合约:系统自带页面。该页面自动显示持仓合约,平仓后消失。

5. 自选之五:内盘期货合约下单页面,即具体买卖商品合约的页面。当老主力合约逐渐退休(体现为成交量与持仓量的下降),新主力合约粉墨登场,需要交易者对页面内容进行维护,自行更换合约。“自选之五”页面的内容如图 2—13～图 2—15 所示。

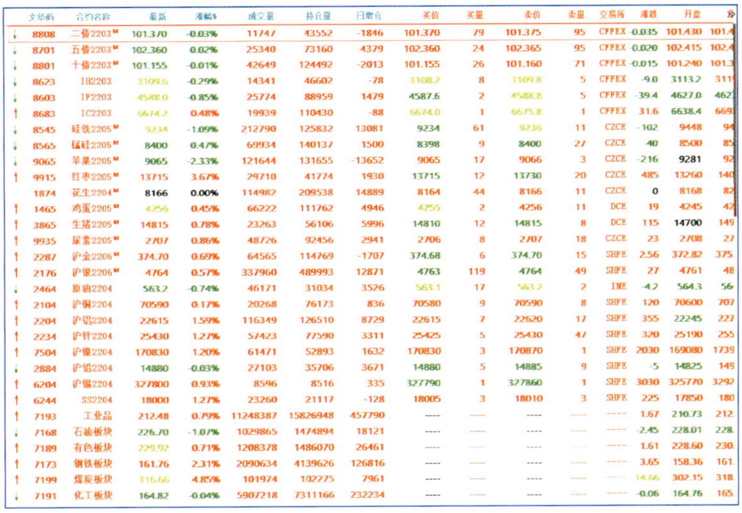

	文华码	合约名称	最新	涨幅%	成交量	持仓量	日增仓	买价	买量	卖价	卖量	交易所	涨跌	开盘	»
↓	8808	二债2203ᴹ	101.370	-0.03%	11747	43552	-1846	101.370	79	101.375	95	CFFEX	-0.035	101.430	101.4
↓	8701	五债2203ᴹ	102.360	0.02%	25340	73160	-4379	102.360	24	102.365	95	CFFEX	0.020	102.415	102.4
↓	8801	十债2203ᴹ	101.155	-0.01%	42649	124492	-2013	101.155	26	101.160	71	CFFEX	-0.015	101.240	101.3
↓	8623	IH2203	3109.6	-0.29%	14341	46602	-78	3108.2	8	3109.8	5	CFFEX	-9.0	3113.2	311
↓	8603	IF2203	4588.0	-0.85%	25774	88959	1479	4587.6	2	4588.8	5	CFFEX	-39.4	4627.0	462
↑	8683	IC2203	6674.2	0.48%	19939	110430	-88	6674.0	1	6675.8	1	CFFEX	31.6	6638.4	669
↓	8545	硅铁2205ᴹ	9234	-1.09%	212790	125832	13081	9234	61	9236	11	CZCE	-102	9448	94
↓	8565	锰硅2205ᴹ	8400	-0.47%	69934	140137	1500	8398	9	8400	27	CZCE	-40	8500	85
↓	9065	苹果2205ᴹ	9065	-2.33%	121644	131655	-13652	9065	17	9066	3	CZCE	-216	9281	92
↑	9915	红枣2205ᴹ	13715	3.67%	29710	41774	1930	13715	12	13730	20	CZCE	485	13260	140
	1874	花生2204ᴹ	8166	0.00%	114982	209538	14889	8164	44	8166	11	CZCE	0	8168	82
↑	1465	鸡蛋2205ᴹ	4256	0.45%	66222	111762	4946	4255	2	4256	11	DCE	19	4245	42
↑	3865	生猪2205ᴹ	14815	0.78%	23263	56106	5996	14810	12	14815	8	DCE	115	14700	149
↑	9935	尿素2205ᴹ	2707	0.86%	48726	92456	2941	2706	8	2707	18	CZCE	23	2708	27
↑	2287	沪金2206ᴹ	374.70	0.69%	64565	114769	-1707	374.68	6	374.70	15	SHFE	2.56	372.82	375.
↑	2176	沪银2206ᴹ	4764	0.57%	337960	489993	12871	4763	119	4764	49	SHFE	27	4761	48
↓	2464	原油2204	563.2	-0.74%	46171	31034	3526	563.1	17	563.2	2	INE	-4.2	564.3	56
↑	2104	沪铜2204	70590	0.17%	20268	76173	836	70580	9	70590	8	SHFE	120	70600	707
↑	2204	沪铝2204	22615	1.59%	116349	126510	8729	22615	7	22620	17	SHFE	355	22245	227
↑	2234	沪锌2204	25430	1.27%	57423	77590	3311	25425	5	25430	47	SHFE	320	25190	255
↑	7504	沪镍2204	170830	1.20%	61471	52893	1632	170830	3	170870	1	SHFE	2030	169080	1739
↓	2884	沪铅2204	14880	-0.03%	27103	35706	3671	14880	5	14885	9	SHFE	-5	14825	149
↑	6204	沪锡2204	327800	0.93%	8596	8516	335	327790	1	327860	1	SHFE	3030	325770	3292
↑	6244	SS2204	18000	1.27%	23260	21117	-128	18005	3	18010	3	SHFE	225	17850	180
↑	7193	工业品	212.48	0.79%	11248387	15826948	457790	----	——	----	——	----	1.67	210.73	212.
↓	7168	石油板块	226.70	-1.07%	1029865	1474894	18121	----	——	----	——	----	-2.45	228.01	228.
↑	7189	有色板块	229.92	0.71%	1208378	1486070	26461	----	——	----	——	----	1.61	228.60	230.
↑	7173	钢铁板块	161.76	2.31%	2090634	4139626	126816	----	——	----	——	----	3.65	158.36	161.
↑	7199	煤炭板块	316.66	4.85%	101974	102275	7961	----	——	----	——	----	14.66	302.15	318.
↓	7191	化工板块	164.82	-0.04%	5907218	7311166	232234	----	——	----	——	----	-0.06	164.76	165.

图 2—13　期市看盘组织化,内盘期货合约下单页面(“自选之五”)内容之一

	文华码	合约名称	最新	涨幅%	成交量	持仓量	日增仓	买价	买量	卖价	卖量	交易所	涨跌	开盘	»
↑	7182	饲料板块	236.54	0.60%	3346636	4596455	192240	----	——	----	——	----	1.41	236.77	237.
↓	7188	油脂板块	240.60	-1.71%	1748158	1684980	23385	----	——	----	——	----	-4.18	244.70	246.
↓	2325	燃油2205ᴹ	3274	-1.50%	227985	344664	-4904	3273	57	3274	15	SHFE	50	3312	33
↓	2544	LU2204ᴹ	4257	-1.30%	30704	20870	-2250	4255	13	4257	25	INE	-56	4290	43
↓	2545	LU2205	4221	-1.45%	33115	52980	3103	4220	85	4222	28	INE	-62	4259	42
↓	2346	沥青2206ᴹ	3800	-1.04%	280051	495432	2086	3798	242	3800	359	SHFE	-40	3810	38
↓	3844	LPG2204	5630	-0.92%	31479	35115	2597	5630	16	5632	4	DCE	-52	5682	57
↓	8725	玻璃2205ᴹ	2331	-0.51%	249770	257628	4503	2331	18	2332	48	CZCE	-12	2345	23
↑	6885	螺纹2205ᴹ	4942	1.96%	937762	1749463	68798	4941	113	4942	1	SHFE	95	4839	49
↑	2445	热卷2205ᴹ	5092	2.25%	347882	776130	17768	5092	30	5093	1	SHFE	112	4980	50
↑	1925	铁矿2205ᴹ	837.0	2.45%	547162	641852	42351	837.0	244	837.5	88	DCE	20.0	825.0	84
↑	8365	焦炭2205ᴹ	3100.5	3.70%	33021	29599	2759	3099.0	1	3100.5	5	DCE	110.5	2980.0	312
↑	8385	焦煤2205ᴹ	2445.5	5.80%	48615	39921	5976	2445.0	5	2447.0	4	DCE	134.0	2311.5	246
↑	2775	郑煤2205ᴹ	863.0	4.91%	17783	25325	-632	862.0	4	864.4	2	CZCE	40.4	827.8	87
↑	2305	橡胶2205ᴹ	14595	0.86%	148105	243553	-241	14590	120	14595	2	SHFE	125	14470	146
↑	2524	NR2204ᴹ	11765	0.56%	16222	30747	956	11765	4	11770	5	INE	65	11710	118
↓	5285	郑醇2205ᴹ	2920	-1.08%	819546	853496	60260	2919	142	2920	106	CZCE	-32	2940	29
↑	5005	PTA2205ᴹ	5844	0.41%	976707	1079712	95222	5842	236	5844	339	CZCE	24	5820	58
↓	3625	EG2205ᴹ	5513	-0.36%	330603	256875	12499	5512	39	5513	3	DCE	-20	5532	56
↓	3684	EB2204	9275	-0.17%	24941	32528	4486	9270	10	9275	4	DCE	-16	9353	93
↓	3685	EB2205	9238	-0.39%	14221	24313	2032	9236	1	9239	13	DCE	-36	9280	93
↑	9975	短纤2205ᴹ	7976	0.38%	104694	107558	3803	7974	45	7976	2	CZCE	30	7932	80
↑	9955	纯碱2205ᴹ	2977	0.30%	558209	415261	23073	2976	104	2977	129	CZCE	9	2959	30
↓	2564	塑料2204	9327	-1.40%	36744	99271	4469	9326	8	9329	41	DCE	-132	9397	94
↓	2565	塑料2205ᴹ	9315	-1.41%	399115	329285	-2231	9314	700	9315	2	DCE	133	9428	94
↓	2424	PP2204	8841	-1.15%	45906	109545	-1092	8837	125	8841	38	DCE	-103	8881	89
↓	2425	PP2205ᴹ	8836	-1.30%	485001	328999	-13007	8835	30	8836	4	DCE	-116	8952	89
↓	1344	PVC2204	9287	-0.11%	31697	101924	5687	9287	77	9290	8	DCE	-10	9373	93
↓	1345	PVC2205ᴹ	9261	-0.06%	572027	402483	11136	9260	49	9261	3	DCE	-6	9300	93
↑	6225	纸浆2205ᴹ	6410	1.39%	139950	192279	7600	6408	29	6410	34	SHFE	88	6322	64

图 2—14　期市看盘组织化,内盘期货合约下单页面(“自选之五”)内容之二

	文华码	合约名称	最新	涨幅%	成交量	持仓量	日增仓	买价	买量	卖价	卖量	交易所	涨跌	开盘	
↓	1825	郑棉2205M	21815	-0.86%	145669	404176	-1638	21815	33	21820	45	CZCE	-190	22005	220
↑	1845	白糖2205M	5722	0.99%	287629	482189	14866	5721	104	5722	73	CZCE	56	5666	57
↑	1225	玉米2205M	2790	1.49%	498372	1231147	57461	2790	653	2791	264	DCE	41	2749	27
↑	3565	淀粉2205	3256	1.28%	47416	87569	3254	3256	11	3257	30	DCE	41	3226	32
↑	1403	豆一2203M	6262	0.93%	122468	69467	-6752	6261	6	6262	11	DCE	58	6290	63
↑	1243	豆二2203M	4838	1.90%	41349	19489	-1853	4837	6	4839	5	DCE	90	4799	49
↑	1205	豆粕2205M	3716	2.20%	1364637	1309270	81908	3716	21	3717	648	DCE	80	3710	37
↓	2665	菜粕2205M	3397	-0.82%	679317	468778	-554	3396	92	3397	320	CZCE	-28	3440	34
↓	1285	豆油2205M	9918	-1.23%	632058	505139	17136	9916	59	9918	24	DCE	-124	10050	101
↓	1287	豆油2207	9826	-0.95%	34617	128540	5058	9824	104	9828	7	DCE	-94	9960	100
↓	1124	棕榈2204	10354	-1.60%	13153	59840	1353	10352	115	10358	80	DCE	-168	10512	105
↓	1125	棕榈2205M	9976	-1.83%	582455	458116	-9991	9974	35	9976	23	DCE	-186	10162	102
↓	1126	棕榈2206	9664	-1.97%	25454	68780	2992	9660	93	9666	16	DCE	-194	9848	99
↓	2385	郑油2205M	12312	-1.99%	261723	170980	1409	12310	20	12312	60	CZCE	-250	12562	126
↓	2389	郑油2209	11904	-1.24%	17646	19454	-650	11902	3	11906	1	CZCE	-149	12070	121

图 2—15　期市看盘组织化，内盘期货合约下单页面（“自选之五”）内容之三

6. 自选之六：内盘期货“加权”看盘页面，例如“螺纹加权”等。文华财经编制的“加权”，是把所有合约的成交量之和作为“加权”的成交量，把所有合约的持仓量之和作为“加权”的持仓量，因此用来观察放量和缩量是非常真实的（合约的放量有可能是移仓导致的，不如看“加权”来得真实），并且通过算法消除了缺口。这样做，相当于给每个品种都编制了一个“加权指数”。“自选之六”页面的内容如图 2—16～图 2—18 所示。

	文华码	合约名称	最新	涨幅%	量比	成交量	持仓量	日增仓	买价	买量	卖价	卖量	涨跌	开盘
↓	8807	二债加权	101.375	-0.02%	1.39	15709	51330	-837	----	——	----	——	-0.025	101.425
↓	8700	五债加权	102.305	-0.02%	1.05	37543	108767	805	----	——	----	——	-0.020	102.350
	8800	十债加权	101.095	0.00%	1.01	58189	169394	2369	----	——	----	——	0.000	101.160
↓	8620	IH加权	3111.4	-0.07%	0.93	47397	110799	-2431	----	——	----	——	-2.2	3108.8
↓	8600	IF加权	4585.8	-0.72%	1.07	91755	205623	4726	----	——	----	——	-33.2	4615.8
↑	8680	IC加权	6639.4	0.72%	0.90	75506	304317	147	----	——	----	——	47.2	6592.2
↓	8540	硅铁加权	9232	-1.07%	1.33	275906	207223	18007	----	——	----	——	-100	9444
↓	8560	锰硅加权	8394	-0.43%	1.09	97467	231881	1489	----	——	----	——	-36	8496
↓	9060	苹果加权	8596	-2.24%	1.00	136934	215669	-15950	----	——	----	——	-197	8785
↑	9910	红枣加权	13695	3.16%	3.47	35493	66045	2809	----	——	----	——	420	13305
↑	1870	花生加权	8208	0.05%	1.50	121282	220673	14671	----	——	----	——	4	8208
↑	1460	鸡蛋加权	4317	0.84%	1.02	92269	226436	15456	----	——	----	——	36	4298
↑	3860	生猪加权	14895	0.78%	1.54	37820	118564	3243	----	——	----	——	115	14765
↑	9930	尿素加权	2658	0.83%	1.05	53603	132782	4411	----	——	----	——	22	2653
↑	2270	沪金加权	374.70	0.73%	0.78	103558	173173	-899	----	——	----	——	2.70	372.74
↑	2170	沪银加权	4764	0.59%	0.74	397689	643286	21191	----	——	----	——	28	4760
↓	2460	原油加权	560.8	-0.95%	0.87	143117	72649	3537	----	——	----	——	-5.4	562.3
↑	2100	沪铜加权	70570	0.18%	0.69	92548	321574	-228	----	——	----	——	130	70600
↑	2200	沪铝加权	22590	1.53%	1.32	481002	487522	14417	----	——	----	——	340	22220
↑	2230	沪锌加权	25410	1.28%	0.96	220905	246272	1959	----	——	----	——	320	25200
↑	7500	沪镍加权	170930	1.04%	0.65	276201	252573	-82	----	——	----	——	1760	169670
↑	2880	沪铅加权	14870	0.10%	0.96	92157	117031	8865	----	——	----	——	15	14830
↑	6200	沪锡加权	327970	0.43%	0.43	55458	61361	1793	----	——	----	——	1390	326730
↑	6240	SS加权	17980	1.01%	0.49	73815	107516	1325	----	——	----	——	180	17825
↑	7193	工业品	212.22	0.67%	0.00	11391019	15835606	466448	----	——	----	——	1.41	210.73
↓	7168	石油板块	226.74	-1.05%	0.00	1041705	1477833	21060	----	——	----	——	-2.41	228.01
↑	7189	有色板块	229.76	0.64%	0.00	1218236	1486328	26719	----	——	----	——	1.45	228.60
↑	7173	钢铁板块	161.24	1.98%	0.00	2134491	4140300	127490	----	——	----	——	3.13	158.36
↑	7199	煤炭板块	315.76	4.56%	0.00	102597	102252	7938	----	——	----	——	13.76	302.15
↓	7191	化工板块	164.64	-0.15%	0.00	5968816	7314005	235073	----	——	----	——	-0.24	164.76

图 2—16　期市看盘组织化，内盘期货“加权”看盘页面（“自选之六”）内容之一

	文华码	合约名称	最新	涨幅%	量比	成交量	持仓量	日增仓	买价	买量	卖价	卖量	涨跌	开盘
↑	7182	饲料板块	236.49	0.58%	0.00	3381677	4598258	194043	----	—	----	—	1.36	236.77
↓	7188	油脂板块	240.42	-1.78%	0.00	1766003	1685574	23979	----	—	----	—	-4.36	244.70
↓	2320	燃油加权	3258	-1.45%	0.91	294981	456697	7606	----	—	----	—	-48	3294
↓	2540	LU加权	4224	-1.45%	1.03	79231	96076	4792	----	—	----	—	-62	4266
↓	2340	沥青加权	3784	-1.10%	0.83	319776	730772	-1427	----	—	----	—	-42	3800
	3840	LPG加权	5336	0.00%	1.13	205307	121906	6819	----	—	----	—	0	5342
↓	8720	玻璃加权	2315	-0.90%	0.75	286551	434073	12422	----	—	----	—	-21	2334
↑	6880	螺纹加权	4890	1.64%	0.97	1082990	2195858	90455	----	—	----	—	79	4802
↑	2440	热卷加权	5058	1.96%	1.14	412888	922232	13501	----	—	----	—	97	4962
↑	1920	铁矿加权	828.5	2.28%	1.03	643387	1022634	23958	----	—	----	—	18.5	816.0
↑	8360	焦炭加权	3083.0	3.35%	1.25	34052	31851	2796	----	—	----	—	100.0	2973.5
↑	8380	焦煤加权	2428.0	5.38%	1.68	50023	41957	6070	----	—	----	—	124.0	2304.0
↑	2770	郑煤加权	858.6	4.66%	1.86	18662	28434	-938	----	—	----	—	38.2	825.4
↑	2300	橡胶加权	14645	0.86%	0.86	190097	341364	2226	----	—	----	—	125	14515
↑	2520	NR加权	11790	0.60%	0.88	29190	62335	2934	----	—	----	—	70	11730
↓	5280	郑醇加权	2911	-1.12%	1.12	1018706	1441813	80963	----	—	----	—	-33	2932
↑	5000	PTA加权	5822	0.17%	1.06	1425328	2012369	110203	----	—	----	—	10	5810
↓	3620	EG加权	5498	-0.56%	1.15	392270	440721	8357	----	—	----	—	-31	5534
↓	3680	EB加权	9249	-0.38%	0.81	214069	195277	-3148	----	—	----	—	-35	9273
↑	9970	短纤加权	7960	0.38%	1.08	152961	211800	-671	----	—	----	—	30	7912
↑	9950	纯碱加权	2978	0.13%	0.92	687505	617050	25780	----	—	----	—	4	2966
↓	2560	塑料加权	9300	-1.50%	1.14	522050	582409	2612	----	—	----	—	-142	9417
↓	2420	PP加权	8817	-1.34%	0.99	590928	596299	-13087	----	—	----	—	-120	8931
↓	1340	PVC加权	9231	-0.35%	0.88	704223	679800	14507	----	—	----	—	-32	9295
↑	6220	纸浆加权	6384	1.27%	0.69	192098	334267	14997	----	—	----	—	80	6312
↓	1820	郑棉加权	21700	-0.89%	0.85	184651	518948	1294	----	—	----	—	-195	21890
↑	1840	白糖加权	5727	0.97%	1.16	380025	613675	23348	----	—	----	—	55	5672
↑	3660	粳米加权	3438	0.38%	0.90	10140	24301	929	----	—	----	—	13	3440
↑	1220	玉米加权	2789	1.57%	1.28	636348	1616590	55953	----	—	----	—	43	2748
↑	3560	淀粉加权	3231	1.35%	1.22	213728	290569	11392	----	—	----	—	43	3191

图 2—17　期市看盘组织化，内盘期货“加权”看盘页面（“自选之六”）内容之二

	文华码	合约名称	最新	涨幅%	量比	成交量	持仓量	日增仓	买价	买量	卖价	卖量	涨跌	开盘
↑	1300	豆一加权	6216	0.63%	1.00	179573	165584	-4218	----	—	----	—	39	6220
↑	1240	豆二加权	4745	1.43%	1.52	65857	38053	170	----	—	----	—	67	4736
↑	1200	豆粕加权	3709	1.70%	2.17	1830591	2228419	137387	----	—	----	—	62	3714
↓	2660	菜粕加权	3318	-1.31%	1.50	916921	752990	444	----	—	----	—	-44	3378
↓	1280	豆油加权	9882	-1.20%	1.34	776280	784209	30670	----	—	----	—	-120	10014
↓	1120	棕榈加权	9946	-1.95%	1.16	677461	675249	-7916	----	—	----	—	-198	10134
↓	2380	郑油加权	12231	-2.21%	1.30	316125	226193	1302	----	—	----	—	-276	12499

图 2—18　期市看盘组织化，内盘期货“加权”看盘页面（“自选之六”）内容之三

7. 期权正标：是指“自选之六”页面中，已经上市了期权的品种。

8. 主力合约：系统默认并且自动调整的主力合约页面。“自选之五”通常是双主力合约并列，因此“主力合约”页面不能代替“自选之五”作为下单页面。

9. 内盘主连：内盘期货主力合约连续页面。弊端是不同主力合约价

差可能很大(有时甚至超过10%),这会在“主连”图形上产生缺口,进而破坏均线。因此“螺纹主连”不能代替“螺纹加权”,其他品种同理。

10. 外盘主连:外盘期货主力合约连续页面。弊端同“内盘主连”。

以上设置读者可以根据自己的爱好做些调整,但是改动越小越好。页面之间有些重复的内容是有意设置的,为的是查看某个品种时方便快捷,无须在页面之间来回切换。

下面对“自选”页面所包含的品种逐一进行解释。

1.“A50指当月”~“内地资源”

这属于用赢顺(wh6)软件进行股市看盘必不可少的部分。“A50指当月”表示在新加坡交易所(SGX)上市的“富时中国A50股指期货”当月合约,走势与上证50高度相似。

2.“二债加权”~“十债加权”

在中金所上市的2年期、5年期和10年期三大国债期货的加权指数。

3.“IH加权”~“IC加权”

在中金所上市的上证50(IH)、沪深300(IF)和中证500(IC)三大股指期货的加权指数。

4.“美元指数”~“英镑主连”

美元指数与七大非美货币兑美元的基本汇率外汇期货。如“英镑主连”为英镑兑美元的外汇期货主力合约连续。七大非美货币均有3、6、9、12四个月份的主力合约。

5.“天然气加权”~“马棕油加权”

这些是文华财经给外盘(包括美国、欧洲、新加坡、日本)期货市场具体商品编制的加权指数。这些品种非常重要,看它们的走势图是每天必做的功课。

6.“迷你道指主连”~“迷你纳指主连”

美国道琼斯、标普500、纳斯达克三大迷你股指期货主力合约连续。

7.“CME日经主连”

在CME(非SGX)挂牌的日经225股指期货主力合约连续。

8."2 年美债主连"～"长期美债主连"

美国 2 年期、5 年期、10 年期、30 年期国债期货主力合约连续。

9."DAX 指主连"～"迷你 DAX 指主连"

德国 DAX 股指期货与 DAX 迷你股指期货主力合约连续。

10."富时主连"

英国富时 100 股指期货主力合约连续。

11."恒指加权"～"H 股加权"

香港恒生股指期货与 H 股股指期货的加权指数。

12."比特币主连"

在 CME 挂牌的比特币期货主力合约连续。

13."离岸 CNH"

离岸美元兑人民币现货汇率。

在之前老版本的文华软件中，还能接收到"CRB 延续指数"(代码 7306)的数据。现在已经没有了。这是美国商品研究所(CRB)编制的第九版大宗商品大盘指数。该指数共有 17 个品种，以算术平均法分配权重，即 17 个品种各占 1/17 的权重。其第十版(CRB 指数，代码 7307)共有 19 个品种，突出了原油(占 23%的权重)。从走势来看，第九版(CRB 延续)失真度低，优于第十版。但由于两者均未将工业品与农产品分开，因此实际价值都受影响。

下面对"自选之六"页面所包含的品种逐一进行解释(国债期货与股指期货前文已述，不再重复)。

1."硅铁加权"～"尿素加权"

上海、大连、郑州三大期货交易所尚未推出夜盘、交易时长为 4 个小时的 8 个商品期货的加权指数。

2."黄金加权"～"原油加权"

交易时长为 9.5 个小时的 3 个品种黄金、白银和原油的加权指数。

3."沪铜加权"～"SS 加权"

上海期货交易所铜、铝、锌、铅、锡、镍六大基本金属与不锈钢的加权指数。交易时长为 8 个小时。

4.“工业品”~“油脂板块”

这些是文华财经为内盘商品期货市场编制的 8 个商品大盘指数与分类板块指数，对研判内盘期货市场的牛熊循环与走势性质具有极其重要的作用。直截了当地说，不会研判这 8 个商品大盘指数与分类板块指数，想从内盘期货市场中赚钱几乎是不可能的，赚钱的秘密就隐藏在这 8 个指数之中。

(1)工业品指数(7193)：由在内盘期货市场上挂牌交易的所有工业品组成(不含金银)。包括石油(7168)、有色(7189)、钢铁(7173)、煤炭(7199)、化工(7191)5 个细分指数。工业品指数(7193)和农产品指数(7192)又一起组成了文华商品指数(7186)——其地位和作用类似于美国的 CRB 指数或 CRB 延续指数。但由于农产品指数(7192)参考价值极低，连带导致文华商品指数(7186)也失去了参考价值。既然如此，我们干脆就把工业品指数(7193)视为内盘商品期货市场上唯一的全市场母指数。

(2)石油板块(7168)：由原油、燃油、低硫燃油、沥青、液化气 5 个商品加权指数组成。

(3)有色板块(7189)：由铜、铝、锌、铅、锡、镍 6 个基本金属的加权指数组成。

(4)钢铁板块(7173)：由螺纹钢、热卷、铁矿石 3 个品种的加权指数组成。

(5)煤炭板块(7199)：由焦炭、焦煤、动力煤 3 个品种的加权指数组成。钢铁板块又与煤炭板块共同组成了“黑色系”。

(6)化工板块(7191)：包括橡胶、20 号胶、甲醇、PTA、尿素、EG(乙二醇)、EB(苯乙烯)、短纤、纯碱、塑料、PP(聚丙烯)、PVC 共计 12 个品种。化工板块是交易价值最高的板块，其交易价值高于石油、有色、钢铁、煤炭四大板块。

(7)饲料板块(7182)：由豆粕、菜粕、玉米 3 个品种的加权指数组成。其中玉米的交易价值远高于豆粕和菜粕。玉米和淀粉的走势又是高度同步、高度正相关的。

(8)油脂板块(7188)：包括豆油、棕榈油、菜油 3 个品种。按交易价值从大到小排列依次是：棕榈油＞豆油＞菜油。油脂板块是农产品当中最

值得重视的板块，因为三大油脂在内盘期货市场持仓量和成交量都很大，走势之活跃仿佛是农产品中的工业品。

5.“燃油加权”～“郑油加权”

这些是文华财经软件为内盘期货市场已经推出夜盘、交易时长为 6 个小时的商品编制的加权指数。现在文华财经软件将主力合约连续品种命名为“××主连”。但是如前所述，同一商品两个相邻的主力合约之间如果存在较大价差，那么在“××主连”的图表上势必会出现明显的缺口，进而导致均线族失真。因此，“××主连”的平滑性比不上加权指数。同时，由于加权指数的成交量和持仓量分别对应所有合约的成交量与持仓量之和，所以在揭示放量/缩量行为方面，加权指数具有得天独厚的优势（主力合约的放量可能是移仓导致的，未必是真放量）。基于以上原因，文华财经编制的加权指数要比“××主连”更重要。

保存个性化设置（含自选页面）的方法

读者通过录入文华代码建立起自选页面之后，看盘将变得高度组织化和高效化。因为录入过程很辛苦，必须将这些设置保存起来，以备不时之需。保存的方法有如下两种：

1. 点击主菜单“系统工具”—“我的云端个性化”，注册账号密码，登录之后点击“上传个性化数据”，将个性化设置保存在云端。然后就可以在别的电脑上通过登录同一个云端账号，从云端下载个性化数据，取得与上传电脑里面的赢顺软件一模一样的配置。

2. 文华云端个性化账号虽然方便，但安全系数不高。因为一旦由于误操作将云端里正确的个性化配置覆盖，那么之前所做的工作仍然有可能付诸东流。解决办法是点击主菜单“个性化”—“备份个性化设置”—“导出”，将个性化设置导出为一个名为“赢顺 ExportImport. zip”的压缩文件，然后将该压缩文件保存在移动硬盘或以附件的形式上传邮箱，以绝后患。

当下次需要使用该配置的时候，只需找出配置文件，然后点“个性化”—“备份个性化设置”—“导入”即可。此方法可以方便地导入导出包括自选页面、周期化、合约化、指标区、指标模型等一切个性化设置，非常方便，体现出文华财经软件的友好、易用和强大。

第三节　周图如父，指数如母

我们是经常把趋势跟踪挂在嘴边的技术分析派。但到底应该怎样跟踪趋势？恐怕就没有几个人知道了。首先，我们技术分析派的优势，是同一套技术系统，可以分别适用于股票、期货、外汇、国债等不同的市场。不像基本分析派，会分析股票的，不会分析期货；会分析工业品的，不会分析农产品；会分析黄金的，不会分析铜；会分析豆粕的，不会分析棉花。所以我们看不上基本分析派是有原因的——他们岂止是不懂技术？仓位控制和风险管理也大多一窍不通。其次，具体到每一个市场，股票、期货、外汇或者国债，都包括两个层面的趋势跟踪：(1)具体买卖对象的跟踪，即标的跟踪；(2)具体买卖对象所属板块的跟踪，即指数(背景)跟踪。二者在技术方法上完全相同。但在实战中，又有一些区别。

简单地说，就是具体交易标的之进场条件，要比背景指数看涨或看跌的条件更严格。怎样理解这一问题呢？以股票大盘指数为例，日均五顺多排就可以操作 ETF 和股指期货或股指购权。但你所挑选的个股，往往需要满足周均五顺多排才可以介入。这就比对指数的要求高了一个级别。这是因为构成股票大盘指数的板块或成分股当中无论哪一部分领涨，都足以驱动指数上涨，其他股票只要维持横盘、不拖后腿即可。但是个股由于套牢盘的牵制，长期均线(例如 120/240 日或 30/60 周均线)不转向很难展开主升浪。由于存在杠杆，商品期货基本不存在套牢盘，进场条件相对比较宽松，与股票大盘指数同等对待就可以了。

趋势的起止区，依据我们现有的技术，不说都能百分之百精确地掌握，掌握个大概还是没有问题的。所以我常说，都说市场不可预测，那要看怎么定义预测。我认为只要不是过分地追求精确和完美，市场在很大程度上还是可以预测的。不管股市还是期市，除了标的本身周线图的支持，股票或商品指数各成分品种的同方向、集体性的一致行动(在股票大盘指数或商品指数上体现为上升或下降趋势)，那种浓厚的做多或做空氛围，作为专业交易者难道感受不到吗？周线图对交易标的行情发展的支持犹如父亲对儿子事业的支持，故称“周图如父”，这属于纵向的大局观；而交易标的所隶属的板块指数是否走出日线趋势行情（主动浪或反动浪），甚至是周线级别的趋势行情（主动浪），对标的来说也特别重要。

指数由多个成分品种构成，就像一母多子一样。指数走出趋势行情意味着成分品种中的多数正在运行趋势行情。可以利用这一点顺藤摸瓜，迅速定位领头羊。指数的趋势运动代表一种潮水般的集体行为，就像鱼群运动有别于单条鱼的运动一样，其真实性、可操作性与交易价值远非单一品种发动的“行情”可比。价格出现集体运动的现象称为“指数如母”，这属于横向的大局观。“周线型机会”与“指数型机会”就是传说中的“大行情”。养成“只在大行情里才持仓”的习惯，学会“只在明显的趋势行情里下注”，你才能成为赢家。

趋势是市场的漏洞，有趋势就有盈利的机会，而且是大机会。不要说有人在无趋势行情中杀进杀出也能赚钱，那种利润一是暂时的，二是不值一提。假以时日，在付出巨大的精力和体力之后——多数人以健康崩溃为代价——算总账的结果，能打平就是这群人长期与市场作战的最高水准和最佳战绩。须知，一切够得上规模的“大行情”都至少是周线级别的。有些持续长达几年、十几年的超级行情甚至是月线级别的。通常所谓的“牛熊市”，就包括“周线级别的牛熊市”和“月线级别的牛熊市”。前者如果与后者同时出现并且同向，可以认为是后者的主动浪；如果反向，可以认为是后者的反动浪。

大级别行情的孕育必有不为人知、不可认识的深刻原因，且“妊娠期”非常之久，短则数月、长则数年。与之相比，财经记者与评论家们的解释都显得滞后而肤浅。事实上，金融市场上所有的交易品种，单个标的也好，指数也好，其价格运动都是无序（即随机漫步）和有序（即趋势行情，“中继形态”可视为夹在两段趋势中间的短期无序）交替进行的。二者之间的转换要经历漫长的时间。价格无序运动之目的是为了走向有序，有序运动的终点又通向无序。体现在 K 线图上，就是日/周/月均线系统从混乱到完美排列交替出现。

"日线级别的趋势"在日图上清晰可辨认，通常由几段日图上的主动浪/反动浪组成，同时伴随着日均线族的完美、典型排列。"周线级别的牛熊市"在周图上清晰可辨认，通常由几段周图上的主动浪/反动浪组成，同时伴随着周均线族的完美、典型排列。"月线级别的牛熊市"能在月图上被清晰地观察到，通常由几段月图上的主动浪/反动浪组成，同时伴随着月均线族的完美、典型排列。日线趋势与周线趋势同向并且是后者组成部分的时候，称之为"主动浪"，否则称之为"反动浪"。同理，周线趋势与月线趋势同向并且是后者组成部分的时候，称之为"主动浪"，否则称之为"反动浪"。

无论哪种级别的趋势，两段主升浪之间都以"上升中继形态"衔接，两段主跌浪之间则以"下降中继形态"衔接。注意这里的"浪"是指波段，与波浪理论无关。对个股来说，由于套牢盘的存在，通常只有克服了套牢盘的主动浪才有操作价值。而对股票大盘指数或者商品期货来说，不管是主动浪还是反动浪都有操作价值。"月线级别的牛市"通常只会出现在股票市场，或黄金、铜等上市时间超过 30 年、产量/存量比值较低、可大量回收的大型工业品期货上。农产品期货由于产量/存量比值太大，通常倾向于暴涨暴跌，其牛市持续时间很难超过 2 年，所以一般不会出现"月线级别的牛市"。也就是说，农产品的长期均线如月均线族基本上是无用的。

历史上，世界各地股市曾经多次出现过超级牛市，也就是"月线级别的牛市"，其升幅之大、时间跨度之长令人目眩神迷。试举几例如下：

1. 道琼斯指数从 1942 年 6 月 100 点到 1966 年 1 月 1 000 点，历时 24 年、升幅 9 倍的超级牛市。

2. 道琼斯指数从 1982 年 8 月 800 点到 2000 年 1 月 11 750 点，历时 18 年、升幅 14 倍的"飓风牛市"。

3. 香港恒生指数从 1984 年 10 月 1 000 点到 1997 年 8 月 16 820 点，历时 13 年、升幅 16 倍的疯狂牛市。

4. 台湾加权指数从 1985 年 9 月 700 点到 1990 年 2 月 12 495 点，历时 5 年、升幅 17 倍的震撼牛市。

5. 日经 225 指数从 1977 年 12 月 5 000 点到 1989 年 12 月 38 957

点，历时 12 年、升幅 7 倍的狂飙牛市。

6. 纳斯达克指数从 2009 年 3 月 1 265 点到 2021 年 11 月 16 212 点，历时 13 年、升幅 12 倍的巨型牛市。

尽管是牛市，但是上升途中迅猛而巨幅的下跌——事后人们称之为“健康的调整”——经常出现，因此在牛市运行过程中破产的投资者不乏其人，在有融资杠杆工具的市场里尤其如此。并且，牛市结束以后的跌势无一例外都很严重。例如日经 225 指数，在上轮牛市结束之后，又经历了一轮历时 14 年、跌幅 80%的惨烈熊市。从 1989 年 12 月最高 38 957 点跌到 2003 年 4 月最低 7 603 点。价值投资派通常不知道怎样通过熊市获利，因为在他们的词典里没有“做空”二字。就像一张桌子，我们专业投机者有 4 条腿：股票多头、股票空头、期货多头、期货空头；而价值投资派只有 1 条腿：股票多头。哪张桌子能站稳一目了然。

在大熊市运行过程中，那些自命不凡的“价值投资派”不是遭受重创，就是被消灭；而等到市场跌到“遍地是黄金”的阶段，可以“价值投资”的时候，恰恰是我们这些因为通吃牛熊市而羽翼丰满、实力大增的投机客还能有钱“捡金子”。两派之间更大的区别还在于：专业投机派对“图形美学”与“图形力学”高度敏感，通过观察市场标的与指数之日/周图表上所摆出的“必多”或“必空”造型，就知道哪个品种乃至整个市场即将大涨、继续上涨、涨势衰竭，或即将大跌、继续下跌、跌势衰竭。这才是实战交易家横扫沙场的秘密武器，是技术分析派有别于价值投资派与基本分析派，并且令其望尘莫及的厉害之处。

第四节　在预测中验证，在验证中预测

金融交易的过程，一般是先预估大的趋势行情即将到来，然后小单量试仓(技术熟练的话也可以一次性建好完整的初始头寸)。当初始头寸被证明为正确，即浮盈如期出现并且稳定增长；再当标的完成一次回撤之后再次处于临界点，并且整个市场的大局与氛围也正常配合的时候，果断加

仓。第一次加仓一般是直接翻倍，比如杠杆倍率由 0.1 瞬间变为 0.2。以后的加仓为了不使合并成本价出现大幅位移——成本价离市场最新价太近意味着抵抗回撤的能力薄弱，并且一旦亏钱，速度会是加仓之前赚钱速度的 2 倍——可以加码原有头寸的 1/2。接下来的过程就像盲人拄拐棍——边探边走。实战中的交易者只能有限度地预测未来，无法看得很远、很真切。但是只要不断根据市场反馈回来的信息调整头寸，并不妨碍我们可以走得很远，直至抵达目的地。这种方法叫作“在预测中验证，在验证中预测”。

先看两幅高度相似的图形，请找出它们的相似之处。如图 2－19 和图 2－20 所示(图 2－21 与图 2－22 分别是两者的周图，两幅周图也很相似)。请注意，这两幅图所显示的大型底部的构筑总是以“反动浪”(即从谷底冲击均线族)开始的。

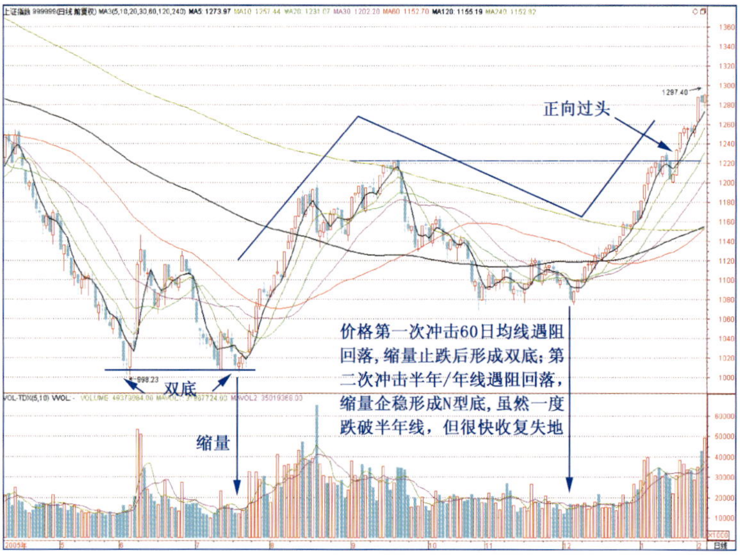

图 2－19　上证指数，2005 年 6 月 6 日～2006 年 1 月 4 日，日线“双底＋N 型底”孕育上升趋势

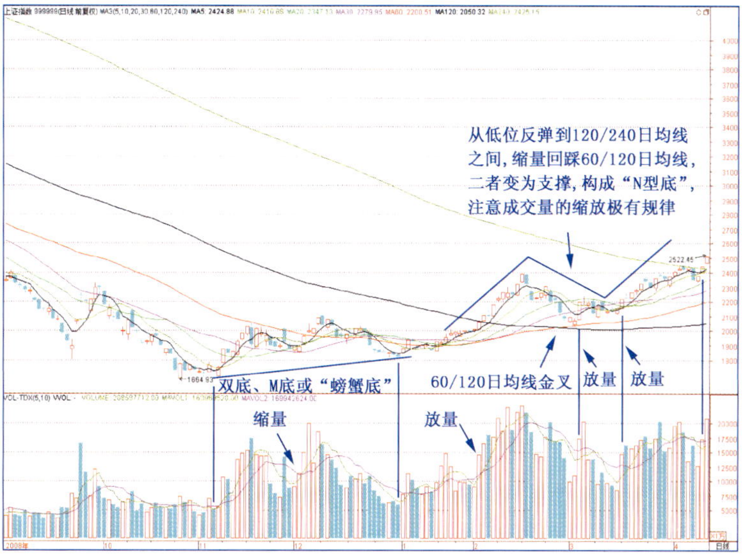

图 2—20　上证指数，2008 年 10 月 28 日～2009 年 3 月 17 日，
日线"双底＋N 型底"孕育上升趋势

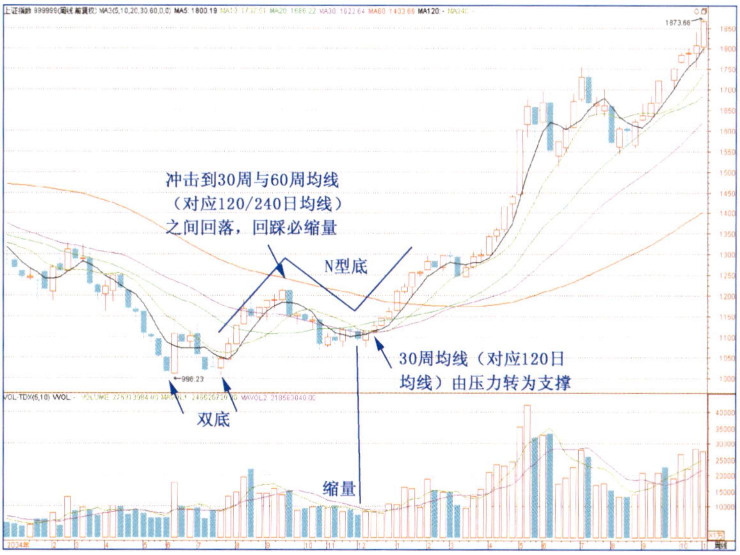

图 2—21　上证指数，2005 年 6 月 6 日～2006 年 1 月 4 日，
周线"双底＋N 型底"孕育上升趋势

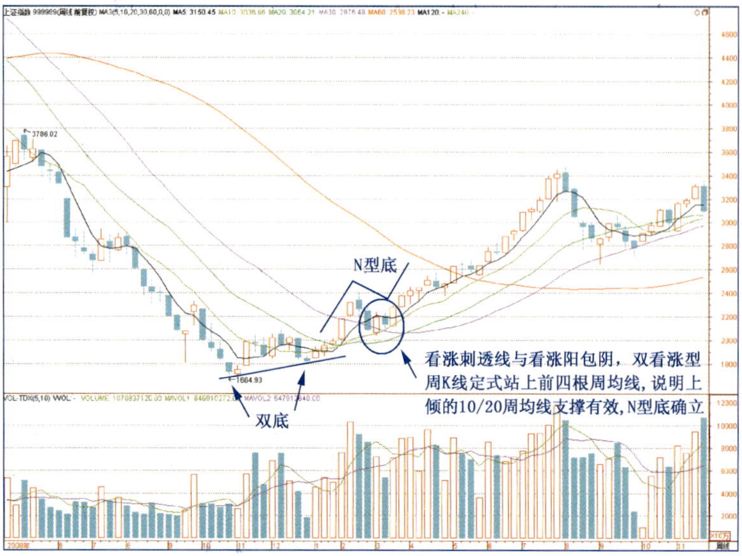

图 2—22　上证指数，2008 年 10 月 28 日～2009 年 3 月 17 日，周线“双底＋N 型底”孕育上升趋势

图 2—21 与图 2—22(或图 2—19 与图 2—20)有如下相似之处：

1. 二者在摆出相似造型之前，都曾经历过大幅下跌。

图 2—21 所示的底部构造中，在 2005 年 6 月 6 日低见 998 点之前，上证指数从 2001 年 6 月 14 日 2 245 点见顶下跌，历时 4 年累计跌幅 56％(跌幅中等，但时间较长)。图 2—22 所示的底部构造中，在 2008 年 10 月 28 日低见 1 664 点之前，上证指数从 2007 年 10 月 16 日 6 124 点见顶下跌，短短一年的时间跌幅高达 73％(时间虽短，但跌幅巨大)！这在世界股市历史上都是罕见的。一般来说，股市大盘指数跌幅达到 90％为绝对底部，跌 70％情况也很严重，正常情况下应能构筑出较为大型的底部反转形态，即相对底部。

2. 牛熊转换的筑底期极其漫长、暗无天日，是股指期货的亏钱期或不可交易期(但可以做个股)。

股市也好，期市也好，经过惨烈的熊市洗礼后(跌幅巨大或跌时漫长，或二者兼而有之)，其大盘指数之日均线系统或周均线系统势必定是空排的。而牛市要想顺利展开，却要求日均线系统或周均线系统必须由空排扭转为多排。显而易见，这中间必须经历漫长的筑底期。我相信很多人就是在反复"试多"的过程中，死在暗无天日的筑底期。对股指期货来说尤其如此。没错，黑夜过后是黎明，严冬过后是春天。但这一切都与烈士们无关。

以上证指数 2005 年 6 月 6 日 998 点所在的底部来说，从 2005 年 6 月到 12 月，该底部的构筑花了整整 7 个月的时间。而 2008 年 10 月 28 日 1 664 点所在的底部，则从 2008 年 11 月构筑到 2009 年 3 月，也花了 5 个月的时间。可见，牛熊转换比人们想象的漫长。短线交易者若一味杀进杀出，与玻璃瓶中乱撞的苍蝇无异。在历史性大底构筑期间，也会牛股辈出，它们就是先于牛市启动的领涨股。但是这些股票只能通过选股程序自动选出，散户和业余玩家很难通过手动翻检和肉眼查看来发现。

在上面的两个例子中，上证指数在不同时间走出高度相似的图形，绝不是偶然的。事实上，这恰是技术分析的三大假设——图表包含一切、价格按趋势演变、历史会重演——完全成立的最佳证明。随着学习的深入，以及研究的案例越来越多，你们会发现高度相似的图形会不断重复出现。而技术分析的伟大之处，正在于其可复制、可学习与可传授性，并且通用于一切金融市场。这一特性令技术分析派具备强大的盈利能力，秒杀其他所有派别。

现在让我们来看 2015 年 5 月的大宗商品市场。与上证指数类似，在 2015 年 1 月 26 日低见 114.17 点之前，文华工业品指数从 2011 年 2 月 15 日 223.7 点见顶下跌，经过长达 4 年的漫长熊市，最大跌幅达 49%。大宗商品价格普遍低得"令人发指"——这不由得让人想起上证指数 2001 年 6 月 14 日 2 245 点～2005 年 6 月 6 日 998 点，同样历时 4 年的大熊市。上证指数后来于 2007 年 10 月 16 日涨到了 6 124 点，涨幅高达 5 倍。那么商品市场是否也同样在孕育一波大牛市呢？这需要我们大胆假设、小心求证。

2015 年 1 月，商品已经整体"见底"——至少暂时如此。经过整整 4 个月的煎熬，文华工业品指数走出一个双底，多头似乎看到了一线希望。2015 年 5 月，美国豆油、大连豆油、大连棕榈油和日本橡胶、上海橡胶已经率先走强。但黄金已经筑底 8 个月，白银筑底 7 个月，还丝毫没有牛市发动的迹象。其中走势最强的上海橡胶，筑底期已经进入第 10 个月……焦炭、焦煤、螺纹钢、铁矿石走势似乎在沉睡。商品能否全面爆发大牛市，我们需要多品种、多周期图表联合跟踪、综合研判。

图 2－23 与图 2－24 分别是文华工业品指数 2015 年 1～6 月的日图与周图。从图中可知，文华工业品指数已经走出一个双底形态，该双底在日图与周图中都能够清晰地观察到。紧接着工业品整体上发动了一波攻势，放量越过半年线，冲击年线，然后缩量回落。当成交量萎缩到极致时，在日线图上如能放量收阳，站上除年线以外的所有均线，则有望形成“N 型底”——注意，这里就是工业品指数走势最为关键、敏感的位置。

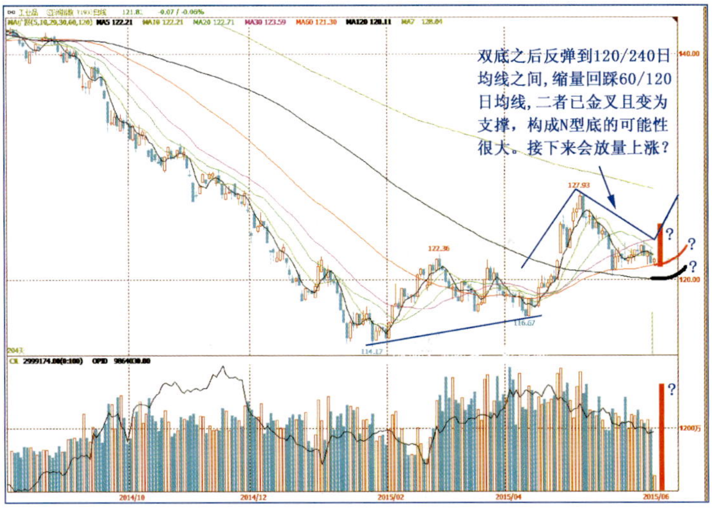

图 2－23　文华工业品指数，2015 年 1 月 26 日～2015 年 6 月 6 日，日线“双底＋潜在 N 型底”孕育可能的上升趋势

相反，如果大阴向下，打穿所有日均线，并且使周 K 线之最新价位于所有周均线之下——因为 120/240 日均线（或 30/60 周均线）本来就是向下的，说明当下仍然是熊市格局——则意味着多头 4 个月的努力有可能归于失败，“N 型底”成立的难度加大，只能退而求其次，看三重底能否成立。如果双底低点不能阻挡跌势，即三重底也不成立，则熊市依旧、跌势再起。最终究竟走哪条路，不妨让市场自行选择。但有经验的交易者会有所预估。

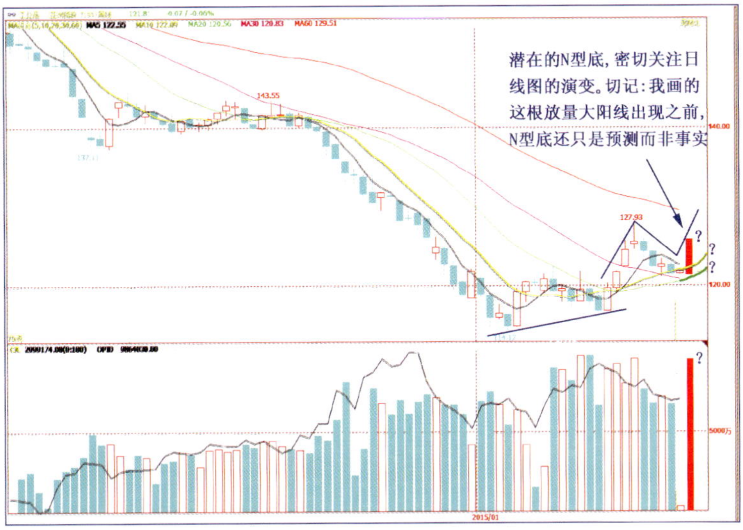

图 2—24　文华工业品指数，2015 年 1 月 26 日～2015 年 6 月 6 日，周线"双底＋潜在 N 型底"孕育可能的上升趋势

不幸的是，2015 年 6 月 12 日（这一天的日 K 线即所谓的"临界点"），文华工业品指数选择了后一种走势。2015 年 6 月 12 日，标志性阴线作为看跌黄昏星 K 线组合的一部分，带动 30 日均线完美盖头向下（即标志性阴线的开盘价距离 30 日均线很近，几乎紧贴 30 日均线），加上自 2015 年 1 月 26 日 114.17 点以来开始构筑的"形态"（即反弹）已长达 5 个月，所积蓄的做空动能已经足够充沛。标志性阴线的杀伤力估计半年线难以阻挡，N 型底成立难度加大，多头只能退求三重底。但是在遇到多头有效的抵抗之前，空单必须立即先行进场，不然到那时又跌多了，作为进场点就太晚了。如图 2—25 和图 2—26 所示。

图 2—25 和图 2—26 的走势说明，交易者熟稔经典形态学和高胜算图形定式，从而具备基本的预测能力，在此基础上再深谙"知变应变"之精神，在预测中验证，在验证中预测，几乎是能够在金融市场上持续获利的唯一途径。至于除此以外还有什么其他方法能够盈利，我看悬得很。显而易见，类似 2015 年 6 月 12 日那种标志性 K 线走出之后"知变应变"的本事，除了趋势跟踪一派，不是任何其他派别的交易员能够具备的。我谅他们无此能力。

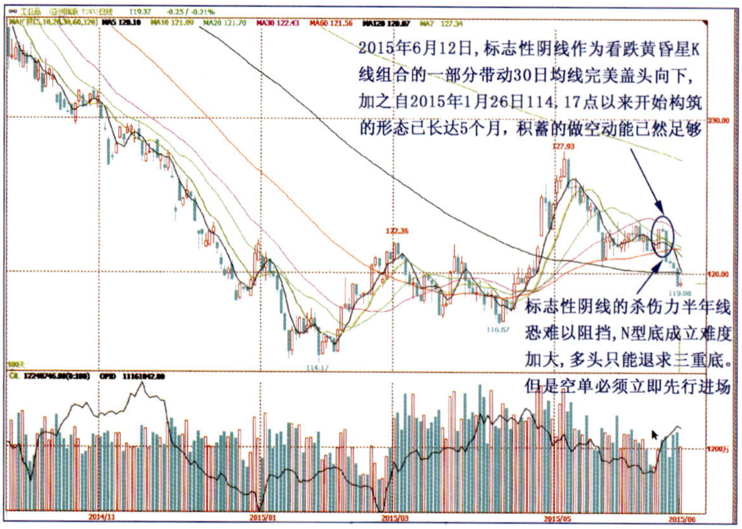

图 2—25　文华工业品指数，2015 年 6 月 12 日，日线标志性 K 线使潜在 N 型底成立难度加大，多头退求潜在三重底

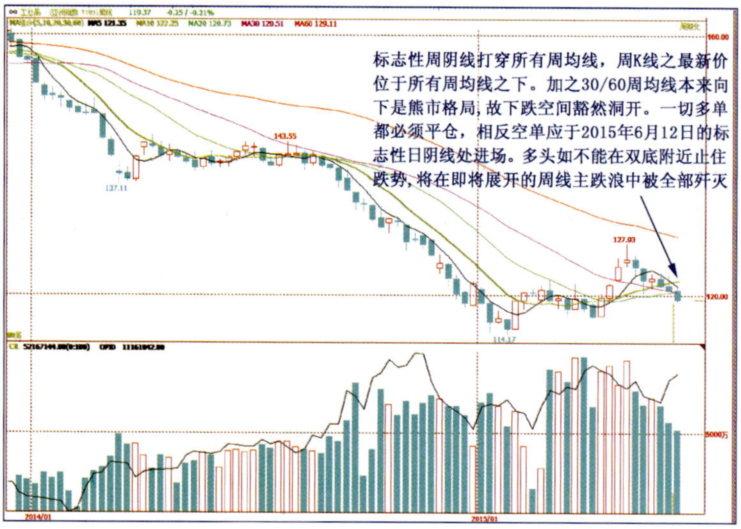

图 2—26　文华工业品指数，2015 年 6 月 12 日所在周，周线标志性 K 线打穿所有均线，下跌空间洞开，多头岌岌可危

第五节　论程序化交易

总体而言，我对目前国内风起云涌的程序化交易浪潮既不看重，也不看好。

全自动程序化交易最早的方向是机械化的系统化交易。我个人的观点——不是说他们的坏话，我感觉为什么要提倡机械化交易呢？表面上是要滤除什么人性的弱点呀，避免情绪的波动啊，冠冕堂皇的理由一大堆。其实，根本原因只有一个，就是掩盖自己技术方面的欠缺。技术方面说白了就是很差劲，几乎完全不懂交易。他们没办法，所以只好转向机械化的系统化交易，真相就是这么回事。但是，再高明的电脑也不能代替人脑的分析判断。就好比打仗，现在虽然是电子化、信息化战争，但再高明的电脑也不能代替军事家的头脑。同理，再高明的软件程序也代替不了交易家的眼睛。

程序化交易我认为可做可不做，必要性不大。为什么？运用趋势跟踪系统人工交易，每年盈利20%～30%难度不大，而且基本不受资金规模的限制。也就是说，我们有能力掌控任意规模的资金，还可以保持绝对收益率不下降。试问有几家采用程序化交易的公司、机构有这个能力？他们每年的业绩也就是几个点、十几个点，超过15%的几乎没有。更糟的是，他们成本高昂。他们几十人的团队所干的事，我们只需要一个人就能干了。他们花费几千万元研发、购买的程序，交易结果竟然还是“不确定的”。还有，当他们所管理的资金量增大的时候，会超出程序的“负荷”，资金曲线开始扭曲不良，又不得不重新开发程序。可以说，在表面风光的背后，没有谁比这些人更痛苦、迷茫的了。

至于个人交易者沉迷于程序化交易的研究，就更荒谬了。首先一条铁律，懂交易的人不懂编程，懂编程的人不懂交易，这个难关无法突破。就拿我的系统来说，它是我的交易思想。现在来了一个程序高手，他要把我的系统编制成程序，但是我对他不信任。因为我很怀疑也很担心，他的这个计算机语言，是否真的能够反映我的思想？要知道差之毫厘，谬以千里。所以即便有正确的交易系统和正确的交易思想，所编制出来的程序，无论模拟还是实战，效果依然不理想，需要反复调试。这是长期、艰巨的任务，其难度之大、代价之高甚至还不如我自己从零开始学习编程。但我光是学会交易就已经花费了 20 多年的时间，现在再要求我成为程序高手，这种可能性到底有多大呢？

一个人怎么可能在两个完全不同的领域同时都有卓越的造诣？所以就算我不顾“高龄”的限制，从现在开始艰苦地学习编程，最多也只能成为一名业余玩家，不可能达到一流水平。单是这一条原因，就足以把个人交易者研究程序化交易的路堵死。如此浅显的道理，大量前赴后继、如过江之鲫的研究者却没有起码的智慧看破。这些可怜人对交易一知半解，对编程同样一知半解，他们在这两个高端领域的专业知识不要说二流，可能连三流都算不上，却期待发明出一台能自动印钱的机器。这就好比一个人本来不会炒菜，却希望打造一把能自动炒菜的铲子一样。他们连炒菜的到底是大厨还是铲子都分不清。愚痴至此，夫复何言？

现在只要提起程序化交易、高频交易、量化交易，就会有人不约而同地抬出詹姆斯·西蒙斯(James Simons)，就好像西蒙斯是他家亲戚，他亲眼见过西蒙斯怎样交易一样。事实上，西蒙斯到底是怎样从事交易的，根本就没有人知道。人们之所以把他当作量化投资派的代表人物，所依据的不过是从新闻报道中道听途说。就好比长期以来，人们喜欢把巴菲特当作价值投资派的代表人物，进而想当然地模仿他，做着自以为与他“很像”的交易一样，实际上根本就是南辕北辙。就拿“量化投资”来说，到底什么才是“量化投资”？除了仅仅作为一个概念名词，故作高深地拿来忽悠投资者的钱以外，整个交易界有一个人能说得清楚吗？

就算西蒙斯走的是量化投资路线，他的具体做法是什么？你开发的“模型”与他的模型是一回事吗？交易家的交易体系或者模式模型是商业机密，怎么可以凭猜测东施效颦？不怕引起灾难性的后果吗？再拿“高频交易”来说，高频交易的目的是什么？为了高频而高频吗？或者仅仅因为这样做很时尚？赚到钱了吗？还是一直不停地拿钱作炮灰，试验失败之后再继续试验？这可是无底洞啊，你究竟还要试验多久？西蒙斯在成为基金经理之前，就是享誉全球的数学大师，你是吗？西蒙斯的团队聘请了大批数学家、物理学家、统计学家，这些人高昂的薪酬，你支付得起吗？放着低成本、高可靠性的趋势跟踪路线不走，偏要搞高成本、高失败率的量化投资，脑子里哪根弦搭错了？

很多交易员空有雄心壮志，却缺乏起码的智慧来分辨清楚哪条路行得通、哪条路行不通。其实只要稍微了解一下西蒙斯的生平，就知道他和巴菲特一样，是一个完全无法仿效的人物。詹姆斯·西蒙斯于 1938 年出生在马萨诸塞州，是一个鞋厂老板的儿子。1958 年毕业于麻省理工学院数学系。1961 年，年仅 23 岁的他获得加州大学伯克利分校数学博士学位，曾任国防部国防逻辑分析协会高级密码破译员。1968 年，年仅 30 岁就被纽约州立石溪大学（Stony Brook University）授予数学系主任职位，是当之无愧的天才人物。西蒙斯在石溪大学做了 8 年的数学研究，其间与华裔数学家陈省身联合创立了对数学与物理学影响深远的“陈-西蒙斯”（Chern-Simons）理论。

1976 年，西蒙斯摘得数学界的皇冠——美国数学协会颁发的维布伦（Oswald Veblen）几何学奖。1978 年，西蒙斯离开学术界创建了林姆若伊基金（Limroy），又于 1982 年在纽约设立文艺复兴科技公司（Renaissance Technologies）。1988 年，西蒙斯关闭了林姆若伊基金，邀请当时在石溪大学数学系任教的埃克斯加盟，成立大奖章基金（Medallion Fund）。该基金当年盈利 8.8%，到 1989 年 4 月却赔了 30%。西蒙斯因此不得不在 6 月份停止交易。由于对模型有分歧，他与埃克斯分道扬镳；之后请来普林斯顿大学的数学教授劳佛一起改进数学模型。6 个月后，他们决定将模型中有关宏观经济数据的部分完全剔除，只留下技术性数据。据联合证券基金研究小组发布的研究报告，大奖章基金从 1989 年到 2007 年间的平均年收益率高达 35%。2010 年 1 月 1 日，西蒙斯宣布退休。

在过去 20 年中，西蒙斯的文艺复兴科技公司在全球市场中进行投资。他们用计算机开发了许多数学模型用于交易，这些模型建立在海量数据基础上，基本上都是自动化完成的。西蒙斯也因此自称是“模型先生”。但是,大奖章基金并不是一只完全开放型基金。从 1993 年开始,该基金就不再接受外部投资者的资金,后来更是将这些资金全部退还,改为专为公司内部职员运作。因缺乏第三方认证,该基金的真实业绩存在疑问。

2005 年,西蒙斯说要成立一只理论上能管理最多 1 000 亿美元的新基金,于是文艺复兴机构股票基金(Renaissance Institutional Equities Fund,RIEF)宣告成立。到 2005 年年底,RIEF 资产为 25 亿美元,回报只有 5%,总规模距离西蒙斯所说的 1 000 亿美元上限也还有很大差距。随后,RIEF 的表现远远落后于大奖章,2006 年、2007 年都几乎没有赚钱。2008 年,RIEF 亏损 16%;2009 年,继续亏损 6%。RIEF 管理的资金最高曾经达到 290 亿美元,但到 2010 年 6 月,却大幅下降至 39 亿美元。

2007 年 10 月,西蒙斯成立了文艺复兴机构期货基金(Renaissance Institutional Futures Fund,RIFF)。这次,西蒙斯说最大容量为 500 亿美元。根据《华尔街日报》的数据,RIEF 与 RIFF 两只基金在 2007 年总共有 350 亿美元,占文艺复兴科技公司所管理资金总规模的 87.5%,但是 RIEF 与 RIFF 两只基金在 2010 年的规模缩水至 60 亿美元。据此测算,RIFF 于 2007 年成立时的规模不低于 60 亿美元,2010 年低谷时的规模最高不超过 21 亿美元。观察家们质疑,为什么给内部人员投资的大奖章基金持续盈利,而接受外部投资者的基金却经营不利?这可能存在一种违规,即把高额的回报通过内部转移给了公司员工。

若论以计算机模型为基础的量化交易,于 1998 年倒下的长期资本管理公司(LTCM)所从事的正是这一业务。下面是记者毕亚军采访曾担任 LTCM 合伙人的黄奇辅先生的一篇访谈。黄先生是诺贝尔经济学奖得主罗伯特·C. 默顿(Robert C. Merton)的高足,是当年 LTCM 团队的核心成员之一,因而他在访谈中对 LTCM 起落沉浮的回忆极其珍贵,特录在这里供你们参考。很多人不知道的是,在 LTCM 倒闭之后,原有的“梦幻团队”骨干们又重整旗鼓,成立了一家新公司;但同样因为风控不过关,在 2008 年的金融危机中再次倒闭。

黄奇辅：天才不敌天时

在现代金融学界和业界，我算是拥有一席之地的人。曾经我和我的同事到任何一个国家，该国央行行长都会接待我们，很多行业内的人会以认识我们为荣。但我今天要分享的，是失败的故事，一个一群金融天才在金融业惨败，甚至一败再败的故事。

1995 年，默顿(Robert C. Merton)不断打电话给我，邀请我加入他们刚刚创建的伟大事业——长期资本管理公司(LTCM)。默顿是我在斯坦福大学的导师，我曾提议并协助他写作《连续时间金融》一书。这本书后来广受赞誉，也令我们的关系更为紧密。1997 年他因此获得诺贝尔经济学奖，这本书也更受关注。

LTCM 是当时华尔街最闪亮的明星。公司创办人麦利威瑟(John Meriwether)被誉为华尔街债券套利之父，美国财政部前副部长、美联储前副主席等大人物也是公司合伙人。我的另一位导师，与默顿一起获得诺贝尔经济学奖，被称为金融宗师的斯科尔斯(Myron Samuel Scholes)也在这里。这些天才们组成了全球金融业有史以来最为耀眼的“梦幻团队”，也用成绩证明了自己。我接到邀请时，才一年他们就已获得高达 16 亿美元的利润和含手续费在内高达 59%的收益率，创造了基金业有史以来最迅速的成长奇迹。

LTCM 的主要业务是债券套利交易，通俗地说，就是像做股票一样做债券。债券的价格波动很小，风险和回报也低。为了获得更高的回报率，LTCM 动用大量财务杠杆将规模做到很大，他们运用电脑建立数学模型分析价格波动，并且通过电脑精密计算在波动中发现与把握套利机会。这样一来，运用和建立套利模型就显得非常关键，我被他们认为是这方面的天才，这也是他们邀请我加入的原因。

默顿和斯科尔斯邀请我去担任 LTCM 亚洲业务主管及公司合伙人。这很诱人，但起初我拒绝了。我太太不愿来亚洲，她是加州理工学院的计算机博士，也是耶鲁大学知名的计算机教授，她觉得自己的事业在美国，不应该到亚洲来。后来，麦利威瑟也向我发起攻势。我开始动摇了，太太也觉得可以尝试一下。1995 年，我正式加入 LTCM，从零开始拓展亚洲业务。最初两年，我在总部格林尼治上班，跨洋开展以日本债券市场为主的交易。

在我们的合力下，LTCM 继续腾飞。1997 年底，我们当年金融衍生工具的总规模已接近万亿美元之巨，超过当时中国的国民生产总值。我们这些合伙人的财富也如火箭般上升，到 1997 年底，我们在基金中的总值已高达 14 亿美元，比投入的 1.5 亿美元增长了 9 倍，要知道，这不过才两三年的光景。我负责的亚洲业务也越做越大，我刚去的时候，公司晚上是没有人上班的，1997 年 5 月，当亚洲业务成为我们的重点市场，我们决定在东京建立亚洲业务大本营时，我光是从美国就带过来 15 个人，并在东京安了家。

就在我们准备更上一层楼、大展拳脚之际，坏事情发生了。

1998 年 8 月 17 日，俄罗斯政府将卢布贬值，宣布无法按时偿还国债。我们持有不少俄罗斯债券，马上亏损不少。后来，很多人解读我们的失败时，认为我们是在俄罗斯亏了个底儿掉。但事实上，我们在俄罗斯的业务很小。真正让我们滑向深渊的，是俄罗斯之后的连锁反应。

1998 年之前的 10 多年里，每隔两三年俄罗斯都会面临一次金融危机的考验；但每次，其他七大工业国或者 IMF（国际货币基金组织）都会帮助他们。因为大家都认为，他们破产会殃及池鱼。1998 年，真正的危机发生之前，俄罗斯警告说自己会有危险，债券价格于是下降很多。很多大机构和投机者都觉得机会又来了，趁机大量收购俄罗斯债券。大家的想法是，真正出问题的时候，别的国家还是会按照惯例出面帮忙，然后危机就会过去，债券价格就会上涨，这样就又可以稳稳地赚上一大笔。

我们也是这么想的。我们认为，真正出问题的可能性是“万一”，别国帮助俄罗斯的可能性是“一万”。让我们万万没想到的是，万一发生了。这一次，没有人愿意再替俄罗斯买单。危机迅速蔓延。金融机构都必须保有足够的资本。一旦它亏损较多，就会通过出售资产来降低风险、增加资本。俄罗斯宣布破产，让很多国际大银行遭受损失，它们连夜召开紧急会议，要出售资产套现。

这些大银行手里持有很多、抛售很方便的资产就是债券，主要是七大工业国的债券。我们的灾难因此而来,因为我们手里持有的金融资产,大多数也是七大工业国的债券。一场抛售七大工业国债券的踩踏惨剧由此发生。8月21日,国际大银行开始大幅抛售它们手中的七大工业国债券,令全球主要债券价格发生有史以来最大的波动。混乱无比的卖空踩踏中,LTCM几乎一天就毁掉两年的心血。

难忘的是,8月21日那天,我正和麦利威瑟在北京旅行。当天晚上,我们还和中国人民银行的官员共进晚餐。回到下榻的酒店——北京国际俱乐部,分别给总部已经上班的同事打去电话时,我和麦利威瑟听到的是总部传来的噩耗。震惊之余,我和他当即取消在中国剩下的行程,他回总部,我回东京。虽然我们彼此安慰和鼓励,但内心都十分清楚,恐怕已是无力回天。

从8月22日开始,我们不断召开各种会议,但听到的都是坏消息。越来越多的客户知道我们亏本的消息,担心我们没有偿还能力,并且在市场上做了很多动作,令我们雪上加霜。我们的亏损也每天都在扩大。不到10天,我们已走到破产边缘。七大工业国的债券,亏掉了我们90%～95%的资本。虽然我们开展了大量自救活动,但终究未能再有奇迹。

在我们最难的时刻,我在高盛工作时的老板,当时已是高盛联合主席的科赞(Jon Corzine)给我打了电话,向我了解我们的情况。当年,他盛情邀请我告别学术界加入高盛时,给我的业务之一就是建立数理模型进行债券套利,试图让高盛与LTCM竞争。但我却为报师恩加入了LTCM,令科赞有过一段失落和不快。

现在,LTCM出事了,科赞看到一个既可以"复仇",还可以渔翁得利的机会。科赞提出的方案是,高盛帮助LTCM解决资金的问题,但LTCM要将至少50%的股权交给高盛。我们内心欣喜,但假装无奈地接受了这个方案。

但最终科赞没能解决资金的问题。同时,他还将我们的"丑事"告诉了他的前任,原高盛主席、时任美国财政部长的罗伯特·鲁宾(Robert Rubin)。鲁宾被称为"典型的刻板守旧的华尔街人士",他以交易员身份加入高盛,对我们干的事情非常熟悉,也清楚我们如果出事可能带来的后果。他接到科赞的小报告之后，非常震惊，急忙启动了紧急程序，要求美国政府介入LTCM，并将其形容为挽救华尔街之战。

鲁宾的担心是有道理的。我们的规模实在太大，超万亿的各类金融衍生品任由亏损，最终将给整个华尔街带来深重灾难。在鲁宾的重视下，不能让我们倒下成为大家的共识。9月23日，美联储出面，组织以高盛、美林、J. P. 摩根为首的15家机构注资37.25亿美元，购买LTCM 90%的股权，共同接管了LTCM，避免了它倒闭的厄运。后来，我们也因此被称为“大而不倒”(too big to fail)的人。

但对我们这些合伙人而言，LTCM事实上已经倒闭了。一个被认为只会成功、不会失败的巨人，就这样在一个看起来风险很低的市场轰然倒下。有些讽刺的是，就在前一年，默顿、斯科尔斯才刚刚获得诺贝尔经济学奖，接受万众瞩目的敬仰。天才和疯子只有一墙之隔，现在，这堵墙倒了。

那段时间，也是我和合伙人们人生旅程里最艰难的日子。虽然我负责的亚洲市场是LTCM唯一没有亏本的业务分支机构，但我的遭遇并不比LTCM的其他任何一个合伙人好。LTCM从经营的第一天起就有一个规定，合伙人应将赚到的钱大部分继续投入基金中。但事实上，我们都将赚到的钱全部投入了公司中。我们相信，我们能够做到万无一失。

当时，我在东京的房租高达250万日元/月，我的三个孩子也在昂贵的国际学校念书。以前，不但这些费用全由LTCM直接支付，我还在LTCM有一笔巨大的财富。但LTCM清算以后，单是这些支出就已让我难以承受。我在LTCM的几乎所有财富，也都与LTCM曾经的辉煌一起成为历史。

但我们对自己和LTCM的模式依然足够自信，相信LTCM的遭遇只是个极其意外的事件。1999年8月初，我与斯科尔斯重新成立了一家名为Platinum Grove Asset Management的新公司，继续LTCM的业务，默顿也加入我们，出任顾问。已经习惯了开口就是百亿、千亿的我们，从4 500万美元的规模开始，东山再起。

LTCM给我们留下的一个核心教训是：不要用高杠杆进行金融操

作，即使是在风险很低的领域。当时，我们每年的报酬率都是40%～50%，在一个收益很低的领域，你要有那么大的报酬，就要做到很大的资产规模，进而用很大的杠杆去撬动。而后来的事实证明，那是一个天大的错误。

因此，在这家新公司，我们吸取了上次的教训，高度重视风险管理，把杠杆率降低到以前的十分之一，我们只赚过去十分之一的利润，希望换来持续的生意。在我们的努力下，新的基金很快站稳脚跟，并在2007年达到50亿美元左右的资产规模。但天有不测风云，就在我们奔向100亿美元规模时，由次贷危机引发的金融海啸爆发了，让我们几乎重蹈了LTCM的覆辙。

2008年，美国第四大投资银行雷曼兄弟由于投资失利，在谈判收购失败后宣布申请破产保护，引发了全球金融海啸。2008年金融海啸的前10个月，我们的基金就损失了38%的净值，单是10月份的上半月，损失就达29%。这其中最重要的损失，来源于我们对雷曼兄弟的错误判断。令人痛心的是，我们几乎犯了同当年看错俄罗斯一样的错误。

我们当时认为，政府一定会挽救雷曼兄弟，因为它已经花大代价挽救了贝尔斯登。于是，我们押重注于政府会挽救它，甚至期待一战成名。但结果，和没有人帮助当年的俄罗斯一样，美国政府居然任由雷曼兄弟戏剧性的倒闭。我们预期的巨额利润变成了惨重损失。LTCM的遭遇再次在我们身上发生。2008年11月，为了抵御撤资浪潮，保护公司稳定，我们宣布暂时不允许投资者抽回他们的资金。但最终，我们再次败走麦城，选择清仓，退还投资者的资金，缩小投资范围，合伙人也各奔东西。

两位诺贝尔经济学奖获得者，一群金融天才，两次在市场上展示身手，都以失败告终，这令我们难以接受，但这就是事实。我们拥有全世界顶尖的交易理论、模型，我们和金融学界、业界的世界顶尖领袖并肩同行，我们也拥有一流的情报和资讯；甚至，我们就是顶尖理论、模型的创造者，我们本身就是顶尖的领袖，我们讲一句话，就会在市场上产生反应。我们也几乎做到了万无一失，但最终，天才敌不过天时。在天时的剧变下，没有踏准天时的我们，一而再地失败了，这是我们的故事，也是我们的教训。

[黄奇辅(Chi-fu Huang)简介:1952 年生于中国台湾,斯坦福大学金融学博士、麻省理工学院金融学博士,1990 年成为麻省理工学院斯隆管理学院正职教授,1993 年离开学术界转入业界发展。黄博士是世界顶尖金融学家。由他在 35 岁时主笔的《金融经济学基础》是全球金融经济学经典教材。相比学术成就而言,黄博士在业界可谓命运多舛,他曾担任合伙人的长期资本管理公司(LTCM),曾是全球最耀眼的对冲基金公司,但最终被清算,交由华尔街接管。之后,他创办的 Platinum Grove Asset Management,同样在 2008 年金融海啸中遭遇滑铁卢。]

第六节　漫谈套利交易

总体而言,我不喜欢套利,我本人也绝不会从事套利交易。但是套利听起来是如此高端、时尚、美好,以至于不了解它的人会不由自主地自惭形秽,感觉自己就像是不登大雅之堂的乡野村夫,恨不能修改自己的 DNA 以融入上流社会。而实际上,只有不懂交易的人才会喜欢套利——我这个人喜欢讲真话,至于你们是否爱听则是另一回事。试想,如果真有本事从趋势跟踪交易中盈利,又有谁肯对套利多看一眼?正因为看不懂市场走势,对捕捉浩瀚磅礴的趋势行情无能为力,所以才只好另辟蹊径。我承认交易市场上存在着各种各样的人,有些人的思维方式非常奇怪。套利交易者就是其中一类。

与趋势跟踪交易者比起来,他们就像是一些喜欢使用左手的左撇子,不听劝解,改不了自己的习惯,但是看起来似乎活得还好(仅仅是活着而已),显得倔强而独立。交易者必须有常识,这是我反复强调的一点,否则就无法沟通,而且我也不喜欢将自己的观念强加于人。我对说服别人也并无特殊的兴趣。毕竟,别人的交易做得好坏与我何干?我只是在这里陈述基本事实。至于我的观点是否有说服力,不是我能决定的。简单来说,套利交易绝不是什么高端、大气、上档次的事物,而是真正的旁门左道、歪门邪道。何以言此?让我们把套利与趋势跟踪的做法和原理相比较，一切就会真相大白。二者的区别如下。

1. 套利交易者藐视市场

趋势跟踪交易者认为“市场永远是对的”，并以此作为操作的依据。他们对市场感到敬畏、服气，永远随顺大势，不与市场争辩，更不与市场作对。他们不是看不到套利交易者眼中的“套利机会”，而是对此持谨慎态度。他们认为，即便市场错了，那也一定有它“错”的道理，这背后或许存在某种不为人知的原因，所以不能企图从中获利。反观套利交易者，他们的一切操作是建立在“市场会出错”这样的信念基础上，并且专门挑市场的各种“错”，以此为职业。

显然，这些人藐视市场，认为自己比市场更聪明、技巧更高超。他们期待市场犯错，并且试图从错误缩小或消除过程中获利。没错，他们多数情况下是对的——他们看出了市场所犯的“错”，也抓住了这些“错”，一再地从中获利。但是等等，这只是常规行情下的业绩。倘若碰到极端走势，他们的命运就由不得自己了。由以上讨论可见，趋势跟踪与套利两种交易方式的出发点和立论基础是完全相反的。趋势跟踪当仁不让地直接占据主流地位，套利则从一开始就沦为“小道”。

而且因为这种重大区别，会导致两派交易者截然不同的命运。抛开导致交易者成败的个人因素不谈（因为两派皆有输家），不难发现市场先生——别忘了，它既是运动员，又是裁判员——在理论上支持趋势跟踪交易者赢，同时在理论上支持套利交易者输。没错，套利不等于逆势。但市场犯错也好，它故意为套利交易者设下陷阱也罢，赌“错误”会缩小或最终消除都是地道的主观臆断，是一种在历史统计经验的基础上，根据价格偏离常规值的方差来买卖的赌博。

2. 套利交易者不易止损

由趋势跟踪与套利的第一个重大区别，不难推导出第二个重大区别：当交易错误的时候，趋势跟踪交易者相对容易止损认输，但这一点对于套利交易者却变得分外困难。为何？因为套利交易的出发点就是市场会犯错，而且这种“错”非常有吸引力，他才进的场。现在随着价差越拉越大，市场先生犯的错看上去越发离谱——那么试问在这种情况下，套利交易

者到底是割肉认输的概率大，还是继续投钱加死码的概率大？

只要你是实事求是的人，设身处地替套利交易者想想，就知道他在这种情况下通常是不会认输的。因为价差越大（同时浮亏也越来越大），交易就变得越有吸引力，进场的理由显得更加充分，哪有止损离场的道理？加上人的本能就不喜欢输，怎么可以在这个时候兑现亏损呢？所以他继续投钱加死码的概率很大。但很不幸，他很快就会弹尽粮绝。随着价差继续扩大，市场先生发力，他被五马分尸，撕成碎片。

3. 现实中的套利机会少得可怜

套利的关键是要走在别人前面，因为套利的过程就是价格恢复正常的过程。比如两个相关的东西一个价高一个价低，套利就是做空价高的、做多价低的，最后通过价格恢复正常而获利。或者说，套利操作使价格更为合理。你可以把套利操作使用在金融领域的多个角落：各种债券之间的套利，在两个不同市场上市的同一家公司股票之间的套利，现货与期货之间的套利，等等。如果有什么机会的话，那些天天盯着市场的人早把它套得没有了。因为套利是低风险的，所以不难想象找到套利机会的人会把所有的钱——包括借来的钱——进行套利操作，还可能招呼所有他认识的人来一起套，所以套利机会应该很快就会消失。

正因为套利交易听起来太过美好（几无风险、利润确定），所以套利机会在现实生活中很少见到。套利机会出现的概率究竟有多低呢？形象地说，就和在地上捡钱的概率差不多。至少，比起比比皆是的趋势行情所造就的交易机会，套利交易的机会少得可怜。而且随着市场的越发成熟和有效，以及套利类型的基金数量越来越多、规模越来越大，它们自己也正在扮演着套利机会减少者和消灭者的角色。就像恐龙，它们若不转型，被饿死指日可待。简单地说，套利型基金正面临着“无套利原则”市场环境下的生存困境。

现代金融理论的一个基本出发点就是“无套利原则”。也就是说，在通常情况下，你可以假定市场上不存在套利机会，无风险的超额回报是不存在的。2000 年，西蒙斯在接受采访时被问及当时的金融市场与文艺复兴科技公司刚成立时相比是不是“更为有效”了？西蒙斯回答说：“的确是有效多了。从前我们交易美国国债时，留意了各种不同到期日的债券，它们的回报率各有不同。我们发现里面大有文章：远期债券的折价很高，12个月到期的债券则没有这样的折价。我们觉得这里面肯定有不对劲的东西。现在这种价格异常会被像长期资本管理公司这样的投资公司在瞬间消除掉。

“当年我们对这个异常情况看了又看，认定市场上还没有人发现这个问题。于是我们买了一大笔长期国债期货，做了该做的对冲，然后就屏住呼吸，等着折价消失。不出所料，没过多久，不合理的折价就消失了。但是现在像这样的机会不存在了。”

严格意义上的套利指的是无风险的获利，但是现在有些被归类为套利的交易并不是完全没有赔钱的风险，与套利的定义也不完全吻合，而是从数据分析上来看，这种交易获利的可能性比较大；所以就大量交易之后的平均效果来看，这种交易是可以获利的，因此这种情况也被叫作“统计套利”。从这个意义上讲，西蒙斯的交易模型应该属于“统计套利”。

4. 套利交易创造的利润规模不值一提

套利空间的狭小性与套利机会的稀缺性，决定了套利交易所能得到的利润规模在趋势跟踪一派面前完全不值一提。就总体利润规模而言，趋势跟踪一派所创造的利润十倍百倍于套利交易，可以说养活了金融市场上90%以上的从业者。就算个别规模较大的套利基金能创造10亿美元级别的利润，但是这和趋势跟踪型基金更大规模的利润相比依然相形见绌。一般来说，优秀的套利交易者只能创造年化十几个百分点的利润，超过15%的几乎没有。但是，强悍的趋势跟踪交易员轻轻松松就能创造20%甚至30%以上的年化收益率，而且资金曲线的稳定度不在前者之下。将两者的获利能力相比较，可以说高下立判。套利交易不可能有趋势跟踪交易那样强大的盈利能力，这是个人交易者选择交易道路时必须考虑的因素。

5. 套利交易极其复杂，高门槛、高成本、高风险

相比之下，趋势跟踪交易简单易学，风险容易控制。而套利交易需要复杂艰深的专业知识，可谓康庄大道他不走，羊肠小道他偏行。我相信天

道好还，收获与汗水必成比例。趋势跟踪交易者愿意承担应该承担的风险，然后凭本事吃饭；而套利交易者却试图“捡钱”。既然是“捡钱”嘛，难度自然可想而知。所以套利交易无风险或低风险并且利润确定的初始定义，只是一种良好的愿望而已，与其在现实中的实践，完全就是两回事。

套利交易的艰深性注定了其从业者无一例外都是高学历。对机构来说，支付高额薪酬和开发计算机模型又变成一种大量烧钱的沉重负担——而此时连利润的影子都还看不到。并且，计算机模型的复杂性也决定了其脆弱性。只要杠杆变高，就会导致无限风险与灾难性后果。LTCM 精英们的两次失败，和西蒙斯旗下 RIEF 与 RIFF 两只基金的一败涂地，就足以说明一切。

6. 套利交易者无视市场的完整性，肆意切割市场

俗话说“趋势如山”。山的形象多么美好，无论是上山还是下山，一路上都有许多美景，等待着人们去观赏和体会。然而，号称是套利交易者、量化投资者以及高频交易者的人们，却完全无视这一切。他们面对宏伟壮观的趋势行情，既不能与趋势共舞，也缺乏审美观，就像眼睛瞎了一样，一心只想着套利或超短……堪称暴殄天物、愧对市场的恩赐。这些鼠目寸光之辈尤其是高频交易者们，根本不尊重市场走势的完整性。他们会瞬间发送出数量如潮水般的买单与卖单，将市场走势切割得支离破碎。

他们试图以这种做法，从价格波动中截取“一小段”利润尝尝。然而这一切并没有什么大用，他们中的大多数人，最终只不过是充当了道氏理论中所说的可怜的“润滑剂”，即成为市场风险的承担者与流动性的提供者。我相信任何一位趋势跟踪派的赢家，在交易过程中都不难体会到市场之美——那种滚滚趋势如大江东去般的浩荡之气。在追随大势获取利润的同时，还能得到精神世界的极大享受与满足。这是套利和高频交易者们完全体会不到的。而且，高频交易者的行为还有可能激怒监管层，有朝一日可能遭到政策封杀。

第三章　高胜算操盘

第一节　左侧交易与右侧交易

所谓右侧交易，即顺势交易；所谓左侧交易，即逆势交易（在底部反转形态中做多，以及在顶部反转形态中做空，不属于逆势交易，但属于左侧交易）。理论上讲，右侧交易才是安全的，左侧交易是不安全的。对左侧交易太过上心，甚至孜孜以求，实际上是交易员还不成熟的表现。真正成熟的交易员应该对左侧交易完全死心，彻底放弃左侧交易。既然右侧交易等于顺势交易，就又不可避免地牵涉到“顺哪个级别的势”这一老问题。这个问题不像一般人想象的那样复杂，至少在我这里是如此。比如说，日线级别的右侧交易，可能同时也是周线级别的左侧交易，看交易者的操作周期，即其操作所依据的核心图表是由什么而定。这就像日线级别的主动浪，有可能同时是周线级别的反动浪，是同一个道理。

接下来，我将向读者介绍“天网交易系统”的预备知识。在该系统中，股票交易依据的核心图表是日图和周图，期货交易的核心图表是日图和微图。在其框架体系下，不存在什么解释不了的行情，一切价格演变，不过就是某个级别的运动与另一更大或更小级别的运动之同向或反向的关系而已。如果我们认为周线级别的主动浪胜算够高、可堪信任，那么与之反向的、日线级别的价格运动，当然应该被归类为反动浪。对于离场而言，我们往往以10日均线的转向为第一警戒信号（此时需要减仓），以20日均线的转向为第二警戒信号（需要继续减仓），以5、10、20、30日均线的拐头转向为彻底转势的信号。

一般来说，我们连10日线的转向都无法忍受，更何况是逆5/10/20/30日均线的方向持仓！对于期货交易，5日均线转向就很麻烦，更不用说10日均线转向；10日均线转向需要大部分平仓，20日均线转向需要全部平仓。对股票交易来说，10日均线转向就很麻烦，20日均线转向需要大部分平仓，30日均线转向需要全部平仓。天网交易系统规定：在期货交易中，要求在5/10/20/30/60日均线的位置关系为共振、多临（多排＋临界点，例如“撤十过五”“撤二十过十五”等，详见后续章节）、磁悬浮、正N型时做多，要求在5/10/20/30/60日均线的位置关系为反振、空临（空排＋临界点）、反悬浮、反N型时做空。

将上述要求从日图移植到周图，即可得到天网交易系统关于股票交易的规定：要求在5/10/20/30/60周均线的位置关系为共振、多临、磁悬浮、正N型（以上四种情况可以概括为周线级别的“振、顺、浮、N”，简称“周均五顺”）时做多，要求在5/10/20/30/60周均线的位置关系为反振、空临、反悬浮、反N型时做空。因为120/240日均线约等于30/60周均线，“周均五顺”也就约等于“日均七顺”。因此天网交易系统对股票交易的规定还可以描述为：要求在5/10/20/30/60/120/240日均线的位置关系为共振、多临、磁悬浮、正N型时做多，要求在上述日均线的位置关系为反振、空临、反悬浮、反N型时做空。

综上所述，天网交易系统认为，期货交易进场的必要条件是“日均五顺”，股票交易进场的必要条件是“日均七顺”或“周均五顺”。但是在实际交易中，很有可能出现“退而求其次”，即对进场条件降格以求的情况。如果要降格以求的话，比“日均五顺”次一级的进场信号是“日均四顺五平”（即前四根日均线多排或空排，分别对多单或空单投“赞成票”；第5根日均线——60日均线走平，对多单或空单投“弃权票”）。如果在此基础上进一步降格以求，那就是“日均四顺五反”（即前四根日均线多排或空排，分别对多单或空单投“赞成票”；第5根日均线——60日均线与前四根线反向，对多单或空单投“反对票”）。

但是，“日均四顺五反”只能是微微地“反”，即只能“弱反”，不能“强反”。以期货做多为例,如果 60 日均线轻微下倾,虽然对价格上涨投“反对票”但反对的态度并不坚决,那么依然可以考虑进场做多;如果 60 日均线以陡峭的角度有力地下倾,强烈反对价格上涨,那么此时做多注定会倒霉。因为强力下倾的 60 日均线对价格上涨有强大的下拖作用,因此价格回踩势在必行,且一定会给多单造成巨大的杀伤。相反,当日均四顺空排时,如果 60 日均线轻微上倾,并不妨碍进场做空;如果 60 日均线以陡峭的角度有力地上倾,强烈反对价格下跌,那么就算跌穿 60 日均线依然会有反弹,从而给空单造成严重的亏损。

因此,在天网交易系统看来,期货交易的进场条件有且仅有三种:(1)日均五顺;(2)日均四顺五平;(3)日均四顺五弱反。股票交易的进场条件有且仅有三种:(1)周均五顺;(2)周均四顺五平;(3)周均四顺五弱反。股票交易在日图上的进场条件则有如下三种:(1)日均七顺;(2)日均六顺七平;(3)日均六顺七弱反。之所以如此规定,是因为对期货多头来说,下倾的 20/30 日均线代表 20/30 日以来所形成的“套牢盘”,是多头“惹不起”的。期货在构成“日均四顺”之前,趋势行情尚未确立,无论上升趋势或下跌趋势均未确立,于是也就没有参与的价值。即便已经构成了“日均四顺五强反”,依然可能深度回踩,不能做多。

同理,对股票多头来说,下倾的 20/30 周均线代表 20/30 周以来所形成的“套牢盘”,是多头“惹不起”的(下倾的 20/30 月均线意味着什么,以后再说)。须知 20/30 周均线锁定的是浩瀚的熊市,即便已经构成了“周均四顺五强反”,依然大概率会深度回踩。既然如此,那么急于做多它干什么?做多它为时过早,不是吗?记住:一只股票在构成“周均四顺”之前,该股是“不必看的”。在这一行,当你逐渐明了什么是不能做的,你便能开始学习什么是可以做的。但是,如果以为事情就这么简单,那么就是低估金融交易的难度了。不管是股票交易还是期货交易,一旦嵌入 N 型定式,情况就会立即变得复杂起来——好在不是无限复杂。

以期货交易中的“日均四顺五强反”为例,它出现的背景可能有两种:(1)120/240 日均线在上方盖头向下;(2)120/240 日均线在下方托底向上。前面的讨论,是假定为第一种情况;如果是第二种情况,那又不一样了。一般来说，120/240 日均线托底向上，这种情况通常是牛市——此时 20 日均线从上倾转为下倾，牛市未必结束，后面还有可能重新放量站上所有均线，构成看涨型 7N1 定式。此时 30 日均线从上倾转为下倾，牛市仍然未必结束，后面仍有可能重新放量站上所有均线，构成看涨型 7N2 定式。甚至 60 日均线从上倾转为下倾，牛市依然未必结束，后面也有可能重新放量站上所有均线，构成看涨型 7N3 定式。（关于 N 型定式，详见《从一文不名到财务自由——投资家 1973 金融交易实战教程》。）

将上述在牛市运行途中，构筑看涨型 7N1、7N2、7N3 定式的情形反转 180 度，即可得到在熊市运行途中，构筑看跌型 7N1、7N2、7N3 定式的情形。到底是不是 7N1、7N2、7N3 定式，研判需要时间。在此之前，只要 10 日均线转向，就应该平掉大部分头寸；如果 20 日均线也转向，就应该平掉全部头寸。后面如果发现看涨型 7N1、7N2 或 7N3 定式成立，那就让多单重新进场；后面如果发现看跌型 7N1、7N2 或 7N3 定式成立，那就让空单重新进场。由此可见，金融交易是非常复杂的。那些不愿意下功夫学习、一心只想速成，总是嚷嚷着“真传三句话，假传万卷书”的懒汉们，其实可以金盆洗手、退出这一行了。

很多人都说自己是“坚定的长线交易者”。但事实证明，人们通常连短期均线转向所导致的回撤都承受不起，又何必侈谈“长线”呢？——如果他们能够承受短期均线转向所导致的回撤，那反而不正常了。因为那只能说明两件事：(1)他们稀里糊涂，不知道自己究竟面临着多大的风险，而且还在继续“盲人瞎马”；(2)他们知道自己死定了，无法逃离，于是只好彻底“躺平”，对亏损采取“死猪不怕开水烫”的态度，结果却意外地捡了一条命。不管是哪种情况，这些金融市场上的“肉鸡”们，最终结局都不会太好。今后，抛开周图不谈，我们一般把逆 5/10/20/30(/60)日均线方向的交易称为“逆势”，反之则为“顺势”。

对离场操作来说，趋势波段的长度越长（即运行幅度大、持续时间长）、速度越快、倾角越大，用来锁定趋势的移动平均线周期就应该越小。比如，如果价格连续涨停或连续跌停，用 10 日均线锁定趋势都可能太迟钝，那么不妨改用 5 日均线锁定。甚至，当你凭经验目测到趋势波段“长度已够”并且浮盈巨大的时候，你还可以主动减仓，或者在 5/10 日均线交叉时全部平仓——这一切取决于价格距离 60 日均线的正乖离；正乖离率有多大，风险就有多大。而“右侧交易”，顾名思义，必定存在极值和拐点的概念在其中。简单地说，就是无论哪个级别的左侧交易或右侧交易之划分，必定要选取某一条移动平均线，并且以其转向极值为中点，画一条垂直竖线，以其左侧为左，以其右侧为右，如图 3－1 所示。

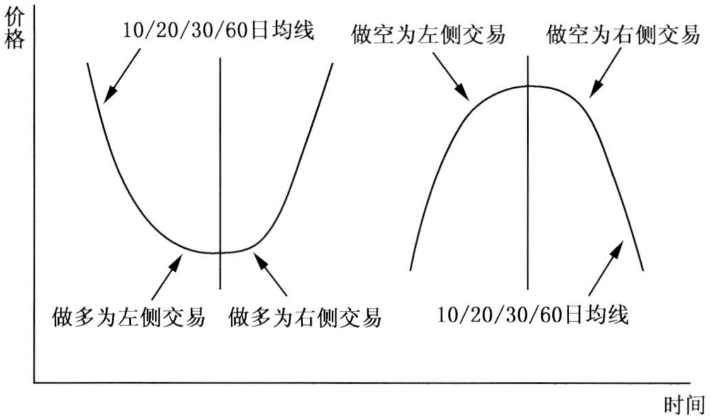

图 3－1　左侧交易与右侧交易

左侧交易又称为“抄底摸顶”，即希望做多在低价或最低价，做空在高价或最高价，以取得“成本优势”。但因为要么是逆势交易，要么是形势不明、走势繁复的“交易泥淖期”，故结果以亏损居多。相比之下，右侧交易的可靠性与优越性更为明显，而且道理也不难解释：因为日线级别的上升趋势，日 K 线必定漂浮在所有日均线之上（哪怕是 5 日均线，周期也要比日 K 线大，因此比日 K 线要迟钝）。同理，周线级别的上升趋势，周 K 线应该漂浮在所有周均线之上。一旦不是这样（即跌破 5 日均线或 5 周均线），就开始发生回撤，接下来要看 10 单位均价线的支撑。支撑得住，就叫“锁定趋势”；支撑不住被跌穿，就叫“开锁”。

注意“开锁”不等于“转向”。“开锁”发生在“转向”之前。前者是预警信号，后者是减仓信号。同理，日线级别的下跌趋势，日 K 线必定漂浮在所有日均线之下；周线级别的下跌趋势，周 K 线也必定漂浮在所有周均线之下。所以日线级别的右侧交易，要求日 K 线之最新价站到所有日均线(5/10/20/30/60)之上或之下;周线级别的右侧交易,要求周 K 线之最新价站到所有周均线(5/10/20/30/60)之上或之下;而且整个图形要看起来明显带有趋势刚刚发动,或形态结束、趋势再起之意味,如图 3－2 和图 3－3 所示。

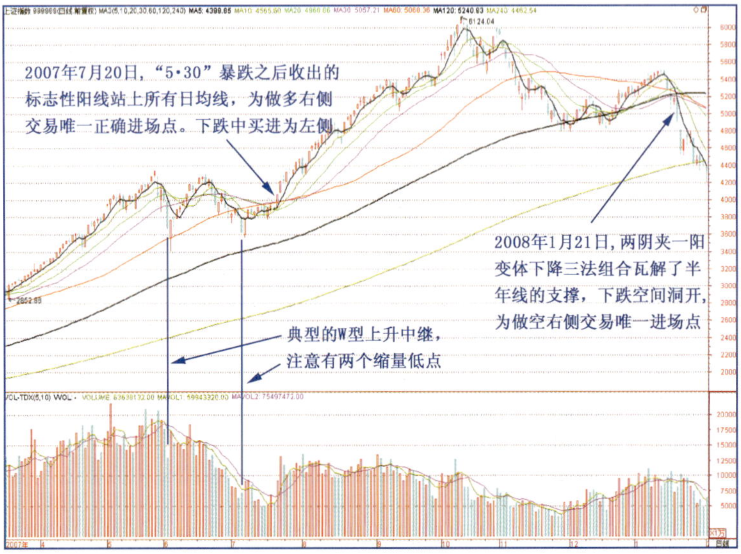

图 3－2　上证指数,2007 年 7 月 20 日与 2008 年 1 月 21 日,日线右侧交易

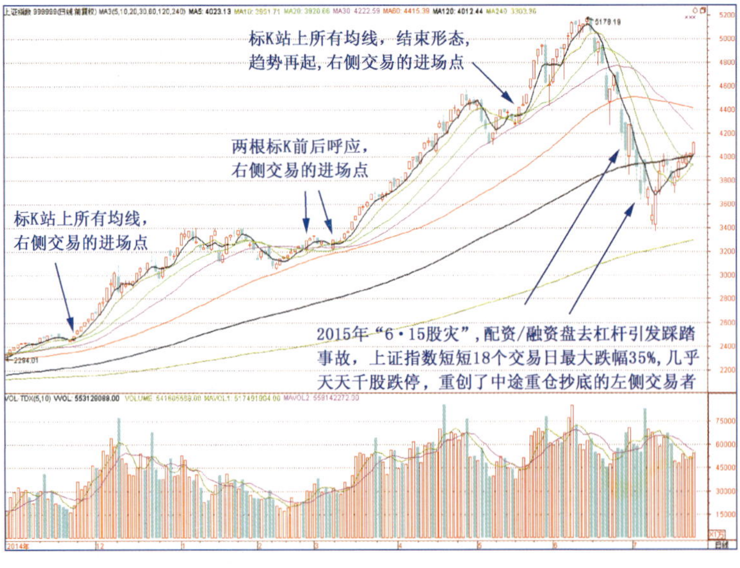

图 3－3　上证指数,2014 年 11 月 21 日、2015 年 3 月 9 日与 5 月 19 日,日线右侧交易

我现在认为，交易者应该努力把一切操作都局限在右侧交易，完全放弃左侧交易。如今我带着这种观点审视《金融交易学》第一卷和第二卷这两本书中所提出的所有理论。应该说，这两本书经历了时间的检验，我对它们的质量是相当满意的。迄今为止，前两卷书中所提出的所有理论基本上都符合右侧交易的思想，只有“牛市型超跌理论”属于左侧交易。所谓“牛市型超跌理论”，是指股票大盘指数的周线图与月线图处于牛市框架时（例如10/20/30/60周均线或5/10/20/30月均线处于多排状态），市场出现突如其来的深度超跌现象。是否超跌主要看布林线指标在连续加速大阴线（至少2或3根）的打击下，是否出现日阴线之根部“脱离布林线下轨，完全在布林线下轨之外运行”的现象，并以之作为做多信号。

按理说，“牛市型超跌理论”主要针对股票大盘指数，专门用来捕捉“牛市框架＋日线超跌”信号，胜算极高，具备短期内赚取暴利的能力。但是，我现在认为这样做依然是不安全的，2015年A股市场上发生的“6·15股灾”就是证明（对于“V型反转”行情，要参考当时的市场气氛，比如“千股跌停”就非同小可）。虽然该事件是由于高比例配资/融资盘去杠杆导致的踩踏事故，堪称20年一遇；但历史上香港、台湾股市都出现过类似走势，这说明左侧交易的风险是固有的。真正成熟的交易者应该只做右侧交易，力戒左侧交易。因此，“牛市型超跌理论”应该主要用于个股或股指空单的离场，而不是用于多单进场“抄底”。如果真想“抄底”，不妨以极小的头寸（例如总资金的1%），买入看涨型股指期权。

第二节 必多图形做多，必空图形做空（上）

在我看来，金融市场是“不可人为操纵”的，其涨跌也是阶段性的。除小的波段走势以外，其大规模的牛熊循环就像春夏秋冬四季更替，是自然现象。打个比方，牛市就像大海涨潮，无人能够阻挡；熊市就像大海退潮，无人能够挽留。而且越是流动性充沛的大型市场，技术分析就越有效。在上升趋势中做多和在下跌趋势中做空，就是我们作为交易者该做的一

切。截至2022年初，A股市场的流通市值已经高达70万亿元。面对这样的巨型市场，每家机构或每个人都很渺小，无论他们看多或看空都改变不了市场自身的运行轨迹。换言之，市场不因某家机构或某个人的看法和做法而改变自身的运行方向和路径。

因为树无法长到像天那么高，因此我们不偏爱涨势。我们认为跌势就是给涨势蓄能。当熊市来临时，我们坦然视之。长期以来，市场上存在着一种奇怪的看涨理由——“政府不希望股市下跌”。如果这种说法成立的话，那么2001年6月14日～2005年6月6日，上证指数从2 245点跌到998点；2007年10月16日～2008年10月28日，又从6 124点跌到1 664点；2015年6月12日～2016年1月27日，再从5 178点跌到2 638点，其间还出现过20多次“千股跌停”……难道就是政府希望的？在熊市运行途中，政府多次降息、降准、降印花税，每次出利好除了换一拨人套牢站岗，怎么阻止不了熊市一条路走到黑呢？

同理，1996年，上证指数从年初的512点涨到年底的1 258点，其间证监会连发十道金牌，坚决阻止股市上涨。但这十次利空打压只让股市暂时跌到855点，然后一路上涨到1997年5月的1 510点才告结束，其间还经历了一位伟人的去世。谁能解释一下，政府为什么阻止不了股市上涨呢？在A股流通市值不过1万亿元的时代，政府既阻止不了牛市，也挽救不了熊市，何况是在A股流通市值已经膨胀了70倍的今天！显然，在规模如此庞大的市场里，技术分析才是那把大杀四方、所向披靡的利剑；其巨大的威力，是每一位交易者都应当了解并熟知的。不懂技术分析，不直接从图表入手从事交易，就是入宝山而空返。

我认为，有的人生来就适合做交易，就像有人天生就擅长唱歌、跳舞或弹琴一样。有的人需要经过专门训练才适合，还有的人则无论怎样训练都不适合。心性柔弱、罔顾事实、凡事只往好处想的人就特别不适合。做事喜欢隔靴搔痒，不直面问题；或者有决策困难症，做不到当机立断；或者思路狭窄、脑袋一根筋的人，也不适合。没有天赋，就不可能发现交易界的真理，而且还很容易选错道路。有天赋的优势在于能一眼看穿事物的本质，从而知道哪条路行得通、哪条路行不通。这样可以节约大量的时间成本、精力成本、资金成本。但是发现真理的过程要靠研究和实战。因此在这一行，天赋和努力是二八开的关系。

我觉得那些痴迷于基本面分析和价值投资的人，就是缺乏天赋、脑袋不太灵光的一群人。因为他们不懂得，图表反映一切信息，历史一再重演，价格运动本身就是有规律的。他们也不懂得，交易决策的依据，应该是图表所反映出来的多空力量的强弱对比，而不应该是别的什么东西。他们误以为，图表只能记录趋势，不能预报趋势；图表只是价格运动的果，而非价格运动的因。其实当一个人这样想的时候，他就是蠢笨的，至少是懒惰的。事实真相是：早在趋势展开之前或之初，在交易标的的图表上，就已经摆出特定的看涨或看跌造型了。我们把这种图形称为“高胜算图形定式”，可分为“必多图形”与“必空图形”。

在交易这行，成才周期极其漫长、代价特别巨大。我算得上是有些天赋并且极其勤奋刻苦的人物，始终奋战在实战操盘第一线，其间伴随着千万级别的亏损与利润回吐。放眼整个交易界，在股票、期货、外汇和期权领域，就内外盘市场的理论探索与实战研究的深度与广度而言，国内是没有几个人能与我相提并论的。饶是如此，我也花费了整整 25 年的时间来破解金融市场的密码。在我看来，市场上没有“必涨”“必跌”这种概念，有的只是“看涨”和“看跌”，以及“必多”和“必空”。但是必多不等于必涨，必空不等于必跌。在投资市场上，有的只是胜算和概率的估计，没有什么事情能够绝对预定，否则就不需要控仓和止损了。

交易中存在市场、资金和交易者本人三项主体。将三者管理起来，则分别对应市场管理（技术系统，解决进出场时机问题）、资金管理（下注策略和仓位控制，目的是限制回撤和管理风险）和自我管理。前两者属于“知”的层面，后者属于“行”的层面，且后者决定前两者贯彻落实的质量。因为倘若交易者不愿自律，则再好的技术系统与控仓方案也无法落实。虽然如此，新手喜欢把“知易行难”挂在嘴边老调重弹、拿来替自己亏钱辩护却是错误的——事实并非如此，真相是“知难行易”。须知，输家们自以为的“知”不过是他们的错觉而已。正确的技术系统与资金管理方案是交易界的机密。我不披露，你怎么知道？

在我掌管私募基金的早期，由于技术系统和资金管理的粗线条，导致大起大落、险象环生，多次被打到清盘线附近，作为基金经理险遭淘汰，为此长期承受着巨大的心理压力。有些刚从事交易才三五年的新兵，竟然就在幻想着"持续盈利"，岂非滑天下之大稽？长期跌宕起伏的职业生涯，令我深知金融交易的个中三昧，导致我压根不会把那些"神话传说"的主角们放在眼里。我认为，过分宣扬这一行的"神话"是浮浅轻佻的表现。须知持续盈利的核心是系统化交易。在成为一名系统化交易者之前，无法从市场中赚到真正像样的钱。所谓系统化交易，是指遵循既定的交易系统进行交易；而交易系统又有狭义与广义之分。

狭义的交易系统就是指技术系统，广义的交易系统同时涵盖了三项管理，必须能同时回答"买卖什么、何时进场、买卖多少、何时出场"四大课题。对这四大课题的回答既包括进场前提高胜算、选对进场时机，也包括进场前后对头寸的管理，并且与顺势、待机、控仓、止损、持盈、止盈六大法则相对应。不管是狭义交易系统还是广义交易系统，归根结底还在于技术系统与资金管理贯彻落实得好与坏，即自我管理水平的高低。无论老手还是新手，作为一名交易者应该心态平和，对这一行具备合理的期望值。无论过去还是现在，交易史上从来没有任何一位成熟的交易家会追求 100%以上的年化收益率，古今中外一个都没有。

通过在牛市中做多或在熊市中做空，也许某个年份的收益率会超过100%，但平均几年下来，超过 100%几乎不可能。我曾经在各种场合，多次拿交易与开车相比；并且说车速越快、翻车的概率越大；当车速到了某个临界值的时候，翻车的概率将上升到 100%，而这与谁开车无关。试想，当某个人驾车从你身边呼啸而过，你是否会在心里骂这个人不知死活呢？因为众所周知：驾车行驶的目的是安全抵达目的地，而不是在路上飙车，与人比拼速度！如果年轻人在交易态度上不能脚踏实地，就像喜欢飙车的人一样，资金曲线必定大起大落，而且每次都会在某一个关键的节骨眼上掉下来，永远无法将自己的小资金培育成大资金。

下面给出天网交易系统的框架体系：

1. 一条主线：趋势跟踪。

2. 两种视角:K 线与均线的位置关系,均线与均线的位置关系。

3. 三级图表:股票交易以日图、周图为核心图表,适当参考月图(简称"月周日联合趋势跟踪");期货交易以日图、微图为核心图表,适当参考周图(简称"周日微联合趋势跟踪")。

4. 四类信号:多临/空临、共振/反振、磁悬浮/反悬浮、正 N 型/反 N 型(含顶底反转信号与中继结束信号,以上四类信号简称"顺、振、浮、N")。

5. 五门技术:K 线技术、均线技术、成交量技术、形态学技术、技术指标。

6. 六项法则:顺势、待机、控仓、止损、持盈、止盈。

以上内容,简称"123456"。

金融交易就是基于对市场运行模式的深度理解,判断出最有可能的走势并不断修正。对股票交易来说,理论上可以采用与期货交易相同的技术系统。但实际上两者之间存在明显区别,那就是股票交易中套牢盘对个股走势有重大影响,而期货交易因为"保证金催缴电话"的存在,"套牢盘"的规模要小很多,所以对价格的影响较小。一般来说,下倾的 120 日线实际上代表半年来所形成的套牢盘,下倾的 240 日线实际上代表一年来所形成的套牢盘,通常它们对股价的上行会造成干扰——当股价反弹到下倾的 120/240 日均线的时候,套牢盘的涌出就算不造成股价的回落,至少也会造成股价出现几个月徘徊不前的情况。

因为每一个交易者,不管是基金经理还是个人交易者都存在盈利压力,所以哪怕"不输钱只输时间"在实战中也是不能容忍的。不管是谁,持有的股票动辄两三个月不涨,这种时间成本代价高昂,对"一年一算账"的基金经理来说尤其如此。有鉴于此,做多类型的股票交易必须要求 120/240 日均线(或 30/60 周均线)托底向上。这种情形被称为"日均七顺"或"周均五顺"。这是一个重要结论,实际上就是要求股票交易者只跟消化了半年和一年来的套牢盘、已经摆脱其羁绊的股票打交道,不在不满足这些条件(比如日均五顺——指 60 日均线托底向上;或日均六顺——指 120 日均线托底向上)的股票上浪费时间。

股票大盘指数(这里含股指期货)或分类板块指数,与个股有很大的不同。一般来说，指数也受套牢盘的影响，但这种影响要比对个股的影响小得多，对其走势来说不是决定性的。这是因为，板块指数通常由很多成分股组成（大盘指数先是包括很多板块，每一个板块又由很多成分股组成），只要其中一部分成分股（对大盘指数来说就是板块）走强，其他成分股（对大盘指数来说仍指板块）不拖后腿、维持横盘即可导致其上涨。因为这个特点的存在，操作股票大盘指数或板块指数可以采用与期货交易相同的交易条件——例如日均五顺时进场，而对待个股则永远采用更高级别的进场条件——例如日均七顺时进场。

将股票与期货的交易系统区别开来，并且将股指期货与商品期货归类在一起采用相同的交易系统（二者的 ATR 值也相似，大约都是股票的 1/3），自以为是我从事金融交易事业 25 年来极具价值的发现，也是天网系统对交易界的一个贡献。也多亏我是一名跨市场的双向交易者，所以才会有这项发现。读者了解“天网交易系统”的框架体系之后，接下来，“天网系统”将主要依靠 K 线与均线的位置关系以及均线与均线的位置关系，配合经典形态学所揭示出的“高胜算图形定式”来开展工作。“高胜算图形定式”也叫“经典图形”“完美图形”，也有人称之为“亲人那张熟悉的脸”，是指导交易者进场的临界点和技术线索。

最经典、最完美的“高胜算图形定式”简称为“必做图形”，可分为“必多图形”与“必空图形”。所谓“必多图形”与“必空图形”，就是类似的图形一旦出现，作为专业交易员就应该进场做多或做空，否则就是没有尽到责任。当然，交易者对行情所做的一切判断都仅仅是判断，投机市场上不存在绝对意义上的“必涨”或“必跌”。当我们的判断与事实相冲突的时候，必须以市场的实际走势为准。因此，“必多图形”与“必空图形”只是一种方便的说法，它们实际上是趋势展开的必要条件。只因其胜算够高，我们据此操作潜在的报酬风险比（简称“报风比”）很划算，所以直接拿来当作趋势展开的充分条件使用。

如果行情发展失败，趋势没有如期展开，我们就用控仓方案（进场之前）和止损措施（进场之后）予以弥补。以股票交易为例，一只股票能否走牛，事先只能判断个大概。这种判断有对有错。那么如何从中赚钱呢？

先看大盘指数是否配合（不能处于单边跌势，最好处于上升趋势，至少要求横盘），然后在高胜算图形定式的指导下以小头寸试探性进场，看它的表现是否正常？是否有浮盈出现？买对的有风驶尽帆、好马任它跑，买错的亏10%考虑止损离场即可。如果有人说，他能百分之百看懂市场走势，完全不需要"试探一加码"策略的配合就能赢钱，甚至说市场完全按照他规定的路径演变，那这个人非傻即骗、非疯即癫。

因此，在"必多图形"出现时做多，在"必空图形"出现时做空，其他时间不操作，就是我们在金融市场上源源不断获取利润的源泉。上述以"必多图形"和"必空图形"为进场线索，辅之以"试探一加码"策略的交易方法，可以概括为如下几个步骤：

1. 结合大局观研判各大指数（对A股市场来说，既包括科创50、上证50、中证100、沪深300、上证指数、中证全指、中证500、中证1000、创业板成指、创业板综指、深证综指、深证成指、深证100等"根指数"，也包括分类板块指数。对期货来说，既包括文华工业品母指数，也包括石油、有色、钢铁、煤炭、化工、饲料、油脂等分类板块指数）是否存在天网系统所包含的高胜算图形定式？如果有，那就假设集体趋势即将展开。

2. 股票根据指数的方向用做多或做空型选股程序筛选走势与所属指数一致的个股，期货只有50多个品种，不需要使用程序，直接肉眼查看，1秒钟即可查看一个品种，找出走势与所属指数一致的品种。所谓"走势与所属指数一致"，是指具体标的走势图既符合高胜算图形定式，也存在标志性K线所揭示的临界点，量能符合成交量技术的要求。

3. 当判断交易标的为"必做图形"又是集体趋势时立即进场，同时以控仓方案与止损措施保驾护航。当第一批进场的资金顺利出现浮盈，而且随着行情的发展，浮盈还在稳定增长，则说明交易正确。那么当下一个临界点出现的时候，果断加仓（一般加码数量不超过初始头寸），注意加码后的综合成本线与市场最新价保持适当距离以对抗正常的回撤。

4. 只要浮盈稳定增加，除非逆向K线实体特别大、杀伤力特别强，否则对于盈利头寸一般可以采取10日均线锁定、不转向不理睬的方法对待。如果在后续演变过程中依次出现了5/10日均线的转向信号，那就必须对手中的头寸做减持甚至清仓处理。如果减持或离场之后标的重回趋势轨道，则在其重回趋势轨道的临界点还可以小头寸再次进场。

……

所谓“天网系统”，顾名思义，就是“天罗地网”。它之前的名称就叫“圣杯系统”。因为争议太大，所以换个名字。有关金融交易的书籍都众口一词地说金融市场不存在圣杯——没错，交易赚钱岂是易事？成功的交易家就像是印钞机，如果太多，世界岂不乱了套？所以具备持续盈利能力的交易员必然极度稀缺，就像狮子永远少于群羊，不然就会破坏金融市场的生态系统。但是话说回来，我想反问一句：那些具备持续盈利能力的交易员，他们正确的做法是否可以叫作“圣杯”？“正确的做法”当然不止一个层面，而是一套复杂的、立体的作战体系。换言之，“圣杯”不是一只杯子而是一套“组合杯”，这种观念能接受吗？

在我看来，“圣杯”是绝对存在的。你说它不存在，是因为你做不到持续盈利，原因就是这么简单。而且“圣杯”绝不是一句易学易行的口诀那样简单，它是需要勤学苦练的，是需要漫长的时间、付出巨大的代价的。这个性质恐怕又要让一些朋友失望了——庸庸大众何其懒，他们天天盼望天上掉馅饼，好让他们简单、快速地致富。何况就算真的有馅饼砸中脑袋，他们也未必愿意费力气抬起眼皮看上一眼——因为他们最头疼的就是动脑思考！诚如前辈交易家所言，对这些庸碌之辈来说，就算地上有钱，只需要弯腰捡起，他们都嫌太麻烦！简而言之，奇懒无比是阻碍散户踏上持续盈利之路的第一只拦路虎。

此外还有更多、更深层次的原因足以阻止散户获取交易“圣杯”。比如，想在金融市场上持续盈利，通常对交易者本人还有如下几点要求：

1. 统揽全局。即全局观市、整体看图。你们认为有几个人能做到？绝大多数人都是只看一点、不及其余。业余玩家们不可能像专业交易者那样全面、正确地研判行情。

2. 洞察入微。即做到宏微结合。有几个人既懂宏观交易学又懂微观交易学？都是懂宏观的不懂微观，懂微观的不懂宏观；看全局的忽视了细节，专注于细节又忘了全局。

3. 精耕细作。控制仓位、限制回撤必须精细化、量化和可操作化。一般人都粗枝大叶，经常一次性亏掉十几、几十个百分点。无论输赢都是稀里糊涂，守住清盘线难如登天。

4. 步步为营。除非处于转折点，否则市场并非总是瞬息万变的。总体而言，市场的运行节奏要比人慢。因此更多时候，交易者需要定力，即耐心等待机会来临或耐心持盈不动。但很多交易者就像猴子一样跳来跳去，试图跑在市场前面——当然，更大的可能是他们不懂市场的运行节奏，完全不知道自己在做什么、该做什么，只是一味希望市场满足自己。

5. 知变应变。大多数人顽固不化或迟钝过头，跟不上市场的变化。往往市场已经逆向波动一大截了，给他们造成巨大的亏损或资金回撤，他们不能应变而是在那里骂变。

6. 攻守兼备。有些交易者经过长期亏损和痛苦历练之后，终于学会了防守，再也不会亏大钱了。可是代价却是他们同时也丧失了进攻能力——他们也赚不到像样的钱！

7. 当机立断。我们在市场上经常可以看到一些交易者面对亏损的头寸不及时处理，以至于养痈为患，最终造成重大损失。观察这些交易者的性格，他们有一个显著的毛病，就是不愿意做决定！现实生活中如果遇到复杂的问题，我们可以推迟做决定。一段时间之后，问题的答案自会浮现，我们自然而然也就知道应该怎么做。可是金融市场不是这样。它要求你立即做决定！甚至一天要做好几个决定！有时候为了打一场大战役，我们精心布局，在耗费了大量心力之后，市场的某个走势将我们的努力全部否定，又不得不全盘推倒，从头再来……这种反复的试错和纠错难免令人心力交瘁，也是导致芸芸众生不喜欢交易的原因。

8. 勇于负责。交易者不愿意做决定有可能还只是表象，背后更深层的原因，最大的可能是不愿意面对现实，甚至更糟——不愿意对自己的交易结果负责。这实际上是一种巨婴型人格，即一颗幼稚的、发育受阻的心隐藏在一具成熟的躯体里。这种情形在各行各业都大量存在，令人沮丧却又无法改变。尽快尽早地退出交易是这类人唯一正确的选择。

……

看看吧，市场中的“劳苦大众”不被这根绳子绊倒，就被下一根绳子绊倒，总有一根绳子在等着他们，试问他们如何盈利？就像有些街头小店，原本能赚钱。但是等到换了个老板就开始亏钱了。为什么？这说明小生意有大学问。新接手的老板以为这项生意没什么奥秘，别人能做他也能做。但实际上他不明就里，不了解里面的细节，于是就开始亏了。如果详细统计导致交易失败的原因，可能高达几十种，这里只是随手罗列了几种较为常见的例子。实际上，与金融交易最相似的应该就是带兵打仗。它的终极行为模式，就是《孙子兵法》中所说的：“合于利而动，不合于利而止。”或者更简单地说，就是“知变应变”四个字。

因为适合带兵打仗的将帅是极少数，成功的交易员也是极少数。对于能征惯战的将帅来说，克敌制胜的战法就是他们在战争领域的“圣杯”。相对于发号施令和自主决策，绝大多数人更希望别人直接告诉他们应该如何做。因为他们生来就是当士兵的料，强行让他们当将军只会让他们恐惧不安、痛苦不堪。不愿思考、不愿决策、不愿负责，这是广大“士兵”的通病，也是阻碍他们成为将军的最大绊脚石，而克服这些弱点的难度不亚于重新出生一次。其实交易赚钱很简单：股票也好、期货也好，头寸就像朋友，处得愉快就长处；若他表现得不是个玩意儿，就跟他断绝关系，简单吧？这就是俗话说的“截断亏损，让利润奔跑”。

你看，我们一下子就抓住了交易这行的七寸。但是话说回来，你交友也得慎重。今天交了个渣友，明天又交了个渣友，那就得检讨一下自己的眼光：是否太轻率（提高眼力）？是否一厢情愿、用情太深（仓位过重）？翻译成交易界的语言，就是如下三点：

一要苦练交易技术，提高命中率、降低失误率。但是这样做有极限，无论如何做不到很高的胜率。如果统计我们曾经做过的无数次交易（前提是基数足够大、时间足够长），会发现我们的胜率其实连30%都很难达到。注意这是数学统计出来的胜率，不是“感觉上”的胜率。我们感觉自己的胜率超过70%那不过是一种错觉。就像有人曾经做过一项调查，结果显示大多数司机认为他们的驾车水平在平均水平之上。这是事实还是错觉？当然是错觉。

二要控制仓位。控仓方案就是用小头寸试仓，错了砍掉，对了加码。坚持“分散持仓，分批进场；先锋不赢，后续不进；宏微结合，知变应变；赢扩输缩，波段兑现”的交易策略，循序渐进地滚动操作。

三要采取止损措施。止损措施就是对那些经过诊断后认为确实做错了的交易，一刀两断，把损失限制在既定水平，防止损失无限扩大。天网系统的优势，就在于以高胜算图形定式为先导，尽可能提高试仓头寸的成活率、减少止损的次数。

现在介绍天网系统所包含的四个标准的高胜算图形定式——五顺、五振、五浮、五 N，以及两个变体的高胜算图形定式——四顺五平、四 N 五平，并且通过图例加以阐释。

一、四个标准的高胜算图形定式

四个标准的高胜算图形定式本质上只有两种，即五顺和五 N。因为五振是五顺的特例，五浮是五 N 的特例。“五”是指 5/10/20/30/60 五根周均线。“顺”指的是上述周均线“五顺多排”——5 周均线在 10 周均线之上，10 周均线在 20 周均线之上，20 周均线在 30 周均线之上，30 周均线在 60 周均线之上；或“五顺空排”——5 周均线在 10 周均线之下，10 周均线在 20 周均线之下，20 周均线在 30 周均线之下，30 周均线在 60 周均线之下。但“五顺”图形是不能直接拿来做多或做空的——要是顺势交易就能赚钱，世上的赢家未免太多。要想盈利，仅仅顺势是不够的，你还必须进场在“最不可能发生回撤的位置”——临界点。

常见的临界点，可能是“刚刚发生过回撤，短期内不太可能再次回撤的位置”。所以对临界点研判的关键，是看一个形态——无论是日线级别的，还是周线级别的——是否真正结束、趋势再起。一般来讲，形态结束、趋势再起有如下特征：

1. 价格回撤（包括上涨途中的回调和下跌途中的反弹）的时间、空间足够，亦即形态构筑的时间、空间足够（是否“足够”要靠经验来判断）。

2. 成交量先萎缩，当“标志性 K 线”带动趋势再起的时候成交量再放大（尤其是做多图形比较常见）。

3. 日（或周）K 线之最新价位于所有日（或周）均线之上或之下。站

到所有均线之上为做多图形,位于所有均线之下为做空图形。

显然,“五顺”图形5条周均线之间的距离不能太大,否则就意味着多头或空头的获利盘太大,一旦进场则“随时随地”可能发生回撤,而这正是顺势交易者最不愿意遇到的情况。要想一进场就获利,必须具备如下条件:

1. 五顺图形必须足够稳健,接近于“五振”,即周均线“五振多排”或“五振空排”。

根据《金融交易学》(第二卷)对共振/反振现象的定义,五振多排或五振空排发生的时候,5条周均线之间的距离不能太大(即“五顺”早期),或彼此只是汇集或接近汇集于一点向上发散(共振),或向下发散(反振),有可能并不严格遵循多排或空排的定义。换言之,当五振多排或五振空排现象发生特别是刚刚开始发生的时候,也许5/60周均线确实分别处于两侧(五振多排5周均线在最上方,60周均线在最下方;五振空排相反),但中间几条均线,比如10/20/30周均线的位置却可能是上下不分的。甚至有时候,5/10/20/30/60周均线彼此都上下不分,但必须同时上倾。当然,如果一切顺利,五振最终会发展成五顺。

2. 五顺图形是天网系统单列的一大交易信号门类,而且是第一门类。只要与“刚刚发生过回撤,短期内不太可能再次回撤”的位置相配合,就可以直接作为高胜算的进场信号使用。此类回撤简单地说有如下3种:

(1)撤十过五;

(2)撤二十过十五;

(3)撤三十过二十五。

什么意思呢?

“撤十过五”就是在周线图上,周K线回撤到10周均线,再次越过5周均线,最新价位于所有周均线之上或之下。

“撤二十过十五”就是在周线图上,周K线回撤到20周均线,再依次越过10周均线和5周均线,最新价位于所有周均线之上或之下。

“撤三十过二十五”则指在周线图上,周K线回撤到30周均线,再依次越过20周、10周和5周均线,最新价位于所有周均线之上或之下。

上述三种现象都是指价格处于“刚刚发生过回撤,短期内不太可能再次回撤”的位置。如果回撤的幅度更大，直接抵达 60 周均线，然后以 60 周均线为依托重返所有均线之上或之下，则演变为“五 N”。“N 型”包括“正 N 型”和“反 N 型”。如果价格连撤带横，回撤的幅度也很大，但没有“五 N”那样大；而回撤的时间却大大延长（可以长达 30 周左右），图形做多或做空的框架不变，则演变为“五浮”。“浮”就是“磁悬浮”或“反悬浮”。五顺是五振的一般形式，五振是五顺的特例；五 N 是五浮的一般形式，五浮是五 N 的特例。

综上所述，天网系统进场信号可以概括为周均线系统的“多临空临、共振反振、磁浮反浮、正 N 反 N”四大门类，包括多空两个方向，共 8 个标准的高胜算图形定式。它们分别是（在重要月均线，即 5/10/20/30 月均线方向支持的情况下，胜算会提高）：

1. 周均五顺多排＋撤十过五（或撤二十过十五、撤三十过二十五）临界点；

2. 周均五顺空排＋撤十过五（或撤二十过十五、撤三十过二十五）临界点；

3. 周均五振多排（周均线处于五顺早期或共振状态，彼此距离很近）；

4. 周均五振空排（周均线处于五顺早期或反振状态，彼此距离很近）；

5. 周线正 N 型（看涨 N 型，包括 N 型底与 N 型上升中继）；

6. 周线反 N 型（看跌 N 型，包括 N 型顶与 N 型下跌中继）；

7. 周线磁悬浮；

8. 周线反悬浮。

二、两个高胜算图形定式变体

有些时候，例如某些大飙股/大熊股，其底部/顶部反转图形并非上述 8 个标准的高胜算图形定式之一，但其构成原理却有相似之处。其主要区别是对 60 周均线的要求放宽松，即不要求它参与周均线族的多排或空排，只要求它走平、不对接下来的潜在趋势运动表示反对即可。如此一来，天网系统就有了两个高胜算图形定式变体：“四顺五平”和“四 N 五平”。顾名思义，所谓“四顺”，就是要求前四根周均线多排/空排，或共振/反振；所谓“五平”，就是要求第五根周均线——60 周均线走平，不反对趋势的展开。同理，“四 N”就是要求前四根周均线以 30 周均线为依托形成“正 N 型”或“反 N 型”，“五平”的含义同上。

我在这里需要特别指出的是：如果 60 周均线反对可能展开的趋势，即前四根周均线摆出做多定式，它不是走平（投弃权票）而是向下俯冲（投反对票）；或前四根周均线摆出做空定式，它不是走平、不干预而是向上挺升——这两种情形分别简称为“四顺五反”或“四 N 五反”（“反”即“反对”之意）。不能不说，很多时候“四顺五反”和“四 N 五反”也能展开趋势，但因为 60 周均线毕竟处于反对的状态（这往往意味着 20/30 月均线也可能反对趋势展开），所以失败的概率增加，论胜算比不上“四顺五平”和“四 N 五平”。按照上一小节的论述，“弱反”的反对效应还不是那么有力，“强反”则有可能导致深度回撤。

如果交易者不想放弃“四顺五反”和“四 N 五反”，想以之作为进场信号，除了需要关注图形本身是“弱反”还是“强反”，还应该关注多空双方针对 60 周均线展开的争夺战——它是如何体现为压力/支撑，导致行情发展失败，致使趋势重归它的领导——抑或，它是如何被攻克的。注意，60 周均线是真正的牛熊分界线。在它完全转向、真正对趋势起助推作用之前，就算它被攻克，价格通常至少还会有一次回撤发生，并且该回撤往往发生在 30/60 周均线的交叉点附近——“强反”的情况下尤其如此。这是交易者应该注意的。

天网系统的内涵还可以从如下角度加以概括：“当代表短期趋势的短期均线与代表中长期趋势的中长期均线方向一致或重新扭转为一致时进场，胜算最高。” 30/60 周均线属于代表长期趋势方向的长期均线。20/30 月均线是代表更大级别趋势的长期均线，也有很高的参考价值。5 周和 10 周均线——特别是前者——是代表短期趋势方向的短期均线。根据这一模型，可以把天网系统简化为 5/10 周均线与 30/60 周均线的位置关系。当二者同向或重新扭转为同向时进场做多或做空，胜算最高。其中 5/10 周均线可以用 20/30 日均线来代替，而 30/60 周均线大体上也可以用 120/240 日均线来代替。懂得了这一点，就可以把日线图和周线图的对应关系建立起来了。周线图与月线图的对应关系道理相同。

下面以图例的形式深入阐述天网系统六大门类、双向 12 种买卖信号。

图 3－4～图 3－6 是“周均五顺多排＋撤十过五”必多图形定式示意图与行情图。

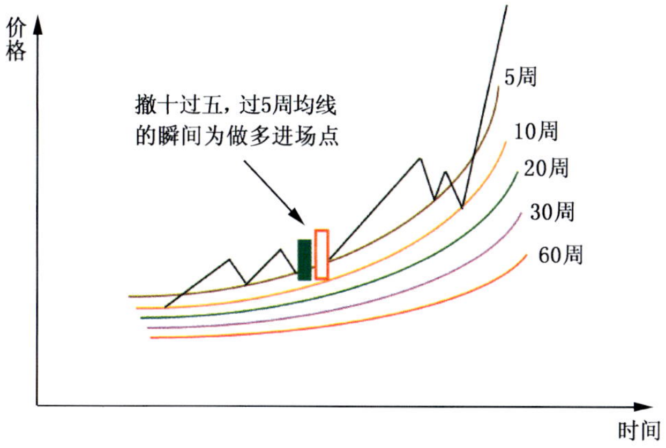

图 3－4 “周均五顺多排＋撤十过五”必多图形定式

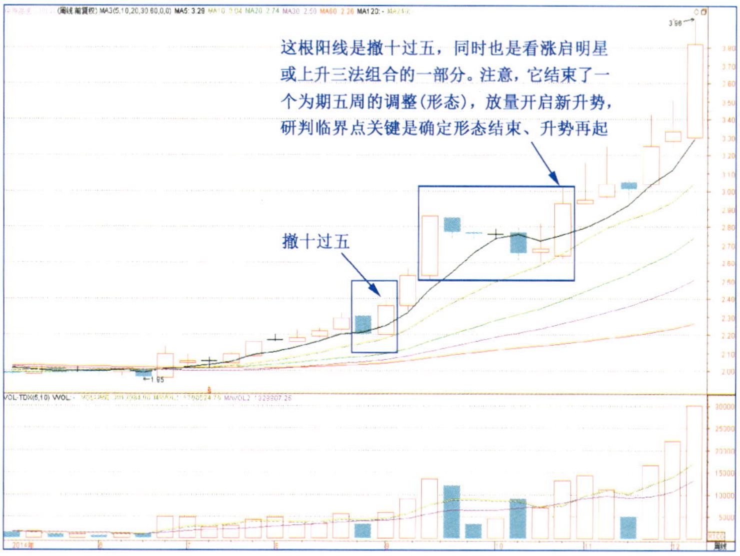

图 3－5 中原高速(600020)，2014 年 9 月 5 日与 10 月 31 日所在周，“周均五顺多排＋撤十过五”必多图形定式

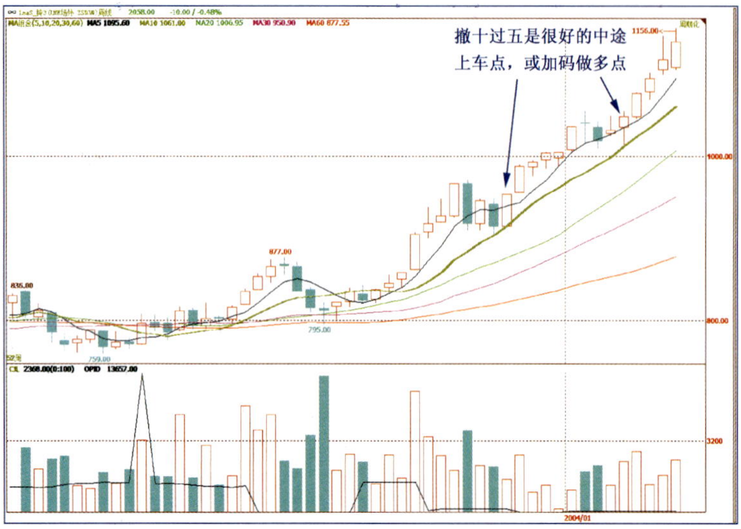

图 3－6 伦敦锌，2003 年 11 月 28 日与 2004 年 1 月 30 日所在周，“周均五顺多排＋撤十过五”必多图形定式

图 3－7～图 3－9 是“周均五顺空排＋撤十过五”必空图形定式示意图与行情图。

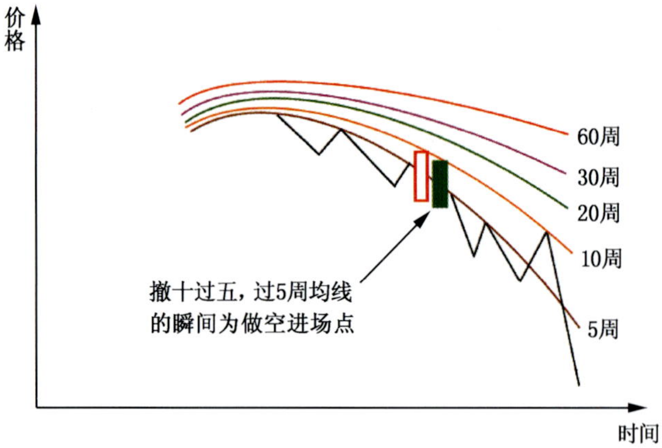

图 3－7 “周均五顺空排＋撤十过五”必空图形定式

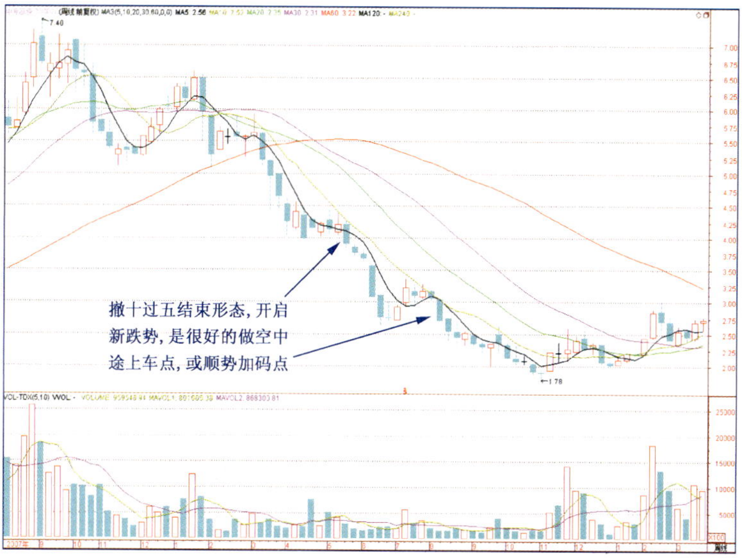

图 3—8　中原高速（600020），2008 年 5 月 23 日与 8 月 8 日所在周，
“周均五顺空排＋撤十过五”必空图形定式

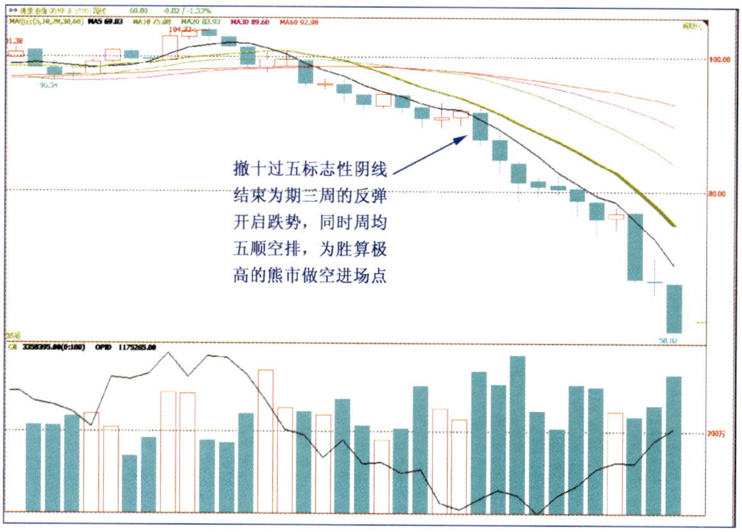

图 3—9　纽约原油，2014 年 10 月 3 日所在周，“周均五顺空排＋撤十过五”
必空图形定式

图 3—10 和图 3—11 是“周均五振多排”必多图形定式示意图与行情图。

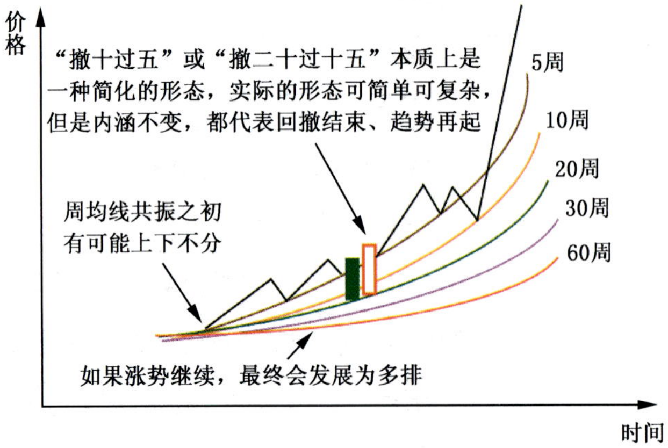

图 3—10 "周均五振多排"必多图形定式

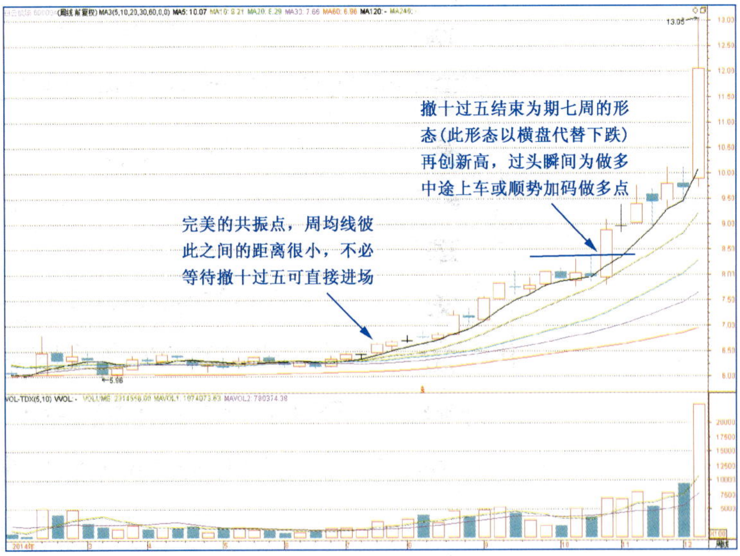

图 3—11 白云机场(600004),2014 年 7 月 18 日所在周,"周均五振多排"必多图形定式

图 3—12 和图 3—13 是"周均五振空排"必空图形定式示意图与行情图。

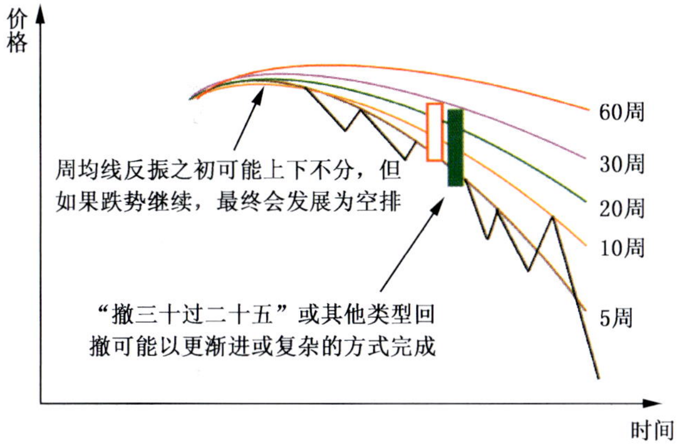

图 3－12 “周均五振空排”必空图形定式

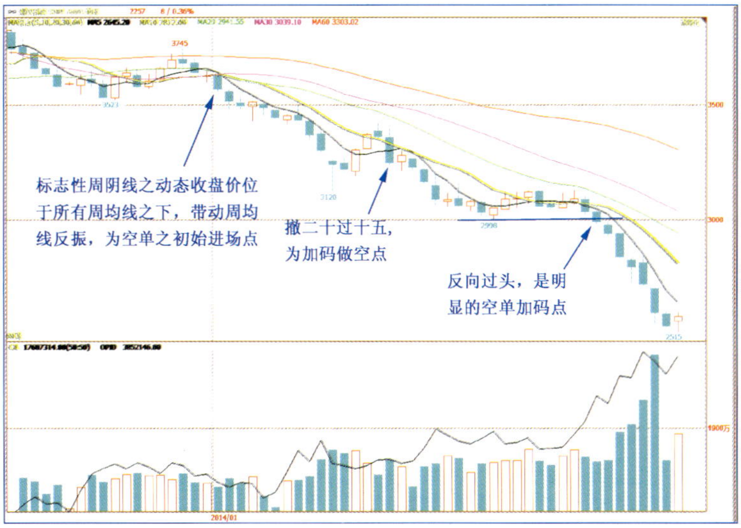

图 3－13 螺纹钢，2014 年 1 月 3 日所在周，“周均五振空排”必空图形定式

N 型底、N 型顶、磁悬浮、反悬浮的示意图参见《金融交易学》(第二卷)。

图 3－14 和图 3－15 为“四顺五平”必多图形定式的示意图与行情图。

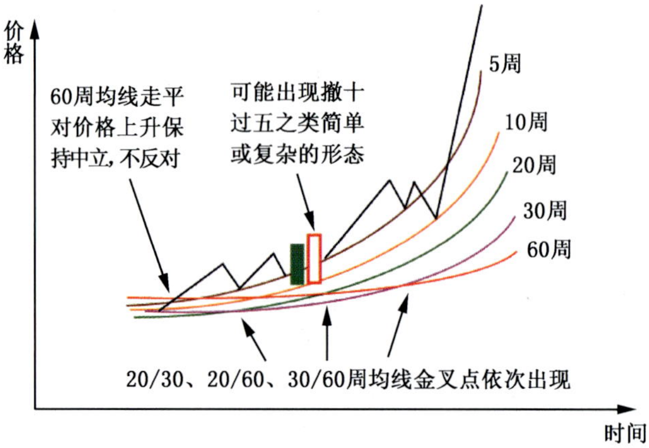

图 3－14 “四顺五平”必多图形定式

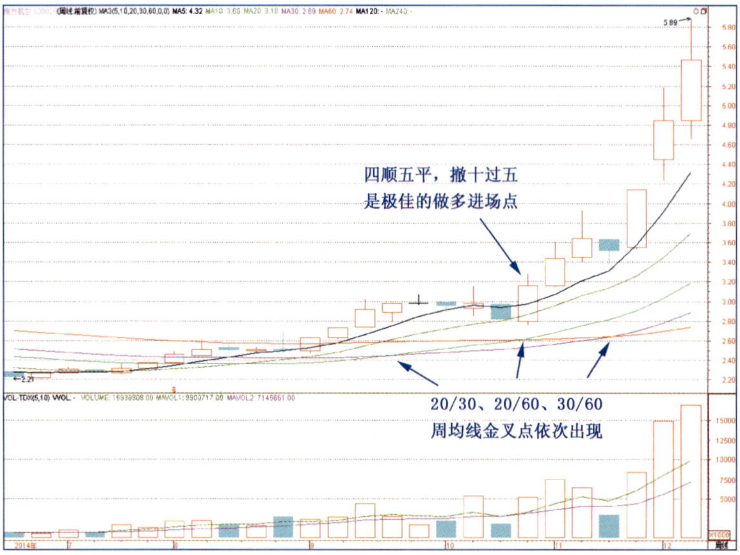

图 3－15 南方航空(600029)，2014 年 10 月 31 日所在周，“四顺五平”必多图形定式

图 3－16 和图 3－17 为“四顺五平”必空图形定式的示意图与行情图。

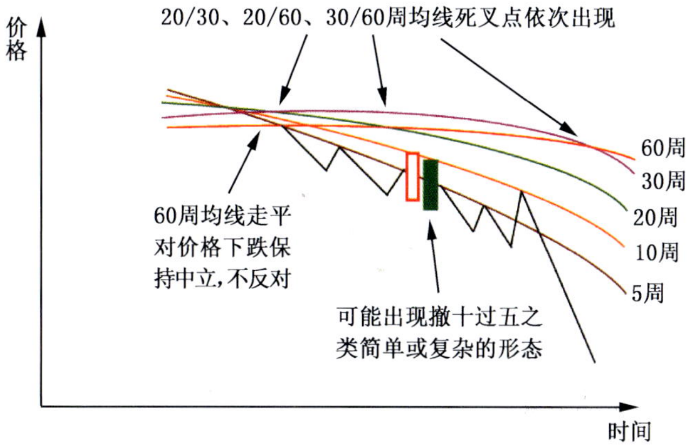

图 3—16　“四顺五平”必空图形定式

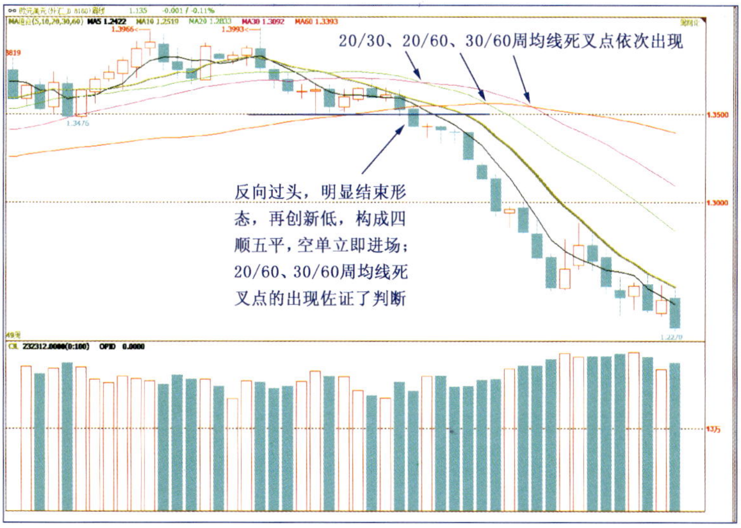

图 3—17　欧元兑美元，2014 年 7 月 25 日所在周，“四顺五平”必空图形定式

图 3—18 和图 3—19 为“四 N 五平”必多图形定式的示意图与行情图。

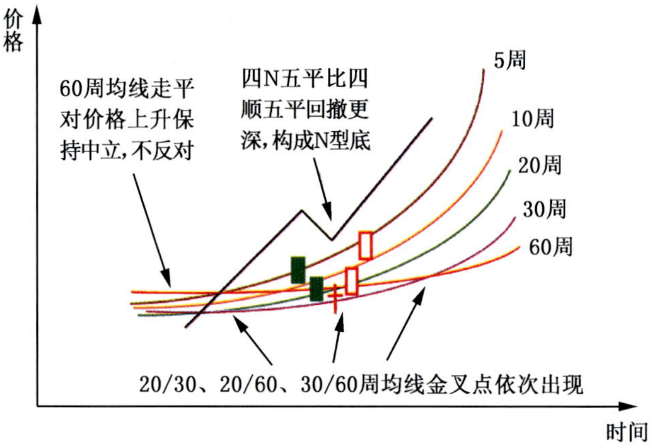

图 3—18 “四 N 五平”必多图形定式

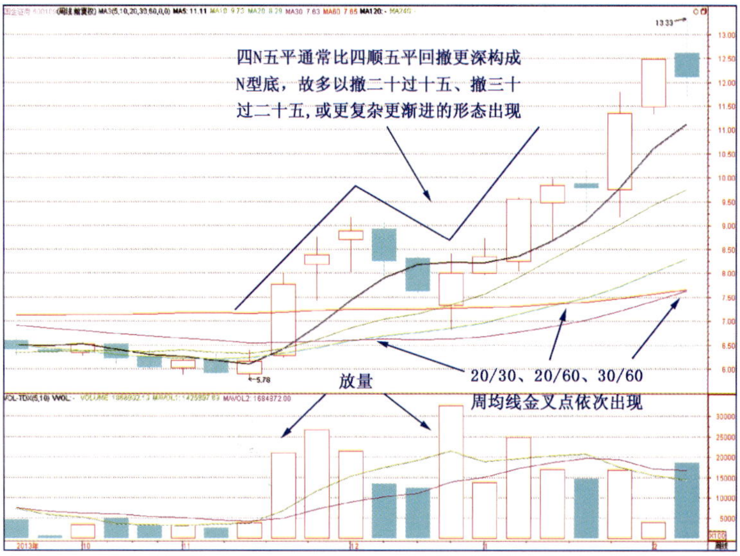

图 3—19 国金证券(600109)，2013 年 12 月 27 日所在周，“四 N 五平”必多图形定式

图 3—20 和图 3—21 为“四 N 五平” 必空图形定式的示意图与行情图。

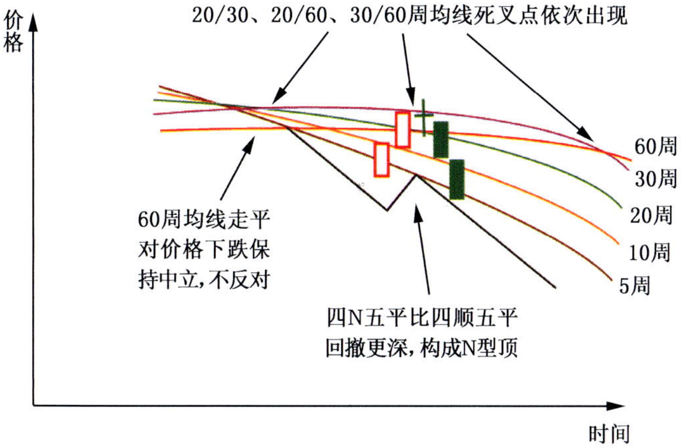

图 3－20 “四 N 五平”必空图形定式

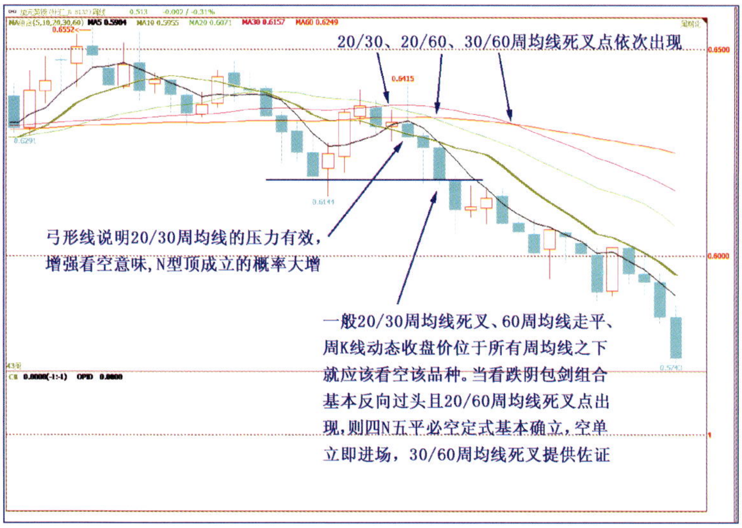

图 3－21 加元兑英镑，2013 年 8 月 16 日所在周，“四 N 五平”必空图形定式

第三节 必多图形做多，必空图形做空（下）

图 3－22～图 3－34 为符合天网系统的其他典型图例。

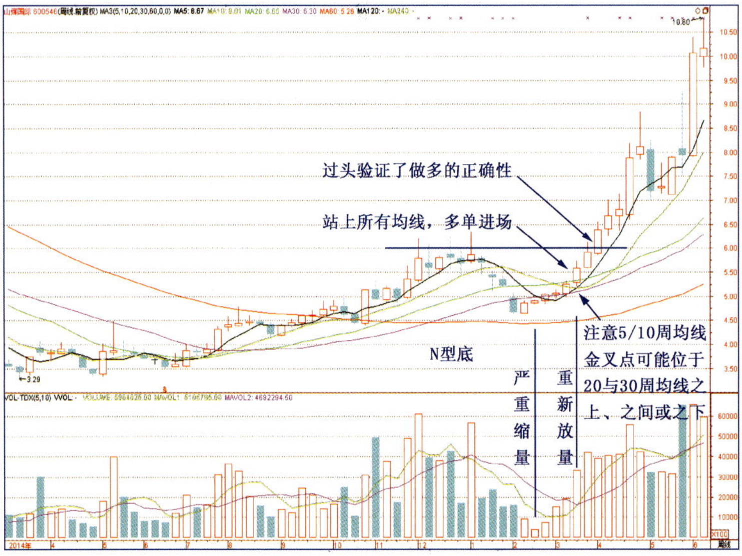

图 3－22　山煤国际(600546)，2015 年 3 月 20 日所在周，N 型底必多图形定式

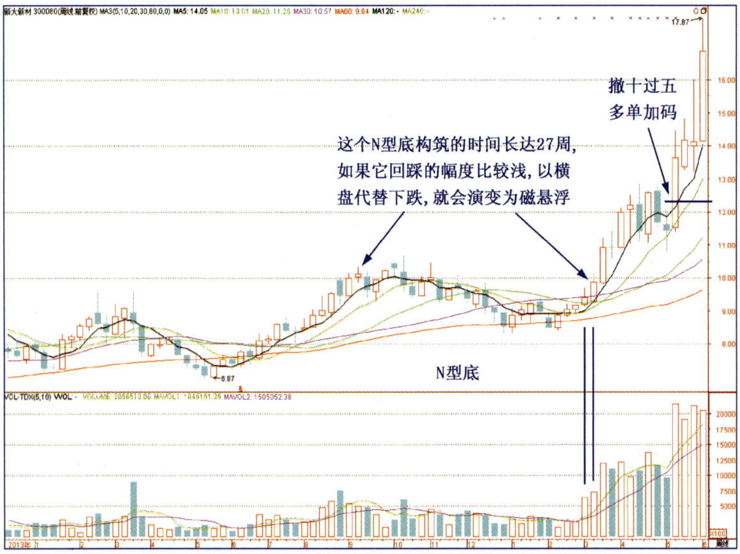

图 3－23　新大新材(300080)，2015 年 3 月 13 日所在周，N 型底必多图形定式

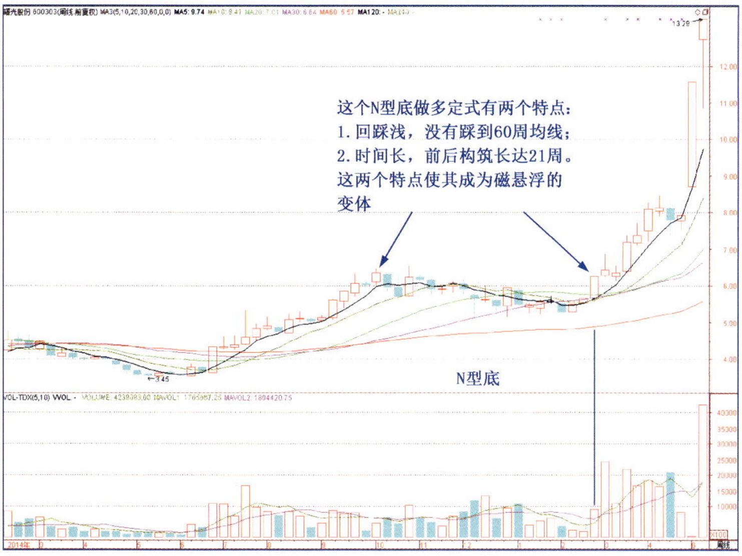

图 3—24　曙光股份(600303),2015 年 2 月 27 日所在周,N 型底必多图形定式

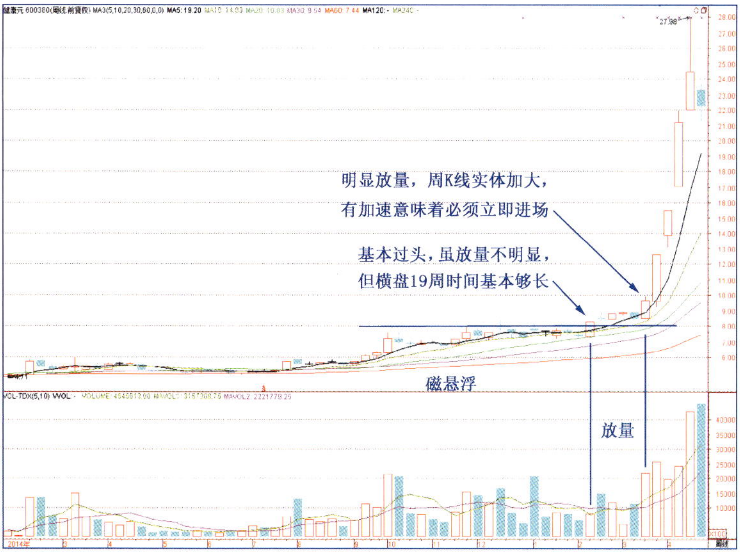

图 3—25　健康元(600380),2015 年 3 月 20 日所在周,磁悬浮必多图形定式

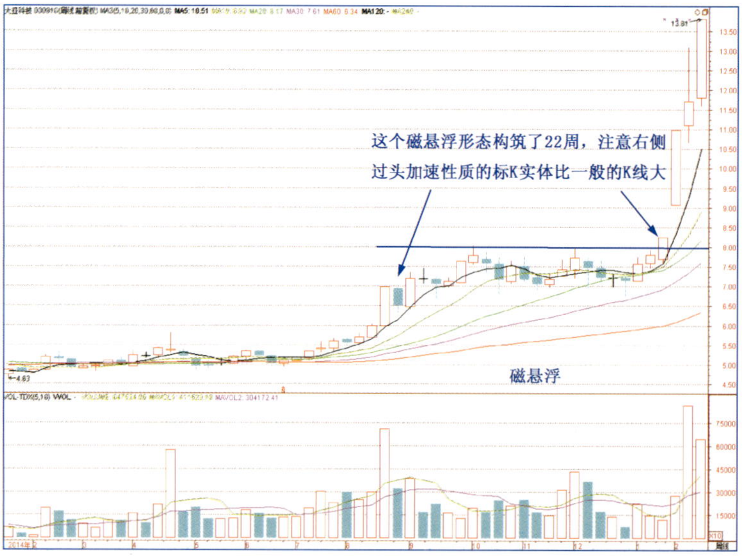

图 3—26　大亚科技(000910),2015 年 1 月 19 日所在周,磁悬浮必多图形定式

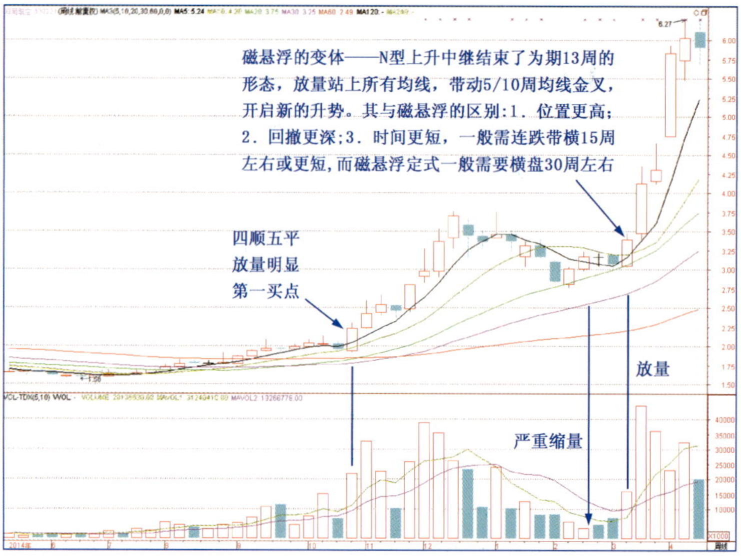

图 3—27　海南航空(600221),2015 年 3 月 13 日所在周,N 型上升中继

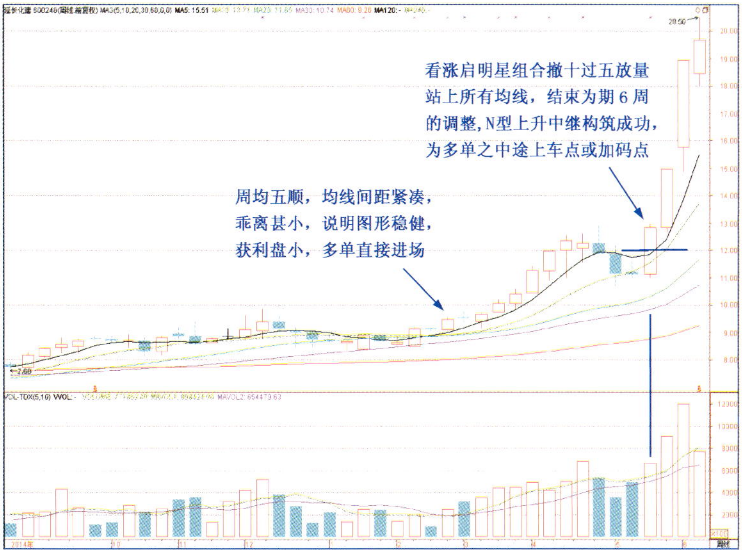

图 3—28　延长化建(600248)，2015 年 5 月 22 日所在周，N 型上升中继

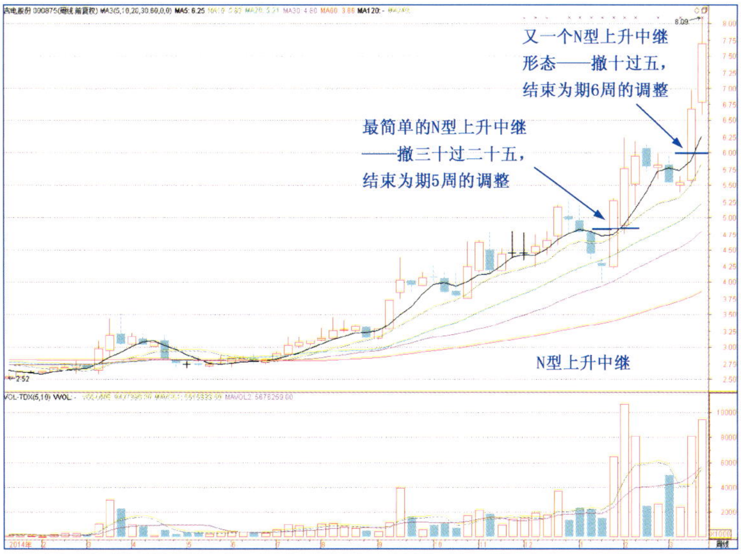

图 3—29　吉电股份(000875)，2015 年 1 月 30 日所在周，N 型上升中继

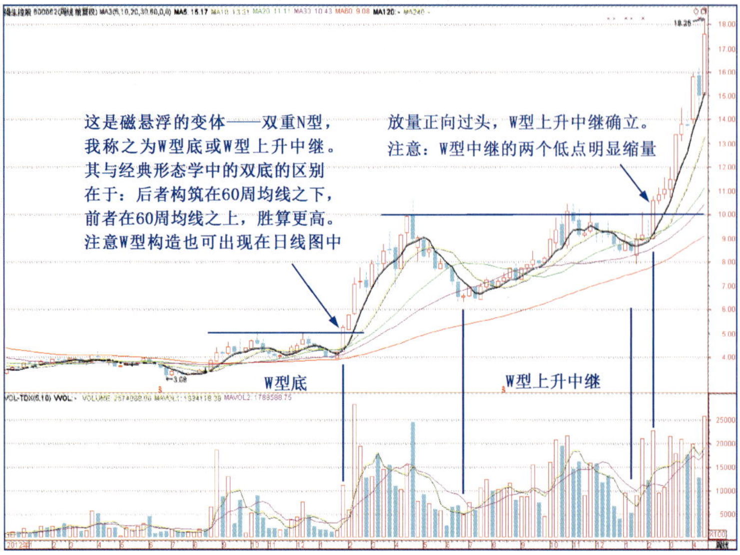

图 3—30　强生控股(600662)，2014 年 1 月 30 日与 2015 年 2 月 13 日所在周，W 型底与 W 型上升中继

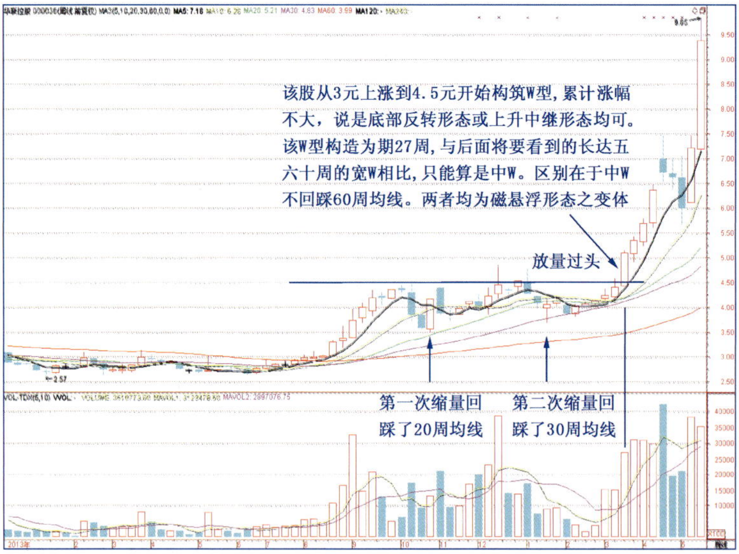

图 3—31　华联控股(000036)，2015 年 3 月 20 日所在周，W 型上升中继

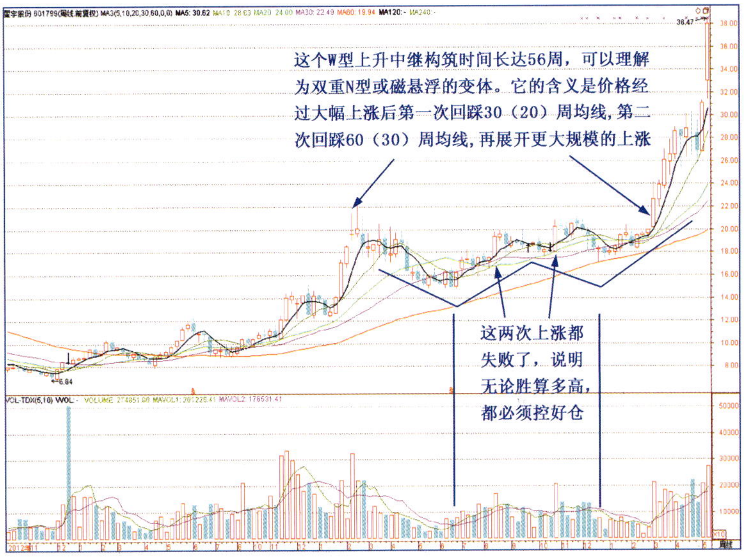

图 3—32 星宇股份(601799)，2015 年 3 月 6 日所在周，W 型上升中继

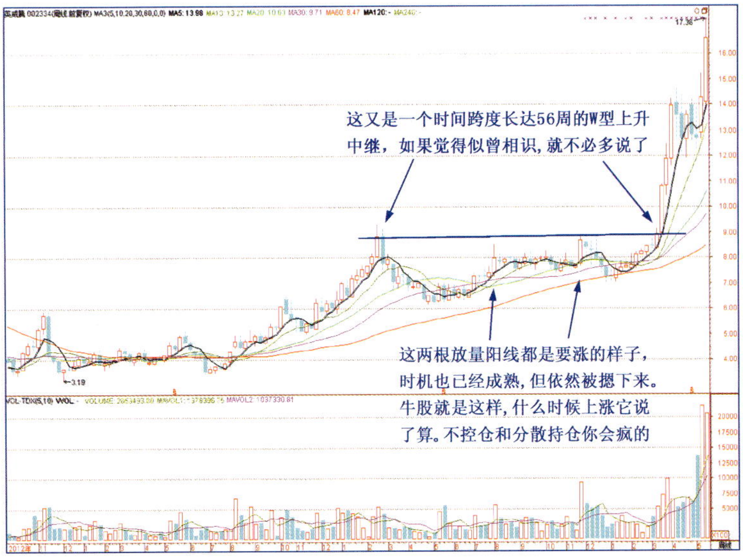

图 3—33 英威腾(002334)，2015 年 3 月 13 日所在周，W 型上升中继

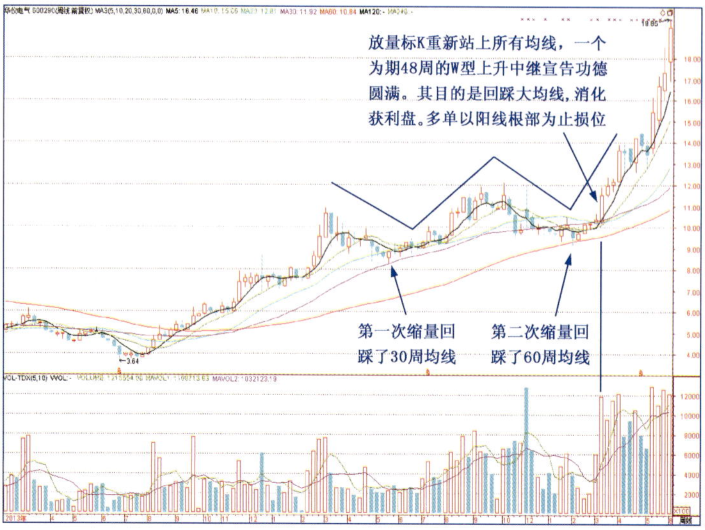

图 3—34　华仪电气(600290),2015 年 3 月 13 日所在周,W 型上升中继

同正 N 型与 W 型(即双重正 N 型)上升中继相反的是反 N 型与 M 型(即双重反 N 型)下降中继。注意,正 N 型/反 N 型、W 型/M 型结构是金融市场上的两大基本结构。通常情况下我们不再具体区分正 N 型与反 N 型结构,一律称为 N 型。N 型包括 N 型顶底与 N 型中继。

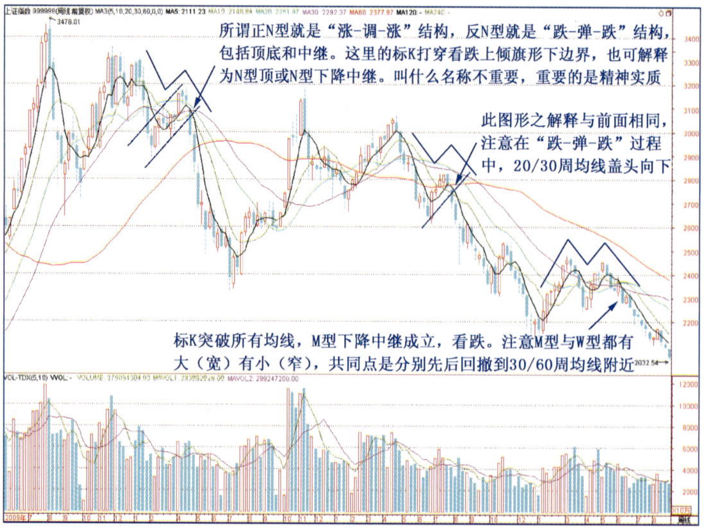

图 3—35　上证指数,2010 年 4 月 23 日、2011 年 7 月 29 日、2012 年 6 月 8 日所在周,N 型与 M 型下降中继

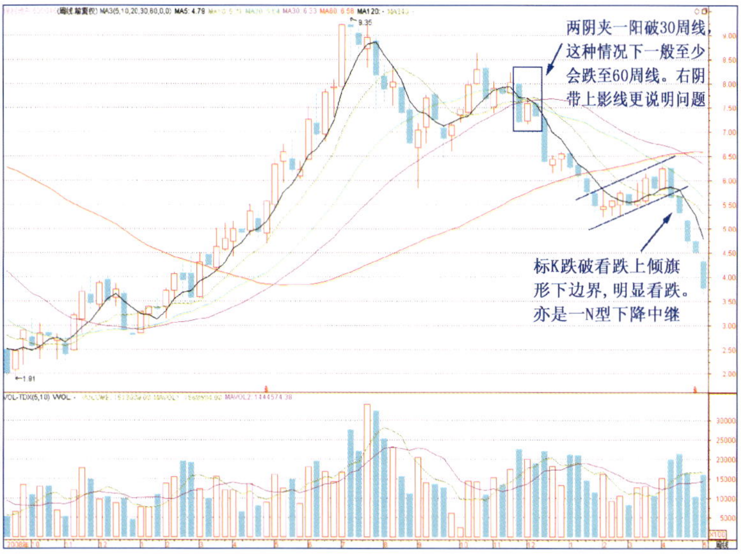

图 3—36　保利地产（600048），2010 年 4 月 9 日所在周，N 型下降中继

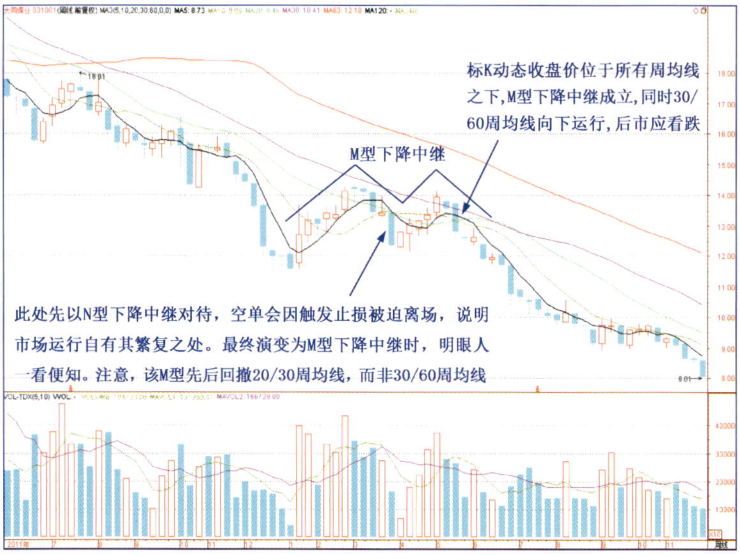

图 3—37　大同煤业（601001），2012 年 5 月 18 日所在周，M 型下降中继

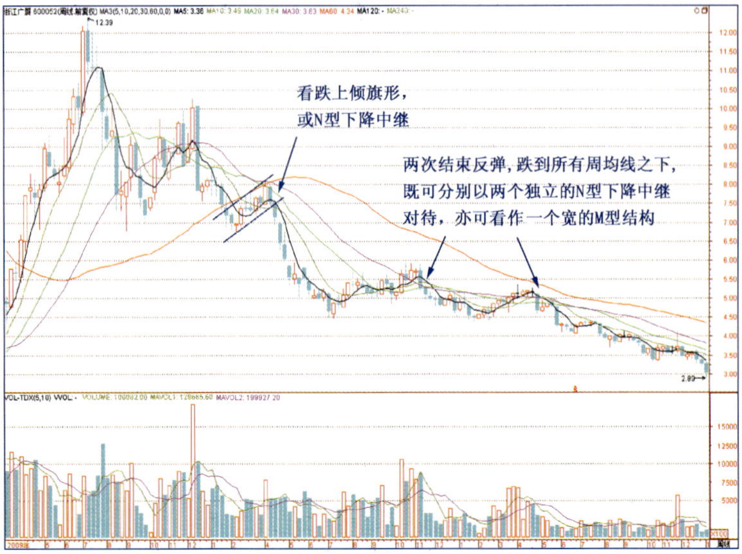

图 3－38　浙江广厦(600052)，2010 年 4 月 26 日、2010 年 11 月 12 日、2011 年 4 月 19 日所在周，N 型与 M 型下降中继

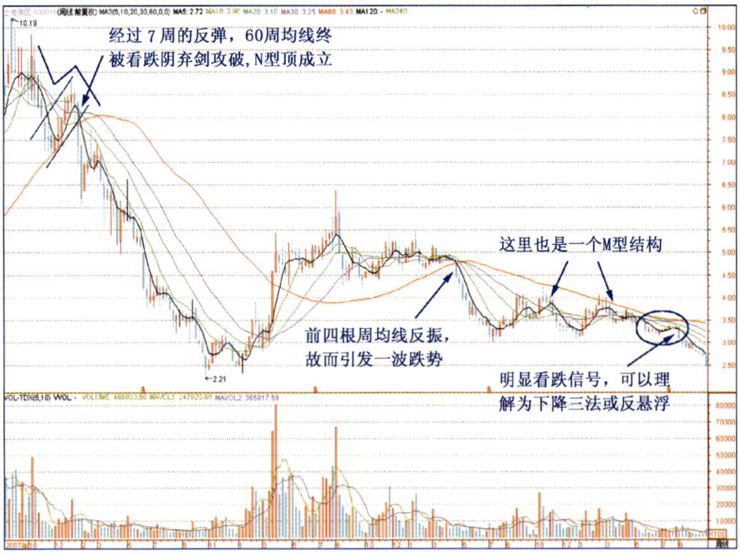

图 3－39　上港集团(600018)，2008 年 1 月 25 日、2010 年 4 月 23 日、2011 年 8 月 5 日所在周，N 型与 M 型下降中继

以上必多或必空图例均为周线级别的主动浪。事实上，一波大跌之后，如果日线图上出现必多图形(逆重要周均线，属于反动浪)，也可以参与。如图 3—40～图 3—42 所示。

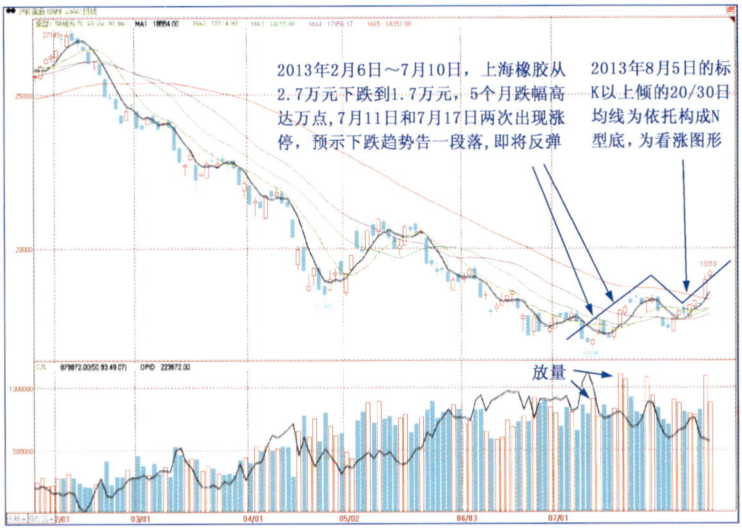

图 3—40　上海橡胶，2013 年 8 月 5 日，日线"必多图形"引发反弹（反动浪）

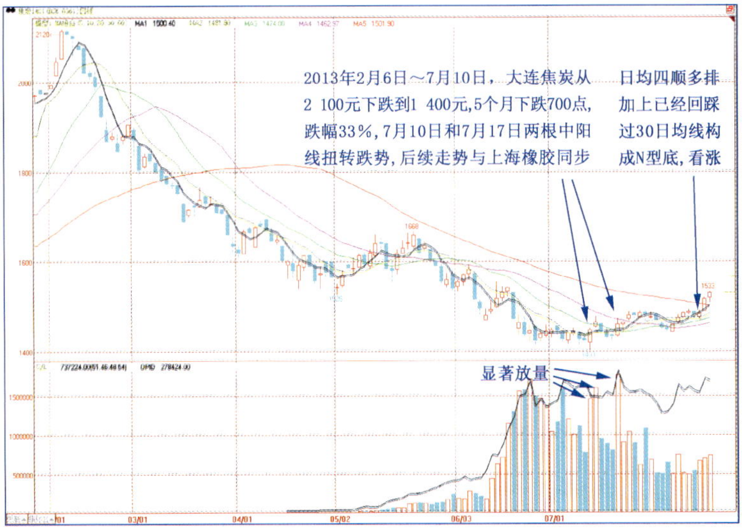

图 3—41　大连焦炭，2013 年 8 月 7 日，日线"必多图形"引发反弹（反动浪）

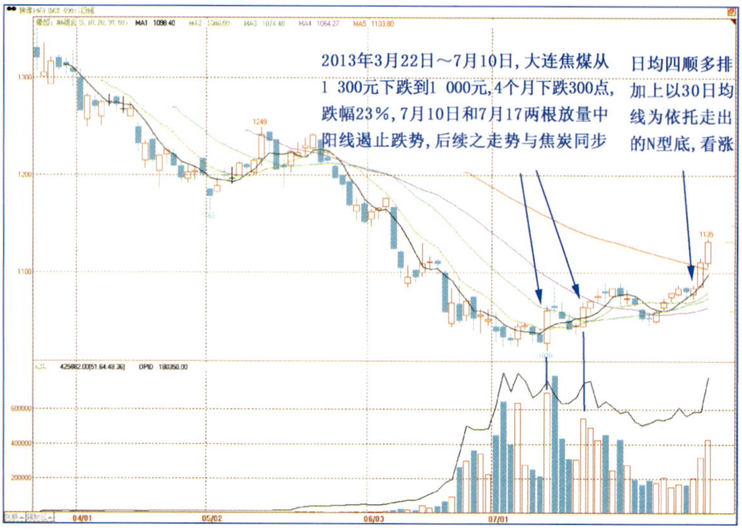

图 3—42　大连焦煤，2013 年 8 月 7 日，日线“必多图形”引发反弹（反动浪）

最小级别的必多/必空图形甚至谈不上反动浪，只能支持几天的上涨或下跌，但确定性很高。如图 3—43 所示。

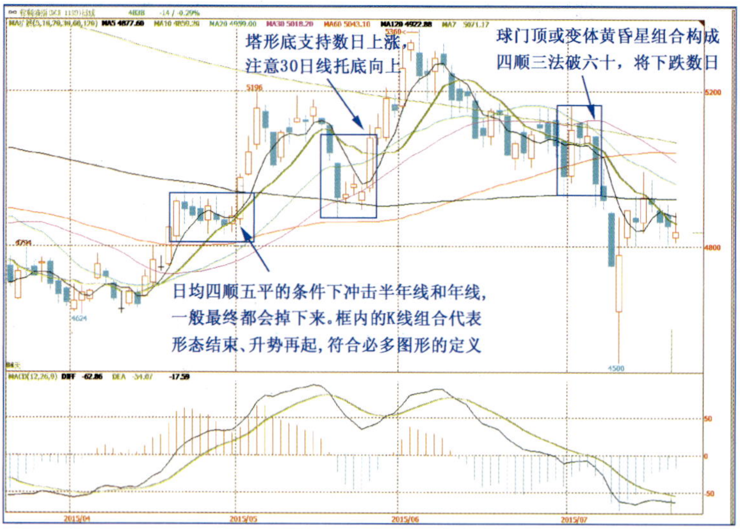

图 3—43　大连棕榈油，2015 年 5 月 4 日、5 月 26 日、7 月 6 日，日线小级别“必做图形”

有些周线级别的必多/必空图形，出现在累计上涨/下跌时间漫长、幅度巨大的位置，也存在上涨/下跌失败的可能。是否进场交易，取决于对后市发展空间的展望。如果认为空间有限，行情如同鸡肋，也可以放弃。

并非每次必多/必空图形出现时都必须进场交易。

第四节 四顺三法破六十

对于抓捕见顶信号而言，天网系统更擅长应对“宽顶”，但也不是对V型顶无能为力。我精研金融市场20年，不可能对V型顶视而不见，找不出相应的解决之道。下面讲解天网系统的补充信号，专门克制V型顶(包括V型底，但应用场合较少，主要还是V型顶)的利器——“二顺三法破二十”“三顺三法破三十”和“四顺三法破六十”。顾名思义，“二顺三法破二十”就是指在日线图上，5/10日均线二者空排(多排)，然后以下降(上升)三法或变体三法的K线组合，打穿20日均线。而“三顺三法破三十”，是指5/10/20日均线三者空排(多排)，然后以下降(上升)三法或变体三法的K线组合，打穿30日均线。

同理，“四顺三法破六十”是指5/10/20/30日均线四者空排(多排)，然后以下降(上升)三法或变体三法的K线组合，打穿60日均线。这三种现象，揭示了日线级别的下跌(上升)趋势渐次演变的过程，为我们观察上升(下降)趋势的逐步展开提供了清晰的证据，方便我们在实战过程中部署仓位、从容应对。尤其是“四顺三法破六十”，因为是建立在“日均四顺”的基础上，本身有一定的稳定性；同时伴随着三法组合“攻克—回撤—再攻克”的动作，体现了60日均线的支撑/阻挡作用被瓦解的过程，具有极高的实战价值，因而是三种现象里最值得重视的。如前所述，“四顺三法破六十”等三种信号虽然是双向的，但主要用于观察下跌行情尤其是V型顶的演变过程，因此对做空的指导意义大于做多。

图3－44～图3－51是“四顺三法破六十”等技术现象的图例。

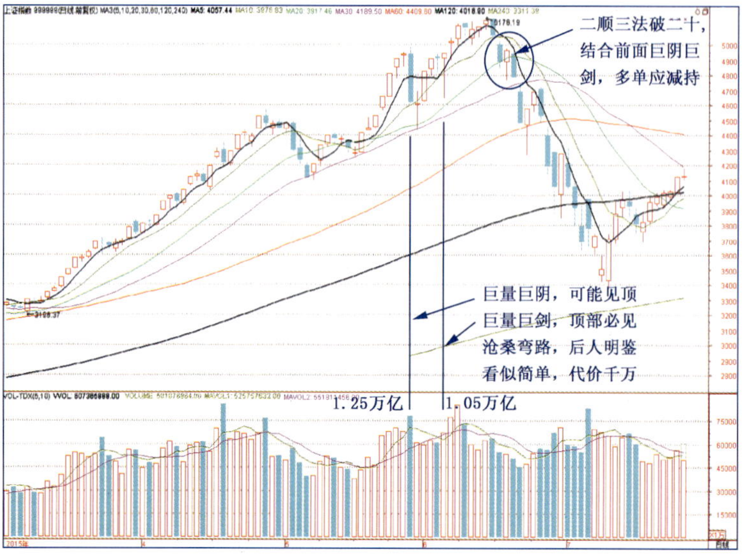

图 3—44　上证指数，2015 年 6 月 18 日，日线“二顺三法破二十”

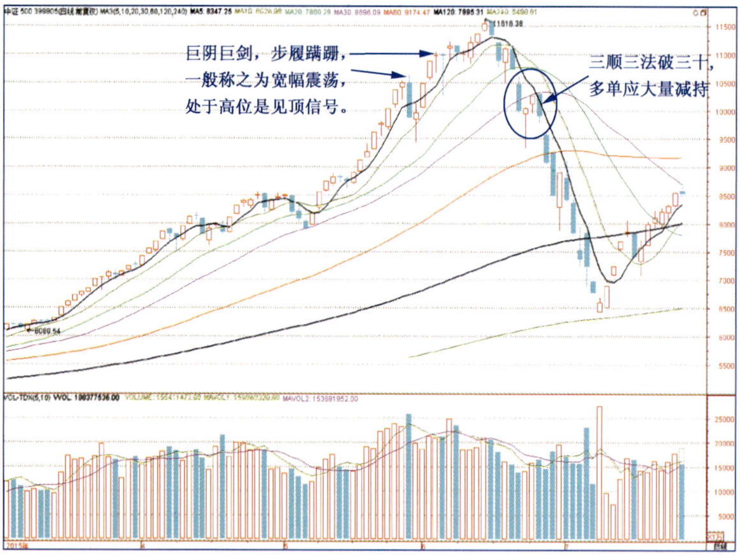

图 3—45　中证 500 指数(399905)，2015 年 6 月 25 日，日线“三顺三法破三十”

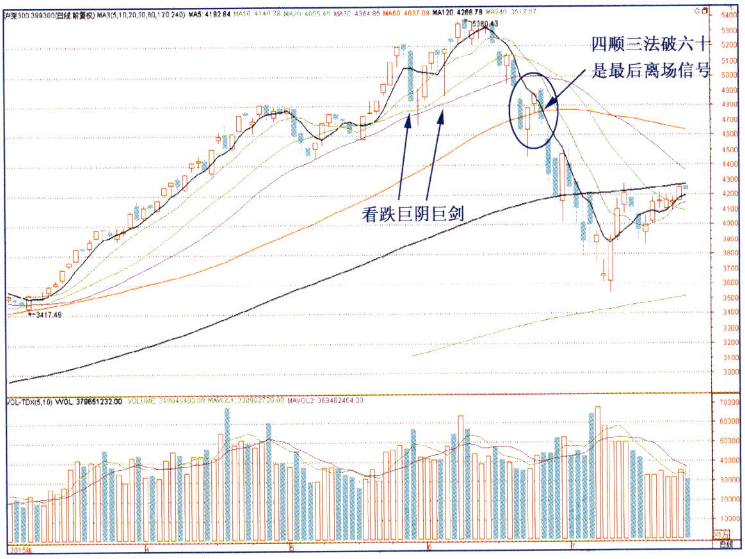

图 3—46　沪深 300 指数(399300),2015 年 6 月 25 日,日线“四顺三法破六十”

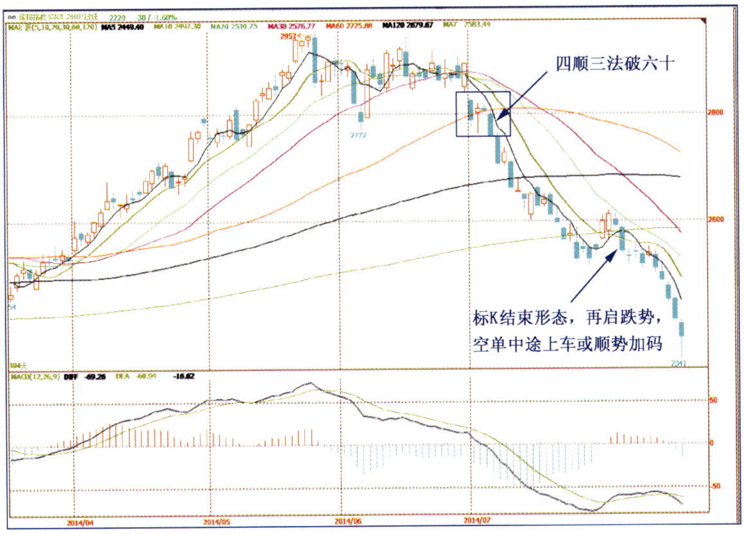

图 3—47　郑州菜粕,2014 年 7 月 4 日,日线“四顺三法破六十”

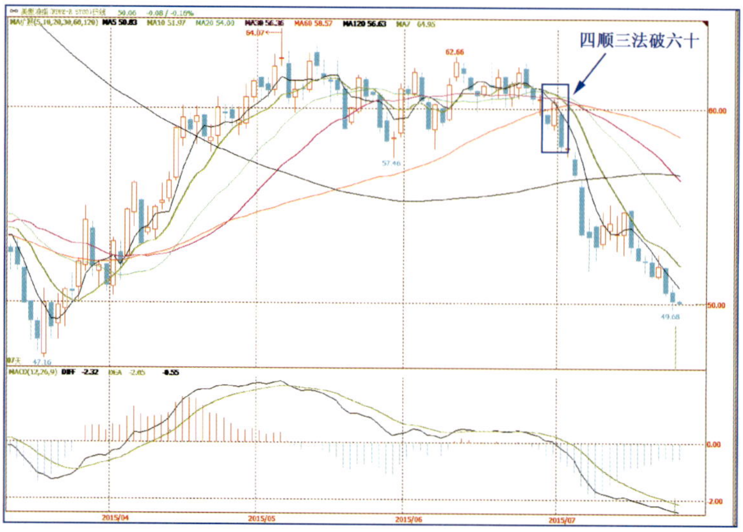

图 3—48　纽约原油，2015 年 7 月 1 日，日线“四顺三法破六十”

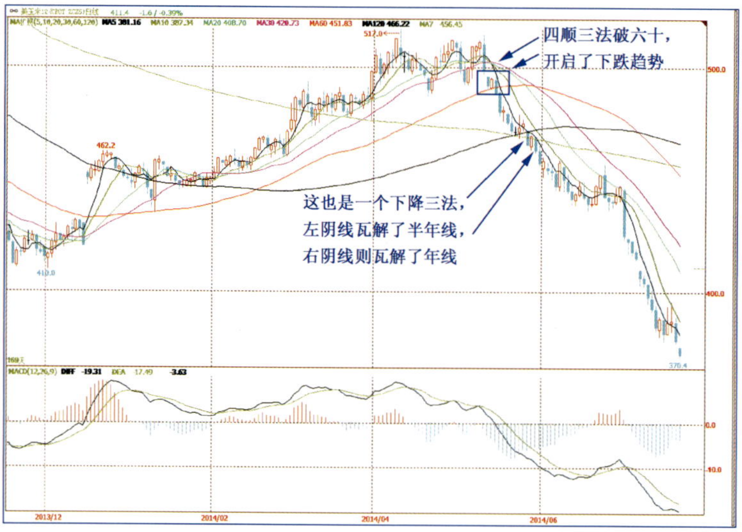

图 3—49　美国玉米，2014 年 5 月 14 日，日线“四顺三法破六十”

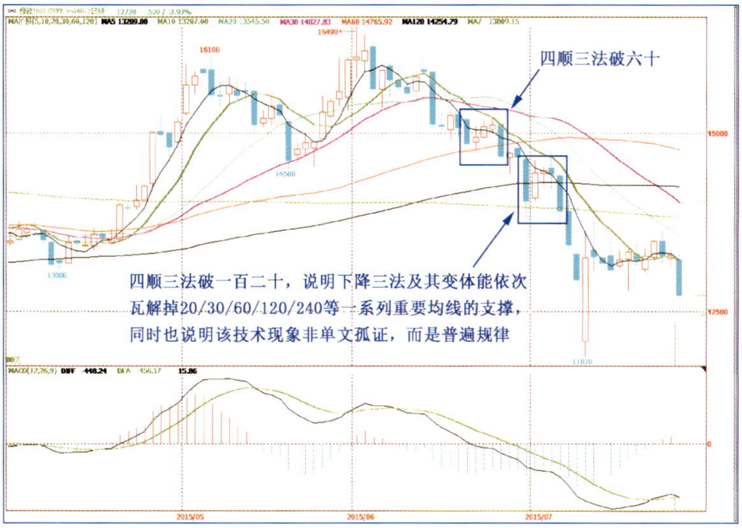

图 3—50 上海橡胶，2015 年 6 月 25 日，日线“四顺三法破六十”

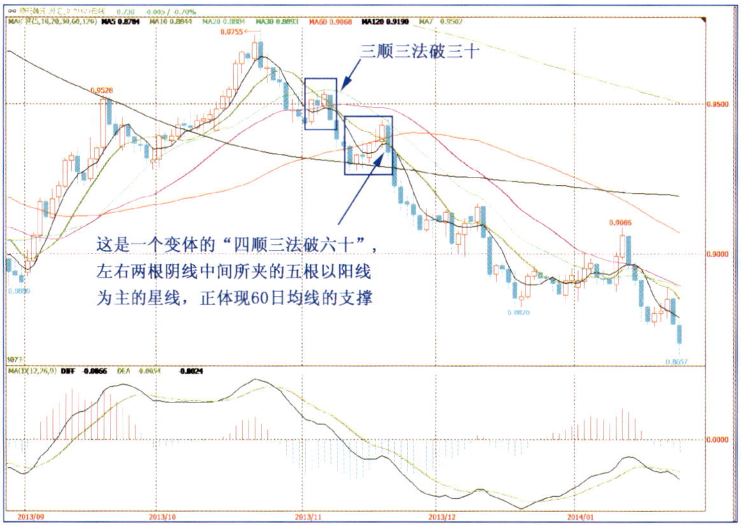

图 3—51 澳元兑美元，2013 年 11 月 20 日，日线变体“四顺三法破六十”

第五节　日月生辉战法

这一小节的标题看起来似乎有些哗众取宠，但实际上，它意义重大、非常贴切。因为它讲解的是大小周期图表联合作战的典型范例，对实战有很强的指导作用。

在交易中我们经常会遇到一种现象，就是当一轮熊市展开之后，第一波大跌宣告结束，股票或商品大盘指数开始反弹，从而走出一段周线级别的上升趋势。如果这波上涨幅度够大，可能还会导致 5/10/20/30 周均线多排，甚至周 K 线爬升到 60 周均线以上（但一般不足以导致 60 周均线转向），给人以牛市重来的错觉。但就在这时，一波凌厉的下跌直接构成周线级别的 V 型顶，让人措手不及。此时，因为 10/20/30 周均线都是上倾多排的，对下跌有可能构成道道支撑，令意欲做空者也不敢轻举妄动，从而眼睁睁地错失一波大跌。但是，只要检查同时期的月线图，就不难做出解释：此时 20/30 月均线通常是下倾空排的，即熊市已成；所谓周线级别的 V 型顶，不过是反弹行情受到 20/30 月均线的压制，致使其结束罢了。

对于这种走势，只要多注意观察月线图，同时启用前面介绍过的“三顺三法破三十”“四顺三法破六十”等专门克制日线图 V 型反转的利器，就既不难预测，也不难抓捕了。道理很简单：因为此时容易形成周线级别的 V 型顶（或 V 型底，注意此战法是双向的，不过以做空为主），周线图的反应势必比较迟钝，反转临界点当然只能在日线图上寻找。此项技术以月线图为交易背景，我们预期当月线级别的反动浪结束以后会形成月线级别的 N 型下降中继，所以当在日线图上走出“三顺三法破三十”或“四顺三法破六十”等转势信号时，不必考虑重要周均线的反对就可以直接进场做空，所以做空价会很高，且胜算不低。这种日线图与月线图之间彼此参照、交相辉映的联合作战方式，称为“日月生辉战法”。

该战法反映出代表短期趋势方向的短期图表与代表长期趋势方向的长期图表方向一致或重新扭转为一致时，和谐共振的威力；体现了天网系统的精髓，值得年轻后学高度重视。

图 3－52～图 3－54 是“日月生辉战法”在文华工业品指数中的应用图例。

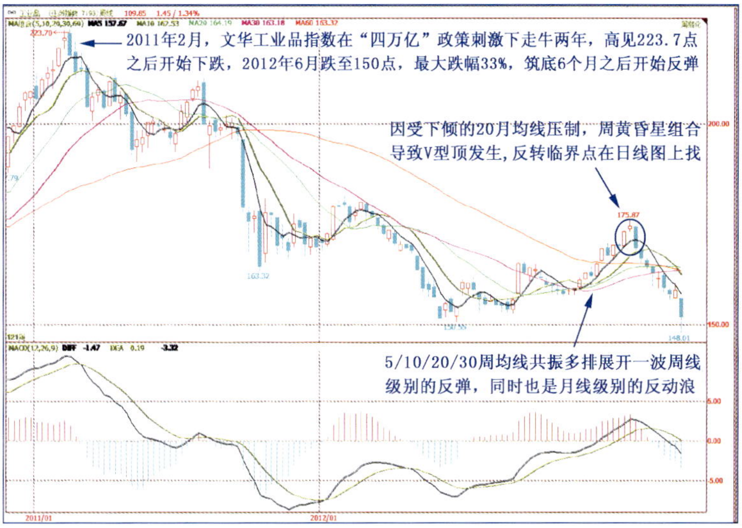

图 3－52　文华工业品指数，2013 年 2 月 8 日所在周，周线 V 型顶

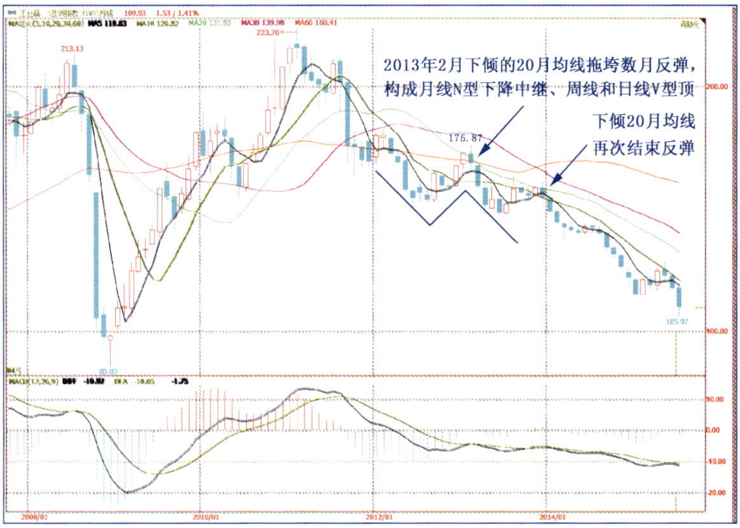

图 3－53　文华工业品指数，2013 年 2 月，下倾的 20 月均线结束反弹，形成月线 N 型下降中继

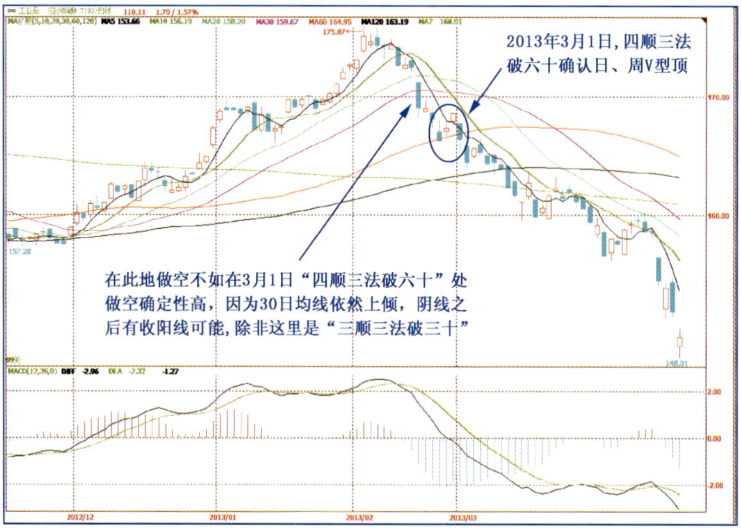

图 3—54　文华工业品指数，2013 年 3 月 1 日，日线“四顺三法破六十”确认日、周 V 型顶

图 3—55～图 3—57 是“日月生辉战法”在郑州白糖中的应用图例。

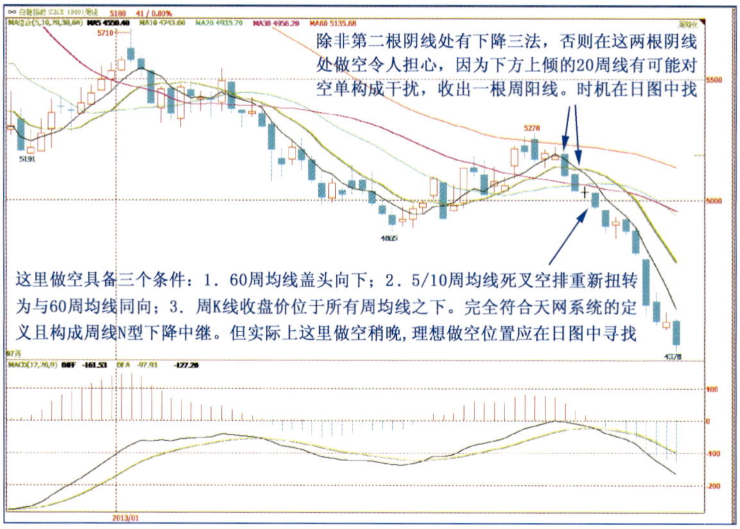

图 3—55　郑州白糖，2013 年 11 月 15 日所在周，周线 N 型下降中继

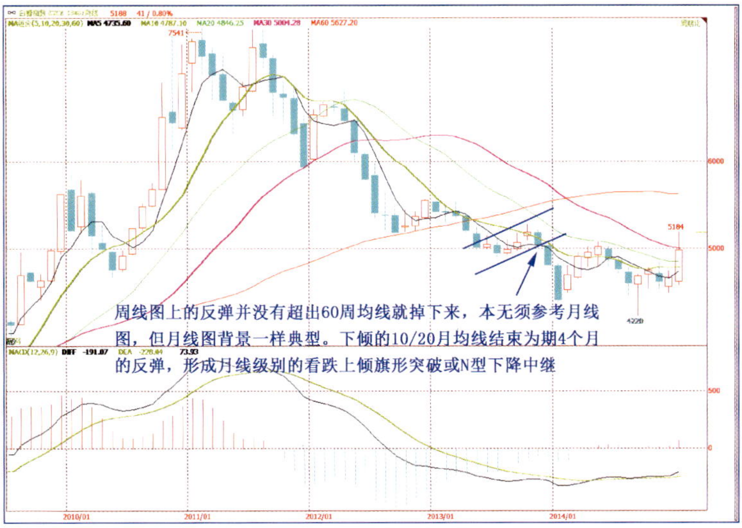

图 3－56　郑州白糖，2013 年 11 月，下倾的 10/20 月均线结束反弹，形成月线 N 型下降中继

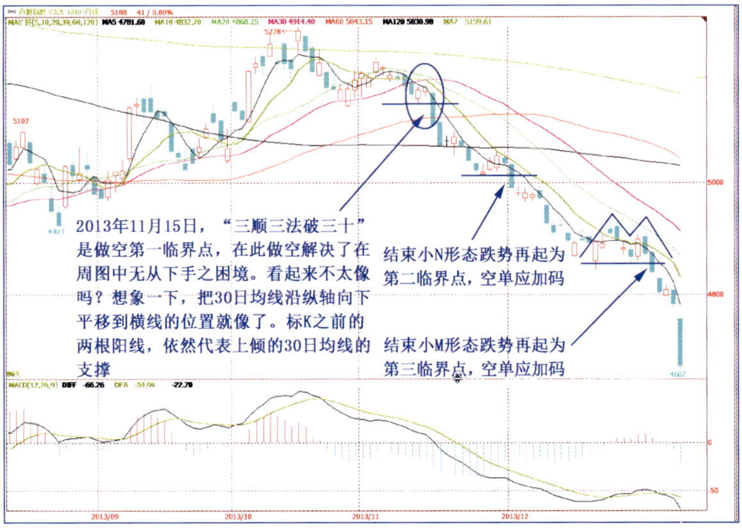

图 3－57　郑州白糖，2013 年 11 月 15 日，日线“三顺三法破三十”确认周线级别的反弹结束

图 3－58～图 3－60 是“日月生辉战法”在上证指数中的应用图例。

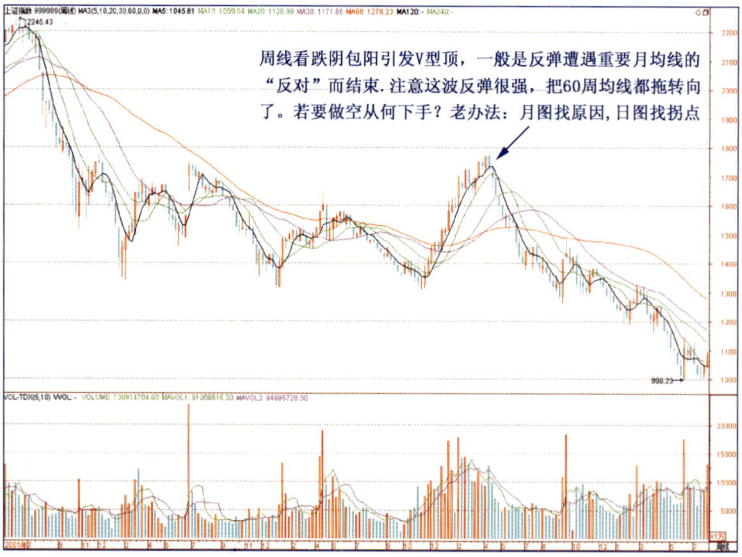

图 3—58　上证指数，2004 年 4 月 9 日所在周，周线 V 型顶

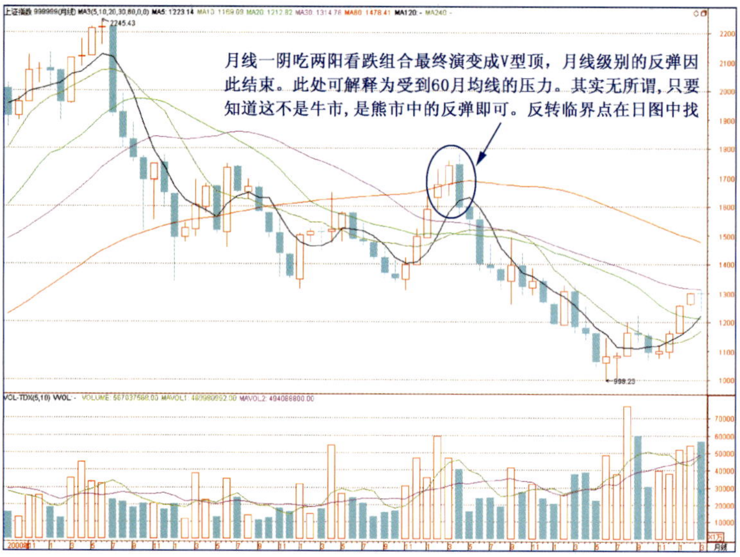

图 3—59　上证指数，2004 年 4 月，月线 V 型顶

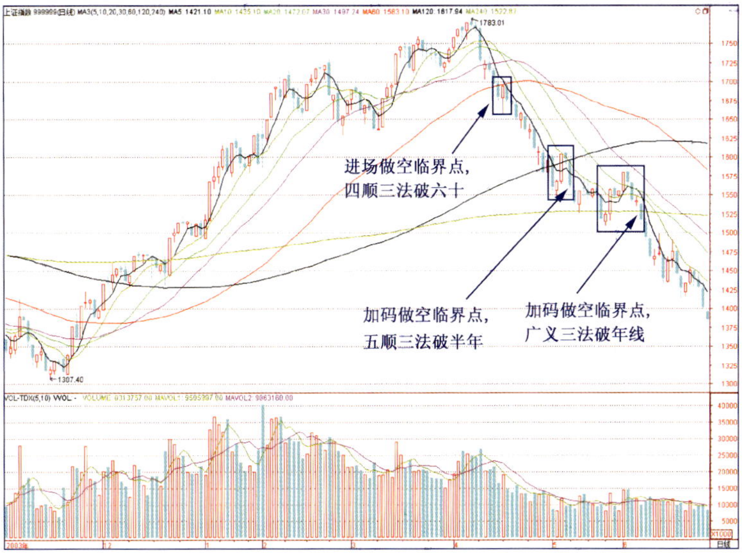

图 3—60　上证指数，2004 年 4 月 19 日，日线“四顺三法破六十”

第四章　程序化选股

第一节　批发牛股的流水线

A 股市场现在有大约 4 700 只股票挂牌。香港股市正在交易的股票大约有 2 600 只，美国股市更是有 10 000 多只股票挂牌。如此众多的股票，怎样通过研判上升趋势抓住牛股，或者通过研判下跌趋势抓住熊股？有些朋友会问为什么要抓熊股，也就是下跌市道中的领跌股？选取领跌股除了可以直接融券做空，还可以将选出来的领跌股作为标的，买入它的认沽期权，在股票下跌时获利。在缺乏伟大牛熊市的漫长岁月里，在相对平庸的市道中，又如何通过选取波段行情的“领头羊”或“领跌羊”来赚钱？显然，单靠手动翻检和肉眼查看不行。一来工作量太大，伤害视力和健康；二来效率低下、挂一漏万，大量的遗珠之憾在所难免。

既然股市——无论 A 股、美股还是港股——挂牌的股票如此之多，我们就有必要用程序化选股的方法，在股票大盘指数运行上升或下跌趋势时选出领涨股或领跌股。有些朋友也许会认为当大盘指数运行上升趋势时买股票本来就容易上涨，所以不需要程序化选股。这是天大的误解。须知即便是大牛市，各个阶段的领涨股也不一样。何况一般的牛皮市道，上涨的板块和个股是极少数，所以需要用选股程序这张网把“鱼”给打捞出来。选股程序的第一个作用是当下选股，即在当下任意时点，无论周一到周五任何一个交易日，也无论盘中还是盘后，从市场中选取“领头羊”或“领跌羊”。一般来说，如果大盘处于上升趋势，只选“领头羊”，不选“领跌羊”;如果大盘处于下跌趋势,只选“领跌羊”,不选“领头羊”。

选股程序的第二个作用是回溯历史。通达信软件“条件选股”对话框有一个“时间段内满足条件”复选框,勾选就是回溯历史,不勾选就是当下选股。回溯历史需要设定时间。设定“开始时间=结束时间”表示选出历史上某一天走势的“形态特征”符合要求的股票;设定“开始时间≠结束时间”表示选出历史上某一段时间内走势的“形态特征”符合要求的股票。老版的通达信要求周、月选股程序的回溯时间点必须分别是周收盘日和月收盘日,否则选股结果为空;新版已无此规定,周、月选股程序可以像日选股程序一样工作在任意交易日。但实际上,周、月选股程序回溯历史与当下选股对于时间的处理有如下区别:

对周选股程序来说,当下选股时的周 K 线是动态的,执行选股时是把当时的最新价假设为所属周 K 线的“收盘价”。回溯历史的时候,无论回溯时间点是一周当中的哪一天,周选股程序的实际工作日期都是周收盘日,即当周最后一个交易日。同理,月选股程序回溯时的实际工作日期总是月收盘日,即当月最后一个交易日。换言之,当周选股程序用于回溯历史的时候,在一周当中任何一天回溯的结果都是一样的;同理,当月选股程序用于回溯历史的时候,在一个月当中任何一天回溯的结果也都是一样的。一旦某个日期成为过去,那就属于回溯历史的范畴。如果在周六、周日运行选股程序进行“当下选股”(即不勾选“时间段内满足条件”复选框、不设定回溯日期),则得到的是上周五收盘后的选股结果。

上周五收盘后与周六、周日之间不存在一个或多个单独的交易日,故此时选股属于“当下选股”,不属于“回溯历史”,无须勾选“时间段内满足条件”复选框。下面,我将带领读者一起回顾 A 股市场 30 年来的牛熊循环,用我发明的选股程序“黑马集中营”将所有牛市、熊市或中级行情的领头羊或领跌羊一网打尽。有些人会说回溯历史属于“马后炮”,因而无意义。的确,有些人闲极无聊,搞了个什么“未来函数”(即因为后面出现了上升趋势,所以在前面标出一个买入信号;或因为后面出现了下跌趋势,所以在前面标出一个卖出信号),如此倒果为因、自欺欺人,那样的回溯的确是没有意义的。但是,我发明的“黑马集中营”不包括任何“未来函数”,

而是根据“形态特征”来选股。

所谓“形态特征”，就是股票在展开趋势运动之前所摆出的特定造型。只要指定时点，“造型”就是唯一确定的，不随时间而改变。打个比方，你拿出 N 年前的一张照片，摆拍的。你现在看到的姿势，与时光倒流到当时你所摆出的姿势，是一模一样的，这一点与时间先后无关。同理，根据“形态特征”选股也是一样的。通过回溯历史（即勾选“时间段内满足条件”复选框）选出的结果，跟时光倒流到当天所选出的结果，是一模一样的。这是通达信软件设计的强大功能，为像我这样的研究人员测试所开发程序的选股效果，提供了有力武器。因此，选股程序回溯历史的功能是“马前炮”，不是“马后炮”，这一点必须确切理解。

在对待回溯历史这件事上，有些人的思想本能地停留在“马后炮”这个层面上，再也不愿意多了解一点点，直接一棍子打死。但真正的聪明人，却会发现回溯历史与当下选股没有任何不同，也就是股价走势的“形态特征”与时间无关。前者是普通人，后者是能做出成绩的人。普通人浅尝辄止，不愿深入思考，只知道凭本能判断一件事情的是非；而成功者却不乏理性与逻辑思维，总是排除万难、勇往直前。从现在起，只要你想拥有一套能忠实执行自己选股思路的选股程序，那不妨当下就开始学习编程，经过反复测试优化，最后一定能成功。在编程过程中，还可以深化对“什么样的股票能涨”这一问题的认识，可谓一举多得。

执行选股之前需要先下载数据。方法是在通达信软件界面上点“系统”—“盘后数据下载”。点击“沪深日线”选项卡，勾选“日线和实时行情数据”以及“下载所有 AB 股类品种的日线数据”两个复选框，下载日期设定为从 1992 年 1 月 1 日至今（实际上，“黑马集中营”选股程序已经把 1992～2021 年的历史数据做进去了，但不包括美股、港股的历史数据）。首次选股的时候，系统会自动检测需要补充数据的起始点，然后从起始点开始下载，注意不要点“取消下载”即可。美股、港股属于扩展数据，通达信无法自动识别起始点，需要手动输入。方法是点击“扩展市场行情日线”选项卡，同时勾选“日线数据”及其下面的复选框，并且在下面一个复选框的右侧下拉三角里选择“美股”或“港股”。如图 4－1 所示。

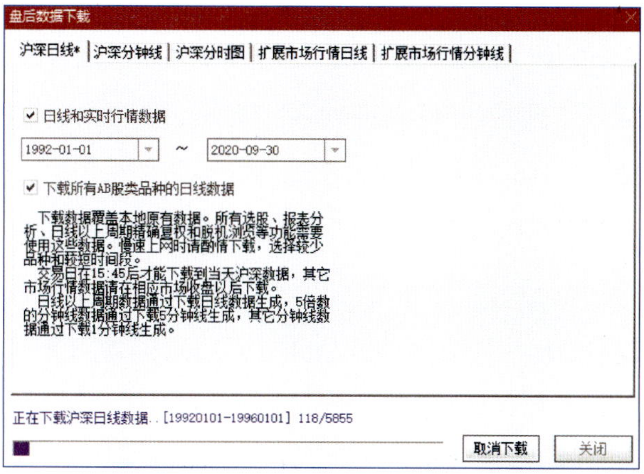

图 4—1　下载沪深日线数据或美股、港股日线数据

在图 4—2 中，箭头标示出了使用“条件选股”（快捷键 Ctrl＋T）的注意事项：

1. 在“条件选股公式”下拉三角里选择相应的选股程序。

2. 在“选股周期”下拉三角里选择选股程序对应的工作周期。

3. “选股范围”可以是上证 A 股、深证 A 股（将来还应该包括北证 A 股），也可以是美股或港股，还可以是分类板块指数。具体在哪个市场或板块选股，可以通过点击“改变范围”来选择。

4. 选股程序及其对应的工作周期选好之后，点“加入条件”（当然也可以对已选入的程序执行“删除条件”）。

首次选定选股程序及其工作周期之后，不妨点一下“保存方案”。这样下次打开“条件选股”对话框的时候，就不必再一一选择选股程序及其工作周期，直接点“引入方案”即可。每次点击“引入方案”之后要习惯性地检查一遍“选股条件列表”里的选股程序及其工作周期是否正确。注意“选股条件列表”显示的选股程序后面跟随的周期才是选股程序真正的工作周期，此时“选股条件列表”左侧的“选股周期”里面显示什么周期并不重要。

5. 如果用双程序联合选股，则选择“全部条件相与”单选框（对各选股程序的选股结果取交集），“全部条件相或”（对各选股程序的选股结果取并集)一般不用。

6. 无论是回溯历史还是当下选股,均需勾选“前复权数据”复选框。

7. “时间段内满足条件”复选框,当下选股不勾选,回溯历史必须勾选。设置回溯时间点一般是把起始时间与结束时间设定为同一天。

8. 剔除当前未交易的品种(即剔除停牌股),当下选股应当勾选,回溯历史不应勾选。注意停牌指的是今天停牌。对回溯历史来说,如果勾选了这一项,某些原本应该选出的股票,可能因为“今天停牌”而不被选出,这当然不正确。

9. 剔除 ST 品种。当下选股可勾选可不勾选,回溯历史不应勾选。因为 ST 指的是今天被 ST,对回溯历史来说,如果勾选了这一项,某些原本应该选出的股票,可能因为“今天被 ST”而不被选出,但它在历史上可能并没有被 ST,所以回溯历史不应勾选。

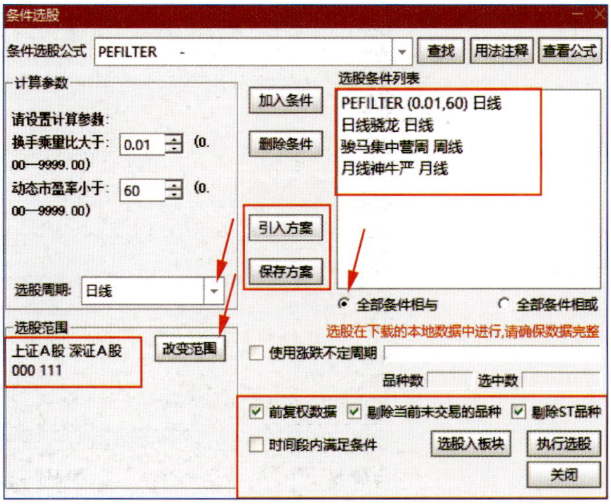

图 4—2 “条件选股”对话框的用法

下面简单介绍一下我所编写的“黑马集中营”系列选股程序,供读者参考。读者可以按照这里讲解的编写原理制作属于自己的选股程序。我想提醒各位注意的是,选股程序只是为选股提供了一个选股范围。什么范围呢?对我来说,就是买股票只能从选股结果里面挑,选股结果之外的股票绝对不看,更不必说买了。任何时候,只要我买了选股结果之外的股

票，就一定会亏钱，这已经为无数次的交易结果所证明，此为其一。其二，并不是选出的股票每只都必须买。选股数量有时候会很多，比如几十上百只；如果不加强肉眼过滤，每一只都买照样会亏钱。同样图形的股票，后市能否成功走出趋势行情，与大盘强弱关系也很大。

大盘如果连续下跌，原本走势良好的股票也会被拖垮。所以选股结果只是给买股框定了范围，不是每一只都必须买，而是要求投资者在选股结果里面进一步精挑细选，这一点务必深刻理解。可以这样讲："好股票"全部集中在选股结果里，一只都不会漏掉，这一点尽管放心；但是选股结果里不全是好股票，它们摆出的攻击架势（即趋势已确立且处于趋势确立的早期，包括第一波或第二、第三波主动浪的起始区）有假的，后市有发展失败的。也就是说，选股结果里面的股票，符合趋势展开的必要条件但不是充分条件。所谓"趋势展开的必要条件"，就是指趋势展开之初必定会摆出的特定的看涨或看跌造型。

趋势展开之初必定会摆出的特定造型，我们称为"完美图形""经典图形"或"高胜算图形定式"——只要有这样的造型摆出，该股就一定会被纳入选股结果，一只都不会遗漏；但是纳入选股结果的不一定能上涨成功，这就是控仓方案和止损措施永远必要的原因。要想提高成功率，大盘指数的配合至关重要。首先是全市场指数，比如上证指数、深证综指、沪深300、中证500、中证1000、创业板指数等；至少是某个行业板块母指数或子指数，比如有色指数（880324）、煤炭指数（880301）、钢铁指数（880318）、化工指数（880335）、白酒指数（880381）、半导体（880491）、建筑工程（880477）……在选股程序扫描下上榜。

也就是说，总要有某个大指数或小指数，即全市场指数或分类板块指数在选股程序的筛选下上榜（选股范围里面的000、111和222板块就是专门用来存放这些大小指数的），后市走出趋势行情才能驱动"鱼群运动"。如果大指数或小指数没有一个走出趋势行情的，那么个股成功展开趋势的可能性就会下降，胜算就不高。所以在运行选股程序的时候，我们一定要注意有哪些指数上榜。大指数上榜说明市场趋势特征明显，市场环境值得交易；分类板块指数上榜，说明它就是当前的热点板块，而与之同板块的上榜个股，就是热点板块的领头羊。这种选股思路是通过“集体趋势”来赚钱。单只股票的上涨就像一条鱼的运动，很难判断真假；但是“鱼群运动”是集体行为，其真实性和交易价值无疑会大幅增加。

1. 日线飞龙

选股周期为日线。编写目的在于选取日均完美五顺的股票，即要求60日均线托底向上（注意60日均线必须实质性转向，不能是假转向——就是计算机认为它已经转向，但肉眼看上去并没有转向，对价格上涨没有助推作用。该情形被称为“假五顺、真四顺”），要求成交量大于前一交易日的1.2倍或量比大于1.5。既可以回溯历史，也可以当下选股。有能力将共振（均线黏合向上发散）、多临（均线多排且处于临界点）、磁悬浮、正N型（即看涨N型，包括N型底与N型上升中继）4种高胜算图形定式及其大量变体全部选出，功能极其强大。为了在确保选股质量的同时有力地抑制“垃圾股”上榜，限制选股数量，日线飞龙对乖离率（剔除涨幅过大的股票）和创N根K线以来的新高等条件做出了具体规定。

这些规定取得了良好的效果，既保证了所选个股的高质量，又严格控制住了选股数量，真正实现了“应选尽选，不应选则不入选”的双重目标。日线飞龙的源代码如果用5号字排版，打印出来有满满8页A4纸之多。反观其他同类选股公式，源代码只有区区数行，其战斗力与日线飞龙相比完全是天壤之别。股市本来就足够复杂，源代码长，选股效果还未必好，源代码短的就更不值一提了。倘若不对乖离率和创N根K线以来的新高等具体使用条件做出规定，日线飞龙有能力将日线图上出现上升趋势的股票一网打尽，无一漏网，经得起任意测试与检验。但选股条件宽松会导致选股数量过多，肉眼过滤的工作量太大。

做出相应限制以后，在确保“应上榜皆上榜”的前提下，能最大限度地抑制无关的“垃圾股”上榜。当然，这样也会导致回溯能力有所下降，即出现有些牛股回溯不出来的现象。不过只要适当后移选股日期，落榜股仍可能上榜。日线飞龙不允许动态日K线为阴线，不允许日K线之最新价相对于昨日收盘价出现下跌，否则这类股会被滤除。之所以如此规定，是因为“日线飞龙”与后面的其他日线级别选股程序一样，都是旨在抓捕放

量"标志性阳线"所指示的"临界点"。既然"临界点"是以"标志性阳线"为标识,那么出现阴线的位置就不可能是临界点。因此我们一般不关注阴线——除非,该股的周图是"完美周图"。

尽管日线飞龙的选股效果已经足够强大和完美,但因为它的选股范围仅限于日均五顺级别,故与后面的选股程序相比,它的选股数量最多、选股质量最差、肉眼过滤的负担最重。如前文所述,股票交易与期货交易最重要的区别,是套牢盘的存在对个股上升趋势的展开有重大影响,所以不能采用与期货交易相同的技术系统,而是必须上升到日均七顺或周均五顺的级别。换言之,日线飞龙选出来的股票看起来美则美矣,却可能因为需要消化下倾的 120/240 日均线所代表的套牢盘而徘徊数月、死活不涨!日线飞龙的优点是灵敏度高,适合在大盘暴跌一轮、长期均线系统遭到破坏,用其他程序选不出股票的情况下选股。

日线飞龙的选股结果实际上包括两部分:(1)走势的形态特征符合"日线飞龙"的要求,且成交量大于前一交易日 1.2 倍的个股;(2)走势的形态特征符合"日线飞龙"的要求,虽然成交量不足前一交易日的 1.2 倍,但"今天的量比"大于 1.5 倍的个股。所谓量比,是指股票开盘后平均每分钟的成交量与过去 5 个交易日平均每分钟的成交量之比。计算公式为:量比=[现成交总手数/现累计开市时间(分)]/过去 5 日平均每分钟成交量。开发做多型选股程序的目的是抓捕开启上升趋势的标志性阳线,而标志性阳线通常都是显著放量的,所以才有"成交量大于前一交易日 1.2 倍"这个规定。

但是个股成交量超过前一交易日的 1.2 倍是需要时间的,这个规定用来揭示放量行为固然真实,但对盘中选股来说却不够及时,所以把量比大于 1.5 倍的个股拿来作为补充,目的是让目标个股提前上榜。日线飞龙规定"成交量大于前一交易日 1.2 倍"属于"硬放量",真实但不及时;规定"量比大于 1.5 倍"属于"虚放量",及时但不真实。因为我们通过观察发现,对绝大多数个股来说,早盘放大的量比数据往往难以保持,有可能随着交易时间的推移而急剧衰减。如果后续成交量跟不上,则全天成交量与昨天相比反而有可能萎缩。这种情况经常发生。所以使用量比指标的同时，还应该关注个股换手率是否够大。

这里有必要给出“相对量”与“绝对量”的概念。“相对量”就是指量比（成交量相对于5日均量线的倍数），“绝对量”就是指换手率。一般来说，低位个股收盘后的换手率越大越好，超过20％最好，以不低于5％为宜。盘中换手率达到5％的时间也越早越好。开盘后很快就达到5％无疑是异乎寻常的。注意，量比是指“今天的量比”，不存在历史量比。如果G股票在交易日A的成交量并不大于前一交易日的1.2倍，但因为“A日的量比”大于1.5而上榜；那么当我们在交易日B以A为选股日期进行回溯的时候，如果B日的量比大于1.5就能把G股票回溯出来，如果B日的量比小于1.5就回溯不出来。这一点必须深刻理解。

2. 日线速龙

日线速龙是日线飞龙的升级版，意在选取日均完美六顺的股票，即要求120日均线托底向上（如同日线飞龙采取技术措施克服了“假五顺”，日线速龙也克服了“假六顺”的现象）。要求成交量大于前一交易日的1.2倍或量比大于1.5。既可以回溯历史，也可以当下选股。日线速龙能把共振、多临、磁浮、N型4种高胜算图形定式及其大量变体全部选出，还能选出上市时间少于120个交易日、走势符合条件的次新股。日线速龙要求日K线之最新价不但位于前六根日均线（即5/10/20/30/60/120）之上，而且必须大于等于昨日收盘价。一般来说，程序玩家对选股程序的信心来自两块：一是来自当下选股、来日验证，即看选出来的股票能否真正展开上升趋势；二是来自能否把历史牛股在临界点上全部回溯出来。

回溯历史的目标是“应选尽选、无一漏网、禁止遗珠之憾”，也就是要求选股结果覆盖所有牛股。做到这一点，实际上要求选股数量尽可能多——至于成功率有多高，即后续成功展开上升趋势的有多少、发展失败的又有多少，不是它关心的重点。而当下选股要求命中率高、失败率低——做到这一点，实际上要求选股数量尽可能少，尽可能减轻肉眼过滤的工作量。至于是否覆盖了所有牛股，是否存在大量的漏网之鱼和遗珠之憾，也不是它关心的重点。显然，这两个目标南辕北辙、难以兼顾。优秀的选股程序，必须同时解决好“应选尽选，不应选则不入选”这两大课

题。实战证明,“黑马集中营”不避困难,圆满完成了任务。

根据定义,日线速龙是日线飞龙的升级版,选股结果是飞龙的子集。换言之,能被速龙选出来的股票必能被飞龙选出,反之则不然。日线速龙的选股结果也包括两部分:(1)走势的形态特征符合“日线速龙”的要求,且成交量大于前一交易日 1.2 倍的个股;(2)走势的形态特征符合“日线速龙”的要求,虽然成交量不足前一交易日的 1.2 倍,但“今天的量比”大于 1.5 倍的个股。第二类上榜股比较特殊(之所以说是“上榜股”,是因为可以用通达信的股票池功能,让选股程序自动工作,并且将选股结果推送至 777 或 888 板块),根据前面的解释,此类股只有在量比大于 1.5 的交易日能被回溯出来,否则回溯不出来。

一般人可能认为,就像日线飞龙会要求前五根日均线全部向上挺升,日线速龙也会要求前六根日均线全部向上挺升。但实际上,这种要求只适用于共振、多临、磁浮三种高胜算图形定式,对于 N 型定式来说就不一定了。简言之,看涨 N 型定式包括 N1、N2、N3 定式三大类别,其中 N1 定式又可划分为 N11、N12、N13、N14 定式四种类别。不同类别的 N 型定式,对于均线上倾的要求也不同。比如 N3 定式对 60 日均线不作要求(即允许下倾)。关于 N 型定式,请参考《从一文不名到财务自由——投资家 1973 金融交易实战教程》(第 1 卷)。

3. 日线骁龙

日线骁龙是日线速龙的升级版,旨在选取日均完美七顺的股票,即要求 240 日均线托底向上。要求成交量大于前一交易日的 1.2 倍或量比大于 1.5。可以回溯历史和当下选股。非但能把日均线族呈现为共振、多临、磁浮、N 型 4 种高胜算图形定式及大量变体全部选出,还能选出上市时间少于 240 或 120 个交易日、走势符合条件的次新股。日线骁龙的选股结果是日线速龙的子集。换言之,能被骁龙选出来的股票必能被速龙选出,反之则不然。与原本就很强大的日线速龙相比,日线骁龙的选股质量大幅提升,选股效果令人惊叹。

例如 1999 年 5 月 19 日发动“5·19 行情”的当天,日线骁龙能选出牛股 13 只,包括当时的著名牛股重庆啤酒与金融街。2003 年 11 月 20 日发动“五朵金花行情”的当天，日线骁龙能选出牛股12只，包括当时的大型牛股中国联通与南方航空。可见，虽然选股条件极其苛刻，但即便是V型反转行情，日线骁龙也能从容应对。日线骁龙的选股结果也包括两部分：(1)走势形态特征符合“日线骁龙”之要求且成交量大于前一交易日1.2倍的个股；(2)走势形态特征符合“日线骁龙”之要求，虽然成交量不足前一交易日的1.2倍，但“今天的量比”大于1.5的个股。第二类选股结果，今天能回溯出来，明天未必能回溯出来。

日线骁龙战绩卓越、选股质量一流，无论是V型反转行情、中级行情还是大牛市，几乎能将市场上任何时段的所有热点板块及其领导股一网打尽，鲜有遗漏，而且选股数量得到严格控制，选股表现之强悍堪称霸道。日线骁龙如果与作为滤网使用的周、月选股程序联合作战，效果更佳，战力惊人。玩家们一经接触便会爱不释手，呈现出强烈的上瘾症状，每天都会用它们选股票，欲罢不能。因此，“黑马集中营”的发明堪称开辟了选股新时代，其简洁与高效能让玩家养成无法摆脱的依赖性。就拿我来说，倘若离开这套程序，我不知道应该如何做股票。可以预见，将来会有越来越多的股票投资者喜欢上“黑马集中营”。

4. 黑马集中营周

简称“周线黑马”，选股周期为周线。要求5/10/20/30/45周均线上倾；要求周K线为阳线且位于所有周均线之上；要求周K线之最新价相对于10/20/30/60周均线的正乖离率分别不得超过25%、40%、100%、180%，否则滤除。当回溯历史、验证选股程序功能的时候，建议在周图上任选临界点，用它单独回溯任意股票，不附加其他条件。有人会问，既然是选临界点，为何不将周K线之最新价相对于周均线族的正乖离率定得更窄一些？如此一来，岂不可以大大减少选股数量、提高命中率？这是因为有些股票在完成第一波上涨之后，开始构筑形态，形态结束之后又开始第二波上涨。周选股程序的乖离率限制范围如果定得过窄就会错失几乎所有的第二波上涨。可见，选股程序的编写不是那么简单的，有多重目标需要兼顾。

周线黑马既可以回溯历史，又可以当下选股。老版的“周线黑马”，只要求5/10/20/30周均线上倾。在不限制乖离率的情况下有能力将存在周线级别上升趋势的股票一网打尽、无一漏网，经得起任意测试与检验。新版“周线黑马”要求45周均线托底向上，同时加入了旨在选取“周均线完美四顺”股票的模块。所谓“周均线完美四顺”，是指5/10/20/30周均线多头排列、历历分明，彼此之间距离很近，并且全部向上挺升。新版的选股数量少于老版，但选股质量更高。周线黑马和周线骏马这两个周线级别的选股程序，其编写目的都在于试图抓捕“标志性周阳线”，即可以定位到周图；但买卖股票必须精确到日图，故“周线黑马”一般作为“日线速龙”的滤网使用，“周线骏马”一般作为“日线骁龙”的滤网使用。

5. 骏马集中营周

简称“周线骏马”。要求上市超过60周的个股60周均线必须托底向上，选股结果基本是周线黑马的子集。与周线黑马一样，无论周一到周五的任何一个交易日，也无论盘中或盘后，均可当下选股或回溯历史。当下选股周K线是动态的，回溯历史的实际工作时间是周收盘日。要求周均线族彼此之间的位置关系符合共振、多临、磁浮、N型四种高胜算图形定式及其变体，凡不符合要求的一律滤除，只有周线图呈现出经典、完美上升趋势的被保留下来。周线黑马不仅能将周线图上走牛的一切领涨股全部选出，而且回溯历史功能强大。只要个股周线图走势经典，符合周线黑马的定义，几乎百发百中。就算有极个别选不出来的，只要找出原因——例如乖离率超限，则只需修改参数，放宽限制，落榜股就会重新上榜。周线骏马与之类似。

6. 悍马集中营周

简称“周线悍马”。在周线骏马的基础上，要求上市时间超过120周的个股120周均线必须托底向上。选股条件比周线骏马苛刻，选股结果是周线骏马的子集。大体而言，30周均线约等于10月均线，60周均线约等于20月均线，120周均线约等于30月均线。周线黑马、骏马、悍马分别要求30/60/120周均线保持上倾，实际上就是要求10/20/30月均线保持上倾，而这是牛股走牛的必要条件。当周线悍马选不出股票或选股数量太少的时候，自然过渡到周线骏马；如果选股数量仍然太少，自然过渡到周线黑马。反之，如果周线黑马选股数量太多，则自然过渡到周线骏马；如果选股数量仍然太多，再过渡到周线悍马。

周线悍马可以用于当下选股或回溯历史。当下选股的时候，我们通常用月线神牛代替周线悍马。一般来说，选股数量与质量成反比。选股条件越苛刻，则选股数量越少、质量越高。前面介绍过的日线速龙（日均六顺），选股效果接近周线黑马（周均四顺）；而日线骁龙（日均七顺），选股效果则接近周线骏马（周均五顺）。实际选股的时候，我们通常用“日线速龙（日线）& 周线黑马（周线）”联合选股，该战法名为“速马战法”；用“日线骁龙（日线）& 周线骏马（周线）”联合选股，该战法名为“骁骏战法”。“骁骏战法”选股数量更少、质量更高，一般优先采用。当“骁骏战法”选股数量太少的时候，自然过渡到“速马战法”。

7. 月线神牛

月线级别的做多型选股程序，有月线神牛宽、月线神牛严两种，工作周期为月线。前者要求 20 月均线托底向上，后者要求 25 月均线托底向上。后者选股数量更少、质量更高。两者都要求月 K 线之最新价位于所有月均线之上。禁止月 K 线为阴线。禁止月 K 线之最新价相对于上月收盘价出现下跌。可用于当下选股或回溯历史。当下选股任一交易日的盘中或盘后均可执行，回溯历史亦然。只不过回溯历史的真正工作日期是月收盘日。注意，个股能通过月线神牛的筛选只意味着其月图“支持”上涨，未必刚好位于月线级别的临界点。月线神牛严与周线骏马、日线骁龙联合选股，称为“神骁骏战法”。该战法能选出许多大型牛股，几乎一切伟大的牛股都逃不脱“神骁骏战法”的扫描，是我们最重要的选领涨股的方式。

8. 区间涨幅选股

这是一款功能强大的选股程序，其编写目的不在于选取领涨股或领跌股，而是用于统计研究。该程序总共有 3 个可调参数：起始日期、终止日期和 N。其中前两个参数构成了指定区间，N 是指涨幅大于 N%。工作周期是日线。比如起始日期为 170522，终止日期为 171203，N＝50，就表示选取 2017 年 5 月 22 日～2017 年 12 月 3 日这个区间内，涨幅大于

50%的股票。请注意，这里剔除了那些连续涨停的次新股。因为在该程序看来，它想选取的是依靠“自身能力”涨上去的股票，而不是依靠“新股政策”连续多次涨停的股票。

事实上，通达信软件自带的“功能”—“报表分析”—“区间涨跌幅度”（快捷键为“.403”）也可以达到相似的目的；但该功能很难把涨幅大于N%的股票给摘出来，而且也没剔除连续涨停的次新股。今后我们可以用该程序统计最近一个月涨幅大于20%的股票，检查它们是否是经典图形。如果是，看能否用“神骁骏战法”将其回溯出来；如果能回溯出来，再问自己有没有买？如果没买，把原因找出来。通过这种方式不断训练，可以迅速提高实战水平。“区间涨幅选股”的源代码虽然不长，但其功能需要巧妙构思和高超的编程技术才能实现。

图4—3中公开了“区间涨幅选股”的源代码，供编程爱好者学习、模仿。

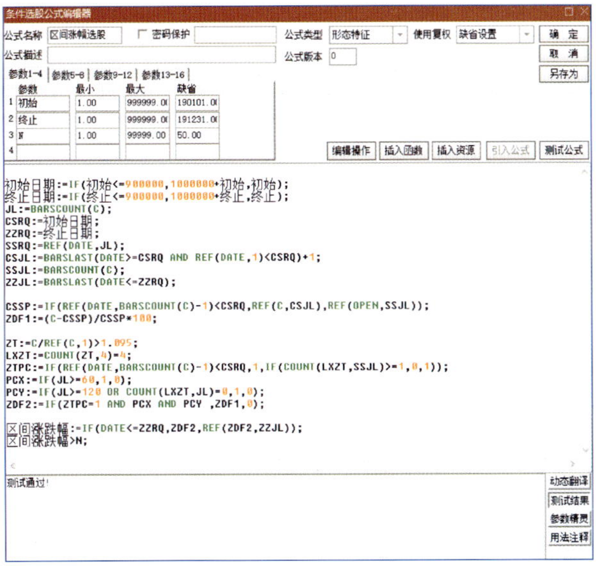

图4—3　通达信条件选股公式编辑器，“区间涨幅选股”源代码

一次性选出指定区间内涨幅大于N%的股票后，如果想按指定区间内的涨幅从大到小排序，则需要用到通达信的“历史行情—指标排序”功能（快捷键是“.401”）。右键点击“更改排序指标”，选“区间涨幅排序”即可。“区间涨幅排序”不是选股程序，而是技术指标。其源代码与“区间涨幅选股”高度相似，只需将“区间涨幅选股”的最后一句源代码删除，然后将倒数第二句改为“区间涨幅排序：IF（DATE<＝ZZRQ，ZDF2，REF（ZDF2，ZZJL））；”即可。

9. 阶段涨停跌停

这是一款特殊的选股工具，旨在迅速选出最近 N 个交易日以来连续出现多次涨停或跌停的股票。假如最近 100 个交易日，某只股票连续出现 7～8 次涨停（或跌停），而整体图形看涨（看跌）、累计涨幅（跌幅）不大。此类股票通常很容易走出趋势行情，上涨（下跌）空间广阔，因此有必要将它们选出来。该程序有三个可调参数：最近 N 日、涨停跌停、大于等于。“最近 N 日”表示距今 N 个交易日以内，通常取 80、100 或 120。“涨停跌停”只有两个参数，“1”表示涨停，“2”表示跌停。“大于等于”表示“最近 N 日”出现过的涨停板（或跌停板）的最低次数。图 4－4 公开了这款程序的源代码，供编程爱好者参考。

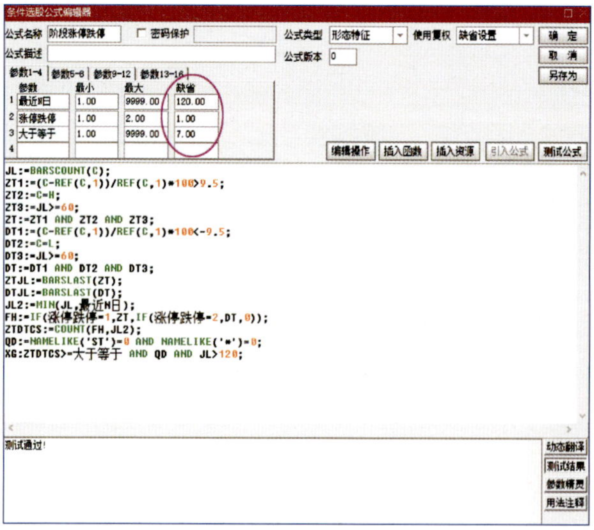

图 4－4　通达信条件选股公式编辑器，“阶段涨停跌停”源代码

10. PEFILTER

PEFILTER 意为“市盈率过滤器”，用途是充当“市盈率＋量能过滤网”。其编写方法是将选股范围划分为指数（含 ETF）和个股两种情况，区别对待。如果是指数或 ETF，则不作要求，直接通过。如果是个股，除了要限制动态市盈率(默认为小于 60 倍,该参数可调),还要求"换手(绝对成交量)×量比(相对成交量)>0.01"(该参数可调,如果对量能不作要求,也可以设为 0)。因为亏损股没有市盈率,不能被包含市盈率要求的语句通过,因此 PEFILTER 实际上剔除了一切亏损股,特别适合那些对个股业绩比较在意的玩家。如果他们喜欢低市盈率的个股,那么不妨把"动态市盈率小于"设为 30 甚至 20。

PEFILTER 之所以要求个股的"换手×量比(简称'HSXLB')>0.01",是因为经过研究发现,涨幅榜排名居前的个股,一般 HSXLB 指标也排名靠前,并且通常该数值非常大。这说明 HSXLB 指标排名靠前的个股实际上是整个市场真正的热点和风向标。但 HSXLB 数值太大也不全是好事,也有可能意味着放量出货——只不过此时股价是下跌的,不可能通过"神骁骏战法"或其他做多型选股程序的筛选,而是会自动将其滤除。实际选股过程中,之所以使用多个选股程序联合作战,就是为了严把选股质量关。如果将 PEFILTER 作为"神骁骏战法"的滤网使用,让 4 套选股程序联合工作,则一起构成"神骁骏 PEFILTER 战法"。

PEFILTER 的源代码如图 4-5 所示,读者可以按照源代码自行新建之。

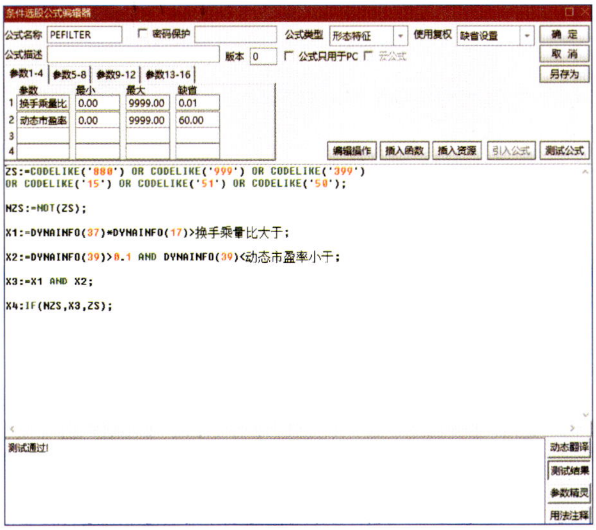

图 4-5　通达信条件选股公式编辑器,"PEFILTER"源代码

11. REDDDX/REDDDXPE/GREENDDX

DDX是基于通达信软件的“资金流向函数”构建出的一种“统计指标”，通达信将其命名为“大单动向”。其计算公式为：

DDX=[(“超大买单+大买单”成交量)-(“超大卖单+大卖单”成交量)]/流通盘

通达信软件把买单划分为4种：超大买单、大买单、中买单、小买单；同理，它把卖单也划分为4种：超大卖单、大卖单、中卖单、小卖单。不妨把“超大买单”和“大买单”合称为“总大买单”，把“超大卖单”和“大卖单”合称为“总大卖单”，两者之差称为“净大买单”。DDX就是“净大买单”与流通盘之比，我们不妨称它为“净大买单换手率”。

DDX>0，表示“净大买单”为正，对股价上涨有利；DDX<0，表示“净大买单”为负，对股价下跌有利。故“大单动向”，可以理解为驱动股价当天涨跌的“冲劲儿”；而其他选股程序，如日线骁龙、周线骏马、月线神牛之类，则是为了确保被选标的走势的“后劲儿”；因此它们可以联合工作（通达信启用DDX需要通过收费账号登录）。但是，在推出全推数据之前——通达信现在的数据传送方式为点播模式——让DDX参与选股会导致每隔1～2分钟都提示一次“正在刷新行情，正在刷新统计数据……”，这种循环打扰令用户不胜其烦。

实际选股过程中，我们通常把“神骁骏PEFILTER战法”股票池自动推送到888板块的全自动选股结果（每隔5秒更新一次）按量比排序，优先查看量比大的个股。这样做与让DDX参与选股的效果极为近似，很大程度上可以代替DDX。

下面给出REDDDX的定义：

REDDDX=DDX>0 & ACTINVOL/ACTOUTVOL>1

其中ACTINVOL代表“主动买入成交量”，ACTOUTVOL代表“主动卖出成交量”。

下面给出REDDDXPE的定义：

REDDDXPE=REDDDX & PEFILTER

下面给出GREENDDX的定义：

GREENDDX＝DDX＜0 & ACTINVOL/ACTOUTVOL＜1

由定义可知，REDDDX 适合用作选领涨股的滤网，GREENDDX 适合用作选领跌股的滤网。二者源代码的规定完全相反，因此它们的选股结果不会有任何重叠之处。

12. 黑熊集中营日

简称“日线黑熊”，工作周期为日线，可以当下选股或回溯历史。日线黑熊是在日图上选取“日均五顺”领跌股的唯一工具，要求日 K 线之最新价位于 5/10/20/30/60 日均线之下，要求上述日均线全部下倾。禁止动态日 K 线为阳线，禁止日 K 线最新价相对于昨日收盘价出现上涨，否则会被滤除。要求日 K 线之最新价相对于 10/20/30/60 日均线的负乖离率不得超过 12%、13%、14%、15%，否则也会被滤除。在不限制乖离率的情况下，有能力将存在日线级别下跌趋势的股票一网打尽，无一漏网，经得起任意测试与检验。当回溯历史、验证选股程序功能的时候，建议在日线图上任选临界点，用它单独回溯任意股票，不附加其他条件。

日线黑熊的功能与日线飞龙相似且相反，旨在选出日图上分别存在反振、空临、反浮、反 N 四种高胜算做空定式及其变体的个股，可与周线疯熊、月线神熊联合作战，共同组成高效批发领跌股的流水线。“周线疯熊 & 月线神熊”可以联合选出在周图和月图上具备“看跌背景”的股票，日线黑熊则能将“标志性阴线”直接定位到日图，让所选出来的领跌股更靠近日线级别的看跌临界点，大幅提升融券做空或买进看跌(认沽)期权的进场时点精确度。通常，我们把“日线黑熊与周线疯熊与月线神熊”联合选领跌股的方法，称为“三联熊战法”。选领跌股有两个作用：(1)直接做空领跌股；(2)买入领跌股的看跌期权。

期权是可以获取暴利的工具，但它是个专业领域，其复杂性不亚于正标交易，即股票、期货、外汇和国债交易。期权包括个股期权、股指期权、ETF 期权、外汇期权、国债期权、商品期权等等。没有能力研判正标走势固然不能在期权上盈利，有能力研判正标但是不懂得“其他门道”——例如“买卖多少”、如何使用期权专用指标以及如何选择期权合约，照样会亏得倾家荡产，这也是毫不为奇的。现在美股或港股既可以直接做空领跌股，也有期权可供交易；A 股市场上几乎融不到券，所以无法做空。但是好在股票期权已经上市了——上证 50ETF 期权和沪深 300ETF 期权就是。接下来，我们期待个股期权尽快上市。

股票期权和商品期权的时代已经来临，而大多数人还没做好准备。期权就像木偶，是没有生命的，它的巨幅波动靠的是它背后的牵线者——它的标的资产，对股票期权来说就是它的正股。简单来说，看涨正股（领涨股）时，买它的认购期权，占用资金更少，盈利更容易；看跌正股（领跌股）时，买它的认沽期权，占用资金更少，盈利更容易。有了这些工具，无论资金规模大小，操盘的难度将大为降低。期权一天能翻 1～10 倍，也可以一天下跌 90%，每天涨跌 20%～40%司空见惯。玩转认购期权，必须会选领涨股；决胜认沽期权，必须会选领跌股。做空型选股程序就是为投资者做空个股和在股票沽权上大显身手而专门编写的。

13. 黑熊集中营周

简称“周线黑熊”，工作周期为周线，功能与老版的“周线黑马”相似且相反。要求 30 周均线盖头向下，周 K 线之最新价位于 5/10/20/30 周均线之下且 5/10/20/30 周均线保持下倾。禁止动态周 K 线为阳线。禁止周 K 线之最新价相对于上周收盘价出现上涨，且相对于 10/20/30/60 周均线的负乖离率分别不得超过 20%、25%、45%、60%，否则会被滤除。在不限制乖离率的情况下，有能力将存在周线级别下跌趋势的股票一网打尽、无一漏网，经得起任意测试与检验。周线黑熊是周线级别选领跌股的核心程序之一，既可以当下选股，又可以回溯历史。当下选股的时候，周线黑熊需要与日线黑熊联合作战，这样可以把“标志性阴线”定位到日图，方便找出更加精准的做空进场点。用于回溯历史的时候，可以与日线黑熊联合工作，也可以单独使用。单独使用的目的，是为了找出周图上“具备做空背景”的品种。

14. 疯熊集中营周

简称“周线疯熊”，工作周期为周线。周线疯熊是在周线黑熊的基础上，要求上市超过 60 周的个股 60 周均线盖头向下；既可以当下选股，又可以回溯历史，选股结果是周线黑熊的子集。周线疯熊要求周 K 线之最新价位于所有周均线之下。禁止周K线为阳线。禁止周K线之最新价相对于上周收盘价出现上涨。要求周均线族彼此之间的位置关系符合反振、空临、反浮、反N四种高胜算做空定式及其变体，不符合要求的一律滤除，只有周线图呈现出经典、完美下跌趋势的被保留下来，比周线黑熊选股质量更高、做空胜算更大。这是因为周线黑熊对60周均线不做要求，而60周均线上倾对下跌趋势的展开存在干扰。如果想排除这种干扰，或者用周线黑熊选出来的股票太多，则不妨用周线疯熊来代替周线黑熊。

15. 月线神熊

月线神熊是在月线图上选取领跌股的工具，分为"月线神熊宽"和"月线神熊严"。前者大体要求15月均线盖头向下，当然实际源代码有大量规定，远比这复杂；后者大体要求25月均线盖头向下。月线神熊工作周期为月线。禁止月K线为阳线。禁止月K线之最新价相对于上月收盘价出现上涨。可以当下选股，也可以回溯历史。回溯历史的真正工作日期是月收盘日。其中月线神熊宽是在月线图上选取领跌股的宽松滤网，平时与日线黑熊、周线疯熊联合作战——这称为"宽三联熊战法"。如果不希望选股数量太多，则以"月线神熊严"代替"月线神熊宽"，构成"严三联熊战法"。实战证明，"日线黑熊 & 周线疯熊 & 月线神熊严"能批量选出图形完美、后劲十足的正宗领跌股，是做空美股和港股必不可少的利器。

以上15个程序共同组成"黑马集中营"选股程序的"机构版"。其中1～11组成"标准版"，1～14组成"高级版"。"标准版"能满足个人或机构投资者在A股、美股或港股市场中选领涨股的需要。"高级版"除了能选领涨股，还初步具备了选领跌股的能力。"机构版"因为"月线神熊"的加入强化了选领跌股的功能。不做空的话，"标准版"就已经足够使用了。但是请记住：买卖股票是一件利益自享、风险自担的事，任何选股程序都不会为使用者买卖股票的损失负责，也不会要求分享收益。况且，程序海选只是完成了选股的第一步，关键的第二步——肉眼过滤，才真正考验交易者的功力。说到底，选股程序不过是工具而已，使用效果取决于谁来使用，而不是一把一劳永逸地开启财富大门的万能钥匙。

图 4—6 是全部的“黑马集中营”选股程序。当我们在盘中或盘后选领涨股的时候——有条件选股、一键选股或股票池全自动选股 3 种选股方式——一般有如下 5 种用法可供选择。注意，这 5 种用法的选股条件从上到下逐渐严格；选股数量相应地从多到少，而选股质量也渐次提高。当大盘暴跌一程，长期均线遭到严重破坏的时候，不妨采用选股条件相对宽松的组合，不然选不出股票，或选股数量太少。如果选股条件最严格的用法（指“严神骁骏战法”）选股数量都已经足够多，那么在这种情况下，自然也就不需要再看其他用法的选股结果。选股实务中，我们看 777 板块（股票池自动推送“宽神骁骏战法”的选股结果）的情况最多。888 板块（股票池自动推送“严神骁骏战法”的选股结果）是 777 板块的子集。

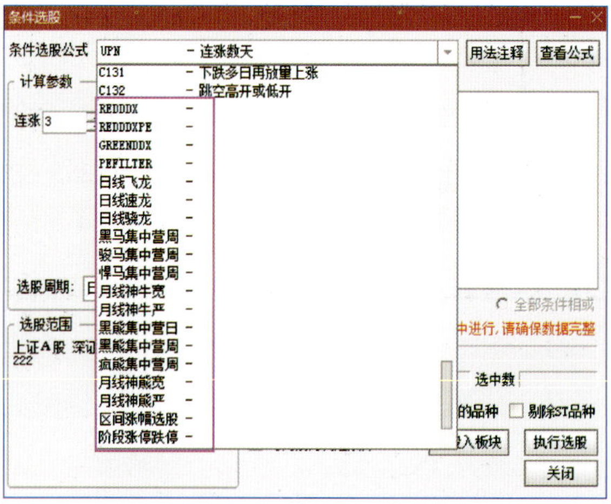

图 4—6 通达信软件，“条件选股”对话框

选领涨股的 5 种用法分别是：

1. “日线飞龙单选”（选取日均五顺的股票，选股条件最宽松，极少采用）；

2. “速马战法”（日线速龙 & 周线黑马，选取日均六顺 & 周均四顺的股票，可让股票池将选股结果自动推送到 555 板块）；

3. “骁骏战法”（日线骁龙 & 周线骏马，选取日均七顺 & 周均五顺的股票，可让股票池将选股结果自动推送到 666 板块）；

4.“宽神骁骏战法”(日线骁龙 & 周线骏马 & 月线神牛宽,选取日均七顺 & 周均五顺 & 月均二顺的股票,选股结果自动推送到 777 板块);

5.“严神骁骏战法”(日线骁龙 & 周线骏马 & 月线神牛严,选取日均七顺 & 周均五顺 & 月均三顺的股票,选股结果自动推送到 888 板块)。

另外还有 4 种选领跌股的用法,分别是:

1.“宽二连熊战法”(日线黑熊 & 周线黑熊,极少采用);

2.“严二连熊战法”(日线黑熊 & 周线疯熊,极少采用);

3.“宽三联熊战法”(日线黑熊 & 周线疯熊 & 月线神熊宽);

4.“严三联熊战法”(日线黑熊 & 周线疯熊 & 月线神熊严)。

今后如无特别说明,“神骁骏战法”默认指的是“严神骁骏战法”,“三联熊战法”默认指的是“严三联熊战法”。

程序化选股的理论基础是我提出的三大理论:扒车理论(强调趋势已确立,解决顺势交易和临界点交易的问题)、赛马理论(通过高明的下注策略,解决限制回撤的同时如何保持盈利能力不下降的问题)和摸奖理论(通过日、周、月联合选股,解决胜率问题)。我想提醒读者注意的是,选股程序仅仅是寻找“趋势展开的必要条件”,当胜算够高的时候,直接拿来代替充分条件使用。如此一来,就有了失败的例子。也就是说,尽管有些股票摆出了“必多”或“必空”图形定式,但是后面上升趋势或下跌趋势并未如期展开。所以即使胜算高达 99%,与 100%的胜算之间的区别,不是只有一步之遥,而是有着天壤之别。

在交易中,即使胜算高达 99%,也必须采取防守措施,而 100%的胜算则不需要。既然无论胜算多高都不可能达到 100%,那么控仓和止损等防守措施就永远必要。任何时候,都必须为我们可能犯的错误留下余地。而“分散持仓,分批进场;先锋不赢,后续不进;宏微结合,知变应变;赢扩输缩,波段兑现”这 4 句口诀,就是我教会读者如何下注、在资金管理上克敌制胜的法宝。配合能将股市掘地三尺的选股程序,就能将领涨股与领跌股手到擒来。至此,股市对你们来说再无秘密,不仅能持续盈利,而且可复制、可学习、可传授。年轻后学当知福惜福,熟练掌握使用方法。不远的将来,你们将有机会与赢家为伍。

第二节　全自动选股——开辟选股新时代

读者已经明了，专业交易者基于对“什么样的股票能涨”（选领涨股）或“什么样的股票能跌”（选领跌股）的深刻认识，采用“程序海选＋肉眼过滤”的模式选股。程序海选有三种实现方式：“条件选股”（既能当下选股，又能回溯历史）、“一键选股”（只能当下选股，不能回溯历史）、“策略股票池全自动选股”（只能当下选股，不能回溯历史）。我们的“黑马集中营”选股程序功能强大、绩效卓越，能无限逼近“应选尽选，无一漏网；不应选则不入选，无一多余”这样理想的选股目标，即把一切具备稳健扎实底部构造的潜在牛股一网打尽（不含 V 型反转品种），同时又严格控制选股数量，有力抑制住了无关个股的上榜。

我们最常采用的选领涨股的方法叫作“严神骁骏战法”，即以“月线神牛严”“周线骏马”和“日线骁龙”三套选股程序分别对个股的月图、周图和日图把关，三者联合作战，对选股结果取交集。可以利用通达信的股票池全自动选股功能把选股结果自动推送到 888 板块（“宽神骁骏战法”推送到 777 板块），每隔 5 秒更新一次选股结果。选出领涨股之后，可通过直接做多领涨股或买入其看涨期权获利。我们最常采用的选领跌股的方法叫作“严三联熊战法”，即让“月线神熊严”“周线疯熊”和“日线黑熊”三套选股程序联合作战，对选股结果取交集。选出领跌股之后，可通过直接做空领跌股或买入其看跌期权获利。

除生拉硬拽的 V 型反转以外，我们的“神骁骏战法”有能力以条件选股、一键选股或股票池全自动选股三种选股方式中的任何一种，将 A 股、美股、港股市场上的一切大型牛股全部抓捕、无一漏网。注意，针对过往日期的选股属于“回溯历史”的范畴，必须在“条件选股”对话框里勾选“时间段内满足条件”复选框，当下选股则不必勾选。但是事后回溯历史的选股结果，与当天盘中“当下选股”的结果总是一致的，即在某一天之后能回溯出来什么股票，在该日期盘中就能选出什么股票。但是盘中上榜的个股，事后不一定能回溯出来。这是因为它的周阳线或月阳线涨幅太大，超出选股程序的乖离率限制，因此被滤除了。

一、条件选股

图 4－2 已经显示出，执行“条件选股”需要以下几步操作：

1. 按快捷键“Ctrl＋T”打开“条件选股”对话框；

2. 添加选股程序及其正确的工作周期（首次添加完毕之后点“保存方案”，下次直接点“引入方案”即可加载选股程序及其工作周期）；

3. 点击“执行选股”或“选股入板块”。

“执行选股”后的选股结果保存在“临时条件股”板块，每次点击“执行选股”按钮都会导致该板块的内容被刷新。选股完毕之后软件会自动打开“临时条件股”板块，可以直接看到选股结果（在其他画面可通过键入“TJG”打开“临时条件股”板块）。

在图 4－2 中，选股条件除了“月线神牛严 & 周线骏马 & 日线骁龙”，还加载了“市盈率过滤器”（PEFILTER）作为滤网，目的是对通过“严神骁骏战法”筛选的个股，在量能（默认要求“换手×量比”＞0.01）和市盈率（默认要求动态市盈率＜60）两方面加以限制。当然，这两个可调参数可以修改。请注意，“市盈率过滤器”只在“当下选股”时才用作滤网，“回溯历史”则不用。还要注意，“前复权数据”一直勾选。“剔除当前未交易的品种”，当下选股应当勾选，回溯历史不应勾选。“剔除 ST 品种”，当下选股自行决定是否勾选，回溯历史不勾选。因为某些股票虽然今天停牌或被特别处理（ST），历史上则未必。

条件选股的选股范围，除了上证 A 股、深证 A 股，还有 000（存放大盘“根指数”以及一批 ETF）和 111（存放 56 个行业母指数）两个自定义板块。这里也可以用 222 板块（存放 110 个行业子指数）来代替 111 板块。如果是在港股或美股市场上选股，那么点击“改变范围”—“扩展市场行情”，然后选“港股主板＋港股创业板”或者“美国股票”即可。在通达信软件里，美股、港股属于“扩展数据”，每天都要下载，而且需要手动指定下载起始点。当下载“扩展数据”的时候，应当分别选择“美股”或者“港股”，切不可选择“所有品种”，否则所需下载的数据量高达 50 000 多条，工作量大、速度太慢而且没有必要。

如果需要对选股结果做进一步的研究，则点击“选股入板块”；或右键单击选股结果，点击“批量操作”将选股结果转存到别的板块。如果想比较两次选股结果的异同，不妨把选股条件相对严格（俗称“窄选”）的选股结果所在的板块字体设为蓝色，然后观察选股条件相对宽松（俗称“宽选”）的选股结果所在的板块，那么蓝色字体的股票就是两次选股结果重合的部分，黄色字体的股票就是新增加的品种。还有一个办法是直接点“工具”—“品种组合计算”，“选择组合一”选择保存“宽选”结果的板块，“选择组合二”选择保存“窄选”结果的板块，令二者取“差集（A－B）”，然后点击“开始计算”—“存为板块”即可。

二、一键选股

下面以“严神骁骏战法”为例，说明“一键选股”的设置方法。

从通达信主菜单“公式”—“自动选股设置”进入，打开“自动选股设置”对话框。点“添加方案”，分别完成 PEFILTER、周线骏马、日线骁龙、月线神牛严四级选股方案的设置。第一级方案以“上证 A 股＋深证 A 股＋000＋111”为选股范围，令 PEFILTER 工作在日线，选股结果输出到 0000 板块。第二级方案以 0000 为选股范围，令周线骏马工作在周线，选股结果输出到 9999 板块。第三级方案以“9999”板块为选股范围，令日线骁龙工作在日线，选股结果输出到 7777 板块。第四级方案以“7777”板块为选股范围，令月线神牛严工作在月线，选股结果输出到 8888 板块。设置选股方案的过程如图 4－7～图 4－10 所示。

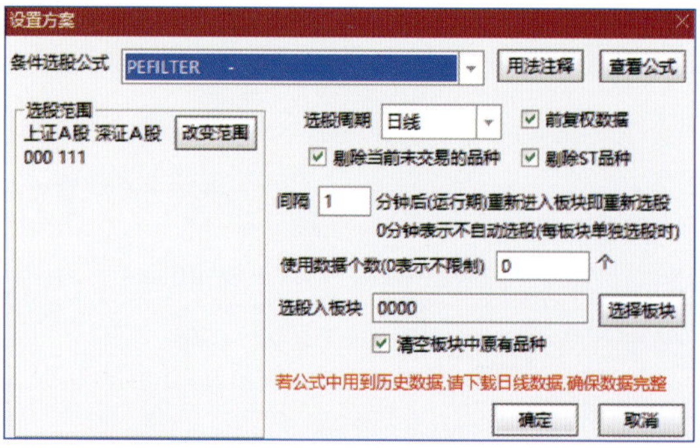

图 4－7　通达信软件，“自动选股设置”对话框，设置第一级选股方案

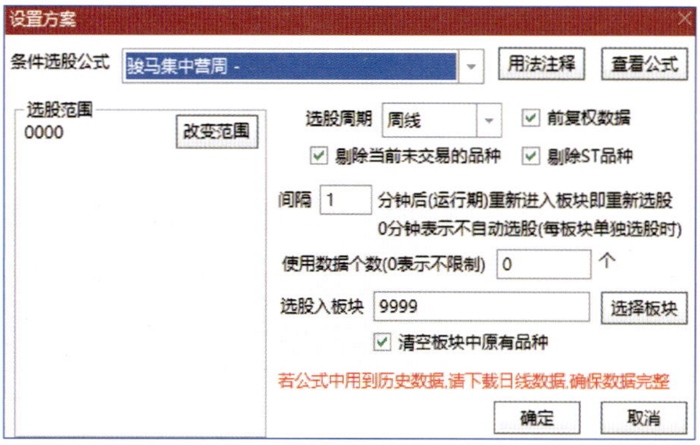

图 4—8　通达信软件,“自动选股设置”对话框,设置第二级选股方案

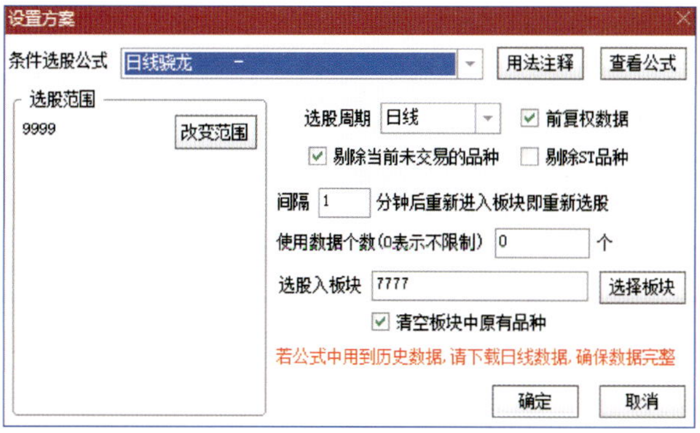

图 4—9　通达信软件,“自动选股设置”对话框,设置第三级选股方案

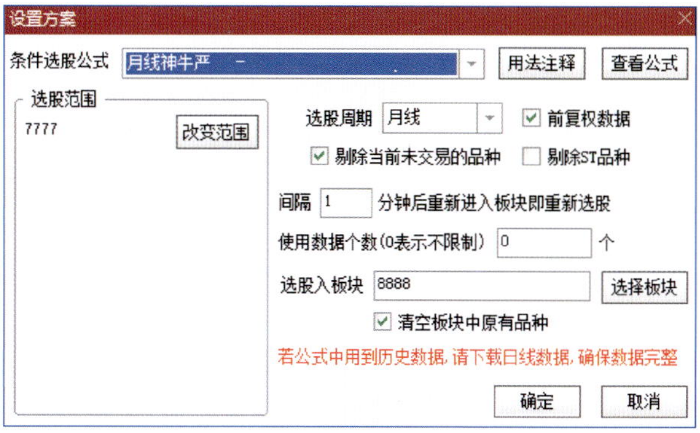

图 4—10　通达信软件,“自动选股设置”对话框,设置第四级选股方案

以上四级选股方案每设置完一个都要点击“确定”按钮保存。设置完以后，“自动选股设置”选“一键全部选股”，再点击“关闭”按钮退出。图 4—11 是已经设置好的“一键选股”方案。

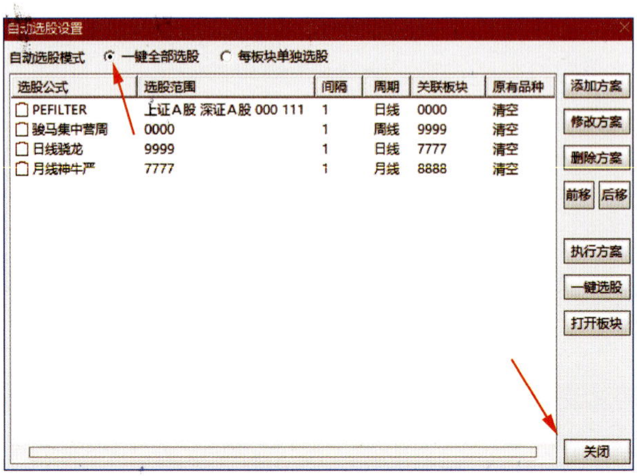

图 4—11　通达信软件，“自动选股设置”对话框

以上步骤全部完成后，在通达信左下角任务栏上方会出现一个“自动选股”标签。点击里面的“一键选股”，通达信会立即开始选股，按顺序依次执行四个选股方案，并将最终的选股结果输出到 8888 板块。只要键入 8888 再回车，或者勾选“自动选股”标签里面的 8888，即可打开 8888 板块查看选股结果。再次点击“一键选股”，会刷新选股结果。如图 4—12 所示。为了让股票池正常工作，每天开盘都应执行一遍“一键选股”，以确保数据完整。

三、股票池全自动选股

通达信的“策略股票池”功能可以实现全程无人工干预的自动化选股。交易者有两种方法可以得到股票池：导入或新建。导入股票池的方法是先打开通达信的安装文件夹，找到嵌套在 T0002 文件夹中的 tpool 文件夹，把以 xml 为扩展名的股票池文件分享出去。接受分享者键入快捷键“78”打开股票池编辑界面，点击“打开”按钮，再双击股票池文件“神骁骏 PEFILTER 战法. xml”，即可导入股票池。然后点击“保存”按钮，系统会提示给股票池命名。输入“神骁骏 PEFILTER 战法”，然后选中左侧

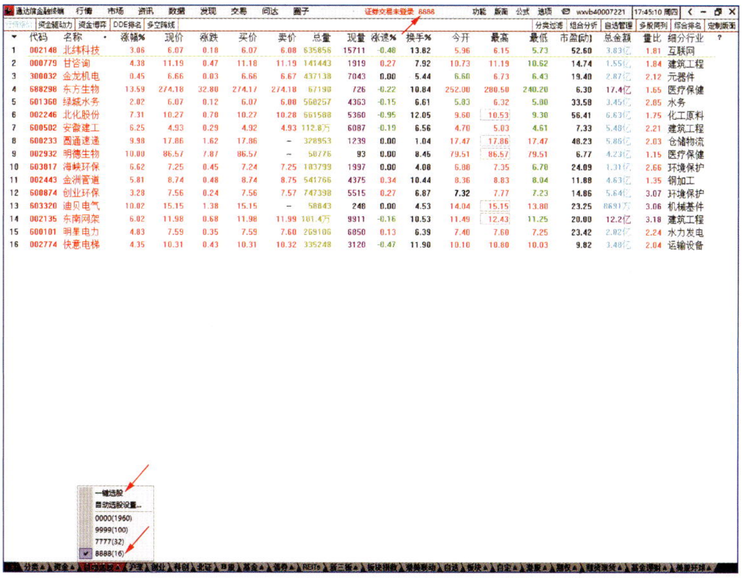

图 4—12　通达信左下角任务栏上方的“自动选股”标签

该股票池的名字，点击“运行”按钮，股票池的名字由灰色（表示未运行、可编辑）变成红色（表示正在运行，编辑之前需要先让股票池停止运行）。下面讲解股票池各要素单元的设置，掌握以后可以通过手工新建股票池。

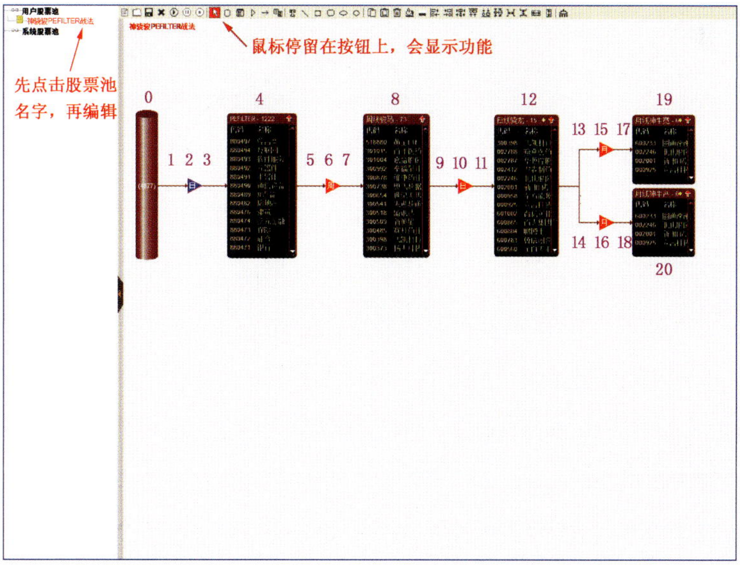

图 4—13　通达信软件“策略股票池”编辑界面

图 4－13 所示的“神骁骏 PEFILTER 战法”股票池是我们最常使用的。只要把这个股票池的设置方法弄清楚了，则一通百通，能创建任何类型的股票池。下面将该股票池各个图形单元的属性逐一进行设置和说明。以导入或手动的方式创建股票池之后，让鼠标停留在图 4－13 中编号所在的位置，可以看见相应的设置。若右键单击“属性”，则可以修改设置。

0：最左侧的圆柱体称为“源池”，即选股范围。包括上证 A 股、深证 A 股、北证 A 股、000 板块和 111 板块。为将新股纳入选股范围，需要每隔几个月更新一次源池。更新的方法是先让股票池停止运行，然后右键单击源池，点击“属性”，清空内容，再依次添加上证 A 股、深证 A 股、北证 A 股、000 板块和 111 板块。

1：圆柱体与标有“日”字的红三角（转移条件一）之间的线段叫“流程线”，用来连接源池和转移条件，规定了转移条件的执行方式。右键单击流程线可以设置流程属性，如图 4－14 所示。设置完毕之后，光标停留在流程线上可以令流程属性显示出来。请注意，图 4－14 所示的设置除适用于 1 之外，5、9、13、14 几处的设置方式与 1 相同。

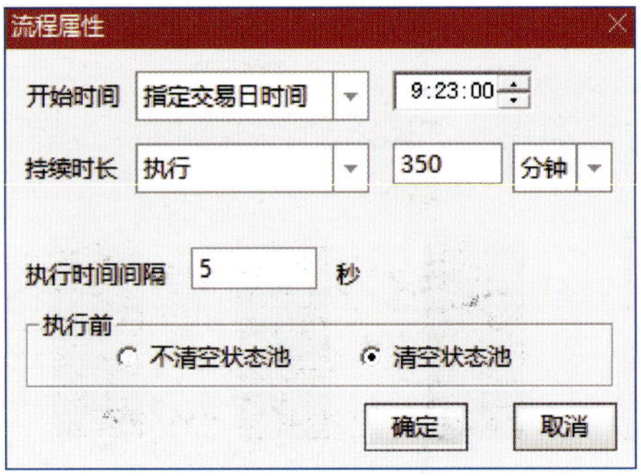

图 4－14　股票池“流程属性”的设置

图 4－14 中的流程属性主要包括 4 条：

(1)交易日 9:23:00 开始执行；

(2)连续执行 350 分钟；

(3)两次执行间隔 5 秒；

(4)执行前清空状态池。

2:标有“日”字的红三角为第一个转移条件(显示为蓝色表示该环节正在执行)。右键单击它可以设置属性和改名。所谓“第一个转移条件”,就是指定选股程序,令其对源池进行第一次筛选。这里指定的选股程序为“PEFILTER”,工作周期为日线,如图 4—15 所示。

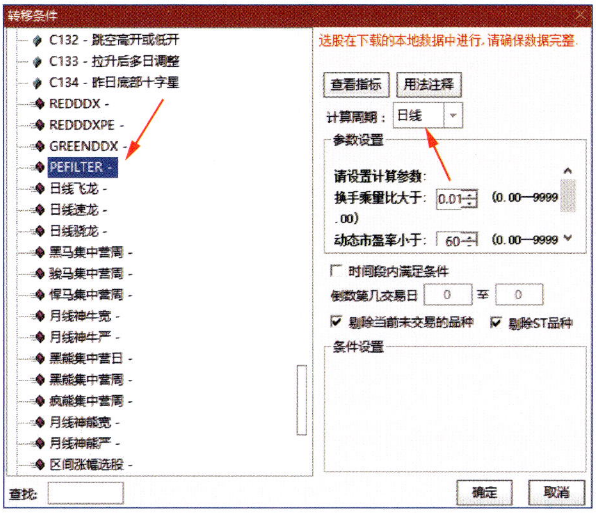

图 4—15 “神骁骏 PEFILTER 战法”股票池设定第一个转移条件

3:标有“日”字的红三角与标有“PEFILTER”字样的方框直连(即“无条件转移”),表示“PEFILTER”的选股结果进入“PEFILTER”状态池。此处无须设置。请注意,7、11、17、18 几处的情况与 3 相同。

4:右键单击“PEFILTER”状态池可以设置属性和改名。实际上,这里的状态池属性什么都不设置,如图 4—16 所示。请注意,8 的设置方式与 4 相同。

5:“PEFILTER”状态池与标有“周”字的红三角(转移条件二)之间的线段,仍为“流程线”。它规定了第二级转移条件的执行方式。右键单击流程线可以设置流程属性,如图 4—14 所示。设置完毕之后,光标停留在流程线上可以令流程属性显示出来。

6:标有“周”字的红三角为第二级转移条件。右键单击它可以设置属性和改名。所谓“第二级转移条件”,就是指定选股程序,在第一次选股结果的基础上进行第二次筛选。这里指定的选股程序为周线骏马,工作周

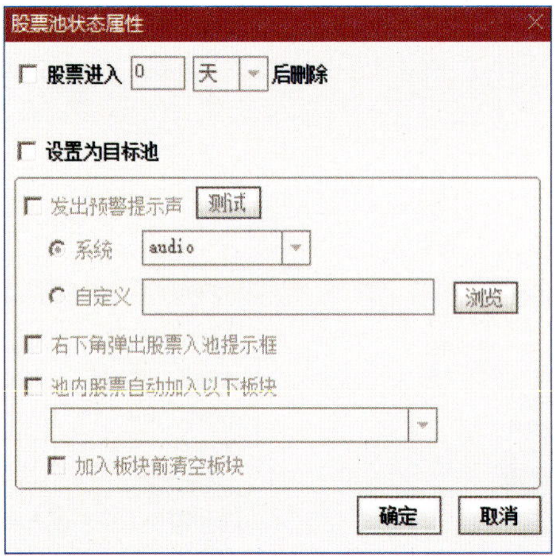

图 4—16 “PEFILTER”状态池属性设置

期为周线,如图 4—17 所示。

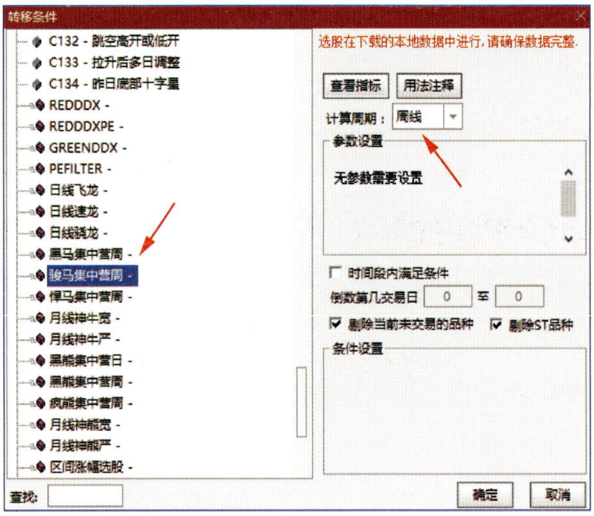

图 4—17 “神骁骏 PEFILTER 战法”股票池设定第二级转移条件

7:直连线(即“无条件转移”),参考 3。

8:无须设置的状态池,参考 4。

9:规定执行方式的流程线,参考 1 和 5。

10:标有“日”字的红三角为第三级转移条件。右键单击它可以设置属性和改名。所谓“第三级转移条件”,就是指定选股程序,在第二次选股结果的基础上进行第三次筛选。这里指定的选股程序为日线骁龙，工作周期为日线，如图 4—18 所示。

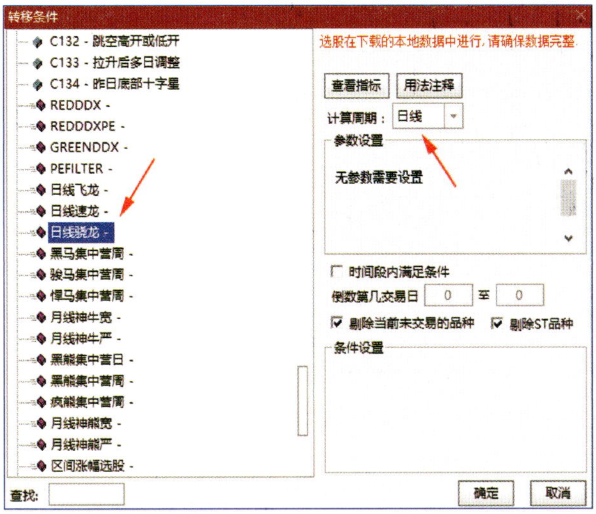

图 4—18　“神骁骏 PEFILTER 战法”股票池设定第三级转移条件

11：直连线(即“无条件转移”)，参考 3 和 7。

12：日线骁龙的选股结果进入“日线骁龙”状态池(这里是作为“目标池”，将“骁骏战法”的选股结果存放在 666 板块)。右键单击可以设置属性和改名，如图 4—19 所示。

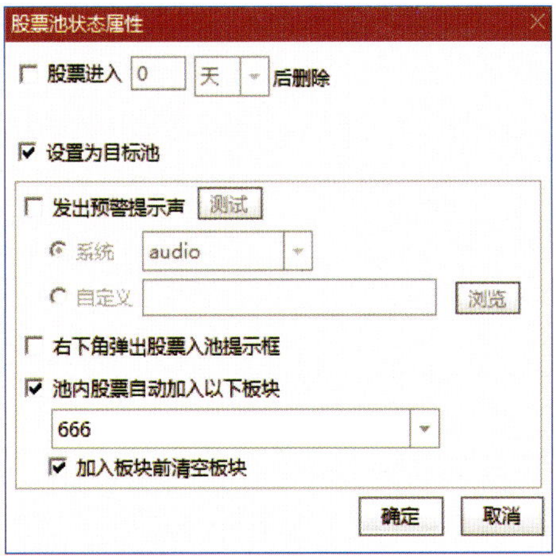

图 4—19　“日线骁龙”状态池属性设置

图 4－19 中的状态池属性主要勾选了如下 3 个复选框：

(1)设置为目标池；

(2)池内股票自动加入 666 板块；

(3)加入板块前清空板块。

为了避免打扰，“发出预警提示声”和“右下角弹出股票入池提示框”一般不勾选。如果想测试，应将几处“流程属性”中的“开始时间”由“指定交易日时间”改为“立即执行”。

13/14：规定执行方式的流程线，参考 1、5、9。

15/16：2 个标有“月”字的红三角为第四级转移条件。右键单击它可以设置属性和改名。所谓“第四级转移条件”，就是指定选股程序，在第三次选股结果的基础上进行第四次筛选。这里指定的选股程序为月线神牛宽/月线神牛严，工作周期为月线。图 4－20 是以月线神牛宽为例，月线神牛严大同小异，就不再截图了。股票池在这里兵分两路。

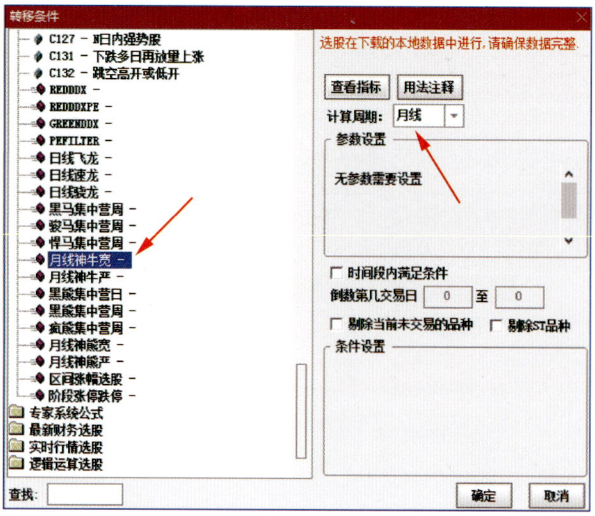

图 4－20 “神骁骏 PEFILTER 战法”股票池设定第四级转移条件

17/18：直连线(即“无条件转移”)，参考 3、7、11。

19/20：月线神牛宽/月线神牛严的选股结果分别进入“月线神牛宽”/“月线神牛严”状态池(这里是作为“目标池”)。右键单击可以设置属性和改名。这两个目标池与图 4－19 所示高度相似，只不过将“池内股票自动加入以下板块”分别改为 777 和 888 而已。

以上步骤全部设置完毕之后，点击“运行”按钮，股票池会自动将“骁骏战法”“宽神骁骏战法”和“严神骁骏战法”的选股结果分别自动推送到 666、777 和 888 板块，每隔 1～2 分钟自动刷新一次。经检查，股票池全自动选股的结果与条件选股、一键选股完全一致。以后，交易者只需直接查看 777 或 888 板块的内容即可（如股票数量太少则看 666），无须关心选股过程。这样就可以把更多的时间和精力放在肉眼过滤、精选个股上。

同理，也可以使用做空型选股程序，构建专门选领跌股的“一键选股”方案或股票池。请注意，与条件选股、一键选股不同的是，股票池在选股之前不会自动补充数据。为了确保股票池正常工作，建议每天早上开盘后执行一遍“一键选股”，软件会检查数据是否完整，不完整则自动下载数据，此时不要点“取消下载”即可。由于通达信对扩展数据的下载管理不如 A 股方便，故选美股或港股建议用“条件选股”，不用“一键选股”或股票池。

第三节　笑傲江湖——“刀锋股”如何大杀四方

从 2018 年开始，我每个交易日都在微信公众号“投资家 1973 谈投资”上录制一段十几分钟的音频节目，内容涵盖股市、期市大盘的分析，个股、期货与期权合约的挑选，有时候还包括对国内外政治经济形势的研判，对一些重大事件的看法，以及对潜在交易机会的提示。我把它命名为“投资家 1973 刀锋解盘”。凡是我在该档节目中点评的个股，则命名为“刀锋股”。几年来，“刀锋股”已经因为其高成功率与整体涨幅巨大而逐渐成为一个口碑良好的品牌。那么长期以来，“刀锋股”立竿见影的强悍走势及其高成功率是偶然的吗？当然不是。事实上，“刀锋股”是遵循天网交易系统，在“神骁骏战法”股票池的全自动选股结果中通过肉眼过滤挑选周图完美、日图典型的个股得到的。这就不能不提到“完美周图理论”。

完美周图理论

我们前面曾经讲到过“顺势定理”，其内容是：“在代表短期趋势的短期均线与代表中长期趋势的中长期均线同向或再次扭转为同向时进场，胜算最高。”对股票来说，这里的“短期均线”，通常指的是5/10周均线；所谓“中长期均线”，通常指的是30/60周均线。通过研究发现，大量的牛股走势的“形态特征”表现为10/30/60周均线的同向，即符合周线级别的“十三六系统”；或者表现为5/30/60周均线的同向。如果将多排上倾的30/60周均线视为“看涨框架”，那么空排下倾的30/60周均线则为“看跌框架”；而5/10周线自然扮演“灵蛇”的角色，这就叫作“框架灵蛇理论”，与“顺势定理”的含义相同。

所谓“完美周图”，包括两种：全顺模式与N型模式。因为天网交易体系给周图加载“五均线”系统，因此又叫“周均五顺”模式与“周均五N”模式。不管哪种模式，图形都要符合“均线绷直、图形稳健、量能充沛、临界明显”的规律。所谓“均线绷直”，其实是趋势行情固有的特点。均线绷不直的走势一定不是趋势。“图形稳健”，就是要求K线与均线的距离紧凑、均线与均线的距离也紧凑，整个图形看上去就像飞机跑道一样平稳，容易与“锯齿波”走势明显地区分开来。“量能充沛”，就是日图放量越显著越好，换手率、量比越大越好，最好周图也剧烈放量。“临界明显”就是要求日线和周线级别的临界点清晰易辨认。

这其实不难理解。牛股的上升趋势必定是周线级别的主升浪。在具备30/60周均线多排上倾这一“看涨框架”之前，个股的涨势多少会受到下倾的60周均线的影响，上升高度会受制约。因为下倾的60周均线(约等于20月均线)代表60周以来所形成的“套牢盘”，只有60周均线完全转向的个股，才算彻底摆脱了“套牢盘”的羁绊，有能力走出流畅的周线主升浪。在“神骁骏战法”中，分别由日线骁龙、周线骏马和月线神牛负责选出日均七顺、周均五顺和月均三顺的股票，然后对程序化选股的结果肉眼过滤，找出周图稳健扎实，看起来完美无缺、无可挑剔，临界点清晰可辨的个股，我们将这类周图称为“完美周图”。

临界点可分为两种：看涨临界点和看跌临界点；分别以“标志性阳线”和“标志性阴线”来标识。选领涨股需要识别“标志性阳线”，选领跌股需要识别“标志性阴线”。识别“标志性阳线”有7条规则，也是我们对选股程序所选领涨股进行肉眼过滤的7条标准：

1. 显著放量；

2. 站上所有均线；

3. 结束形态、升势再起；

4. 创N根K线以来的新高；

5. 带动所有均线向上发散；

6. “标志性阳线”的根部距离大均线近；

7. “标志性阳线”的实体明显大于前面的K线。

上述研判看涨临界点和“标志性阳线”的7条规则，对于月图、周图、日图和微图都一样适用。基于高胜算的典型图形所做的交易，我们称之为“标准交易”；基于不标准、非典型图形所做的交易，我们称之为“非标交易”。那些看上去完美无缺、无可挑剔、不可拒绝的典型图形，就是所谓的“完美图形”。“完美图形”作为标准更高的“典型图形”，它可以分别出现在月图、周图、日图和微图上。既可能出现在股票上，也可能出现在期货上。由于“非标交易”会降低胜算、导致亏损；因此我们今后不管是操作股票还是期货，都应该尽量只做“标准交易”，不做“非标交易”。只有“非标交易”足够少，胜率才能提高。

“完美周图理论”强调趋势的确立、确认，是我认为唯一可以在股市上盈利的方法。通常“完美周图”的临界点是清晰而不模糊的。当我们把标志性阳线放在屏幕的最右端，模拟时光倒流到当时，会发现“完美周图”之“美”是绝对的，不是相对的；是事前的，不是事后的；是“马前炮”，不是“马后炮”。有人说图形看起来美，是因为后面涨起来了——事实绝非如此！真正的“完美周图”，不管后面涨没涨，它都已经美了。拿识别“标志性阳线”的7条规则，同时也是我们对选股程序所选领涨股进行肉眼过滤的7条标准来对照，容易发现“完美周图”的临界点总是符合那7个条件，这一点可以一再重复、反复验证。

理论讲得再多，不如举几个案例更能说明问题。下面随便举几个实盘“刀锋股”的例子，让读者对“周图完美”“日图典型”以及周、日级别的临界点有一个感性的认识。

我们先来看图 4－21 和图 4－22。这是北方稀土(600111)2021 年 7 月上旬的周图和日图。北方稀土是 2021 年 7～9 月领涨有色板块的龙头品种,曾经分别于 2021 年 5 月 31 日和 7 月 5 日两次被“神骁骏战法”股票池选出,自动推送到 777 板块,两次被列为“刀锋股”。该股以 7 月 5 日的临界点为起始点开始走牛,短短 2 个月暴力拉升 200%。

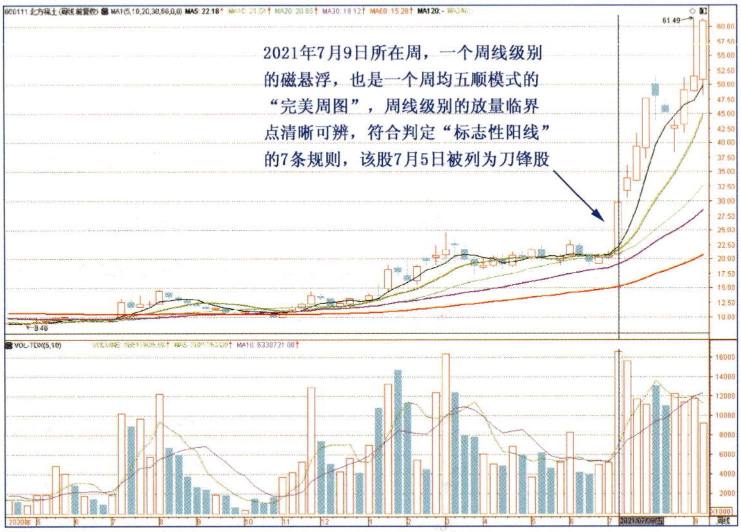

图 4－21　北方稀土(600111),2021 年 7 月 9 日所在周,周图完美的“刀锋股”

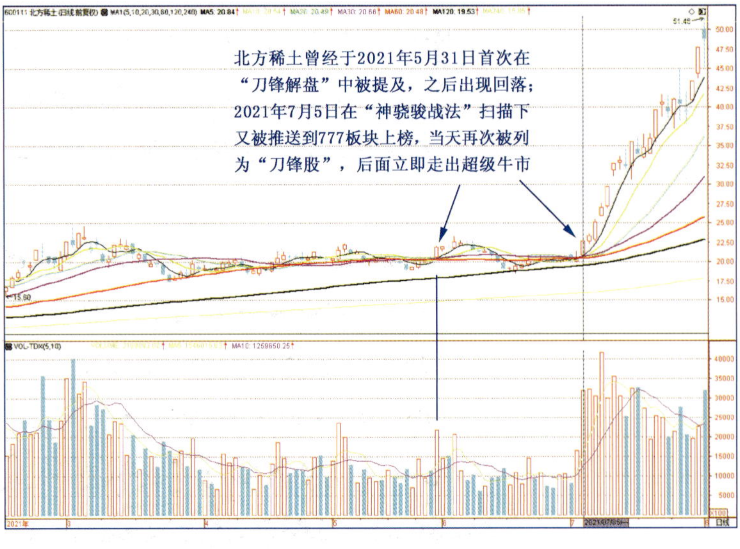

图 4－22　北方稀土(600111),2021 年 7 月 5 日,“典型日图”的临界点

接下来再看图 4—23 和图 4—24。这是五矿稀土(000831)2021 年 6 月下旬的周图和日图。五矿稀土曾经于 2021 年 6 月 22 日被“神骁骏战法”股票池选出，自动推送到 777 板块，当天被列为“刀锋股”。该股以 6 月 22 日的临界点为起始点开始飙升，2 个月涨幅 200%。

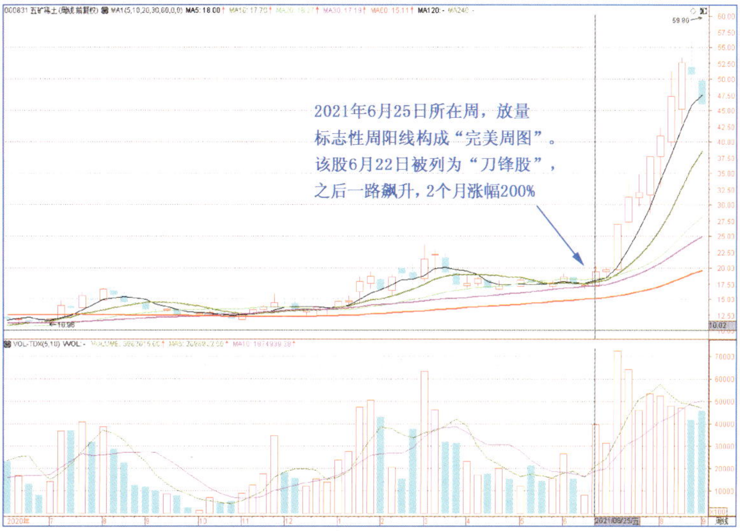

图 4—23　五矿稀土(000831)，2021 年 6 月 25 日所在周，周图完美的“刀锋股”

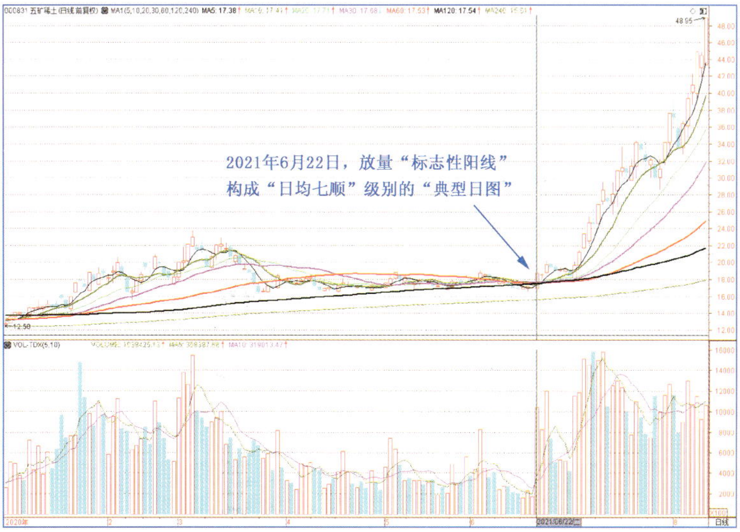

图 4—24　五矿稀土(000831)，2021 年 6 月 22 日，“典型日图”的临界点

下面继续看图 4—25 和图 4—26。这是物产中大(600704)2021 年 5 月下旬的周图和日图。物产中大曾经于 2021 年 5 月 26 日被“神骁骏战法”股票池选出,自动推送到 777 板块,当天被列为“刀锋股”。该股以 5 月 26 日的临界点为起始点开始疯涨,1 个月价格翻倍。

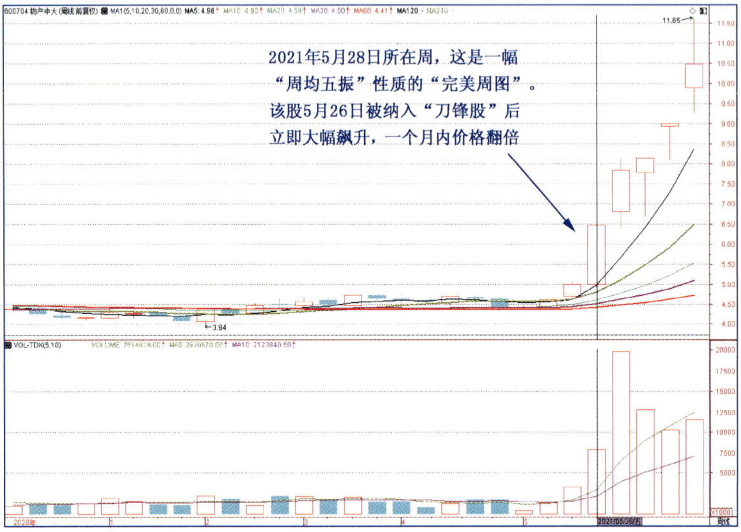

图 4—25　物产中大(600704),2021 年 5 月 28 日所在周,周图完美的“刀锋股”

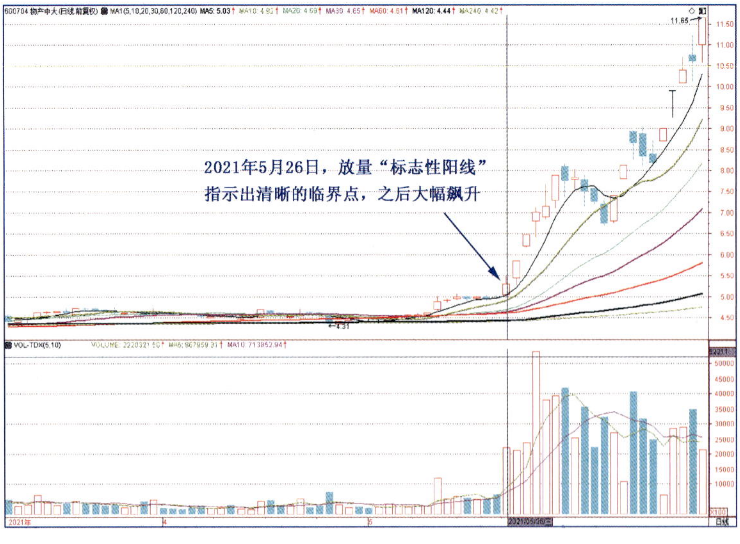

图 4—26　物产中大(600704),2021 年 5 月 26 日,“典型日图”的临界点

下面再来看图 4—27 和图 4—28。这是包钢股份(600010)2021 年 7 月上旬的周图和日图。包钢股份曾经于 2021 年 7 月 7 日被“神骁骏战法”股票池选出,自动推送到 777 板块,当天被列为“刀锋股”。该股以 7 月 7 日的临界点为起始点开始暴涨,2 个月涨幅 140%。

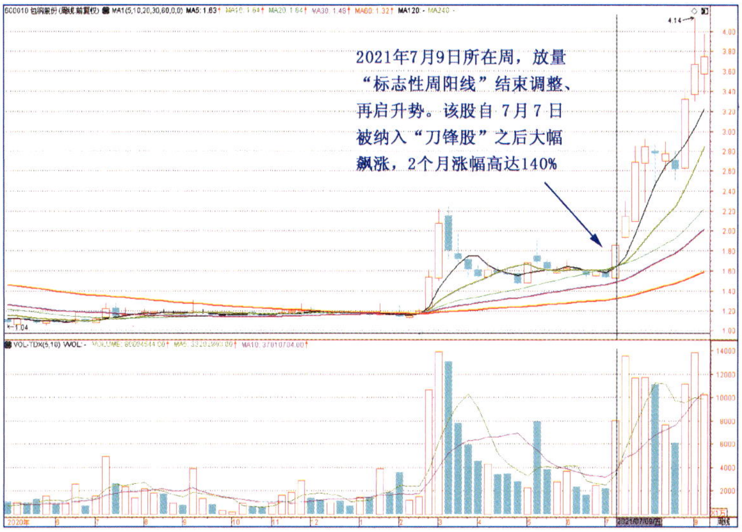

图 4—27　包钢股份(600010),2021 年 7 月 9 日所在周,周图完美的“刀锋股”

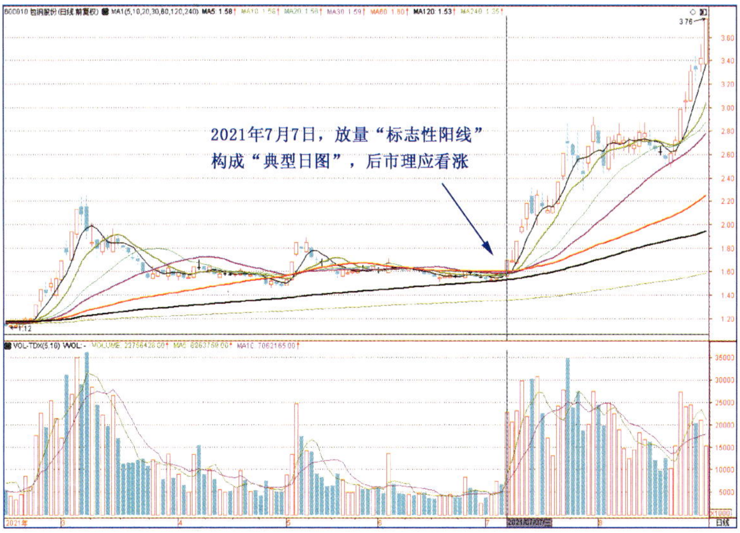

图 4—28　包钢股份(600010),2021 年 7 月 7 日,“典型日图”的临界点

我在“刀锋解盘”音频节目中，曾以“程序化海选＋肉眼过滤”的方式推出大量“刀锋股”，绝大多数表现强硬，整体走势远远强于大盘。仅以2021年的“刀锋股”马钢股份（600808）、太钢不锈（000825）、鞍钢股份（000898）、山东钢铁（600022）、中国铝业（601600）、盾安环境（002011）、司尔特（002538）、华阳股份（600348）、泸天化（000912）为例，个个表现非凡，翻倍大牛股比比皆是。每一期“刀锋解盘”的音频至今都还在公众号上，读者不妨自己去听。2022年大盘较弱，但优秀的“刀锋股”仍然为数不少。下面举一个例子，如图4－29所示的宁波能源（600982）。该股于2022年2月24日被“神骁骏战法”股票池选出，自动推送至777板块，当天被列为“刀锋股”，然后接连出现5个涨停板。

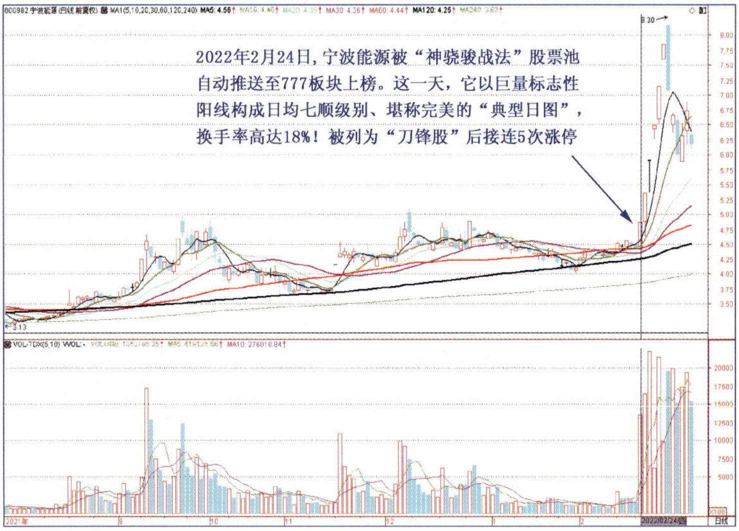

图4－29　宁波能源（600982），2022年2月24日，“典型日图”的临界点

事实上，只要临界点所在的周阳线涨幅不是太大以至于超出了选股程序设定的乖离率限制，这些牛股还能回溯出来。图4－30是以2021年6月22日为时间点回溯出了五矿稀土。

图 4—30 五矿稀土(000831),2021 年 6 月 22 日,在临界点将“刀锋股”回溯出来

第四节 股海钩沉——那些你不知道的牛股

现在,我将带领读者回顾 A 股市场从 1996 年初第一次走出成熟的规模性牛市至今 20 多年来广阔的历史画卷,希望能唤醒一部分资深投资者的记忆,同时开阔新手的视野。投资者在一轮牛市中理想的操作节奏,应该是在牛市发动之前或之初即捕获先于大势启动的牛股,然后再尽享大盘主升浪的红利。一轮大规模的牛市,其底部反转形态的构筑往往需要 6 个月左右的时间。通常在这期间,会有一批领涨股先展开主升浪,带动股指发动第一波攻势。上证指数从 1996 年 1 月的 512 点上涨到 1997 年 5 月的 1 510 点,是 A 股市场第一次大规模的、完整的牛市。我将通过“黑马集中营”选股程序,向读者演示何为先知先觉,以及怎样赢在牛市启动之前。读者将会看到,领先大势上涨的领导股将被准确无误地选出来。

回顾完 1996 年 1 月～1997 年 5 月的牛市行情,我们还将回顾该牛市结束之后 A 股市场上发生的其他几段经典走势:1998 年的“3 · 27 行情”、1999 年的“5 · 19 行情”、2000 年初的科技股行情、2003 年 11 月发动的“五朵金花”行情和2012年12月发动的V型反转行情。“黑马集中营”选股程序有能力将这些典型行情中出现的领涨股一网打尽，分别体现出该选股程序应对牛市、中级行情和V型反转的强大能力。下面先从1996年1月～1997年5月的牛市说起。图4—31显示，1996年6月5日，牛市已经完全确立，但仍处于牛市早期。我们直接用“严神骁骏战法”在这天选出领导大盘上涨的牛股，选股结果如图4—32所示。

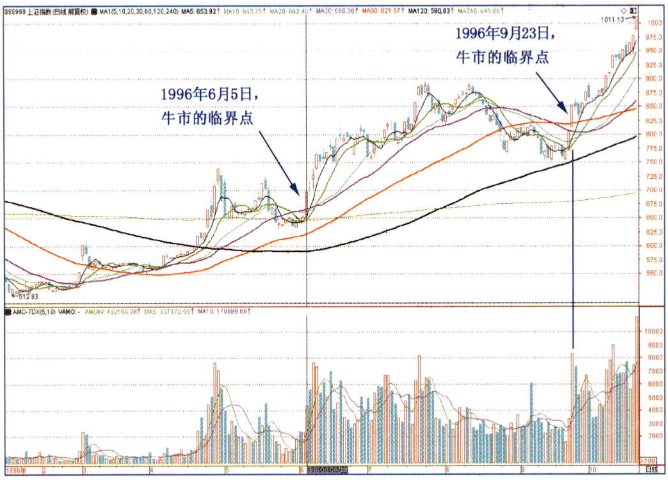

图4—31　上证指数(999999)，1996年6月5日，牛市中的临界点

图4—32　沪深A股，1996年6月5日，“严神骁骏战法”选出领导大盘上涨的牛股

共选出 14 只股票。经检查，绝大多数都是真正的牛股，只有极少数在后续发展中遭遇了“挖坑”（对股价调整的通俗叫法）。这个问题需要通过标准化控仓方案和止损措施来解决；属于资金管理的范畴，不是选股程序的职责。下面列举其中几只著名牛股在回溯点之后的月线图，供读者欣赏其牛市领导者的风范，如图 4—33～图 4—36 所示（注意十字光标竖线对应的日期为 1996 年 6 月 28 日，即月收盘日。有些当时知名的大牛股现在改名了）。

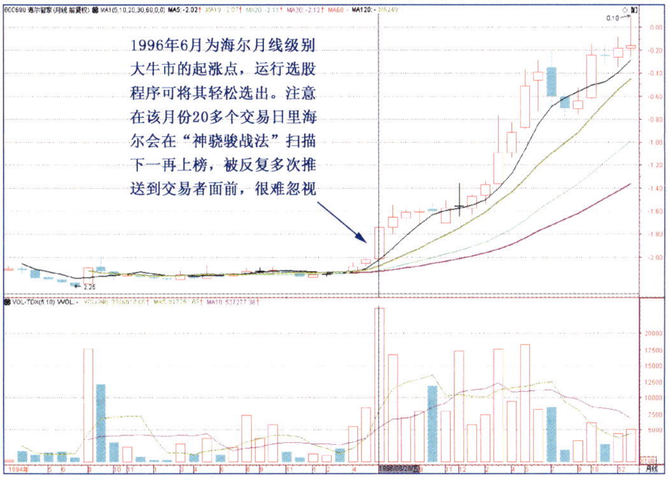

图 4—33　青岛智家（600690，原名青岛海尔），1996 年 6 月 5 日，“严神骁骏战法”选出牛市领导股

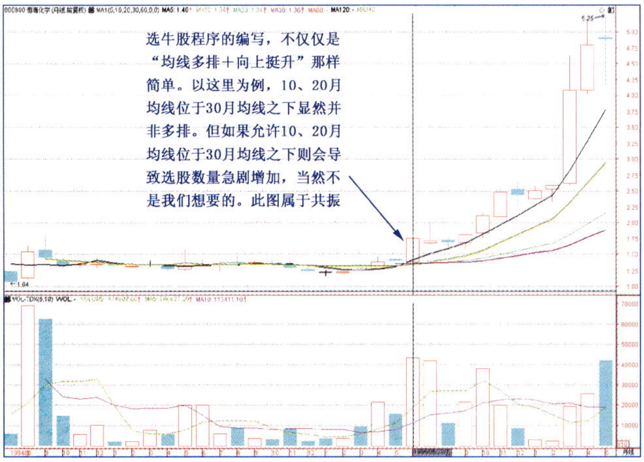

图 4—34　渤海化学（600800，原名天津磁卡），1996 年 6 月 5 日，“严神骁骏战法”选出牛市领导股

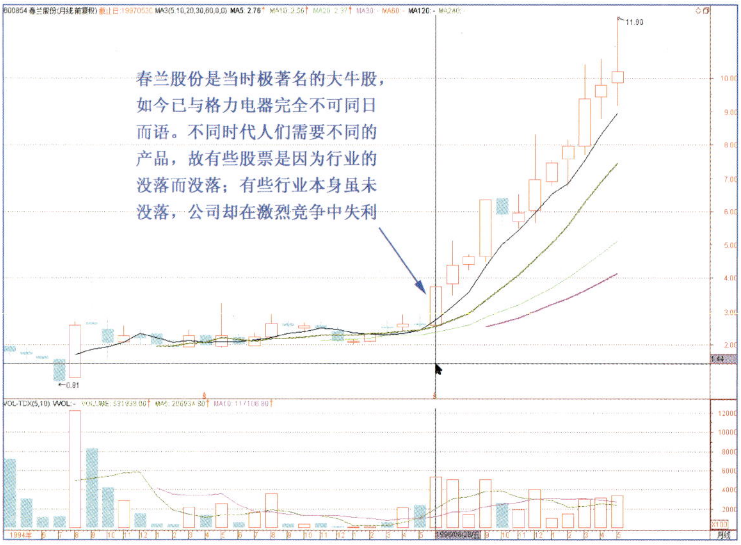

图 4—35　春兰股份(600854),1996 年 6 月 5 日,“严神骁骏战法”选出牛市领导股

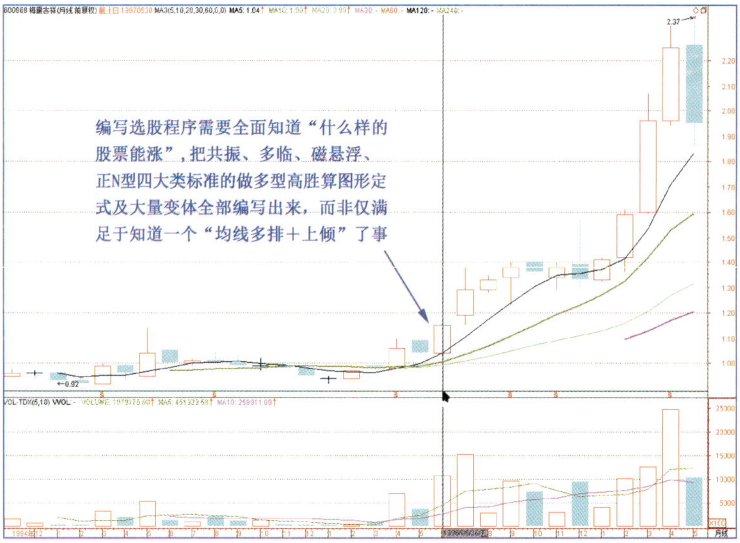

图 4—36　梅雁吉祥(600868),1996 年 6 月 5 日,“严神骁骏战法”选出牛市领导股

这些牛股后续的涨幅令人咂舌。有些朋友说,1996 年 6 月上证指数已经拉开了牛市的大幕,此时无须使用选股程序,随便买入哪只股票都能赚钱。真的吗？稍有经验的投资者都知道此种说法大谬不然。一般来说,与大盘指数的运行节奏相比,个股走牛是有次第的。沪深两市现在总

共有 4 700 多只股票挂牌。按照以往经验，下一次牛市来临时，第一批上涨的股票数量大约只占 1/10，也就四五百只而已。这些股票领涨整个大势，带领指数走出上升趋势。其余股票会随着走势一只接一只地变得成熟，具备了运行主升浪的条件，会渐次加入走牛的队伍。其中每成熟一只，选股程序就会选出来一只，绝无偏差。选股程序公正无私，没有偏见。股票符合条件就会被选出，不符合就不会被选出，这是其最大的优点。

我们通过研究发现，在牛市运行途中，还有那么一批大约占比 1/5 的股票，无论指数怎么上涨它们就是不涨，一直憋到牛市即将结束前的 3～6 个月才爆发。而此前如果你持有这些总也不涨的个股，当你看到大盘天天暴涨而它们无动于衷甚至还在下跌的时候，势必心态大乱。当你忍无可忍割掉它们，追入那些所谓的“强势股”，接下来的故事几乎每个人都曾亲身经历过：“强势股”不再强势，而你扔掉的那些个股却开始连续上涨。如此来回几次高买低割，会导致投资者气急败坏，出现在牛市中照样亏钱的现象。总之，牛市中的各大板块是轮番表现、阶段性上涨的，踏不准节奏照样搞砸一切。现在以 2006～2007 年牛市期间的五矿发展(600058)和三峡水利(600116)为例说明问题，如图 4—37 和图 4—38 所示。

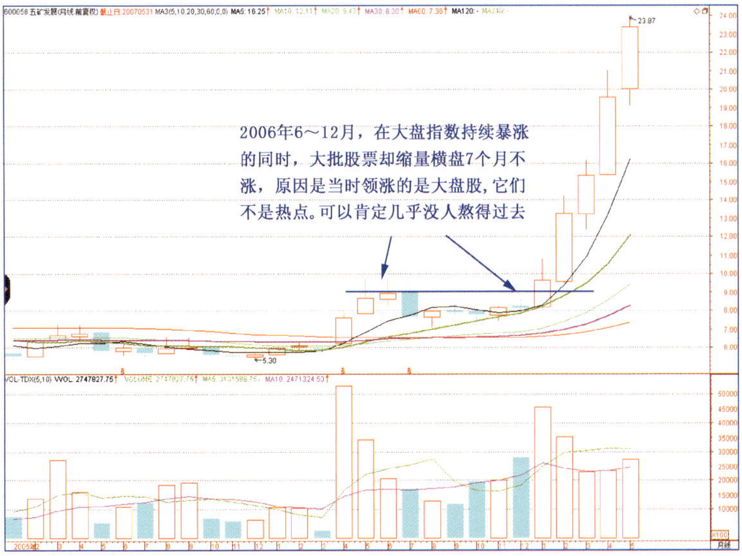

图 4—37　五矿发展(600058)，2006 年 6～12 月，牛市中数月不涨最终飙升的个股

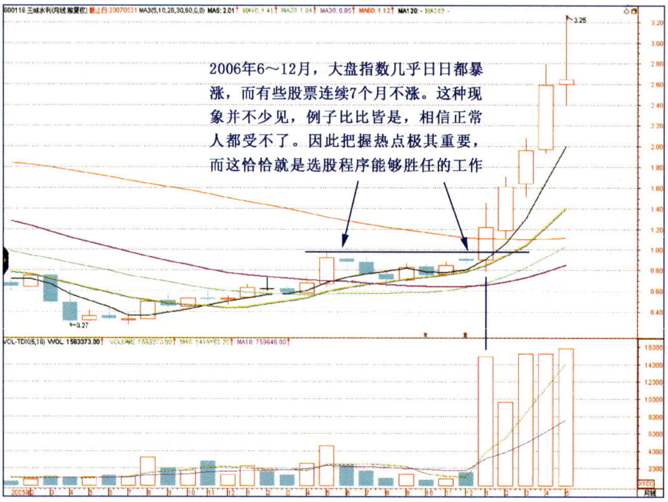

图 4－38　三峡水利(600116),2006 年 6～12 月,牛市中数月不涨最终飙升的个股

1998 年 3 月 27 日,上证指数给出一个放量临界点,随后走出一波极具操作价值的中级行情(有些个股 3 月 24 日就开始上涨了)。我们可以用“严神骁骏战法”在上升波段展开之初就将这波行情的领头羊给选出来,以此说明如何抓捕中级行情。选股时间段设为“1998 年 3 月 24～27 日”。图 4－39 所示的选股结果,相当于在这期间的 4 个交易日分别用“严神骁骏战法”选股的并集,即被选中个股在这 4 个交易日无论哪天上榜都可以。

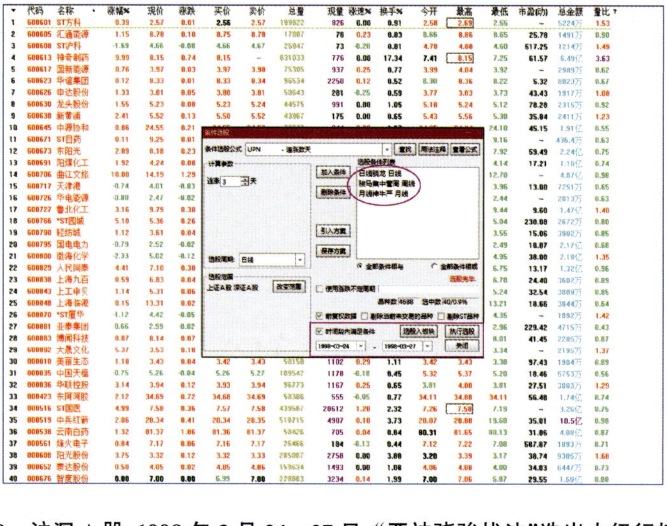

图 4－39　沪深 A 股,1998 年 3 月 24～27 日,“严神骁骏战法”选出中级行情领涨股

经检查，选股质量非常高，所选股票后续走势良好，短期内涨幅巨大，同时周图漂亮完美，临界点容易识别和掌握。现在从中挑出来几只供欣赏，以利于读者加深对临界点的理解。这批个股的日图如图4－40～图4－44所示，基本上全部是“完美日图”。其实只要把这批股票的日图和周图的规律研究透了，基本上也就把“什么样的股票能涨”搞明白了。

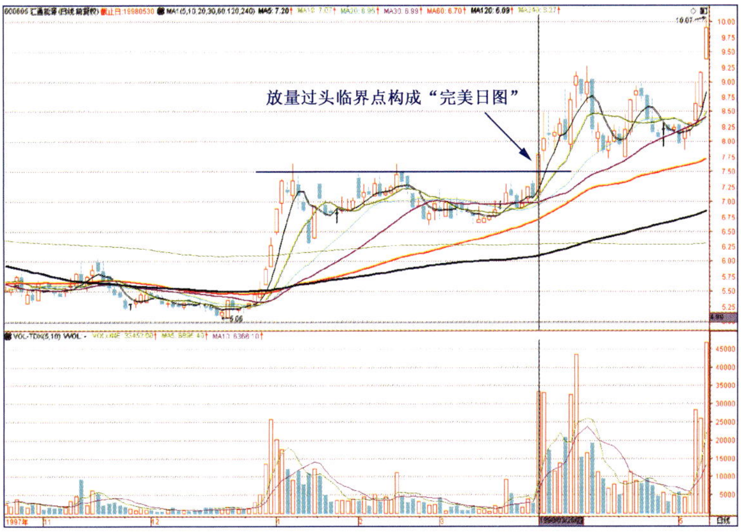

图4－40　汇通能源(600605),1998年3月26日,“严神骁骏战法”选出“完美日图”

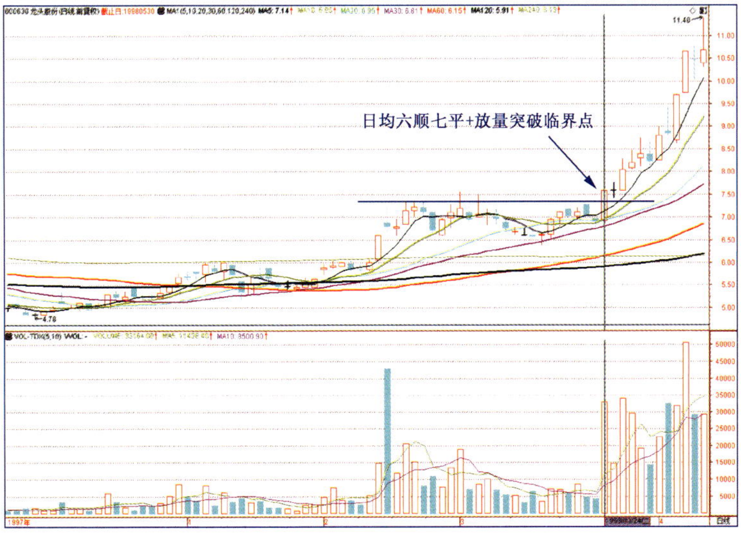

图4－41　龙头股份(600630),1998年3月24日,“严神骁骏战法”选出“完美日图”

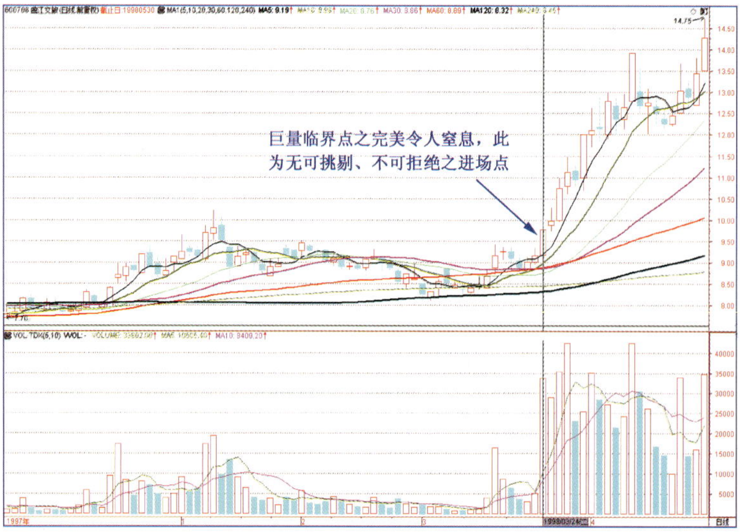

图 4—42　曲江文旅(600706)，1998 年 3 月 24 日，“严神骁骏战法”选出“完美日图”

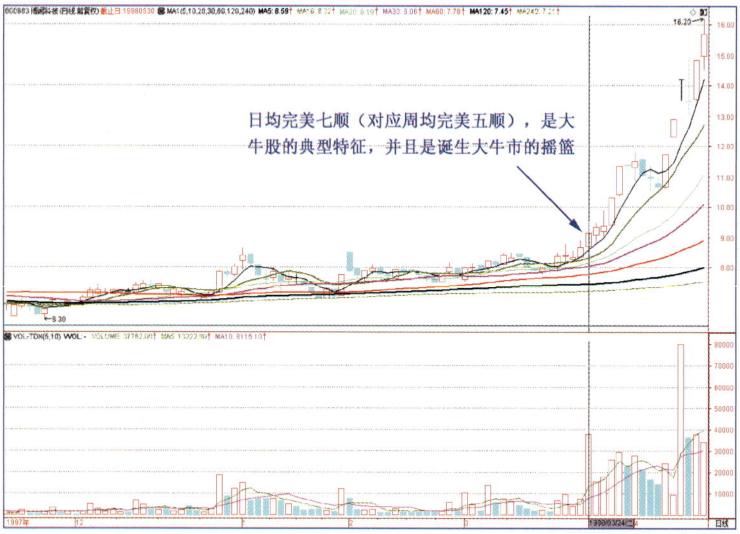

图 4—43　博闻科技(600883)，1998 年 3 月 24 日，“严神骁骏战法”选出“完美日图”

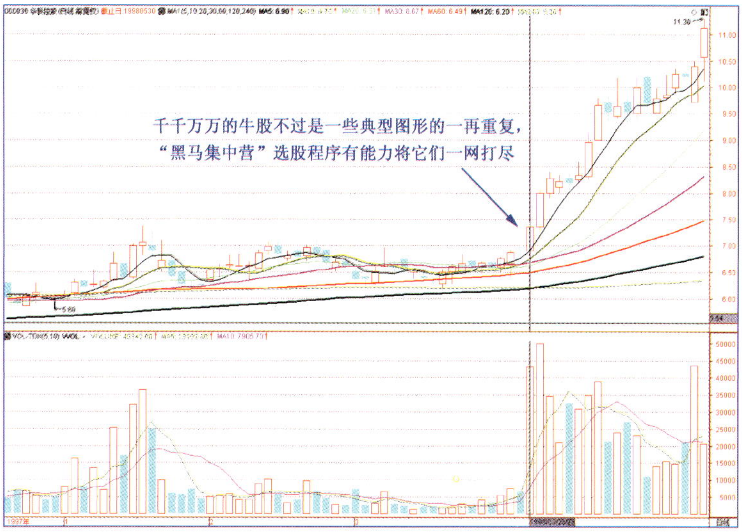

图 4—44　华联控股(000036)，1998 年 3 月 26 日，“严神骁骏战法”选出“完美日图”

图 4—40～图 4—44 所对应的周图，如图 4—45～图 4—49 所示，多数是“完美周图”。

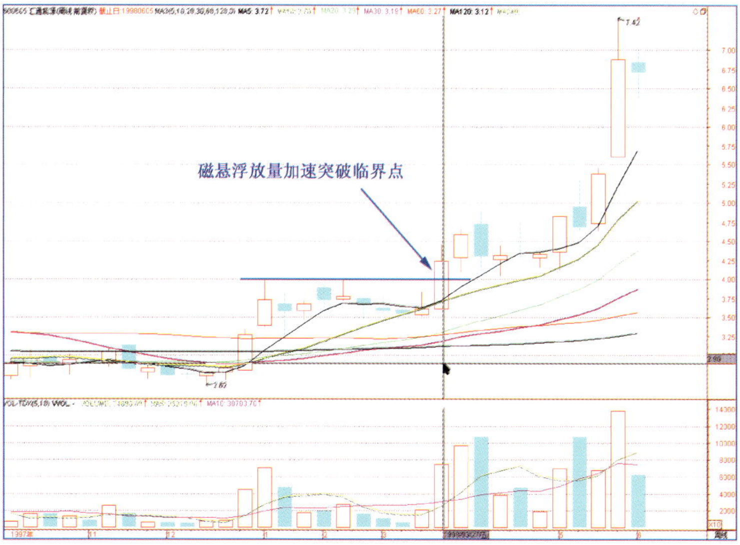

图 4—45　汇通能源(600605)，1998 年 3 月 26 日，“严神骁骏战法”选出中级行情领头羊

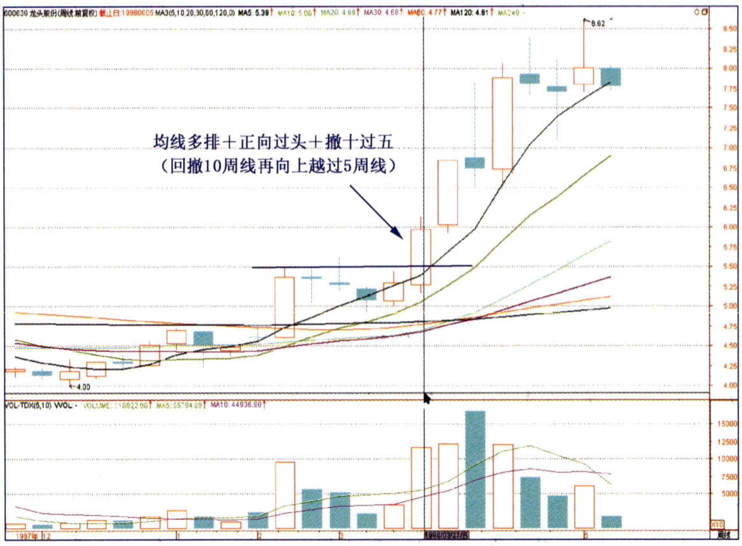

图 4－46　龙头股份（600630），1998 年 3 月 24 日，“严神骁骏战法”选出中级行情领头羊

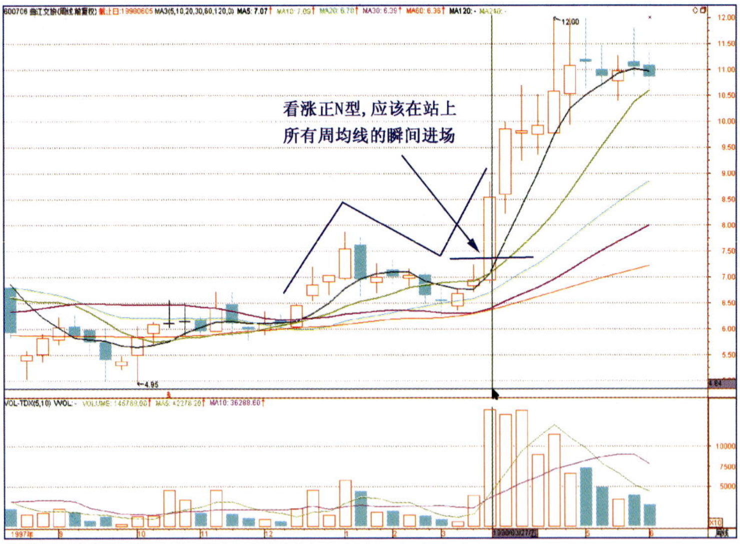

图 4－47　曲江文旅（600706），1998 年 3 月 24 日，“严神骁骏战法”选出中级行情领头羊

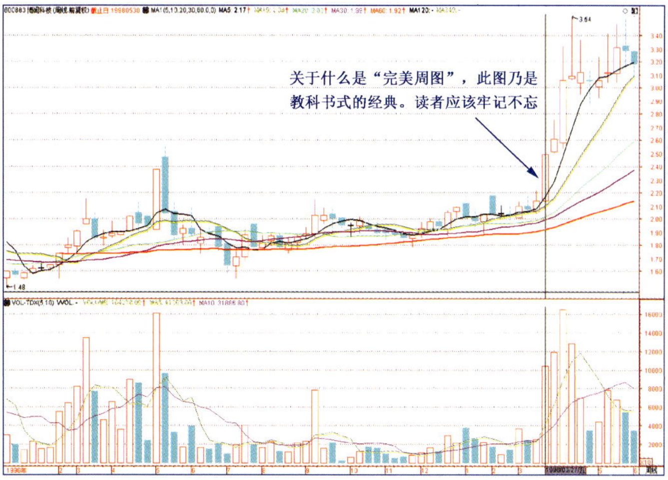

图 4—48　博闻科技(600883),1998 年 3 月 24 日,“严神骁骏战法”选出中级行情领头羊

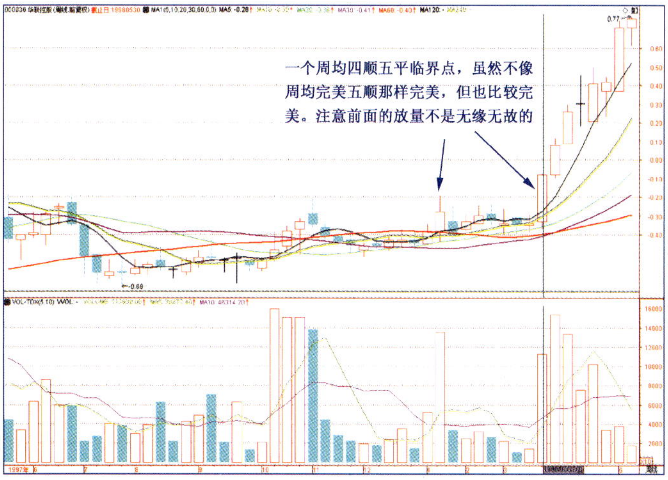

图 4—49　华联控股(000036),1998 年 3 月 26 日,“严神骁骏战法”选出中级行情领头羊

1999 年 5 月 8 日,我国驻南联盟大使馆被炸,股市岌岌可危。在管理层的维护和市场各方合力的作用下,诞生了“5 · 19 行情”。1999 年 5 月 19 日是股市上涨第一天。随着行情演进,每天都有新的领涨股不断在选股程序的扫描下上榜,供我们挑选。我们仍然用“严神骁骏战法”将这波行情的领头羊在上升波段展开之初就选出来,选股时间段设为“1999

年 5 月 19～27 日”。选股结果相当于在该时间段的 7 个交易日分别用“严神骁骏战法”选股的并集，即被选中个股在这 7 个交易日无论哪天上榜都可以，如图 4—50 所示。然后我们从图 4—50 中随便挑几只股票的日图展示其后续走势，不难发现都是走势典型、图形漂亮的真正的大牛股，如图 4—51～图 4—55 所示。其余上榜股的后续走势请读者自行检验。

图 4—50　沪深 A 股，1999 年 5 月 19～27 日，“严神骁骏战法”选出“5·19 行情”领涨股

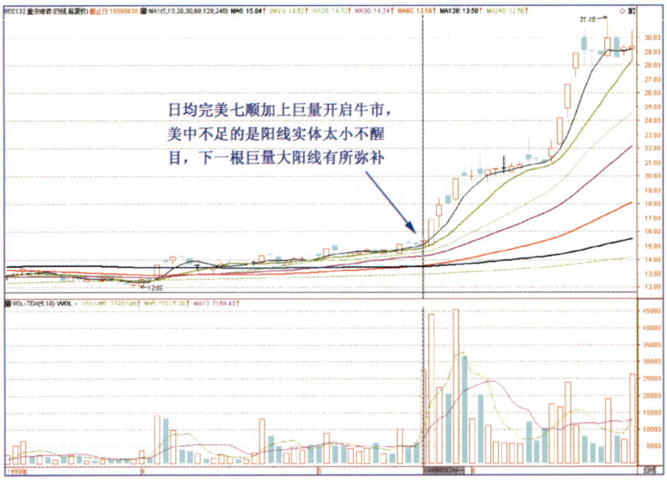

图 4—51　重庆啤酒(600132)，1999 年 5 月 24 日，“严神骁骏战法”选出“5·19 行情”领头羊

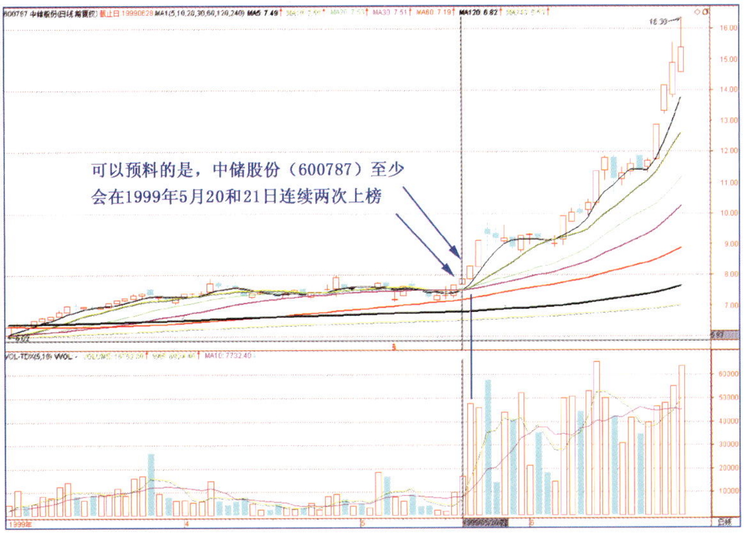

图 4—52　中储股份(600787),1999 年 5 月 21 日,“严神骁骏战法”选出“5·19 行情”领头羊

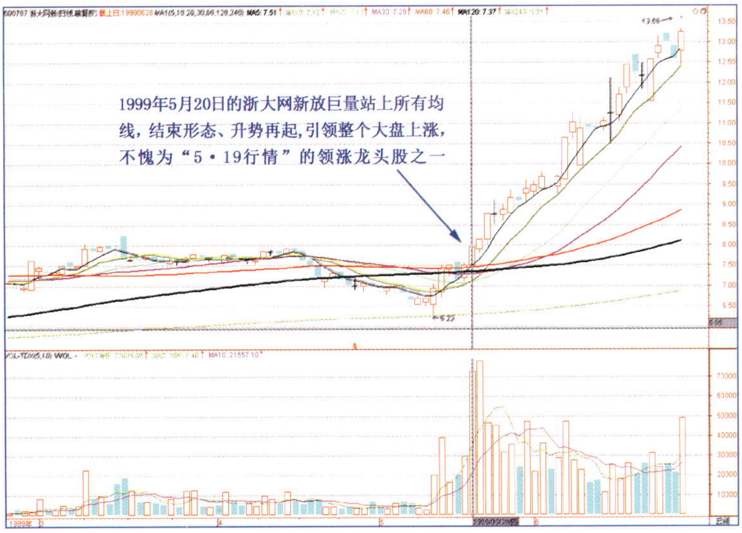

图 4—53　浙大网新(600797),1999 年 5 月 20 日,“严神骁骏战法”选出“5·19 行情”领头羊

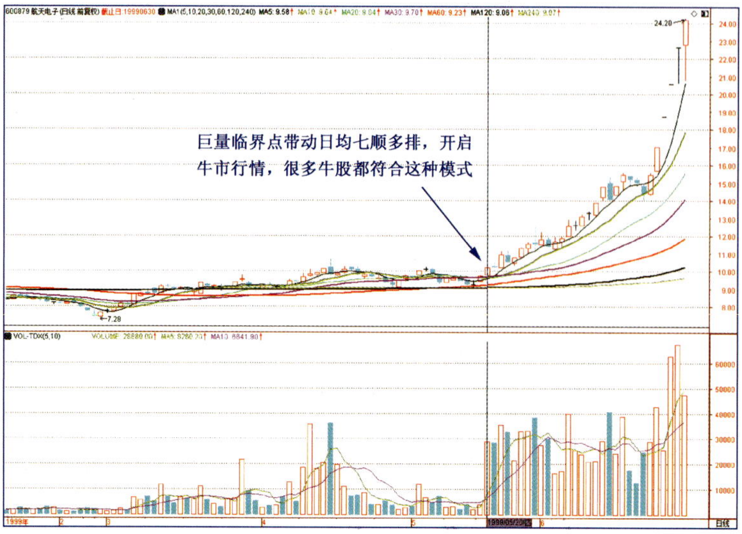

图 4—54　航天电子(600879),1999 年 5 月 20 日,“严神骁骏战法”
选出“5・19 行情”领头羊

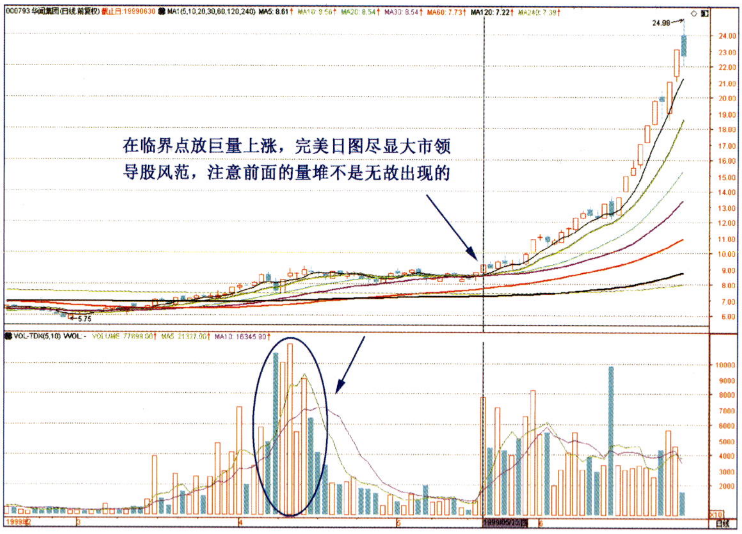

图 4—55　华闻集团(000793,原名燃气股份),1999 年 5 月 20 日,“严神骁骏战法”
选出“5・19 行情”领头羊

“5・19”行情结束之后,上证指数半年之内跌到 1 341 点。2000 年 1 月 4 日,受美国网络股大幅飙涨的启发,国内网络概念股带动上证指数拉出一根大阳线,继而展开长达一年半的上涨(受纳斯达克指数见顶影响,国内网络股行情在2000年3月前即告结束，剩下的行情主要靠国企大盘股推动）。这段行情有不少牛股表现非凡。我们仍用“严神骁骏战法”将这轮涨势的领头羊选出来。选股时间段取2000年1月4～6日，选股结果如图4－56所示。图4－56中的不少牛股如今都改名了，不然资深投资者会从中发现许多熟悉的面孔。图4－57～图4－60展示了部分牛股的日图，其余上榜股后续走势的检验工作请读者自行完成。

图4－56　沪深A股，2000年1月4～6日，“严神骁骏战法”选出2000年初网络科技股领头羊

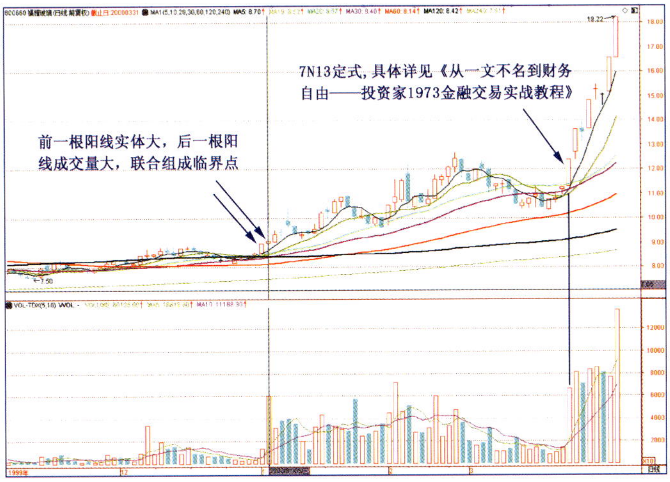

图4－57　福耀玻璃(600660)，2000年1月5日，“严神骁骏战法”选出2000年初网络科技股领头羊

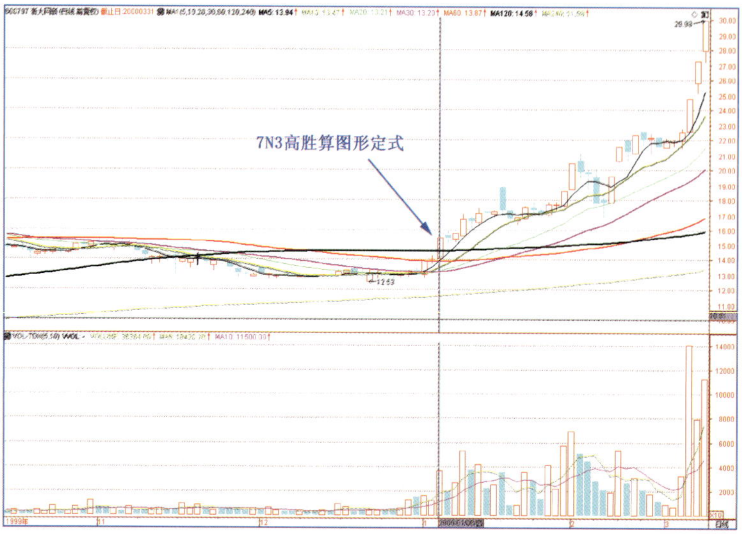

图 4—58　浙大网新（600797），2000 年 1 月 6 日，“严神骁骏战法”选出 2000 年初网络科技股领头羊

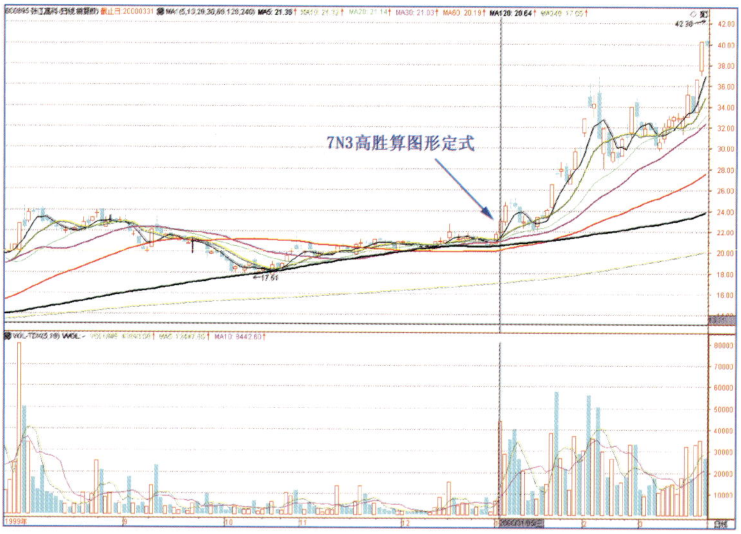

图 4—59　张江高科（600895），2000 年 1 月 5 日，“严神骁骏战法”选出 2000 年初网络科技股领头羊

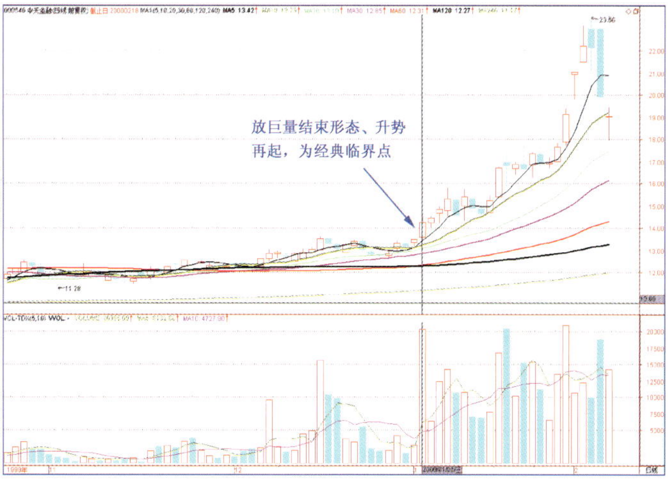

图 4—60　中天金融（000540，原名黔中天 A），2000 年 1 月 5 日，“严神骁骏战法”选出 2000 年初网络科技股领头羊

2001 年 6 月 14 日，上证指数达到了 2 245 点的高位，自此开始一路下跌到 2005 年 6 月 6 日的 998 点。该轮熊市持续了 4 年，最大跌幅为 56%。熊市运行途中的 2003 年 11 月 20 日，公募基金通过集中炒作它们重仓持有的石化、钢铁、煤炭、电力、汽车五大国企板块（实际上还包括机场、航空）展开自救，史称“五朵金花”行情。该行情推动上证指数从 1 307 点涨到 1 783 点，最大涨幅为 36%。“五朵金花”行情的日线全景图如图 4—61 所示。

图 4—61　上证指数，2003 年 11 月 20 日～2004 年 4 月 9 日，“五朵金花”行情日线全景图

"五朵金花"行情与前面讲过的"5·19行情"以及后面将要讲到的2012年12月初的上涨行情一样,都属于"V型反转"。抓捕大盘指数的牛市行情也好、中级行情也好、V型反转也罢,有个秘诀,就是虽然指数走的是日线级别的上升趋势,但个股要求正在运行的必须是日均七顺、周均五顺、月均三顺级别的主升浪!换言之,对个股的要求必须比对指数的要求高一个级别,胜算才够。这是因为个股容易被操纵,指数不容易被操纵,所以对个股的要求应该更高。其次,个股走势容易受套牢盘的影响,而指数只要有部分成分股带动、其他成分股维持横盘即可上涨。下面我们仍然用"严神骁骏战法"来将"五朵金花"行情的领头羊选出来。选股区间设为2003年11月20日~12月22日。选股结果如图4—62所示。

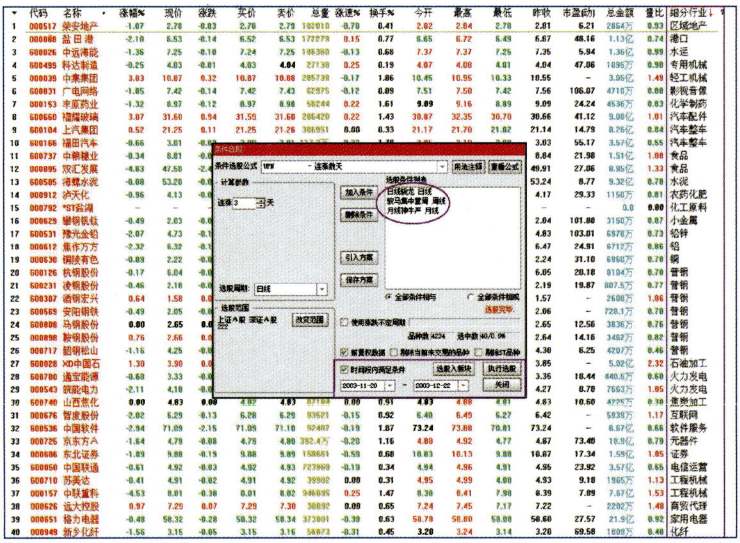

图4—62 沪深A股,2003年11月20日~12月22日,"严神骁骏战法"抓捕"五朵金花"行情的龙头股

将选股结果按"细分行业"排序后,不难发现钢铁、有色、电力、石化等当时的"风云板块"及其领导股均位列其中!经检查,除个别后续走势不太理想的品种外,绝大多数都是表现优良的牛股。图4—63~图4—68展示了几个典型品种的后续走势。有人认为因为后面股指走出一段上升趋势,所以当时走好的个股应该很多,程序选出来的只是一部分,所以就算不买这些股票,买别的也一样能赚钱。这种想法是极其错误的。股票在牛市中的上涨尚且有次第之分，更不必说V型反转和中级行情了。在V型反转和中级行情里，领涨股占全部股票的比例会远低于牛市，所以选股程序必不可少，否则很难知道到底哪些股票是领涨股。

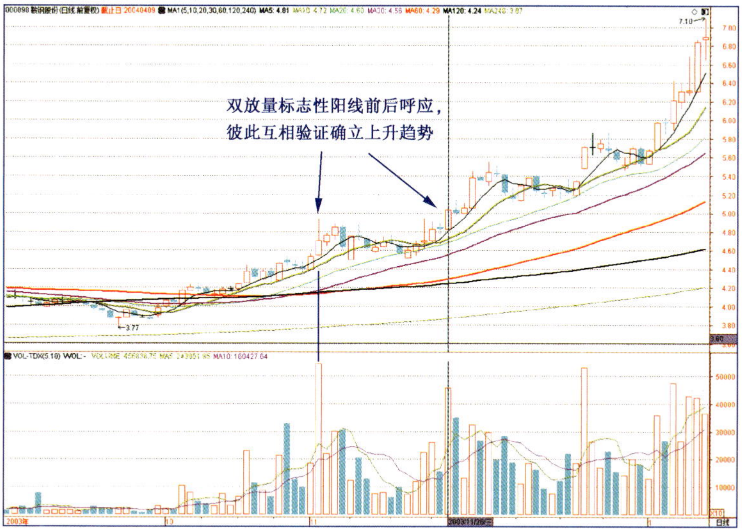

图4—63 鞍钢股份(000898)，2003年11月26日，“严神骁骏战法”抓捕“五朵金花”行情的龙头股

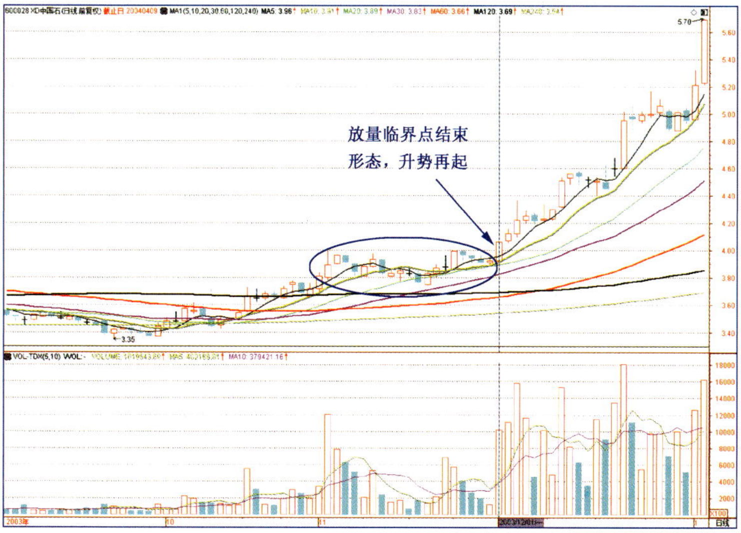

图4—64 中国石化(600028)，2003年12月1日，“严神骁骏战法”抓捕“五朵金花”行情的龙头股

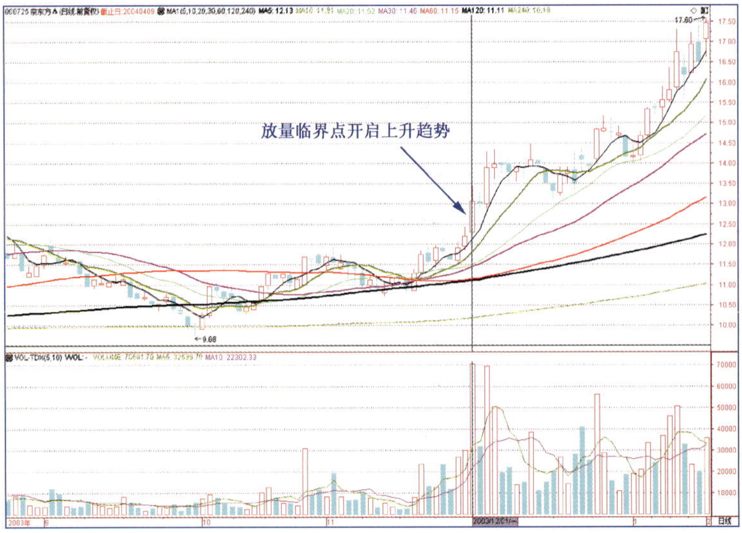

图 4—65　京东方 A(000725),2003 年 12 月 1 日,“严神骁骏战法”抓捕“五朵金花”行情的龙头股

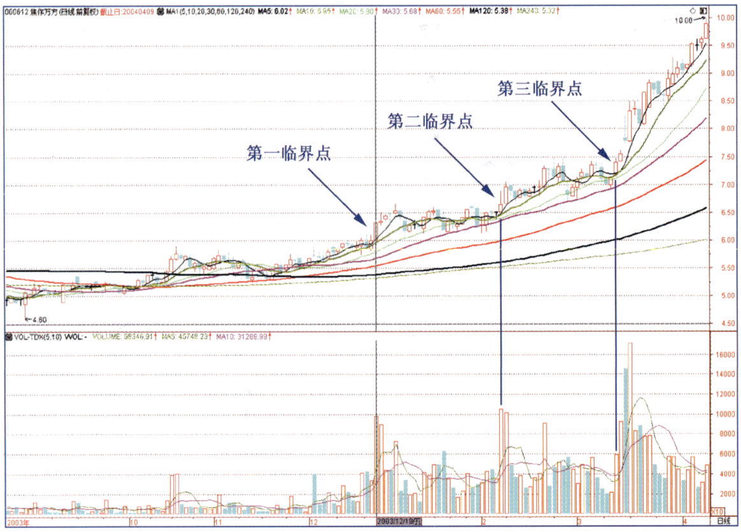

图 4—66　焦作万方(000612),2003 年 12 月 19 日,“严神骁骏战法”抓捕“五朵金花”行情的龙头股

图 4—67　双汇发展(000895),2003 年 12 月 19 日,“严神骁骏战法”抓捕“五朵金花”行情的龙头股

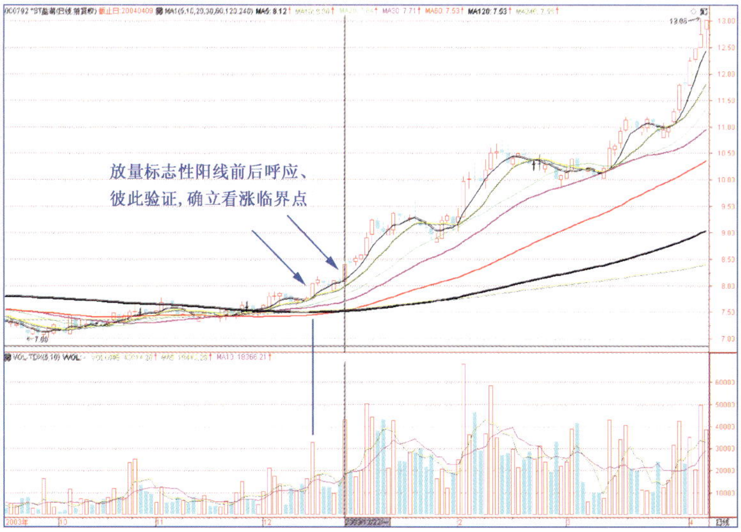

图 4—68　盐湖股份(000792),2003 年 12 月 22 日,“严神骁骏战法”抓捕“五朵金花”行情的龙头股

上证指数下一次“V 型反转”发生在 2012 年 12 月 5 日。这一天该指数出现“放大量、收大阳”的强劲走势，龙头股民生银行（600016）的风采令人记忆犹新。从这一天起，上证指数从 1 949 点上涨到 2 444 点，最大涨幅为 25％。图 4－69 是上证指数这一波“V 型反转”行情的日图。我们依然用“严神骁骏战法”在 2012 年 12 月 5 日～12 月 21 日选股，结果如图 4－70 所示。经检查，当时的明星股民生银行（600016）、长安汽车（000625）均被囊括在内。总体而言，除极少数个股后续走势不太理想，整体选股效果堪称群英荟萃，实现了把“好股票”全部集中起来供投资者挑选的目标，大大提高了选股效率和胜算，让投资活动变得有的放矢。现从选股结果中挑选几只代表性品种展示其日图，如图 4－71～图 4－74 所示。

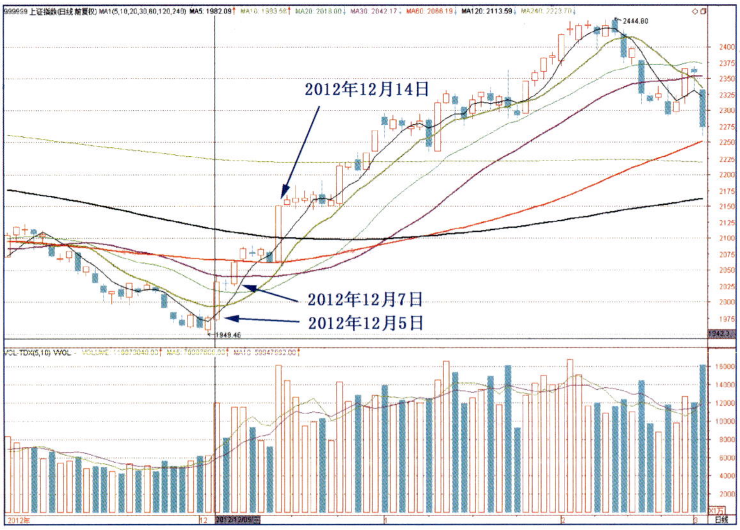

图 4－69　上证指数，2012 年 12 月 5 日～2013 年 2 月 18 日，“V 型反转”行情日线全景图

图 4—70　沪深 A 股，2012 年 12 月 5 日～12 月 21 日，“严神骁骏战法”选出“V 型反转”行情龙头股

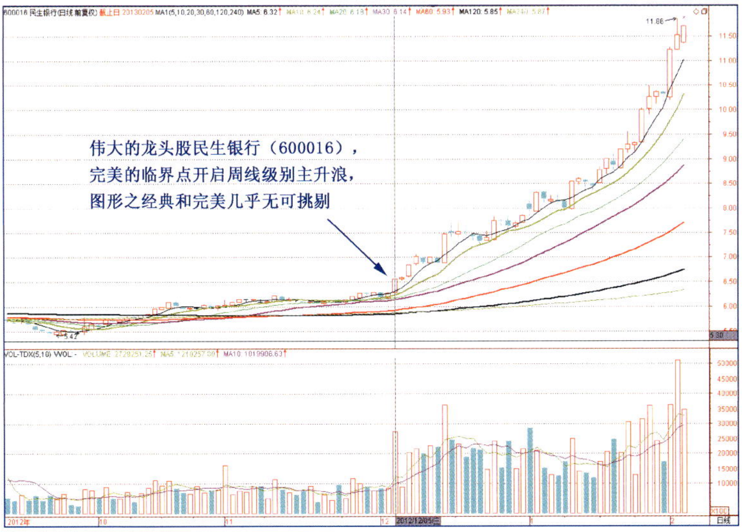

图 4—71　民生银行(600016)，2012 年 12 月 5 日，“严神骁骏战法”选出“V 型反转”行情龙头股

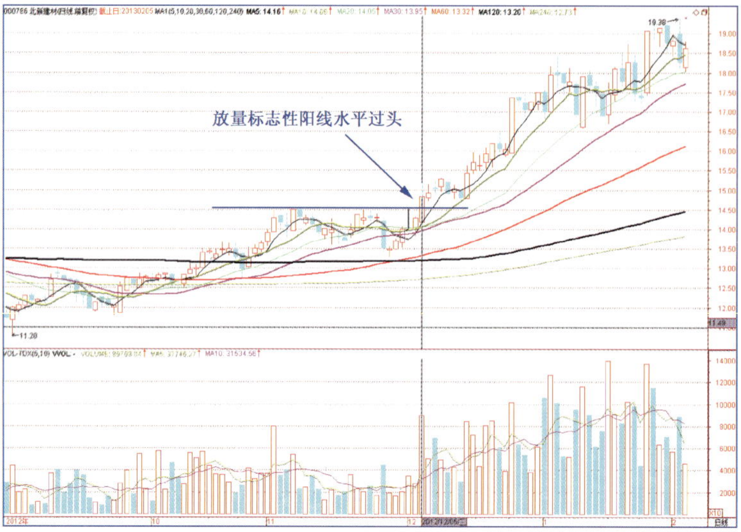

图 4—72　北新建材(000786),2012 年 12 月 5 日,“严神骁骏战法”选出“V 型反转”行情龙头股

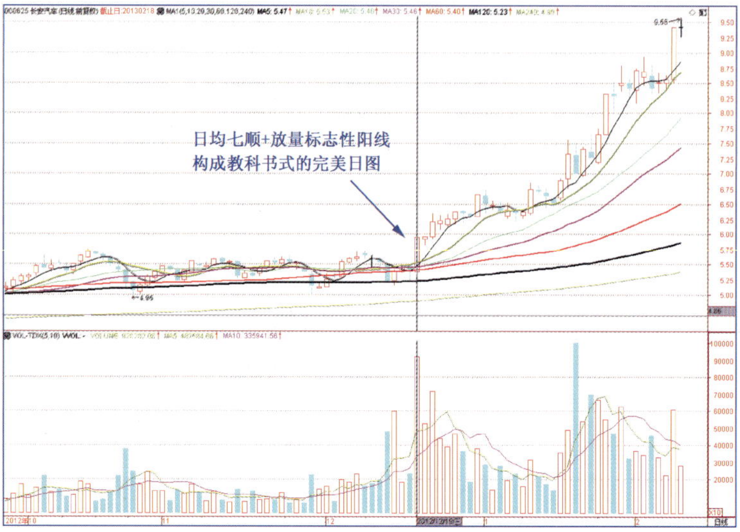

图 4—73　长安汽车(000625),2012 年 12 月 19 日,“严神骁骏战法”选出“V 型反转”行情龙头股

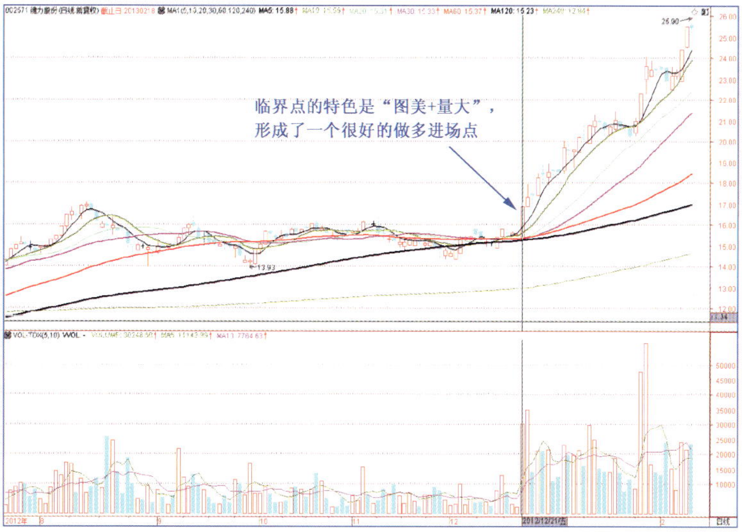

图 4—74　德力股份(002571)，2012 年 12 月 21 日，“严神骁骏战法”选出“V 型反转”行情龙头股

从以上回顾的几段经典历史走势可以看出，任何大牛股在“黑马集中营”选股程序的扫描下都将无所遁形。它们被“神骁骏战法股票池”批量选出，源源不断地推送到投资者面前，每隔 5 秒更新一次。无论个人还是机构投资者，均可满足其需要。从今以后，“程序海选＋肉眼过滤”的选股方式将令“缺乏牛股”的问题不复存在。需要指出的是，专业投资者从不指望依靠某只具体的股票赚钱，而是依靠“持股组合”的整体表现赚钱。对“持股组合”来说，其中有的股票盈利，有的亏损，只要算总账能赢即可。通常我们一边持有组合，一边观察和研判各个大盘指数。只要各大指数没有系统风险，那么对于买对了的股票，不妨“有风驶尽帆，好马任它跑”；买错了的个股亏损 10％就要考虑止损，以免损失继续扩大。

第五节　领跌群雄——横扫股票认沽期权

A 股市场存在牛短熊长的特征。如果存在券源充足、方便快捷的融券做空机制，或者覆盖全市场的股指期权以及至少覆盖沪深 300 指数成分股的个股期权，那么做空领跌股或者买入领跌股的认沽期权所带来的盈利机会将不亚于一座金矿。如何在牛市行情发动之初或指数处于上升趋势途中选领涨股，关于这一点想必各位都已熟悉；那么如何在熊市或中级跌势等行情中选领跌股呢？方法很简单：只要把我们选领涨股的标准和方法在图表上反转 180 度，即可得到选领跌股的标准和方法。在“黑马集中营”选股程序里，我们把选领涨股的方法称为“严神骁骏战法”；而把与之相反的选领跌股的方法，称为“严三联熊战法”。

如同“严神骁骏战法”能够批量选出周图完美的领涨股，“严三联熊战法”也能批量选出周图完美的领跌股；在这些“完美周图”中，周线级别的临界点清晰可辨，据此交易胜算极高。尤其是看跌型“完美周图”，比看涨型“完美周图”更容易辨认、更令人印象深刻，足以作为我们从事股票交易的依据和信心来源。因为看跌型“完美周图”及其临界点在下跌趋势展开之前的看跌意味是如此明显——后面通常是一段瀑布般的暴跌走势，以至于有人将这种临界点改名为“崩溃点”——足以让那些诋毁、谩骂技术分析的人闭嘴。今后每当你们在市场上遭受打击、迷失方向的时候，重读本节的内容可以帮助你们重拾交易信心。

为了方便识别“完美周图”，下面给出判定“标志性阴线”的 6 条规则：

1. 最新价位于所有均线之下；
2. 结束形态、跌势再起；
3. 创 N 根 K 线以来的新低；
4. 带动所有均线向下发散；
5. “标志性阴线”的根部距离大均线近；
6. “标志性阴线”的实体明显大于前面的 K 线。

以上 6 条内容是依据判定“标志性阳线”的 7 条规则，从中剔除关于成交量的规定（下跌不需要放量），再对其他 6 条取反得到的，也是我们对选股程序所选出的领跌股进行肉眼过滤的标准。该标准不仅适用于周图，还适用于各个周期的图表，包括日图、月图和微图；不仅适用于股票，还适用于期货、外汇和国债。下面以 2001 年 7 月 27 日为选股时间点，用“严三联熊战法”回溯出一批具备看跌型“完美周图”的领跌股。这些图形的看跌意味如此明显，即便不懂技术分析的读者也能心领神会。不懂技术分析的人通常误以为技术分析不能预告趋势，下面这些例子恰恰证明，大规模的价格运动事前就能从图表上看出来。

话说上证指数于 2001 年 6 月见顶 2 245 点之后，一直跌到 2005 年 6 月 6 日的 998 点，形成一轮延续 4 年的典型大熊市——中间虽然也有反弹，但总体上重心还是不断下移，这就是给市场各方以极大杀伤力的熊市。若熊市持续的时间够长，那么对多头来说就是一个全输的结局，甚至会有券商因此倒闭。比如南方证券的倒闭，就是由于熊市太漫长，以至于看不到希望。但是，如果 A 股存在发达、完善的股指期货、股指期权与个股期权市场，那我们这些专业交易者就不但不会遭受损失，反而能大赚特赚了。因此用做空型选股程序选领跌股的目的，一是直接做空个股，二是为将来个股期权上市以后在该市场大显身手做准备。

上证指数 2001 年 6 月～2005 年 6 月的 4 年大熊市，开启于 2001 年 7 月 27 日所在周。那么如果此时运行做空型选股程序，是否能选出领先于大盘下跌的股票呢？回答是肯定的。选股结果如图 4－75 所示。经检查，选出来的 39 只股票(若从选股条件中剔除“日线黑熊”，选出的是周图和月图上具备“看跌背景”的股票，数量会更多)几乎都是堪称完美的做空标的，就做空而言，走势比大盘指数要领先、成熟得多。现在随便给出几只股票的后续走势之周图，如图 4－76～图 4－79 所示。请读者自行检验其余个股的后续走势，并对照前面关于高胜算做空定式的描述，深刻理解什么是看跌型“完美周图”，什么是“标志性周阴线”。

图 4—75　沪深 A 股，2001 年 7 月 27 日，“严三联熊战法”在熊市初期批量选出领跌股

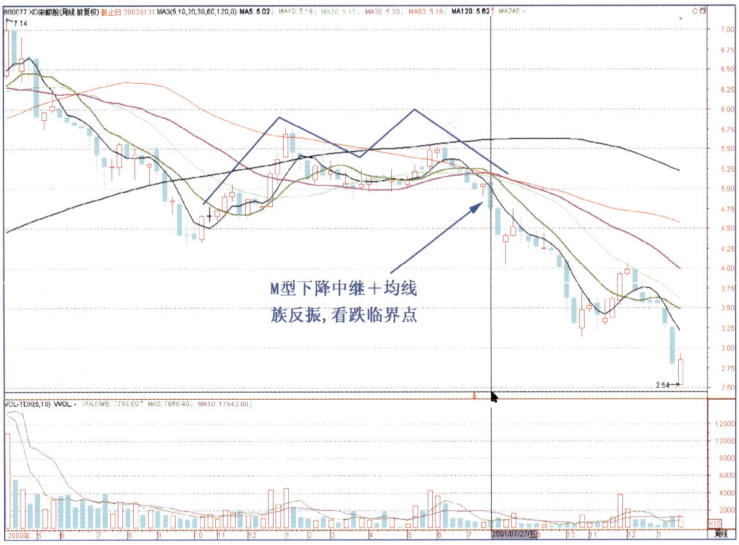

图 4—76　宋都股份（600077），2001 年 7 月 27 日，“严三联熊战法”
在熊市初期选出周图完美的领跌股

金融交易学

一个专业
投资者
的
至深感悟

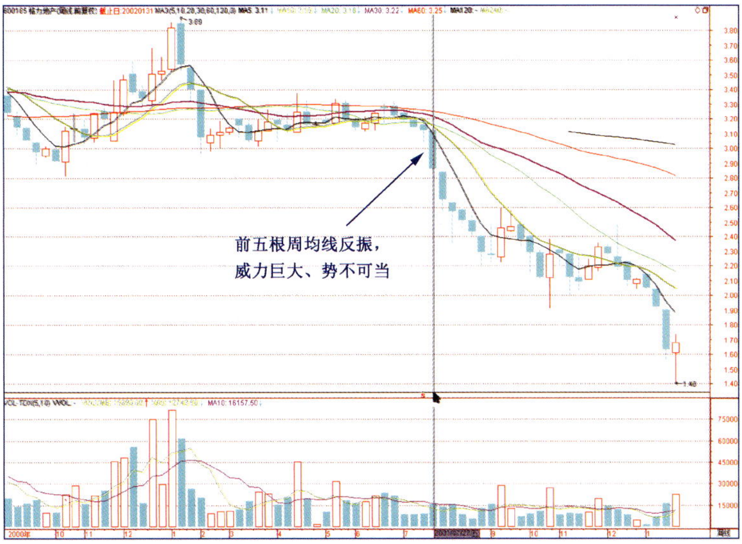

图 4—77　格力地产(600185),2001 年 7 月 27 日,“严三联熊战法”在熊市初期选出周图完美的领跌股

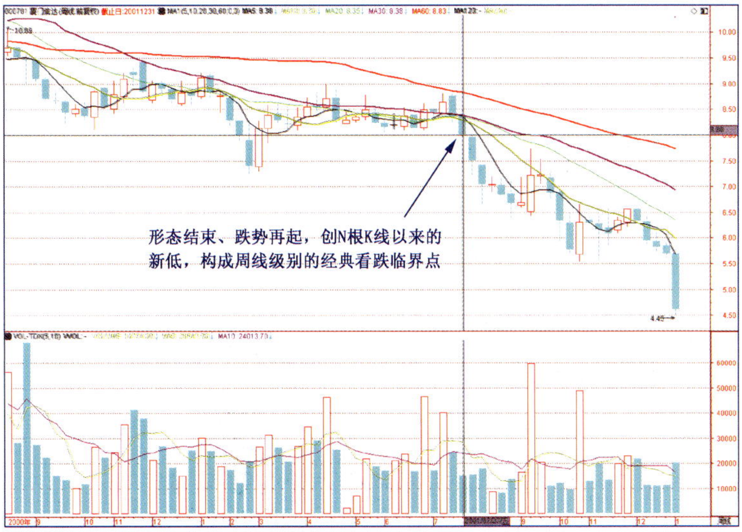

图 4—78　厦门信达(000701),2001 年 7 月 27 日,“严三联熊战法”在熊市初期选出周图完美的领跌股

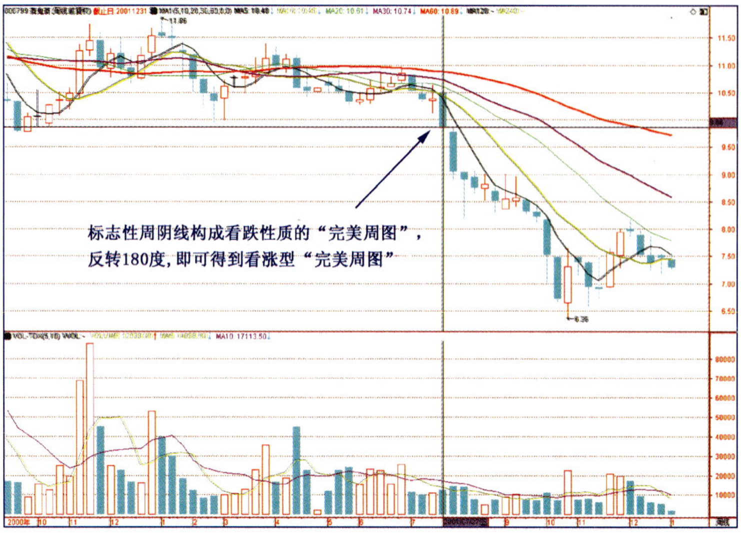

图 4—79　酒鬼酒(000799),2001 年 7 月 27 日,“严三联熊战法”在熊市初期选出周图完美的领跌股

尽管目前 A 股市场做空渠道不通畅,很多融券标的无券可融,但美股、港股还是可以做空的。下面我们来看一看“黑马集中营”选股程序在港股市场选领跌股的能力(美股与港股类似,选股之前都要下载扩展数据)。2021 年 2 月 18 日～2022 年 3 月 15 日,恒生科技指数(HSTECH)从 11 000 点跌到 3 463 点,跌幅 68.5%! 它的成分股之一——金蝶国际(00268),也从 39.5 港元跌到 11.82 港元,跌幅 70%! 2022 年 1 月 27 日(周四),该股同时在日图和周图上摆出完美的看跌造型。虽不能用“严三联熊战法”(日线黑熊 & 周线疯熊 & 月线神熊严)选出来,但可以用“宽三联熊战法”(日线黑熊 & 周线疯熊 & 月线神熊宽)选出来。这说明它的月图能通过月线神熊宽的筛选,但不能通过月线神熊严的筛选。

金蝶国际(00268)看跌性质的完美日图、完美周图及其被“宽三联熊战法”在 2022 年 1 月 27 日选出来的结果,分别如图 4—80、图 4—81 和图 4—82 所示。

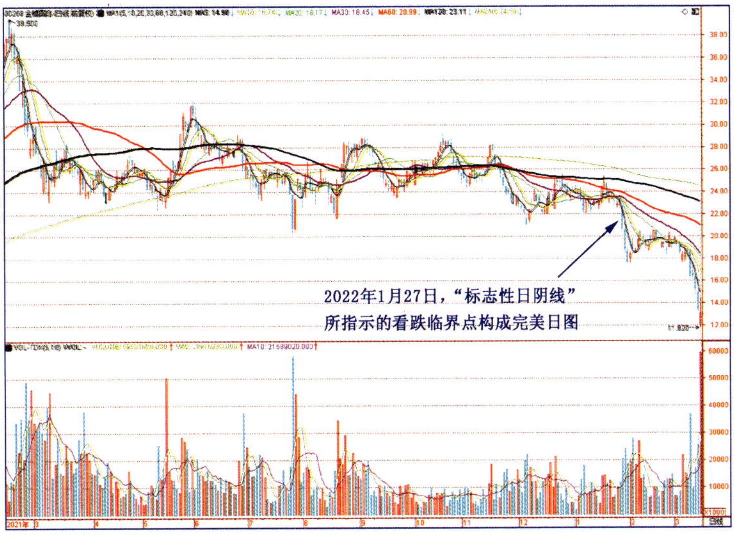

图 4—80　金蝶国际(00268)，2022 年 1 月 27 日，看跌性质的完美日图及其临界点

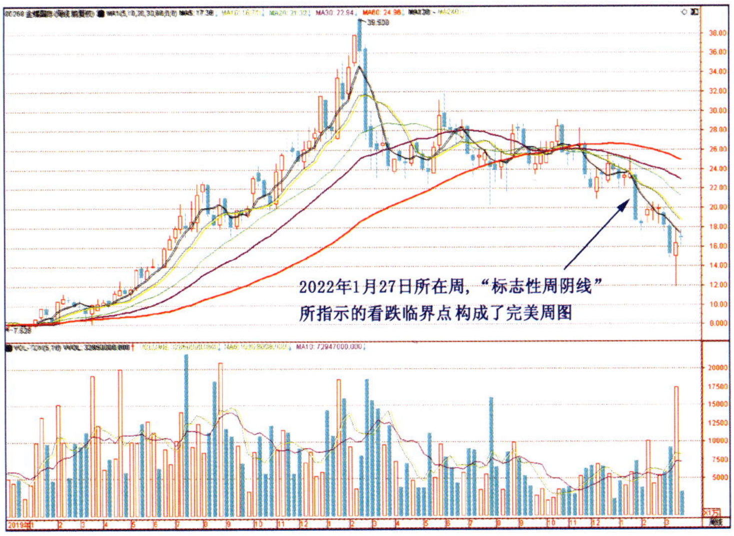

图 4—81　金蝶国际(00268)，2022 年 1 月 27 日所在周，
看跌性质的完美周图及其临界点

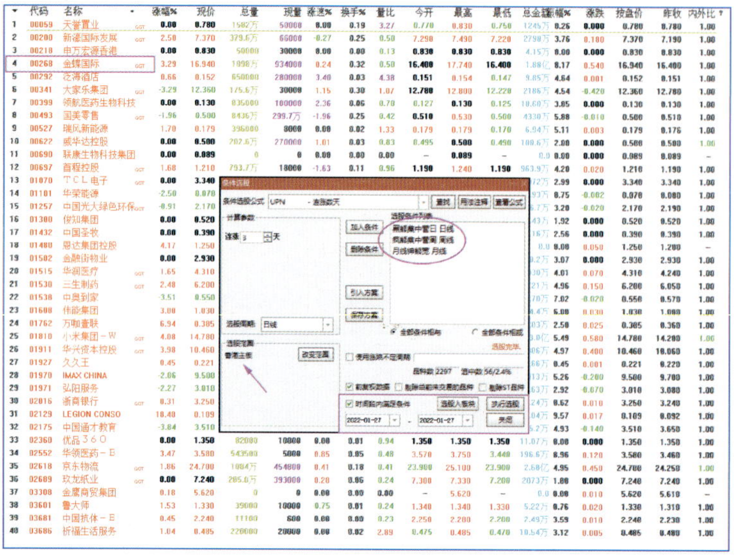

图 4—82　香港主板，2022 年 1 月 27 日，“宽三联熊战法”选出熊市领跌股

下篇　巅峰对决

——大师的手筋

金融交易的最高境界是平淡无奇，不是惊心动魄，也不是精彩刺激。要尽可能地安全，尽可能地少犯错误。绝地脱险不算高明，根本不陷入那种险境才是真正的高明。金融交易犹如战争，必须灵活自如，绝不弄险，绝不逞强。

——投资家 1973

第五章　论资金管理

第一节　赛马理论

现在，假设你要参赌一场赛马活动。你手中只有 10 000 元现金，这是你的全部财产。如果失去了这笔钱，你就得靠挖煤、拾荒来重新筹集这笔赌资。所以，你得千万小心才是。如果要想赢得赛事，有以下四种战法可供选择。请从中选出最佳战法：

战法 1：把 10 000 元赌资，全押在一匹最看好的马上；

战法 2：把 10 000 元赌资分成 10 份，每份 1 000 元，押在 10 匹马上；

战法 3：在 10 匹马上同时下注，每匹马下注 100 元，可参加 10 次赛事；

战法 4：在 10 匹马上同时下注，每匹马下注 10 元，可参加 100 次赛事。

明眼人一看便知，抛开回报不论，单就安全性而言，战法 1 是粗糙不堪的，也是最不可取的。这就像是交易中的重仓豪赌，赢则大赢，输则全输，没有重来的机会。而且就算得手，巨大的盈利刺激会形成路径依赖，然后会在下一场、再下一场……赛事中输光。也就是说，重仓交易者的赌性会越来越重，总是倾向于带杠杆满仓而上；似乎不这样，即便有利润也不能令其满意。这样下去最终会失控，导致 100 次成功的结果经不住 1 次失败带来的打击。或者，1 次失败会失掉前面 10 年、20 年……乃至通过一生努力所赚取的财富。

战法 2 相对于战法 1 来说略显高明，因为把资金在横向水平上进行了初步分散，安全性大幅提高。但是这样做要想成功有一个前提，就是你必须具备伯乐的慧眼，确保你所选取的 10 匹马个个都是“千里马”，而不是随便选取 10 匹马，胡乱下注了事。就好比股票交易，你必须拥有正确、卓越的交易系统，还得把它编成程序，实现选股自动化。在自动化选股的基础上通过肉眼过滤，可以轻松地一次性选出 10 匹、20 匹乃至几十上百匹“千里马”，能选出多少取决于市场的强度。中级行情选的结果比牛皮市多，牛市行情选的结果又比中级行情多。选股结果不但体现行情的冷暖，还能每次都命中热点，毫无偏差。所以抓热点板块的领头羊是运行自动化选股的自然结果，而不是全靠人力来完成。二者在效率上不可同日而语。换言之，“自动化选股＋肉眼过滤”实际上就是一条高效批发牛股的流水线。

有人说资金分散之后会影响盈利能力，或 10 匹马中必须有 6 匹马胜出才能成为赢家，那是不假思索的想当然。实际上，无须 6 匹马胜出才能成为赢家，只要 4 匹马就够了，甚至只要 3 匹马胜出就足以打平。这是怎么回事呢？这是因为病马、驽马从摔倒到被宰杀(从亏损到止损)，可能只跑出 1 公里。如果把这 1 公里看成 1 万元的损失，就算有 7 匹马跌倒也只损失 7 万元。而一匹“千里马”至少会跑出 3 公里。如果把这 3 公里看成 3 万元的利润，就算只有 3 匹马胜出，也会有 9 万元的利润。两者相抵，净利润 2 万元。OK，这就赢定了。赢家地位就是这么奠定的。事实上，只要你选股的技巧够狠，甚至可以出现 5 匹马乃至 7 匹马胜出的局面。那该会是多么巨大的利润？更何况，一匹“千里马”未必只能跑 3 公里，它完全有可能跑出 10 公里。那又将是怎样一笔庞大的利润？这完全超出输家们的想象力。

战法 3 就更厉害了。相对于战法 2，它在横向分散的基础上又进行了纵向分散。它的含义是：虽然我是“伯乐”，具备识别千里马的慧眼，力争让我所挑选出来的马匹个个都是“千里马”，但我依然不能把希望全部寄托在单一的马匹上，而是分散在 10 匹马上，以防止马儿意外摔倒，或因为某种不可知的原因表现不佳。虽然采取了如此措施，我依然感到不放心，于是再加上一道保险：如果本场赛事失利，我希望拥有9次重来的机会。显然，战法3才是前面3种战法中最科学、最强悍的，该方案堪称颠扑不破、坚韧无比，能够抵御多次失败，拥有东山再起的能力，是适合一切自然人、小资金的优良战法。至于战法4，资金分散的程度更加彻底，风险更低，更适合大资金、大兵团的日常化、长期化作战。

第二节　控仓原理

“控仓”，就是要求初始头寸不能下手太重、杠杆倍率不能过高。有些人会问：难道我“正确”的时候，仓位不应该重一些吗？这样才能利润最大化、最快化。对，“利润最大化、最快化”的意识或潜意识，就是导致你亏损的原因。因为一笔交易“正确”与否，事先只能判断个大概，不能百分之百确定。过大的初始头寸一旦交易失败就会对账户造成过大的伤害，而这是很容易发生的。想想看，我们对哪一笔交易不是感到信心满满、把握极大、胜算极高？但这并不妨碍亏钱的结果出现。即便是获胜概率高达99%，与100%胜算之间不是只有很小的差距，而是有着天壤之别，所以初始头寸永远需要受控。

事实上，初始头寸既不是越大越好，也不是越小越好，而是存在上限和下限。相对重仓也不是永远都不可以，但那是在浮盈保护下，在趋势运行途中的每一个临界点——每个日/周级别的形态结束、新一波趋势再起的节奏点——不断加码的结果。其中浮盈的出现是加码的本钱和前提条件。再者，交易者还必须具备敏锐的大局观，要有能力判断股票或期货大盘指数所处的位置，是处于牛/熊市的早期、中期还是末期？抑或根本就处于无趋势随机震荡阶段？显然，大势当前所处的位置，是牛(熊)头、牛(熊)肚还是牛(熊)尾，大盘指数处于低位、中位还是高位？这一判断对于账户总体仓位的控制具有决定性的意义。

如果趋势有可能处于老年期，市场获利盘特别巨大，那么账户总体仓位就应该控制在三成以下，且不得使用融资盘。并且随着大盘指数依次跌破 20 日均线、30 日均线……仓位还得果断调降。毕竟，一切交易的目的都应该指向盈利，而不是为了“做行情”，即把行情从头吃到尾。到最后算总账的时候，只有能保住利润者才是真正的赢家。换言之，只要不是太早兑现盈利头寸，任何时候获利离场都是正确的，对于短期暴利来说尤其如此。如果总是把巨额利润还给市场，那么等到艰难的日子来临，我们就会遭受精神和财务方面的双重折磨。在我做交易的早年，我总是因为缺乏耐心而拿不住头寸。可是后来，等我终于“坐”得住了，又总是“坐”过头，经常把巨额利润拱手奉还，因而不得不承受来自各方的压力与责难。

在金融交易中，实际上有且仅有四大课题需要解决：

1. 买卖什么？——决定交易标的；

2. 何时进场？——决定进场时机；

3. 买卖多少？——决定建仓数量(进场后可能还需要加码或减码)；

4. 何时离场？——如何处理亏损与盈利。

显然，控仓就是决定初始头寸的建仓数量，而仓位控制是风险管理的核心步骤。下面，我会论述仓位控制——也是全胜交易员们之所以能够持续盈利的基本原理。先看公式：

净利润＝利润之和－亏损之和

利润之和＝|出场价－进场价|(盈利长度，或盈利点数)×合约乘数×持仓手数×平均交易频次

亏损之和＝|出场价－进场价|(止损宽度，或亏损点数)×合约乘数×持仓手数×平均交易频次

从公式来看，盈利单持有时间应该长，以扩大盈利长度；亏损单持有时间应该短，以减小止损宽度。合约乘数是常量不可改变。持仓手数前面说过了，必定存在上限和下限。至于交易频次，基于盈亏同源的道理，盈利单与亏损单在市场“判决”结果出来之前是混在一起的，无法事先加以区分，所以也就不可能在提高正确交易频次的同时降低错误交易的频次。实际上，交易频次太高或太低皆不合适，“正确的”交易信号是交易系统给出的。也可以说，导致盈利结果的交易频次是由市场状况决定的。无视大局、罔顾市场状况，试图人为通过短线交易来提高正确交易的频

次，结果只会适得其反，即大量增加失败交易的次数。交易者越成熟，正确的交易越会日渐增多，错误的交易越会日渐减少，利润损耗随之下降。

保证金比率＝保证金/持仓市值

理论杠杆倍率＝1/保证金比率＝持仓市值/保证金

实际杠杆倍率＝理论杠杆倍率×仓位比例

＝理论杠杆倍率×（保证金/总资金）

＝持仓市值/总资金

一般来说，理论杠杆倍率由交易所初定，经期货公司加码后最终确定。而实际杠杆倍率由交易者自己控制，这才是衡量风险大小的真实参数。

单合约初始头寸实际杠杆倍率

＝单合约持仓市值/总资金

＝（单手市值×持仓手数）/总资金

＝（现价×合约乘数×持仓手数）/总资金

从公式来看，现价、合约乘数、总资金都是常量不可改变。因此实际杠杆倍率是持仓手数的线性函数，随后者的改变而改变。控制实际杠杆倍率本质上等同于控制持仓手数。

持仓手数＝（总资金×实际杠杆倍率）/（现价×合约乘数）

＝分配市值/单手市值

账户总杠杆倍率＝∑单合约实际杠杆倍率

在这里需要特别强调，关于走势高度正相关品种的持仓风险问题。我认为它们的实际杠杆倍率应该相加。也就是说，分散“轻仓”持有多个走势高度正相关的品种，效果同单品种重仓是差不多的。这方面交易者不可自欺欺人。举例来说，道琼斯股指期货、标普 500 股指期货、纳斯达克股指期货，三者走势高度正相关，其实际杠杆倍率应该相加。同理，金、银、铂或铜、铝、锌，其实际杠杆倍率也应该合并计算。另外，像内盘豆粕与菜粕、焦炭与焦煤、热卷与螺纹钢、塑料与 PP，或豆油、棕榈油、菜油，也属于走势高度正相关，实际杠杆倍率应该相加，等等。“表亲”如此，亲兄弟之间就更应该这样了。例如纽约原油、燃油、布油、柴油、汽油等，或同行业的一批股票(例如银行股),没有理由不合并计算杠杆。

第三节　控仓方案

“控仓”的原则,是先确定一个总的最大亏损幅度(例如25%,对于基金来说指的就是清盘线),然后除以可能连续亏损的最大交易次数(不是越小越好,也不是越大越好),再除以你通常一次性持有的股票数量或期货合约数量(例如5只股票或5个期货合约——当然,每当其走势符合交易系统就开仓一个,你不能为了交易而交易,也不能仅仅为了凑数而开仓),就得到单品种初始头寸交易失败所能造成的最大损失。举例来说,假设连续50次亏损完成总资金25%的亏损幅度,每次失败的交易都同时持有5只股票或5个期货合约,则单品种初始头寸“夭折”后对总资金造成的最大损失便是:

25%/50/5=0.1%

对股票交易来说,假设一只股票在亏损时的退出规则是相对于买入价下跌10%无条件止损(10%叫作“止损宽度”),则可以得出股票交易一个标准头寸的杠杆倍率是:

0.1%/10%=1%=0.01

1%或0.01叫作单股票初始头寸的“实际杠杆倍率”。

因为内盘(指中国内地,下同)商品期货或股指期货市场的止损宽度或ATR值通常为股票的1/3,故期货单合约初始头寸的实际杠杆倍率应为股票标准头寸的3倍,即:

0.01×3=0.03

什么意思呢?就是假设一个1 000 000元的期货账户,现在需要做多价格为6 000元/吨、合约乘数为5吨/手的PTA,那么正确的建仓数量应该是:

(1 000 000×0.03)/(6 000×5)=1(手)

在上面的算式里,分子是总账户分配给单品种初始头寸的“分配市值”，分母是 PTA 这个品种的“单手市值”，两者之商，即为初始建仓数量。如果后续的行情走势证明该头寸为正确的头寸，那么在接下来的每一个临界点，都可以加码 1 手，其他品种以此类推。

上面例子的含义是：

对于任意资金规模的期货账户而言，如果统一按 0.03 的实际杠杆倍率开立初始头寸，一次性建仓 5 个期货合约，止损宽度为 3.3%。那么当这 5 个期货合约全部触发止损线的时候，将给总账户造成的损失是：

0.03×3.3%×5＝0.5%

当这样的悲剧连续发生 50 次的时候（为了方便起见，“总资金”一直按初始资金计算；并且在实际操作中止损宽度和建仓数量都可以缩小），将给账户造成的损失是：

0.5%×50＝25%

如果是股票账户，因为股票的真实波幅均值（ATR）大约是期货的 3 倍，单只股票的止损宽度相应也会扩大到 10%。所以，单只股票正确的杠杆倍率（或仓位比例，今后无论其数值是否大于 1，均统称为“杠杆倍率”）应为期货的 1/3，即 0.03/3＝0.01。

其含义是：

对于任意资金规模的股票账户而言，如果统一按 0.01 的实际杠杆倍率开立初始头寸，一次性建仓 5 只股票，止损宽度为 10%。那么当这 5 只股票全部触发止损线的时候，将给账户造成的损失是：

0.01×10%×5＝0.5%

当这样的悲剧连续发生 50 次的时候（注意，“总资金”始终按初始资金计算），将给账户造成的损失是：

0.5%×50＝25%

相反，当第一批建仓的 5 只股票出现“不错的”浮盈时（例如整体平均上涨 5%～10%），可以建仓第二批 5 只股票；当第二批 5 只股票再次有浮盈出现时，可以建仓第三批 5 只股票……以此类推。当然，如果认为 0.01 的头寸太小，也可以采用 0.02 的杠杆，第一批直接建仓 10 只股票……你可以改变细节，但分散持仓和分批进场的精神实质不能变。

0.02 的杠杆其实就是单只股票市值占总资金的 1/50，你认为这个头寸很小吗？请设想一下这是一只总规模为 100 亿元的基金，那么每一个标准头寸的市值就高达 2 亿元。这个时候恐怕就不得不引入 0.01 甚至 0.005 的标准头寸了。

有人认为，小资金就应该重仓猛干，犯不着如此细致地控仓。但是想想一旦有限的交易资本被没收，就得靠挖煤或拾荒才能重新获得参赛资格，也许能帮助你头脑清凉、狂心顿歇。何况市场从来不管什么大资金、小资金，盈亏都是按百分比计算的。小资金更容易死掉，没理由认为小资金应该冒比大资金更大的风险。这就像是水，无论是一滴水、一碗水还是一湖水，它们的内在结构都一样，本质上没有分别。换言之，你必须像管理大资金一样来管理你的小资金，它才有成长为大资金的机会。

仓位控制是风险管理的核心步骤，很多人干了一辈子都不懂个中奥秘。我把控仓原理和具体做法摆在这里，你们无论是否理解都必须照做，否则在这一行必输无疑。在从家庭交易员向基金经理转化的过程中，很多人迈不过这道坎，从而在激烈的竞争中惨遭淘汰。散户投资者如果账户里有 100 万来做 PTA，不要说一次性开仓 1 手，就是 100 手他都嫌太少了，他很可能把内盘期货市场的 10 倍理论杠杆（保证金比率的倒数）用足，满仓而上。

那样的话，他将持有 333 手（100 万×10÷3 万＝333）。这会出现什么情况呢？当 PTA 逆向波动 3％的时候，他已经浮亏 30％。如果他操盘的是一只基金，已经清盘或接近清盘了。显而易见，游戏不是这么玩的。这是一心幻想“利润最大化＋最快化”的“本能交易员”的典型玩法。这样的人在资产管理界和投资基金界没有市场。我告诉你们的才是唯一正确的玩法。在这一行，有些人只顾闷头打仗，却很少去想用怎样的策略才能把仗打赢？重仓交易确实能使利润最大化，但这把双刃剑也能让损失最大化。对绝大多数人来说，在交易中赚钱奇难，亏钱至易。输掉的钱再想赢回来千难万难，譬如时光一去不返，亦如人死不能复生。

当亏损达到 1/2～2/3 的时候，账户将“高位截瘫”，彻底丧失反抗能力。如果玩法不变，就会一路溃败直至彻底亏光。用足 10 倍的理论杠杆尚且会导致如此后果，更何况外汇市场、黄金现货市场高达几十倍、几百倍的理论杠杆呢？不控仓显然没有任何赢的希望。因为对于100倍的杠杆而言，1%的逆向波动就会导致账户归零。显而易见，无论任何人这样做，盈利都是暂时的，亏光都是迟早的，这跟谁操盘无关。只有那些利令智昏的愚人才会不相信这一点。因此，就初始头寸而言，"控仓"实际上就是"轻仓"。当然，交易者可以在浮盈保护下在接下来出现的每一个临界点不断加码，这样下去总仓位其实并不轻。

第四节　查表下单

前面说过初始头寸不是越大越好，也不是越小越好，而是必定存在上限和下限。经过20余年的实战检验，在付出巨大的精力和天文数字的学费之后，我终于找出了金融交易初始头寸上限和下限的具体数值，而且无论它是什么品种、隶属于哪个市场，全部适用。我称其为资金管理的圣杯——股期汇债四级标准化控仓方案。详情请参看表5—1。

在表5—1所示的四级控仓方案中，最左侧的一级一般是给无法标准化控仓的小资金用的，大资金应该尽量避免使用。最右侧的一级是给濒临清盘的基金疗伤专用，以助其起死回生。对于接近清盘线的基金而言，非如此控仓不足以脱离险境。平时最常用的是中间两级，可单独或混合使用。当用上一级头寸接连亏损的时候，应自觉切换为下一级减量经营。

表5—1　股期汇债单品种初始头寸实际杠杆倍率四级标准化控制表

	止损宽度	最大头寸	大头寸	小头寸	最小头寸
国债	0.75%	1	0.5	0.25	0.125
外汇	1.5%	0.5	0.25	0.125	0.062 5
期货	3%	0.25	0.125	0.062 5	0.031 25
股票	10%	0.08(8/100=2/25)	0.04(4/100=1/25)	0.02(2/100=1/50)	0.01(1/100)

按照"持仓手数=分配市值/单手市值=(总资金×实际杠杆倍率)/(现价×合约乘数)"这一公式，可以实现查表下单，自动计算头寸大小。

方法是设计一个类似于表 5－2 的 Excel 表格，用一个隐藏的公式“开仓手数＝本金×0.125/每手市值”(这里是以 0.125 的实际杠杆倍率为例，其他几档与此类似)自动计算出允许开仓的数量。以上证 50 股指期货为例，假如想要开仓的时候标的合约价格是 3 295 点，那么一张(手)合约的市值就是 98.85 万元(3 295 点×300 元/点)。如果某基金的总规模是 4 000 万元，则开仓手数是：

(4 000 万元×0.125)/98.85 万元＝5(手)

因为计算公式是隐含的，这样当“现价”一栏被改写刷新的时候，对应的开仓数量就已经自动计算出来了。这就是标准化控仓方案的落实。这样做的交易者既不会在亏损的时候后悔仓位太重，也不会在盈利的时候后悔仓位太轻。亏钱足以让你心疼，赢钱足以让你满意，而且头寸的风险到底多大、盈利能力到底如何，事先就已经知道。结果即便亏损，那也一定是你能够承担得起的损失。以 0.125 这一档控仓为例，如果止损宽度为 2%，那么当止损被执行的时候，你的损失将是总资金的 0.25%(0.125×2%)，而且所有品种都采取相同的控仓模式。这样就为交易员赢得一个良好的心态，从而将“买卖多少”这个问题一劳永逸地解决。我把这种交易方式称为“查表下单，风险可控；例行公事，恬淡无争”。

表 5－3 是外盘期货合约单手市值与仓位控制自动计算表。

表 5－2　　内盘期货合约单手市值与仓位控制自动计算表

交易所	品种	代码	每手市值	现价	本金	0.25	0.125	0.062 5	报价单位	交易单位	乘数
中金	上证 50 股指	IH	988 500	3 295	10 000 000	3	1	1	指数点	300 元/点	300
	沪深 300 股指	IF	1 317 000	4 390	10 000 000	2	1	0	指数点	300 元/点	300
	中证 500 股指	IC	1 520 800	7 604	10 000 000	2	1	0	指数点	200 元/点	200
	5 年国债	TF	971 700	97.17	10 000 000	3	1	1	百元净价	10 000 倍	10 000
	10 年国债	T	994 000	99.4	10 000 000	3	1	1	百元净价	10 000 倍	10 000
上海	金	Au	265 000	265	10 000 000	9	5	2	元/克	1 000 克/手	1 000
	银	Ag	51 585	3 439	10 000 000	48	24	12	元/千克	15 千克/手	15
	铜	Cu	176 350	35 270	10 000 000	14	7	4	元/吨	5 吨/手	5
	铝	Al	66 550	13 310	10 000 000	38	19	9	元/吨	5 吨/手	5
	锌	Zn	83 800	16 760	10 000 000	30	15	7	元/吨	5 吨/手	5
	铅	Pb	64 700	12 940	10 000 000	39	19	10	元/吨	5 吨/手	5
	锡	SN	108 410	108 410	10 000 000	23	12	6	元/吨	1 吨/手	1
	镍	NI	95 270	95 270	10 000 000	26	13	7	元/吨	1 吨/手	1
	不锈钢	SS	76 625	15 325	10 000 000	33	16	8	元/吨	5 吨/手	5
	螺纹钢	Rb	31 900	3 190	10 000 000	78	39	20	元/吨	10 吨/手	10
	热卷	HC	33 780	3 378	10 000 000	74	37	19	元/吨	10 吨/手	10

续表

交易所	品种	代码	每手市值	现价	本金	0.25	0.125	0.062 5	报价单位	交易单位	乘数
上海	纸浆	sp	45 860	4 586	10 000 000	55	27	14	元/吨	10 吨/手	10
	20 号胶	NR	97 400	9 740	10 000 000	26	13	6	元/吨	10 吨/手	10
	橡胶	Ru	148 100	14 810	10 000 000	17	8	4	元/吨	10 吨/手	10
	原油	sc	447 000	447	10 000 000	6	3	1	元/桶	1 000 桶/手	1 000
	燃油	fu	20 130	2 013	10 000 000	124	62	31	元/吨	10 吨/手	10
	沥青	Bu	43 460	4 346	10 000 000	58	29	14	元/吨	10 吨/手	10
大连	塑料	L	47 200	9 440	10 000 000	53	26	13	元/吨	5 吨/手	5
	聚丙烯	PP	41 790	8 358	10 000 000	60	30	15	元/吨	5 吨/手	5
	聚氯乙烯	PVC	25 850	5 170	10 000 000	97	48	24	元/吨	5 吨/手	5
	乙二醇	EG	49 830	4 983	10 000 000	50	25	13	元/吨	10 吨/手	10
	苯乙烯	EB	39 880	7 976	10 000 000	63	31	16	元/吨	5 吨/手	5
	棕榈	P	51 440	5 144	10 000 000	49	24	12	元/吨	10 吨/手	10
	豆一	a	33 500	3 350	10 000 000	75	37	19	元/吨	10 吨/手	10
	豆二	b	31 950	3 195	10 000 000	78	39	20	元/吨	10 吨/手	10
	玉米	C	18 230	1 823	10 000 000	137	69	34	元/吨	10 吨/手	10
	淀粉	CS	29 640	2 964	10 000 000	84	42	21	元/吨	10 吨/手	10

续表

交易所	品种	代码	每手市值	现价	本金	0.25	0.125	0.062 5	报价单位	交易单位	乘数
大　连	豆油	Y	58 320	5 832	10 000 000	43	21	11	元/吨	10 吨/手	10
	焦炭	J	155 000	1 550	10 000 000	16	8	4	元/吨	100 吨/手	100
	焦煤	JM	73 680	1 228	10 000 000	34	17	8	元/吨	60 吨/手	60
	铁矿石	I	39 200	392	10 000 000	64	32	16	元/吨	100 吨/手	100
	粳米	rr	35 480	3 548	10 000 000	70	35	18	元/吨	10 吨/手	10
	鸡蛋	JD	45 270	4 527	10 000 000	55	28	14	元/500 千克	5 吨/手	10
	豆粕	M	29 130	2 913	10 000 000	86	43	21	元/吨	10 吨/手	10
郑　州	郑油	OI	57 280	5 728	10 000 000	44	22	11	元/吨	10 吨/手	10
	棉花	CF	66 125	13 225	10 000 000	38	19	9	元/吨	5 吨/手	5
	白糖	SR	57 100	5 710	10 000 000	44	22	11	元/吨	10 吨/手	10
	苹果	AP	73 350	7 335	10 000 000	34	17	9	元/吨	10 吨/手	10
	红枣	CJ	50 000	10 000	10 000 000	50	25	13	元/吨	5 吨/手	5
	PTA	TA	24 220	4 844	10 000 000	103	52	26	元/吨	5 吨/手	5
	玻璃	FG	19 360	968	10 000 000	129	65	32	元/吨	20 吨/手	20
	硅铁	SF	29 000	5 800	10 000 000	86	43	22	元/吨	5 吨/手	5
	硅锰	SM	33 300	6 660	10 000 000	75	38	19	元/吨	5 吨/手	5

续表

交易所	品种	代码	每手市值	现价	本金	0.25	0.125	0.062 5	报价单位	交易单位	乘数
郑州	动力煤	TC	55 200	552	10 000 000	45	23	11	元/吨	100 吨/手	100
	菜粕	RM	20 000	2 000	10 000 000	125	63	31	元/吨	10 吨/手	10
	尿素	UR	35 100	1 755	10 000 000	71	36	18	元/吨	20 吨/手	20
	郑醇	MA	19 510	1 951	10 000 000	128	64	32	元/吨	10 吨/手	10

表 5—3 外盘期货合约单手市值与仓位控制自动计算表

交易所	品种	代码	每手市值（USD）	现价	本金	0.25	0.125	0.062 5	报价单位	合约乘数	乘数	汇率
CBOT	美豆	ZS	49 000	980	5 000 000	26	13	6	美分/蒲式耳	5 000 蒲式耳/手	50	
	美豆粕	ZM	36 300	363	5 000 000	34	17	9	美元/短吨	100 短吨/手	100	
	美豆油	ZL	19 200	32	5 000 000	65	33	16	美分/磅	60 000 磅/手	600	
	美玉米	ZC	17 250	345	5 000 000	72	36	18	美分/蒲式耳	5 000 蒲式耳/手	50	
	美麦	ZW	27 650	553	5 000 000	45	23	11	美分/蒲式耳	5 000 蒲式耳/手	50	
NYBOT	糖 11	SB	18 514	16.53	5 000 000	68	34	17	美分/磅	112 000 磅	1 120	
	可可	CC	30 560	3 056	5 000 000	41	20	10	美元/吨	10 吨/手	10	
	咖啡	KC	67 688	180.5	5 000 000	18	9	5	美分/磅	37 500 磅/手	375	
	美棉	CT	29 300	58.6	5 000 000	43	21	11	美分/磅	50 000 磅/手	500	
LME	LME 铜	CA	174 575	6 983	5 000 000	7	4	2	美元/吨	25 吨/手	25	
	LME 铝	AH	49 600	1 984	5 000 000	25	13	6	美元/吨	25 吨/手	25	
	LME 锌	ZS	56 150	2 246	5 000 000	22	11	6	美元/吨	25 吨/手	25	
	LME 铅	PB	49 925	1 997	5 000 000	25	13	6	美元/吨	25 吨/手	25	
	LME 锡	SN	96 700	19 340	5 000 000	13	6	3	美元/吨	5 吨/手	5	
	LME 镍	NI	88 440	14 740	5 000 000	14	7	4	美元/吨	6 吨/手	6	
马来西亚	马棕榈油	FCPO	16 677	2 115	5 000 000	75	37	19	林吉特/吨	25 吨/手	25	0.315 4
TOCOM	日本橡胶	JRU	11 004	223.1	5 000 000	114	57	28	日元/千克	5 000 千克/手	5 000	0.009 865

续表

交易所	品种	代码	每手市值(USD)	现价	本金	0.25	0.125	0.062 5	报价单位	合约乘数	乘数	汇率
NYMEX	美原油	CL	28 000	28	5 000 000	45	22	11	美元/桶	1 000 桶/手	1 000	
	美燃油	HO	103 618	2.467 1	5 000 000	12	6	3	美元/加仑	42 000 加仑/手	42 000	
	汽油	RB	110 544	2.632	5 000 000	11	6	3	美元/加仑	42 000 加仑/手	42 000	
	美天然气	NG	40 000	4	5 000 000	31	16	8	mmBtu	10 000mmBtu/手	10 000	
IPE	布油	BRN	107 600	107.6	5 000 000	12	6	3	美元/桶	1 000 桶/手	1 000	
CME 外汇	澳元	AUDUSD	60 000	0.6	5 000 000	21	10	5	美元/澳元	100 000 澳元/手	100 000	
	英镑	GBPUSD	97 875	1.566	5 000 000	13	6	3	美元/英镑	62 500 英镑/手	62 500	
	加元	CADUSD	87 470	0.874 7	5 000 000	14	7	4	美元/加元	100 000 加元/手	100 000	
	欧元	EURUSD	137 500	1.1	5 000 000	9	5	2	美元/欧元	125 000 欧元/手	125 000	
	瑞郎	CHFUSD	130 263	1.042 1	5 000 000	10	5	2	美元/瑞郎	125 000 瑞郎/手	125 000	
	新西兰元	NZDUSD	58 780	0.587 8	5 000 000	21	11	5	美元/新西兰元	100 000 新西兰元/手	100 000	
	日元	JPYUSD	105 488	0.008 439	5 000 000	12	6	3	美元/日元	12 500 000 日元/手	12 500 000	
COMEX	纽约铜	HG	75 000	3	5 000 000	17	8	4	美元/磅	25 000 磅/手	25 000	
	纽约金	GC	164 500	1 645	5 000 000	8	4	2	美元/盎司	100 盎司/手	100	
	小黄金	QO	82 250	1 645	5 000 000	15	8	4	美元/盎司	50 盎司/手	50	
	微黄金	MGC	16 450	1 645	5 000 000	76	38	19	美元/盎司	10 盎司/手	10	
	纽约银	SI	70 000	14	5 000 000	18	9	4	美元/盎司	5 000 盎司/手	5 000	

续表

交易所	品种	代码	每手市值(USD)	现价	本金	0.25	0.125	0.062 5	报价单位	合约乘数	乘数	汇率
COMEX	小白银	QI	14 000	14	5 000 000	89	45	22	美元/盎司	1 000 盎司/手	1 000	
	纽约铂	PL	35 600	712	5 000 000	35	18	9	美元/盎司	50 盎司/手	50	
	纽约钯	PA	77 500	775	5 000 000	16	8	4	美元/盎司	100 盎司/手	100	
CME	小道指	YM	77 700	15 540	5 000 000	16	8	4	指数点	5 美元/点	5	
	小纳指	NQ	67 375	3 368.75	5 000 000	19	9	5	指数点	5 美元/0.25 点	20	
	小标普	ES	124 150	2 483	5 000 000	10	5	3	指数点	12.5 美元/0.25 点	50	
	活牛	LC	66 340	165.85	5 000 000	19	9	5	美分/磅	40 000 磅/手	400	
	瘦猪	LH	34 600	86.5	5 000 000	36	18	9	美分/磅	40 000 磅/手	400	
	日经 225	NIY	71 423	14 480	5 000 000	18	9	4	指数点	500 日元/点	500	0.009 865
SGX	日经 225	NK	75 739	15 355	5 000 000	17	8	4	指数点	500 日元/点	500	0.009 865
KRX	韩国 KOSPI200	KOSPI	113 233	242.65	5 000 000	11	6	3	指数点	500 000 韩元/点	500 000	0.000 933 3
HKEx	恒生指数	HIS	139 922	21 727	5 000 000	9	4	2	指数点	50 港元/点	50	0.128 8
SGX	摩台指数	TW	31 500	315	5 000 000	40	20	10	指数点	100 美元/点	100	
SFE	澳大利亚 ASX200	AP	116 203	5 156	5 000 000	11	5	3	指数点	25 澳元/点	25	0.901 5
EUREX/NYSE	英国富时 100	UKX	108 857	6 504	5 000 000	11	6	3	指数点	10 英镑/点	10	1.673 7
EUREX/NYSE	法国 CAC 指数	FCE	58 198	4 248	5 000 000	21	11	5	指数点	10 欧元/点	10	1.37
EUREX/NYSE	德国 DAX 指数	FDAX	315 785	9 220	5 000 000	4	2	1	指数点	25 欧元/点	25	1.37

第六章　超级交易员

第一节　交易员的全局视野——再论大局观

有一些冥顽不灵的交易者，宣称研究历史对研判未来无益。没错，我们通过研究历史走势所总结出的一系列高胜算图形定式，都只能算是价格即将大幅波动的必要条件而非充分条件，是一种“先验概率”；但是如果多项技术证据都显示价格即将大幅波动，报风比极高之时，可否将这些必要条件直接拿来作为充分条件使用？在控仓方案与止损措施的配合下，果断出击又有何不可？在我看来，一味追求完美理论和百分之百的胜算，既无可能，也无必要。金融交易的指导思想之一，就是只跟能为我们创造利润的标的打交道。这些标的最有可能展开并且正在展开趋势行情。通过对相关指数的观察与研究，通过月、周、日、微四级图表联合趋势跟踪，为发现这些品种提供了可能性与技术方法。具体步骤如下：

第一，检查股票或期货市场的大盘指数和分类板块指数，看趋势行情是否已经确立？如果已经确立，是否位于临界点？

第二，筛选出图形经典、历史表现流畅且与大盘指数或分类板块指数走势相似的成分品种作为交易标的，要求该标的趋势确立并且位于临界点。

第三，标准化控仓。在账户所能承受的损失既定的前提下，杠杆越高的头寸，所能对抗的逆向波幅就越小，头寸就越不容易拿住。相反，杠杆越小的头寸，所能对抗的逆向波幅就越大。既然每个人的资金都不是无限的，“抗伤害”的能力也都是有限的；那么，到底是走重仓短线之“死路”，还是走标仓波段之“活路”？每一个交易者都必须考虑清楚。

第四，想好止损位，即确定何种不利情况发生时坚决离场，而止损位没被触发时一般不离场。朋友们应该明白，趋势展开的充分条件是“不可认识”的，但其必要条件却是可以认识的。所谓趋势展开的必要条件，是指每当趋势展开之时，日、周、月三幅图表上反复出现、经常具备的规律性特征，包括 K 线与 K 线、K 线与均线、均线与均线之间特定的位置关系，以及趋势与形态特定的位置关系。如果这些规律性特征透露出多空力量强弱对比的实情，那么就可以说我们“看懂了”图表，对未来价格涨跌的概率了然于胸。

趋势展开的必要条件是可以认识的，趋势展开的充分条件是不可认识的。必要条件包含充分条件，所以尽管存在失败的例子，但在采取防守措施之后，我们依然可以把趋势展开的必要条件直接当作充分条件使用。如果报风比够高并且判断为集体行情，那么我们就可以在控仓方案与止损措施的保护下立即进场。所谓“报风比”，是指潜在的盈利长度相对于止损宽度的倍数。因此，一名交易员的交易能力可以拆分为进攻（盈利）能力与防守（风控）能力。而交易本身，只不过就是对赢面与输面概率大小的估算与处理。

说起影响价格的因素，人们自然而然会想起供求关系。但是我从事商品期货交易从来不考虑供求关系，也不关心“非农数据”，不理睬任何“大人物”的讲话。因为我知道，某种商品究竟是供不应求还是供过于求，事先极难预测。何况有现货背景的期货交易者也不少，却没有证据证明他们的交易绩效优于其他人。事实是，这些人相对于专业投机者并没有什么优势。我一天都没有从事过现货贸易，却拥有他们所不具备的优势：多数情况下，我知道价格涨、跌、横的概率各有多大，知道某种商品后市即将上涨/下跌、继续上涨/下跌还是即将停止上涨/下跌，而他们不知道。即便他们模糊地知道一点，我在时点上的判断也要比他们清楚而准确得多。所以我是绝对不屑于跟任何基本面分析派的专家交流对市场的看法的。

图6—1清晰地说明了趋势展开的必要条件与充分条件两者之间的关系。图中的大集合是“趋势展开的必要条件”，这是可以认识的；小集合是“趋势展开的充分条件”，这是不可认识的。大集合包含小集合。也就是说，所谓的“高胜算图形定式”，不等于100%的胜算，存在许多失败的例子。正因为如此，控仓方案与止损措施在实战中永远必要。

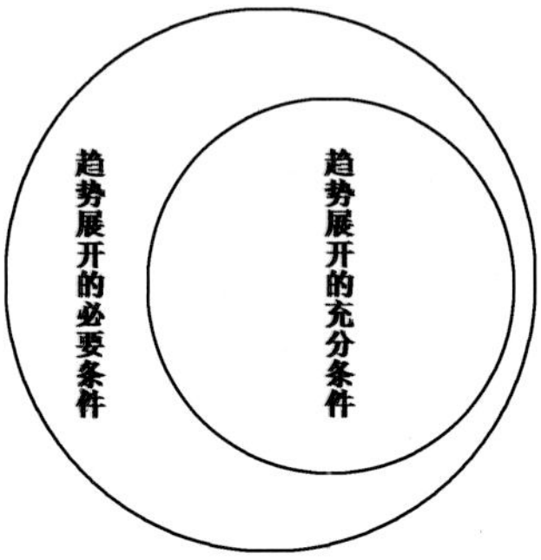

图6—1　“趋势展开的必要条件”与“趋势展开的充分条件”

金融交易的核心机密，就是以高正确率的技术系统为先导，以高稳健性的控仓方案和止损措施保驾护航。如果你对后市的判断极少正确，风控措施落实得再好也无济于事——你也许可以免于一夜暴死，但是又有谁能把你从慢性失血而死的不归路上拯救回来呢？倘若交易员不去刻意地寻找高胜算的交易机会，而是一味忙进忙出，那么无论多少利润和本金，最终都会消耗殆尽。这是我从业20年来所得到的最重要的经验之一。寻找正确交易信号的能力固然重要，但是比这更重要的，是在正确交易信号出现之前安坐不动的能力。

在金融交易过程中，对经典图形的识别和捕捉还不是最难的，最难的是只在经典图形出现时才交易，其他时候管住自己的手，坚决不交易。如果说交易这行真有什么诀窍的话，这个诀窍就是：交易员应该学会守株待兔，在进场之前一定要让市场迁就你，而你绝不能迁就市场。如果市场运行状态不符合自己的交易系统，那就管住手，坚决不交易。无论何时，每次只要对进场信号降格以求，我总会赔钱。我以正确预言金融市场上即将发生的大事见长，但有时也会犯错。有些时候，我严重看空的品种眼看就要跌下万丈深渊，却又摇摇晃晃地从悬崖边爬了上来。此时该当如何？——没办法，止损价最终被触发，只好走人了事。

在投机操作中的确没有什么事情能够绝对预定，有的只不过是胜算大小的区别而已。从事金融交易的关键，不是要懂得任何事，而是在任何情况下都知道应该怎么办，应对策略比你对市场的看法更重要。当你做多的时候，必须警惕那些“该涨不涨、宁死不涨”的品种；当你做空的时候，则必须警惕那些“该跌不跌、宁死不跌”的品种。当鞭打也无法驱赶一头驴的时候，当最锐利的钻头也无法钻透岩层的时候，你应当接受挫败。无论何时，“胜兵先胜而后求战”“合于利而动，不合于利而止”与“宏微结合、知变应变”，永远都是金融交易世界的绝对真理与最高真理。

市场上的全部利润皆来源于趋势，如果没有趋势，一切交易员都得饿死。我不知道趋势展开的充分条件是什么。我认为“充分条件”是“不可认识”的，人类只能通过认识必要条件来近似地代替充分条件，所以控仓和止损等防守措施永远必要。所谓“天网系统”，无非就是通过看图总结出金融市场上各种级别的趋势运动展开的必要条件，把那些高胜算的图形定式当作趋势展开的充分条件来使用而已。当然，必要条件不等于充分条件，假信号势必混杂其中。所以我一再强调要多周期图表联合作战，以大级别信号作为预测行情的先导，以微观交易系统决定进出时机，同时提供标准化控仓方案来保护交易者。

天网系统是一套立体的作战体系，依赖交易员精湛的技术分析功底和感知全球各大金融市场所处运行阶段与可能发展方向的强大能力。一旦熟练掌握了天网系统，你就会成为某种程度上的经济学家和预言家，甚至远比真正的经济学家和预言家高明。因为你在一定程度上能够猜到未来。金融交易的本质方法，是在有限风险的条件约束下，从不确定中寻找确定性。如果投机操作不具备概率优势，那与赌博何异？把图形作为一个整体，用眼睛看图，用心灵感知多空力量强弱对比的实情，是在这一行安身立命的法宝。

如果在无趋势行情中管不住自己的手，交易者会轻而易举地赔光自已在大行情中所赚到的全部利润，无论多少，再加上本金。超短线交易者总是不肯放过每一次赔钱的机会，一定要彻底摒弃超短线思维，只做明显的趋势。交易赚大钱的奥秘不在于你的手脚有多勤快，而在于你持有盈利头寸的前提下、安坐不动功夫的深浅，以及知道什么时候盛宴即将结束。金融交易是关于胜算的游戏。交易员的职责就是找出具备正期望值的交易系统和稳健的资金管理方案，从而把这场游戏持久地玩下去。

青泽先生在他的名著《十年一梦》中写道："期货交易既是一门赢的艺术，更是一门管理风险、控制风险的输的艺术，是一个限制损失的游戏。保护好自己才能有效消灭敌人。投机风格可以不一样，但交易的核心都一样：扩大利润，限制损失。"这些话永不过时。斯坦利·克罗（Stanley Kroll）也曾经说过："以我的经验，最赚钱和最能持续赚钱的方法，是所谓的长线仓位策略。在大趋势出现一早就进场，在有利的时机（即临界点）金字塔加仓，而且只要趋势持续，就继续持有仓位不动。"

但是，趋势通常是阶段性的，并且趋势和无趋势往往交替出现。这就是俗话所说的"趋势之后走盘局"。观察交易员们的所作所为，不难发现大部分亏损是在"走盘局"的时候发生的，这时候频繁交易严重。交易者常犯的另一个错误，是搞不清"攻"与"守"的关系。具体表现在同时面对可观的利润和巨大的不确定性时，不懂得落袋为安。作为交易者，请记住你的真正目标是从市场行情中"提取利润"，而不是进行一场"尽善尽美"的操作。在实盘操作中有完美主义倾向的人，他们的账户日复一日、年复一年地原地踏步。

都说未来不可预测，这要看如何定义预测。事实上，无论你对"预测"抱有怎样的看法，除非我们不交易，否则无法不预测。对趋势有无的研判，级别大小的预估，乃至头寸本身的方向和数量，统统带有预测的印记。一名交易员的预测能力，是以强大的读图能力为基础，所建立起来的大局观、整体观与前瞻性的综合。对我来说，我对后市的预测或者判断，取决于交易系统给我的指示，再结合我自身的经验。一般而言，我重视指数级别的机会，依靠"集体趋势"来获利。我视"集体趋势"为"鱼群运动"，以区别于单条鱼的运动。一般人会认为行情的性质、级别事后才知道，事先无法知道。这种说法并不完全正确。

实际情况是：行情的出现与否以及级别大小，事初可以先预估，然后在趋势行情刚刚露头的瞬间就亮出手铐，将其“逮捕”。类似的事情可以一再重复。没错，我们也许会失败，但损失会被局限在可以承受的范围内。更加重要的事实是：在捕捉集体趋势行情方面，我们很少失手。更加神奇的是，我们只需看图就能做到这一点，完全无须阅读那些浩如烟海、冗长乏味的基本面分析报告，无须看任何电视或网络新闻，也从来不需要关注什么“非农数据”，更不需要理睬任何一位“大人物”的讲话。那么，这又是怎么一回事呢？

古往今来，全球股票、期货、外汇、国债市场上的大量交易品种走出了无数宏伟壮观的趋势行情，研究这些走势可让我们受益匪浅。简单来说，如欲捕捉牛市行情，最好的方法是研究有史以来大批走出牛市行情的股票、期货和外汇品种，分别调出它们的日线图、周线图和月线图，仔细加以研究，看看这些品种在发动牛市之前到底在上述图表中摆出何种姿态？同理，如欲捕捉熊市行情，最好的方法是研究有史以来大批走出熊市行情的股票、期货和外汇品种，调出它们的 K 线图，看看这些品种在发动熊市之前到底摆出何种姿态？将这些规律性的走势提炼出来用于指导实战，久而久之，必能找出抓捕趋势行情的简明方法。

基本分析派认为只要投身于浩如烟海的资料报告，研究诸如伦敦铜库存的增减情况，以及智利的铜矿是否遭受了地震或罢工的冲击，美国与阿根廷大豆种植面积的增减、是否遭受病虫或旱涝灾害等海量的事实与数据，就能找到供求关系变化的蛛丝马迹，进而形成决策，在期货市场上获利……他们也的确这么做了。问题是，在付出如此辛勤劳动之后，结果又如何呢？姑且不论他们的研究结论是否正确，即使正确，因为价格的变化并不在时间上与他们的预期相一致；所以只要是在期货交易领域稍有经验的交易者，都不难想象这些人所面临的风险何其巨大——如果再加上资金管理不善，那么这些人的破产实属必然。

须知世界各国对于关系国计民生的大宗商品，历来都努力使之供需平衡，以至于供求失衡导致的价格涨跌如果说不是没有，至少也很罕见。

基本面分析派试图通过抓住商品的供需失衡来获取暴利的机会，在他们一生当中也未必真能遇到那么一两次，但是能让他们亏钱的机会却多如牛毛。我不否认商品基本面分析这件事确实需要有人来做——例如来自政府或企业的专家。但个人交易者如果在这方面花费大量的时间和精力，则属不智之举。作为个人交易者，不去直接跟踪商品价格本身的变化，却过分关心供求关系，是研究方向上的错误。

在投资领域，几乎没有特别年轻的成功者。原因在于，那些年纪轻轻就在资本市场上赚到大钱的人，往往都输给了时间。唯有经历过市场周期起起落落来回洗礼，人们才会真正走向成熟。任何时候，必须牢记我们做交易的目的是“做利润”而不是“做行情”。“打一场漂亮仗，把一波完美的行情完美地从头吃到尾，然后写进自己完美无缺的回忆录”，这种想法经常会不知不觉地进入我们的潜意识，点燃我们的虚荣心，然后导致我们错失出场良机，把巨额利润拱手还给市场。当一段流畅的趋势行情运行完毕，如果你宝贵的利润被接下来出现的大幅震荡行情洗劫一空，那么你会在财务和情绪上受到双重打击，你的日子无疑将会很难过。

当你的账户处于生死存亡的边缘，你必须不惜一切代价，以“病去如抽丝”的坚韧捍卫账户权益在万丈悬崖前不再后退半步。为此你必须尽量减持一切不确定的头寸，被迫以最小的头寸从事胜算最高的交易。当“抓住行情”的愿望与“保住账户”的目标相冲突的时候，你被迫放弃前者，选择后者。尽管你知道自己未来很光明、前途很远大；但是眼下，你只能通过点点滴滴、谨小慎微的操作来度过暗无天日的“疗伤期”。在这行，有胜利的欢欣，也有痛苦的煎熬。何以应对？唯有坚韧。这就是我们的交易生涯，我们选择的路。

第二节　深度揭秘：黄金的前世今生

黄金概述

从事现代金融交易，不可避免地会接触到人类社会古老的经济活动之锚——黄金。深刻理解黄金与纸币尤其是当今世界主要纸币美元和人民币的关系，是作为一名金融交易员应当具备的大局观和整体观的一部分；否则就变成为了交易而交易，盈利将变得无从谈起。黄金本身是商品，又具备支付、储备功能，所以有必要搞明白黄金与纸币的关系。黄金是以美元为代表的纸币的替代品和对立面。事实上，黄金扮演着世界各国中央银行之间“终极货币”的角色，在金融市场上享有独特而重要的地位。交易者如果不了解黄金与纸币的关系，以及黄金与其他大宗商品的关系，将无法从金融交易中获利。

可以说，世界上没有哪个投资品比黄金更有吸引力了，因为黄金本身就是财富的象征。事实上，黄金还是权力的象征。在几千年的人类历史长河里，无论是在古埃及还是古罗马的灿烂文明中，黄金一直都享有崇高的地位；除了为帝王贵族所拥有，还曾被人类制成祭拜神灵的器具和用于修饰神像的材料。黄金在人类的工业生产、经济活动和社会生活的各个领域也都有着广泛的应用。黄金储量稀少，物理性质稳定，熔点高达1 064摄氏度，故有“真金不怕火炼”之说。其次，黄金的韧性和延展性良好，易于铸造。1盎司黄金可以拉成50里长的金丝，或碾成0.001毫米厚的金箔，因此可以制成精密的电子产品。

在导电性能极佳的同时，黄金的化学性质也十分稳定，抗氧化和抗腐蚀能力非常强。人类发现并利用黄金的历史甚至早于人们所熟悉的铜、铝和铁。其他金属在自然界往往以化合物的形式存在，而黄金却能以单质的形式存在。黄金储量稀少，地球上平均每1吨岩石中的含金量只有0.003 5克。直至今日，世界各国央行所储存的黄金也不过才3万吨。大自然为黄金的储量设定了上限，使其无法像纸币一样无中生有。正是这一稀缺性，赋予了黄金不易贬值的高贵品质。1 000年前的1克黄金能兑换多少大米，今天也依然大致如此。黄金的购买力，纵使历经千年也几乎不变，令不断贬值的纸币望尘莫及。

黄金卓越的物理和化学性质，决定了它是贵金属中重要的工业品，是航天、医疗、通信、电子、珠宝等行业不可或缺的材料。而稀缺、不易锈蚀、抗损力强、便于分割和携带……这些特性又使黄金成为最好的储存和流通媒介，使其在作为金属本身的商品属性之外，还具备了适宜充当货币的金融属性。作为商品，金价受自身供求关系的调节；作为与美元一起同时被世界各国政府所储备的国际硬通货，以及个人投资保值与储藏财富的工具，在美元持续贬值的大背景下，黄金的避险功能凸显，其价格会反复上扬。

伦敦是世界黄金现货交易的中心，其与悉尼、香港、苏黎世、纽约的黄金交易所一起，构成一个虽无固定交易所，但是全球 24 小时不间断的黄金交易平台。黄金期货交易方面，全世界有纽约、香港、东京、上海等几大交易所。上述期现两种交易方式都是 T＋0 保证金双向交易，不同之处在于：(1)黄金期货有特定的交易所；(2)黄金现货(比如“伦敦金”)有着 50～400 倍的杠杆倍率，而期货杠杆一般在 20 倍以下。黄金现货交易又包括实物与纸黄金交易。前者可以提取实物黄金，后者只通过账面反映买卖状况，不能提取实物。纸黄金交易的优点是不存在仓储费、运输费和鉴定费，交易成本低廉。值得注意的是，持有黄金没有利息收入，这大概就是人们在和平年代和非经济危机时期不喜欢持有黄金的原因之一。

黄金简史——金本位制的兴亡

要想知道黄金在现代社会中发挥的作用，以及在未来世界中将要扮演的角色，就必须先了解过去数千年以来，黄金在人类社会政治经济各个领域，特别是金融领域所起到的重要作用及其特殊的演化史。在揭开黄金的神秘面纱以前，有必要先介绍一下本位币的概念。本位币是一个国家法定的计价结算货币。1663 年，英国铸造“基尼”金币和“先令”银币作为本位币，二者同时并存，这叫作“平行本位制”。在“平行本位制”下，同一种商品会出现两种价格——金币价格和银币价格，这势必会影响商品交换的正常进行，对资本主义的发展不利。因此，平行本位制运行的结果，必然会导致金或银“单本位制”交替出现的局面。

但在现实经济生活中，只用一种金属作为货币，往往会因数量不足而无法对社会大量供应。为此，1717 年，英国立法规定 1 个“基尼”金币与 21 个“先令”银币等值，折合 1 克黄金的购买力等同于 15.2 克的白银(即铸造比价为 15.2∶1)，这叫作“复本位制”或“双本位制”。1792 年，美国

实行了复本位制，规定每 1 金圆含纯金 1.608 75 克，每 1 银圆含纯银 24.131 25 克，二者等值，即铸造比价为 15∶1。然而复本位制有一个重大缺陷，就是铸造比价是规定死的，但国际市场上金银的比价却是在不断波动的。

1795～1833 年，国际市场上金银的实际比价是 15.6∶1(其间法国在 1803 年实行复本位制时采用的铸造比价为 15.5∶1)，如此一来，金币在美国成为"良币"要么被收藏，要么被转移至海外；银币则成为"劣币"充斥美国，使美国成为事实上的银单本位制国家。这就是"劣币驱逐良币"的由来。这个现象是英国人托马斯·格雷欣(Thomas Gresham)首先发现的，称为"格雷欣法则"(Gresham's Law)。1834 年，美国将铸造比价改为 16∶1，而当时市场上金银的实际比价是 15.7∶1；于是，金币和银币在美国的"良""劣"地位逆转，美国又成为事实上的金单本位制国家。

为了避免此种现象反复发生对经济造成冲击，欧美国家曾采取如下对策：一是限制"劣币"的铸造和一次性支付额。例如 1798 年，当银价跌至英国的铸造比价 15.2∶1 以下时，为了阻止银币泛滥，英国停止银币铸造，并规定其一次性支付额不得超过 25 英镑。这样银币虽然仍是名义本位币，但实际上已降至辅币地位，这称为"跛行本位制"。二是建立国际性复本位制。例如 1865 年，法国、意大利、比利时和瑞士组成拉丁货币同盟，共同采用 15.5∶1 的铸造比价，统一各国货币。但终因各国利益不同，协调困难，同盟很快解体。

导致复本位制难以为继的根本原因在于：这种制度要求金银有一个确定的比价；但在市场上，金银的比价却受供求关系的影响。于是，一座新银矿的发现就足以给整个货币市场制造一场地震。例如，1870～1902 年，金银的市场比价由 15.5∶1 暴跌至 39.1∶1，这种市场行为毕竟不是任何一个国家的力量能够阻止得了的，即使美国政府先后于 1878 年和 1890 年两次高价收购白银也无济于事。因此，"跛行本位制"是在 19 世纪 70 年代世界银价暴跌时为维持银的本位币地位及金银比价而采取的无奈之举，这一举措在美国、法国、比利时、瑞士、意大利等国都曾实行过，它实际上意味着复本位制向金单本位制的过渡。

就这样，在银价继续下跌而信用货币同时得到发展的情况下，金本位制终于在19世纪70年代得以正式确立。1792年，美国在采用复本位制的同时，还规定了黄金与纸币的固定兑换比率，当时的官价约20美元/盎司，这一价格维持了100余年。第一次世界大战之后，巨额的战争赔款使欧洲各国几乎都出现了严重通胀，致使纸币狂贬，金价暴涨。从1918年至20世纪30年代初，多数国家被迫终止了纸币与黄金的兑换。30年代爆发的世界性经济危机则使世界“金本位制”完全崩溃，于是各国纷纷加强贸易管制，禁止黄金的自由买卖和进出口。

正是在这种情况下，1931年英镑相对黄金贬值30%，1934年美国总统罗斯福发布法令明确禁止私人持有黄金，并将美元贬值40%，此时黄金的价格为35美元/盎司，即1美元可以兑换0.888 67克黄金(1盎司=31.103 476 8克)。也只有这时，才是美元在历史上“含金量”最高的时期。这些变化导致1939年伦敦黄金市场被迫关闭，直至15年后的1954年才重新开张。其间黄金几乎失去流通支付功能，但是在国际储备资产中，黄金仍是最后的支付手段，承担世界货币的职能，且受各国政府的严格管制。

第二次世界大战结束后，整个世界都需要一个全新的稳定的货币体系来重建世界经济新秩序。在这样的大背景下，“布雷顿森林体系”(Bretton Woods System)走上历史舞台。其主要内容是：(1)把美元作为世界最主要的储备与流通结算货币；(2)美元以35美元/盎司的比价与黄金挂钩，其他国家货币与美元挂钩，各国可按官价向美国兑换黄金；(3)实行固定汇率制，各国货币与美元的汇率只允许在法定汇率1%的幅度范围内上下波动，各国央行有义务在汇率超过这一界限时干预。

布雷顿森林体系在战后经济重建中发挥了重大作用，世界经济逐步修复了战争创伤，各国政府和人民开始储备美元财富，并且不急于兑换成黄金，因为美元作为世界货币依然可靠。但是1961年爆发的越南战争改变了一切。由于财政赤字节节攀升，美国政府开始被迫发行大量美元来予以弥补，此时欧洲各国政府、企业与民众在经济复苏中已经积累了巨额的美元资产。当人们预见到美国还将大量印刷美元时，就纷纷加入抛出美元兑换黄金的行列。为了抑制金价和减少本国黄金储备的流失，并且保持美元与各国货币之间的汇率稳定，美国联合欧洲八国于 1961 年 10 月建立了总额为 2.7 亿美元的"黄金总库"，以英格兰银行为总代理，负责维持伦敦黄金市场价格，并采取各种手段阻止外国政府以美元向美国兑换黄金。

然而这些做法注定是徒劳的。由于美国在越南战争的泥潭里越陷越深，国际收支状况日益恶化，严重动摇了美元的信誉，各国政府与民众一起抛售美元、抢购黄金的狂潮再也无法抑制。1945 年美国还有 21 772 吨黄金储备，然而到了 1968 年，竟然只剩下 9 207 吨。显而易见，面对如此强大的市场购买力，美国政府终将失去维持黄金官价的能力。在与黄金总库成员国协商后，美国宣布不再按 35 美元/盎司的官价向市场供应黄金，金价自由浮动，但各国政府之间仍按官价结算。从此，黄金开始了"价格双轨制"阶段，即黄金市场被分割为官方部分和自由市场部分。前者按官价结算，后者以供求关系为主导自由浮动。

价格双轨制的弊端是极易被人利用。因为只要设法取得低价的官方黄金，就可以在自由市场上卖出轻易获取暴利。利益驱动之下，各国央行纷纷要求按照布雷顿森林体系的规定兑换美国储备的黄金，进一步加剧了美国黄金储备的流失。1971 年 8 月 15 日，尼克松总统只好宣布停止履行对外国政府和央行以美元向美国兑换黄金的义务。这一做法宣告美国正式退出布雷顿森林体系，同时宣告美元与黄金脱钩。至此，布雷顿森林体系轰然倒塌，黄金终于摆脱了美元的困缚，成为由自由市场供求关系定价的黄金。这是美元的一败涂地与黄金的重大胜利。但是长期以来，我们听到的却是相反的宣传，有人告诉我们这是黄金的失败和美元的胜利。这是那些喜欢诋毁、抹黑黄金的人的一贯做派。

1973 年，美元再度大幅贬值，在黄金抢购狂潮的冲击下，西欧和日本外汇市场被迫休市 17 天。各国经过紧急磋商后达成一致：西方国家放弃固定汇率，实行浮动汇率。此时金价已超过 100 美元/盎司。由于黄金市场的蓬勃发展，加之美国民众在被禁止 40 年后重新被允许拥有黄金，交易者普遍认为市场对黄金的需求会大大增加，所以奋不顾身买进黄金，金价不断创出历史新高。同时由于欧美国家通胀率的再次飙升，就在美国黄金市场对社会大众开放的当天，金价迈上 200 美元/盎司的大关。

1975～1976 年，高通胀率终于导致欧美国家出现严重的经济衰退；为了抑制黄金市场上的过度投机，美国财政部和国际货币基金组织开始进入黄金市场抛售黄金储备，金价于 1976 年 8 月曾跌至 100 美元。很快，随着通货膨胀在世界范围内再度升温，黄金重新走牛，于 1978 年刷新了 200 美元/盎司的历史纪录。1979 年，强大的买方力量逼迫美国财政部和国际货币基金组织缩减乃至最终取消了拍卖黄金储备的计划。1979 年第二季度，西方世界的通货膨胀严重恶化，美国政府的财政赤字也飞速增长。金价出现令人瞠目结舌的爆炸性上涨，一个又一个整数关被不断踩在脚下，从 200 美元飙升到 800 美元。

1980 年 1 月，当苏联入侵阿富汗的事件发生后，黄金创出了有史以来的最高价——960 美元/盎司！时任美联储主席保罗·沃尔克（Paul Volcker）——那个被称为“打断通胀脊梁的人”——果断将联邦基金利率提升到 20%，一举遏制住了通胀。之后，随着世界经济状况的改善，美国的通胀率从 20%左右下降至 1982 年的约 5%，黄金也因此踏上了长达 22 年的漫漫熊市旅途，直到 2001 年 4 月跌至 256 美元才算打住。2001 年的“9·11”恐怖袭击事件启动了美元的新一轮贬值周期，黄金的避险功能再次凸显，这一切促使国际金价走出底部，展开了一波惊天动地的 10 年大牛市。2011 年 9 月 6 日，金价登上了 1 922 美元的历史巅峰。

一切纸币终将归零，唯有黄金熠熠生辉

如果说商品是纸币的对立面，那么作为上帝挑选出的“诚实货币”，黄金几乎就是纸币的天敌。1919～1923 年，在第一次世界大战中战败的德国面临 1 320 亿金马克的战争赔款；由于这一金额远远超过德国的支付能力，在种种内忧外患之下，德国政府不得不求助于印钞机。1919 年，德国货币发行量为 500 亿马克；但是到了 1923 年，这一数字变为 49 658.5 亿亿马克。短短 5 年时间内，每盎司金价由 170 马克上涨到 87 万亿马克；每盎司银价由 12 马克上涨到 5 430 亿马克。同时马克与美元的比价也由 4∶1 骤贬为 4.2 万亿∶1！1924 年 8 月，德国成立新的中央银行，实行金本位制，同时发行新马克，以1∶1万亿的比例取代旧马克，并且将新马克的发行量控制在32亿以内。至此，这轮极具破坏力的恶性通胀才落下帷幕。

纵观整个人类历史，每当纸币体系崩溃，黄金总是再次登上历史舞台，承担起支付职能。2006年2月，津巴布韦总统罗伯特·穆加贝(Robert Mugabe)命令该国储备银行印刷20.5万亿津巴布韦币，以兑换外币用来归还IMF的债务，这立即导致物价疯狂上涨。2006年5月，又有60万亿新印的津巴布韦币进入流通领域，为的是让军警的工资上调3倍。2006年8月该国发行了新的津巴布韦币，以1∶1 000的比例取代旧币。2007年6月，又有1万亿新津巴布韦币出笼，将军警的工资调高9倍。2007年7月，该国实施物价管制，强令商店按照政府指定的价格出售商品，但是回应这一命令的是商店货架上很快变得空无一物。

面对举国深陷的混乱局面，穆加贝总统依然用印钱的办法解决问题。2008年2月，津巴布韦的总货币供应量达到了惊人的800万亿。到了2008年7月，1 000亿津巴布韦币只能够买3个鸡蛋。2009年4月，津巴布韦正式承认该国金融系统崩溃。此后，津巴布韦不得不使用黄金进行交易。当地村民们说："如果你想要食用油，就得用金子交换；如果你想喝小米粥，也要用金子交换；如果你需要盐，还得用金子交换。所有的东西都得靠金子，而不是津巴布韦币。如果每天得不到0.3克金子，你就无法生存。"当记者问道："如果你不这样做，就没办法活下去？"村民们回答说："是的，如果不这样就会被饿死。"由此可见，黄金是金属中的金属、商品中的商品、货币中的货币，是终极支付品。

如果不与黄金挂钩，所有纸钞的本质都是纸，而不是别的什么东西。黄金是天然的诚实货币和终极货币。不能兑换为黄金的纸钞叫作不可兑换货币，其购买力会随着供应量的扩大和政府信用的丧失日渐减少，直至归零。当恶性通胀爆发的时候，黄金是仅次于面包的东西，其价格会飙升，外汇和一切商品的价格也会飙升，其中尤以食品为甚！此时政府通常会实施物价管制和外汇管制。在这个世界上，只有黄金有资格给美元乃至一切纸币打分，扮演判定所有纸币内在价值的终审法官。美国经济学家彼得·伯恩斯坦(Peter Bernstein)在他的《黄金简史》(*The Power of Gold*)一书中写道:“以往的经验告诉我们,拜占庭金币、第纳尔、英镑,都没有在世界金融体系中占据永久的统治地位。当美元或者欧元无法在世界范围内履行支付工具的职能时,黄金也许会再一次充当起终极仲裁者的角色。”

第三节 掘金利器:微观图表与微观交易

在交易市场上,当一段上升趋势运行完毕,接下来就会构筑形态。当形态构筑完毕、价格突破之后,如果新趋势仍然是上升趋势,则前面的形态称之为“上升中继形态”;如果新趋势为下跌趋势,则前面的形态称之为“顶部反转形态”。同理,当一段下跌趋势运行完毕,接下来也会构筑形态。当形态构筑完毕、价格突破之后,如果新趋势仍然是下跌趋势,则前面的形态称之为“下降中继形态”;如果新趋势为上升趋势,则前面的形态称之为“底部反转形态”。趋势和形态各有其级别。大级别的趋势也可能由若干个次一级的“趋势+中继形态”连接而成。一般来说,大趋势需要大形态来消化顺势方的获利盘,小趋势需要小形态来消化顺势方的获利盘。

上面的话可以简单地概括为:大趋势对应大形态,小趋势对应小形态。或者反过来说:大形态酝酿大趋势,小形态酝酿小趋势。不管怎样,趋势运行完毕之后进入形态,这是必然之理,俗称“趋势之后走盘局”;这里的“盘局”指的就是形态。反之,盘局结束之后也很有可能走趋势,“标志性K线”的出现就是趋势启动的发令枪。一般来说,宏观交易学用于解决“趋势何时会来”的预判问题,主要观察“宏观图表”。就股票而言,“宏观图表”包括月、周、日三级图表(现在因为有了选股程序,月图主要由“月线神牛”把关,基本上不需要肉眼查看);就期货而言,“宏观图表”可以不包括月图,只看周图和日图即可。

微观交易学用于解决进出时机问题,为具体买卖提供精准的进出场点。对于1个交易日有4个小时的市场而言，通常观察1小时图（包括股指期货、国债期货和没有夜盘的商品期货；个股精确到日图即可，查看1小时图的必要性不大）。因为1小时是4小时的1/4，因此这种微观图表也称为"四分之一个交易日"图表，简称"微图"。但并非所有交易品种的微图都是"四分之一个交易日"图表，也可能是"三分之一个交易日"图表。比如内盘期货市场上以螺纹钢和天然橡胶为代表的一批品种，1个交易日有6个小时。它们的"微图"就是2小时图。因为2小时是6小时的1/3，所以称为"三分之一个交易日"图表。

微观图表也称为"日内图表"，可分为微图、纳图、皮图和飞图四级。大体而言，纳图的周期是微图的1/2，皮图的周期是纳图的1/2，飞图的周期是皮图的1/3。对于1个交易日有4个小时的市场而言，微图就是1小时图，纳图就是30分钟图，皮图就是15分钟图，飞图就是5分钟图。对于1个交易日有6个小时的市场而言，微图就是2小时图，纳图就是1小时图，皮图就是30分钟图，飞图就是10分钟图。在微观图表上加载"七均线"体系之后，读者还必须记住这些图表的240单位均价线对应几日均线？因为240单位均价线是参数最大的均线，所以也叫作"最大跟踪几日均线"。同样的，读者还应该记住其他微均线——例如120/60/30/20/10/5单位均价线——分别能换算成几日均线。

将微均线换算成日均线其实很简单。第一步要先知道日图相对于微观图表的"倍数"关系。所谓"倍数"——以1个交易日有4个小时的市场为例——因为日图对应4个小时，而你正在查看的是1小时图，4小时/1小时＝4（倍）。知道"倍数"以后，将日图上的"七均线"参数全部除以"倍数"（这里是4），即可得到微均线被分别换算成了几日均线。在这个例子里，因为日图"七均线"的参数分别为5/10/20/30/120/240，那么将这些参数分别除以4，即可得到1.25/2.5/5/7.5/15/30/60这样一组数据。其含义是：1小时图上的240单位均价线，等于60日均线（或者叫作"最大跟踪60日均线"），以此类推。

观察价格运动的演变，时间周期不同，视角也不同。在上面的例子里，微图虽然是1小时即四分之一个交易日画出一根K线，实际上观察的却是日线级别的波动，相当于一面 4 倍的放大镜，揭示出了日线级别波动的全过程。我们得到微图的过程还可以理解为：将 1 根日 K 线切分成 4 根 K 线，即可由日图得到微图。同理，将一根日 K 线切分成 8 根 K 线，即可由日图得到纳图(即 30 分钟图)，纳图最大跟踪 30 日线。同理，将一根日 K 线切分成 16 根 K 线，即可由日图得到皮图(即 15 分钟图)，皮图最大跟踪 15 日线。同理，将一根日 K 线切分成 48 根 K 线，即可由日图得到飞图(即 5 分钟图)，飞图最大跟踪 5 日线。

在股票交易中，我们通常是月、周、日三级图表联合作战；在期货交易中，则是周、日、微三级图表联合作战，辅之以纳图、皮图和飞图。这就像一张天罗地网，将金融市场这头怪兽网在其中，不敢说它是瓮中之鳖，把它的行动看个八九不离十还是没有任何问题的。这就是“天网系统”的内涵与奥义，也是其威力所在。依靠这套系统，只要你功底够扎实、经验够丰富，不存在你“想不通”的走势，也不存在你“看不懂”的行情。无论市场处于哪个运行阶段，它正在干什么、将来最有可能干什么，都可以看得明明白白、真真切切。

就算一时看不清楚，只要市场给出下一个临界点、下一根“标志性 K 线”，结合 K 线与 K 线、K 线与均线、均线与均线的位置关系，以及趋势与形态的位置关系，特别是那些前后呼应如指示牌一般的“路标组合”一旦出现，你很快就能看懂市场给出的答案，从而做出相应的决策。都说市场行为不可预测，这要看如何定义预测。天气变幻莫测，照样能够预报；盲人无法看清前路，可是仅凭一根拐棍，边走边探，照样前行无碍。金融交易试错难免，对的坚持，错的纠正即可。但是你不能错得太多，否则哪怕头寸再小，连续止损也将累积成为不可承受之重；所以必须重视胜率、强调胜算。止损的精髓，在于尽量减少止损的次数。

宏微结合的关键——K 线图的标准化

在前面的章节中，我们大致提到过 K 线图的标准化，这里开始详细讨论这一问题。有些交易者曾经梦呓，告诉世人他们从来不看 K 线图——不看 K 线图也能盈利，他们为什么不说自己不吃饭也饿不死呢？他们的话听起来好像看 K 线图是一件很丢脸的事，他们羞于承认，因为他们把自己当作巴菲特了。我已经“解码”过巴菲特，也从不讳言自己天天都看 K 线图——正因为看过几百万张图，我才有今天几秒钟就能研判一张图的能力。K 线图上有两个要素：价格和成交量，移动平均线就是通过价格计算派生出来的。正因为如此，后来交易界又有了一种新的奇谈怪论：不看移动平均线，看“裸 K 线”！

他们认为，“裸 K 线”才是“更本质的东西”。相对于穿衣服，身体也是“更本质的东西”，他们为何不裸奔呢？——没错，看“裸 K 线”的下场就是裸奔——亏光一切、分文不剩！那些喜欢看“裸 K 线”的都是些什么人呢？就像是一趟远行，明明有汽车，他非得步行；明明有鞋穿，他偏要光脚。一个人得有多傻，才能想出这样的“好主意”？移动平均线是不可替代的天然趋势线，在这一行只要长眼睛，就不难看出它的支撑/阻挡和助涨/助跌作用至为明显；而且 K 线与均线的位置关系，比 K 线与 K 线的位置关系还要重要，结合均线与均线的位置关系，将会在研判行情方面发挥重大作用。如此简明优良的工具，怎能弃而不用？

K 线图上最重要同时也是必须显示出来的要素，有且仅有三种：K 线、均线、成交量(持仓量)。我一般不看任何技术指标。对移动平均线来说，最重要的是线色与参数。实现 K 线图标准化所要遵循的原则很简单：线色固定、参数固定，禁止改来改去。因为移动平均线是天然趋势线，实战中应用效果要比手工绘制的趋势线好得多，实际上相当于整张 K 线图的坐标系。坐标系决定了行情所处的发展阶段和具体位置，当然不能频繁改动。而且所有的 K 线图，无论周期为何，无论它是月图、周图、日图还是微图，必须采用相同的线色和参数，否则正确的看图方法与看图经验迟迟无法建立，交易者将陷入视觉错误与思维混乱的陷阱里无法自拔。金融交易本来已经足够复杂，交易者难道还要自找麻烦、自乱阵脚吗？

设定均线颜色与参数的原则也很简单：尽量使用软件默认的线色与参数，大部分保持不变，只在细节上稍加调整。首先任何周期的 K 线图，属于本周期图表的均线参数均为 5/10/20/30/60，线色一般设定为白/黄/绿/粉/红，其他的均线都是经过微调、附加上去的，目的是与上一级或下一级图表衔接。下面给出各周期图表标准化的均线参数设置方法，重要均线(支撑/阻挡作用特别巨大)彼此如何换算和对应,同时揭示各周期图表之间的联系。绝大多数交易者看不懂K线图,原因说白了,就是他们不明白各条重要均线到底起什么作用,在行情发展过程中分别扮演什么角色,以及它们对行情的支持/反对究竟意味着什么?

1. 月图

月均线有且仅有5条,参数设定为5/10/20/30/60。前4根均线相对重要,5号线也就是60月均线相对次要。60月均线相当于5年均线,这些常识务必牢记。其中5/10月均线是锁定月线级别趋势的天然趋势线,它们的反向交叉意味着月线级别的趋势发展受阻,行情开始构筑月线级别的形态。这种均线体系称为“五均线”,可以观察最为宏观的价格运动。如果加上120/240两条均线(分别约等于10年和20年均线,可以用来观察价格在宏观上是否跌入低价区;同时可与超跌理论相结合,判断超跌现象是否发生。这一点对原油、铜、黄金等上市超过30年的大型工业品期货特别有用),则称之为“七均线”。

对股票来说,“黑马集中营”月线级别的选股程序“月线神牛严”,要求25月均线托底向上;“月线神牛宽”,要求20月均线托底向上。符合“月线神牛”条件的月图,我们称之为“月均三顺”。“月均三顺”,顾名思义就是要求5/10/20(25)月均线托底向上,这是股票展开大牛市的必要条件。与“月均三顺”相对应的,是“周均五顺”或“日均七顺”。有一种“完美月图”,说的是30月均线托底向上,月K线之最新价距离前四根月均线不远,并且前四根月均线彼此之间的距离非常近。在牛市初期,有这种月图的股票通常都是即将领涨的飙股。在文华财经开发的睿期/赢智软件上,可以先编制好“五均线”和“七均线”,然后通过按“F7”键,就能在“五均线”和“七均线”之间来回切换。

2. 周图

周均线设置方法与月均线相同,也采用“五均线”体系。其中5/10周均线是锁定周线级别趋势的天然趋势线,它们的反向交叉意味着周线级别的趋势发展受阻,开始构筑周线级别的形态。30周均线托底向上,是周线级别上升趋势展开的最小必要条件(简称“周均四顺”)。“周均四顺”

成立时如果 60 周均线依然向下俯冲，则可能对涨势构成制约，上升趋势可能继续发展，也可能回踩一次再继续上涨（构成周线级别的看涨 N 型），还可能发展失败。如果一波涨势只能被 5/10 周均线锁定，在此之前周均线实际上处于空排状态，这种行情就是所谓的“V 型反转”——其在周线图上运行完一个上升波段之后往往还有一踩，目的是夯实周均线，令其由松散变密集，从而为后续的行情发展提供支持。

60 周均线约等于 240 日（或 20 月）均线，即年线（精确地说，等于 1.25 年线——60 周/48 周＝1.25 年）。相应的，30 周均线约等于 120 日均线，即半年线。同理，120 周均线等于 2.5 年线，对应 30 月均线。因为 30 月均线具备强大的支撑/阻挡作用，体现在周线图上，就是反弹/回调经常在 120 周均线附近遇阻。一般来说，行情的发展动力是剑，均线的支撑/阻挡作用相当于盾。剑盾相交，剑固然占优；但金融交易的一个要点在于：做多的时候，注意上方的阻挡；做空的时候，注意下方的支撑。支撑/阻挡既可能被突破，也可能终结趋势。行情到底会如何发展，老练的交易员能把过程看得一清二楚。

在周图的主图指标加载“五均线”的基础上，增设 120 周均线；或者在“七均线”的基础上，将 240 单位均价线的参数改为零，即可得到“六均线”。什么时候周线图上需要显示“六均线”？有一种场景，就是超级牛股走出了周线级别的看涨型 N2 定式。具体例子，参见贵州茅台（600519）在 2019 年 1 月 18 日所在周的情况。当时该股 30/60 周均线出现交叉（对应日图上 120/240 日均线交叉），似乎要走熊市；但是很快又于 2019 年 1 月 18 日所在周放量站上所有周均线，重拾升势。此时在周图上加载“六均线”，就不难解释该现象——它是一个周线级别的看涨型 N2 定式。若不能正确地解释行情，你是不敢参与的。

3. 日图

日均线通常有 7 条，参数设定为 5/10/20/30/60/120/240，即“七均线”。实际上，属于日线图自身的均线只有前 5 条，后面 2 条均线，严格地讲不属于日均线，而是属于周均线。为什么这么说呢？因为 120 日均线对应 30 周均线，240 日均线对应 60 周均线（30/60 周均线的实际周期要略大于120/240日均线，这里说的是大致上的对应关系）。就像120周均线把周线图和月线图联系在一起，通过看120周均线，就能知道30月均线的状态如何；同理，把120/240单位均价线引进日线图，也是为了把周图“嵌套”进日图，达到“通过日图看见周图”的目的。当你看见120/240日均线的位置关系，也就明白了30/60周均线的位置关系。换言之，20/30/60/120/240日均线，与5/10/20/30/60周均线一一对应。

在日线图上，几乎每一根均线都很重要，它们对行情的发展是“支持”（即同向）还是“反对”（即反向），都有特别的含义。专业交易员必须将它们的作用搞得一清二楚，而且要把其他图形中的均线换算成日均线之后的数值，以及各周期图表之间的对应关系牢记在心，运用自如。否则无论如何谈不上“看懂图表”，更不可能持续盈利。与5/10单位均价线在月图、周图中的功能类似，5/10日均线是锁定日线级别趋势的天然趋势线，它们的反向交叉意味着日线级别的趋势发展受阻，行情开始构筑日线级别的形态。一般来说，60日均线托底向上，是日线级别上升趋势展开的最小必要条件（简称“日均五顺”）；30日均线盖头向下，是日线级别下跌趋势展开的最小必要条件（简称“日均四顺”，“V型顶”除外）。

4. 微图

前面已经介绍了两种微图，分别是一个交易日有4个小时的市场，微图为1小时图，最大跟踪60日线，以及一个交易日有6个小时的市场，微图为2小时图，最大跟踪80日线。因为日图最大跟踪240日线，所以前者又叫“四分之一个交易日图表”，后者又叫“三分之一个交易日图表”。事实上，在中国玩家看来，期货市场又可以划分为内盘（指中国内地）和外盘（指中国内地以外，尤其是欧美的期货市场）。在这些期货市场上挂牌的众多交易品种，交易时间差异很大。比如在美国CBOT挂牌的美国玉米、小麦、大豆、豆粕、豆油和在NYBOT挂牌的美国棉花六大农产品，以及在英国LME挂牌的铜、铝、锌、铅、锡、镍六大基本金属，总共12个品种，一个交易日的时间是18个小时，其微图应该看哪张图表呢？

一般来说，微图以最大跟踪60日线（即240单位均价线可换算为60日均线，下同）为宜。上限不应大于80日均线，否则太过迟钝，灵敏度不够;下限不应小于 50 日均线,否则太过灵敏,稳定度不够。简而言之,微图必须兼顾灵敏度与稳定度,能够起到充当“交易基地”的作用。所谓“交易基地”,就是哪怕不看其他图表,单是在微图这一张图表中,就能解决进场、出场、加码、减码等所有交易环节的图表,是能够独立作战的图表。从这个指导思想出发,不难看出,如果拿掉微图的 240 单位均价线,将 120 单位均价线暴露在最外面,然后以“七均线”代替剩余的六根均线,就得到纳图。如果继续拿掉 120 单位均价线,将 60 单位均价线暴露在最外面,然后以“七均线”代替剩余的五根均线,就得到皮图。

回到外盘一个交易日有 18 个小时的 12 个品种(含六大农产品和六大基本金属),它们的微图应该看哪种图表?很简单,如果我们看 4 小时图,那么相应的“倍数”就是 18H/4H=4.5(倍)。4 小时图最大跟踪的日均线为 240 日/4.5=53.333 日。显然,这符合前面给出的关于微图的定义。如果看 5 小时图,那么相应的“倍数”就是 18H/5H=3.6(倍)。5 小时图最大跟踪的日均线为 240 日/3.6=66.666 日。显然,这也符合微图的定义。因此,对一个交易日有 18 个小时的品种来说,微图看 4 小时或 5 小时图都可以。那么对于外盘市场像纽约原油、天然气、黄金、白银、铂金、钯金、外汇期货、外汇现货以及美国三大股指期货和四大国债期货这些一个交易日等于或约等于 24 小时的品种,其微图应该看哪张图表呢?

还是老办法,先搞清楚“倍数”。将一个交易日有 24 个小时的市场与一个交易日有 4 个小时的市场相比较,显然交易时间上存在 6 倍差距。既然后者的微图看 1 小时图,那么前者的微图自然是看 6 小时图。24H/6H=4(倍)。也就是说,对一个交易日有 24 个小时的品种而言,其 6 小时图就相当于把 1 根日 K 线切分成 4 根,仿佛一面放大倍数为 4 倍的“放大镜”,可以从中观察更多关于行情发展演变的细节。同理,对一个交易日有 9.5 个小时的品种(例如外盘的糖 11、咖啡、可可、日本橡胶和内盘的原油、黄金、白银)来说,其微图为 2 小时图,最大跟踪 240 日/(9.5H/2H)=50.52 日线。对一个交易日有 4.5 个小时的品种(例如外盘的活牛、瘦猪)来说,其微图为 1 小时图,最大跟踪 240 日/4.5=53.333 日线。

今后,我们把最大跟踪 60 日线的微图,称为“标准微图”。在标准微图中如果将5/10单位均价线去掉，就剩下5根均线，参数分别是20/30/60/120/240。再将微均线的参数分别除以4，即可换算为相应的日均线：

（5微均线/4＝1.25日均线；）

（10微均线/4＝2.5日均线；）

20微均线/4＝5日均线；

30微均线/4＝7.5日均线≈10日均线；

60微均线/4＝15日均线≈20日均线；

120微均线/4＝30日均线；

240微均线/4＝60日均线。

可见剩下的微均线实际上已经与日均线族5/10/20/30/60对应起来了（标准微图中的30/60单位均价线等于7.5日/15日均线，但因为日图中不存在7.5日/15日均线，所以我们将其近似地看作10/20日均线）。这叫作“从微图看见日图”。反过来，也可以“从日图看见微图”。如何做呢？很简单，将5日均线看作微图的20单位均价线，将10日均线看作微图的30单位均价线，将20日均线看作微图的60单位均价线，将30日均线看作微图的120单位均价线，将60日均线看作微图的240单位均价线……这就叫“从日图看见微图”。

同理，我们也可以将日均线换算成周均线，或者相反。参照前面的处理方法，先从日线图中拿掉5/10日均线，然后再将剩余的日均线换算成周均线即可，如下所示：

（5日均线/4＝1.25周均线；）

（10日均线/4＝2.5周均线；）

20日均线/4＝5周均线；

30日均线/4＝7.5周均线≈10周均线；

60日均线/4＝15周均线≈20周均线；

120日均线/4＝30周均线；

240日均线/4＝60周均线。

注意，将日均线换算成周均线的时候是除以4，不是除以5。理论上1周等于5个交易日，应该除以5。但是通过观察大量的图表发现，除以4

效果更好(剔除周末和节假日)。比如 10 周均线能锁定一切周线级别的趋势,实际周期肯定大于 30 日均线,精确一点应该等于 40 日均线。但日图上没有 40 日均线,所以只能在 30/60 日均线当中择其一。显然,论锁定日线级别趋势的效果,30 日均线要优于 60 日均线,所以我们一般将 30 日均线与 10 周均线相对应,将 60 日均线与 20 周均线相对应。不然的话,周均线族就得启用 4/8/16/24/48 这样一套参数来取代 5/10/20/30/60。实战证明,现有的体系很好,无此必要。这里将 5/10 日均线从日图中去掉,即可得到周均线族与周图。反过来,也可以"从周图看见日图"。

同理,还可以用同样的办法将周均线换算成月均线,或者相反。

(5 周均线/4=1.25 月均线;)

(10 周均线/4=2.5 月均线;)

20 周均线/4=5 月均线;

30 周均线/4=7.5 月均线≈10 月均线;

60 周均线/4=15 月均线≈20 月均线;

120 周均线/4=30 月均线。

将 5/10 周均线从周图中去掉,就可以得到月均线族与月图。反过来,也可以将 5/10/20/30 月均线分别看作 20/30/60/120 周均线,即可实现"从月图看见周图"。

从以上讲解可知,我们通过在微图与日图中巧妙地添加 120/240 单位均价线,以及在周图中添加 120 单位均价线,可以将月、周、日、微四级图表连接起来,彼此嵌套,恰似天罗地网,将金融市场网罗其中。可以观察市场从宏观到微观各种级别的价格运动。对于这些换算方法和各级图表之间的对应关系,读者应当细心体会。图表之间的对应关系虽然并不复杂,但也不是那么好记,可能很容易就搞混淆了。因此需要熟练掌握、深刻记忆。有些读者会问,知道这些是不是就可以精通期货微观交易,从而在期货市场上持续盈利了呢?回答是否定的。与宏观交易学一样,微观交易学也是一座高楼大厦,本书短短一个小节所讲解的基础知识还不足以导向持续盈利,而是需要单独一部书才能揭示微观交易学的全貌。

微观交易的局限性——“强行取利”的危害

朋友们对于微观交易可能有一个严重的误解，就是以为微观交易系统能够创造出比宏观交易系统更多的“战机”，从而让利润最大化，最终达到快速致富的效果。这种想法是极其错误的。事实上，微观交易系统真正的使命和作用，是鉴别趋势的真伪，即在用来判断“趋势是否已经确立”方面，具备得天独厚、无可取代的优势。直白地说，直接看日图从事期货交易是“行不通”的。因为海量的假突破足以杀死一切交易者，暗无天日的横盘震荡犹如一部巨大的绞肉机，又如一片万里无人的乱葬岗，没人能够走得出去。直接依据日图从事期货交易，一定会被无数次的止损杀死，成为皑皑白骨之一，只有祖坟冒烟的人能够例外。

交易者应该想明白一件事：趋势，尤其是宏观趋势，才是创造利润的源泉。那么什么是趋势呢？就是价格朝一个方向“持续移动”。显然，要创造庞大的利润，价格必须朝一个方向“显著移动”才行。理论上，“重仓＋小波动”可以取得与“轻仓＋大波动”一样的战绩；因此从表面上看，金融交易似乎有两条路可选。但实际上，“重仓＋小波动”——也就是超短或高频性质的微观交易——此路不通。人们之所以对微观交易学存在严重误解，无非就是希望实现“利润最大化＋利润最快化”，这样很容易想当然地把微观交易等同于超短高频交易。但实际上，微观交易仍然应该是波段交易，而超短高频交易则是非理性的。

至少，你不能为了短线而短线。至于试图通过“拉直”分时走势来盈利更是败多胜少，毫无确定性与胜算可言。那么交易者为什么总是希望“利润最大化＋利润最快化”呢？甚至在明知不适合交易的市道里仍然试图“强行取利”？难道每一个交易者都是不可救药、无法自控的赌徒吗？那倒也未必。理性的交易者不乏其人，但是结果没有什么不同——他们和非理性交易者一样难以管住自己的手。究其根源，还是盈利或回本的压力所导致的。从事金融交易的吊诡之处在于：如果你不职业化，不经受那种巨大的压力的锤炼——就像孙猴子在太上老君的炼丹炉里炼烧那种历练——你就无法快速地成熟和成功。但如果你走上职业化的道路，你会发现更加难以成功，因为你掉进了“强行取利”的陷阱里无法自拔。

比如，如果你是用自己的钱从事交易，除交易之外没有其他收入来源，因此每月都得从账户里提取生活费。你意识到这样下去利润都被花掉了，资金规模始终无法做大，而你希望操作更大规模的资金。一想到这一点心里难免会焦急万分。一旦开始着急，接下来的事就由不得你了——管它有没有趋势，管它市道是不是适合交易，你不知不觉地就开始敲击键盘和鼠标，不由自主地买进卖出了。如果你操作的是别人提供的资金，投资人势必要求回报，而且是在有限的期限内拿出业绩来回报。如果真的有利润，无论资金来源是自己的，抑或是他人提供的，都还比较好说，因为利润自会掩盖一切。但如果发生亏损了呢？

亏损和提取生活费双管齐下，会让自有账户的资金像阳光下的雪一样快速消融。而你越是急于改变、扭转这一趋势，"融解"的速度就越快。别人提供的资金也一样。你越是急于回报投资人，同时证明自己的实力，交易结果越是羞于见人。总之，盈利或扭亏压力导致的"强行取利"行为，以及每月都要从账户中提取生活费的行为，会让交易失败、账户归零的概率大增。于是乎，你陷入了不交易就得穷死，而动手交易就得亏死这样一个怪圈。下面是一个平时接触客户资料较多的某期货公司风控总监，所做的一份关于亏损来源的报告，其中最精彩的就是对客户交易数据的分析。数据周期是最近 3 年。现摘录部分内容分享如下：

第一，盈利的客户中，85.2%的盈利来自 5 单以内的盈利，扣除这 5 单，这部分客户的大多数交易是亏损的。这 5 单的特点：持有日期基本上都在 2 个月左右，市场基本上都处于单边趋势行情。也就是说，盈利来自趋势行情中的中长线或波段持仓。

第二，每日平均交易 10 次以上的客户，3 年平均收益率是－79.2%。每日平均交易 5 次以上的客户，3 年平均收益率是－55%，每日平均交易 1 次以上的客户，3 年平均收益率是－31.5%，每日平均交易 0.3 次以上的客户，3 年平均收益率是 12%；每日平均交易 0.1 次的客户，3 年平均收益率是 59%——交易质量与交易次数成反比，没有人可以例外。

第三，所有止损单，如果不平，有 98.8%的概率在未来 2 周内扭亏为盈。这样讲并非鼓励你硬扛，而是说明科学合理地设定止损的重要性。

重仓交易者通常无法忍受哪怕是最微小的逆向波动，这一点是由账户权益巨幅震荡决定的，与他们是谁无关。

第四，所有止盈单，如果不平，有 91.3%的概率在未来 2 周内实现更大的盈利。陈述这一事实并非要激发你的贪欲——过晚离场的结局与过早离场同样糟糕——只是想说明，绝大多数交易者都存在将顺势盈利单过早平仓的毛病。

第五，所有客户的收益率接近正态分布，很遗憾，这个正态分布的均值是－14%。

所以，除非你是天才，否则结论对大多数人而言是残酷的：

第一，没有学习能力与执行力的人，进入这个市场是错误的。

第二，频繁的短线交易，基本上一开始就判了你死刑。

第三，不要期望你能在高抛低吸的短线交易中获胜，更不要靠直觉来炒期货，期货市场亏损的根本原因是交易者操作自律性太差。

……

上面的统计表明：交易绩效与交易次数成反比是普遍规律。长期来看，超短线交易者的最佳业绩就是与市场打平，根本不值一提。金融交易应该采取轻仓波段的交易策略，避免重仓短线的交易策略。除非你有足够强的自制力，强大到足以抵抗千百年来流淌在人类血液里的人性本能，在恐惧和贪婪的裹挟下，依然可以冷静和理性到底……交易者在入市之前，最好先考量一番自己的学习能力与自律性；否则，金融交易对于你，就只是一个永无出路的死亡游戏。以上统计数据的结果，也说明了波段趋势交易是最好的交易方式，其胜率要远高于超短高频交易。顺势、待机、控仓、止损、持盈、止盈，是交易的不二之选。交易次数越多，越容易犯错。减少交易次数，控制仓位，并且设置止损，是理性交易者的理想选择。

第四节　金钱魔法师——玩转期权

关于期权的专著汗牛充栋，而且多数是大部头，看得人云山雾罩、眼冒金星。那些所谓的“专著”真的有必要看吗？或者说，看完乃至“看懂”之后就真能从期权市场中赚钱吗？回答是否定的。只怕看得越多、研究得越深，亏损就越严重。道理很简单：这些期权教材的编写者大多是科班出身，缺乏实战经验，通常没有能力在市场中赚钱。赚钱是实战交易家的事，不是大学教授们的事。事实上，在这一行越是科班出身的高学历交易者，亏损反而越严重，知道为什么吗？因为他们既无能力研判正标的走势，也不懂资金管理，从而做到分散持仓、分批进场。他们所学到的知识跟实战完全就是两回事，甚至根本就是错误的。

我可以肯定地说，期权教材中所列举的大部分看似完美的案例是错的，在实战中完全行不通，而只有实战交易家才能指出问题所在。在我看来，除非忘掉所学、深入实战，并且学会就事论事、就实战论实战，否则金融市场上的那些“天之骄子”们成为亏损最严重的一族毫无悬念，他们脑袋里塞满的“宝贵知识”足以害死他们。并且，他们的面子和自尊心将会成倍地放大他们的亏损——越不服气，赌性就越重，最终酿成无可挽回的灾难。当一个人不慎捅出数百万甚至上千万元的大窟窿，选择坚强地活下去只是小概率事件，大概率他会选择自裁以谢天下。这是怎样的一种心理机制，这里就不展开讨论了。

为什么期权如此可怕？因为期权亏钱实在是太容易了，而且可以一下子亏光，不管本金是几十万、几百万、几千万还是几亿，都能一次性亏光！当然，正确地操作期权也能很快盈利几倍、十几倍甚至几十倍。这样一种妖魔鬼怪和洪水猛兽，如果没有实战交易家的指导，试图自己通过闭门造车就想出驾驭之道，绝无可能。在正式介绍期权之前，先给出两个结论，请各位务必深刻理解、高度重视：(1)不能在正标交易中获利者，必定不能在期权交易中获利。期权只是同步放大正标的风险和收益，如果操作正标能够亏光，那么操作期权只会更快地亏光。(2)必须懂得资金管理，分散持仓。一次投入期权的资金绝对不能超过总资金的 1%～5%。期权买错了立即就会巨亏，因此止损无意义，进场之前就要做好亏光的打算。

以期货期权为例，它的正标是期货合约。期权犹如木偶，本身没有生命，它的巨大波动是由牵动它的那只手——正标——决定的。我们知道99.99%的期货交易者，最终都会亏光，那么期货期权的玩家，一定会亏光得更快。当然，彻底亏光之前，他们会有那么几次快速翻几倍的盈利经验，从而极大地鼓舞他们的信心。但是相信我，那些盈利只不过是幻象而已——他们没有能力保住自己的盈利，亏光是命中注定！也许在下一次操作中，他们的账户就砰的一声爆炸了，宝贵的资金像烟花一样，瞬间消散。听说过这样一个段子吗？说的是，当一个交易者只会做多股票的时候，知道股票下跌会亏钱；当他学会了操作期货，发现价格上涨也能亏钱；当他学会期权的时候，发现（正标）价格不涨不跌仍会亏钱！

这意味着，在期权市场上赚钱的前提，是交易者本人已经在正标交易中做到了“进场即赚钱”。而这又意味着交易者同时精通宏观交易学和微观交易学，能够正确判断正标的趋势行情是否“已经确立”；换言之，他能够规避正标的无趋势震荡行情，有能力在正标的趋势行情真正展开之前不进场！注意，这是在期权市场上获利的核心秘密。因为在期权市场上发生亏损通常有两种原因：(1)逆正标的势。也就是在正标运行上升趋势途中，买入看跌期权；或者在正标运行下跌趋势途中，买入看涨期权。这两种情况的结局必定是亏光无疑。(2)在正标处于无趋势震荡状态时进场，无论买入的是看涨期权还是看跌期权，都会亏光。

为何高校期权教科书里的“完美案例”在实战中不堪一击？为何交易者操作期权动辄亏光？其实根源只有一个，就是几乎无人具备研判正标的趋势行情何时“已经确立”、何时“尚未确立”的能力！这样的人，一百万人中没有一个，一千万人中仍然没有一个……这就是金融市场上赢家凤毛麟角的原因——你看到的那些“赢家”很多只不过是“临时赢家”，只要在市场中泡得够久，他们仍然会输；因为不知道自己是怎么赢的，早晚会被打回原形。这一行的真相是：几乎没人能搞定市场。当然，市场上凭技术吃饭的赢家也有，只不过少之又少。这些人通常至少奋斗了 20 年以上，付出了千万级的学费，以获取交易实战的真理。他们研究市场的深度和广度为常人所不能及，而不仅仅以书本上的理论为满足。

这就好比做期货，什么是期货？比如芝加哥的一名麦农，他是小麦的供应方(卖方)。他的年产量是1 000吨。假设每年的平均销售价格大约是0.2美元/公斤,他相应的收入是20万美元。他对自己的收入水平感到满意,不奢望更高的年收入,但也不希望收入下降。也就是说,他希望锁定自己的收入。假如当下的小麦价格正是0.2美元/公斤,但距离收割、上市还有半年时间。他担心半年后当小麦上市的时候,价格降为0.1美元/公斤,那样的话,他的收入将减半。怎么办呢?如果存在期货市场,这个问题就简单了:他只需要在期货市场开立与其小麦产量等价值的空单,这样当现货价格真的跌到0.1美元/公斤的时候(期货价格会同步下跌),其在现货上的损失将由期货空单的盈利予以弥补,从而锁定收入。

相反,如果期现价格同步上涨,期货空单的亏损将被现货增收的部分所抵消,也能锁定收入。但是,对面粉加工厂厂主来说,他需要锁定购买小麦的成本。同理,他只需要在期货市场上开立与自己的收购市值等价的多单,就能达到目的了。这就是传说中的"套期保值",也是期货市场得以建立的初衷。然而,理论是一回事,实战是另一回事。对期货市场上的投机客甚至一些企业来说,他们对"套期保值"不感兴趣,只希望从价格波动中赚钱,那么懂得这些"期货知识"与从期货市场上盈利有丝毫关系吗?回答当然是否定的,知道这些根本无法盈利。要想从期货市场中盈利,必须懂得价格本身的运动规律。

关于期权,也是同理。接下来,我会在5分钟之内说明什么是期权,让读者永远不会遗忘或发生概念混淆。比如一个餐馆老板,每逢春节,他的餐馆都要消耗大量的大白菜,数量高达1 000公斤。大白菜的价格通常是3元/公斤,这个价格他能承受,但也不希望涨价,否则餐馆就会亏损。但是大白菜的价格波幅巨大,他担心等到春节来临的时候,每公斤会涨到4元、5元甚至6元。怎么办呢?大白菜没有相应的期货品种挂牌,所以他无法像面粉加工厂厂主一样,通过开立期货多单来锁定成本。于是他找到一名菜农,与之签订了一份协议(当交易所将这份协议标准化后上市,令其能够自由流通转让,就成为"认购期权")。

协议规定,餐馆老板支付1 000元定金(即"权利金"),在春节前一天

（即行权日），有权要求菜农将 1 000 公斤（即合约单位）的大白菜，以 3 元/公斤的行权价格，交付给餐馆，菜农必须无条件履约（即“行权”）。但是，如果届时大白菜的市场价低于 3 元/公斤，餐馆老板可以不行权，直接从市场上购买，同时放弃 1 000 元定金。由此可见，认购期权的本意是想“价涨不跟涨，好货低价买”（市场价格上涨的东西依然以较低的行权价购买）。餐馆老板是否行权，取决于大白菜的市场价与行权价相比两者孰低。当行权价更低的时候，他选择行权，从对赌方（即期权卖方——菜农）那里买货；当市场价更低的时候，他就会放弃行权，直接从市场上购买。当然，交易所通常对期权的卖方收取保证金来保障其履约能力。

在上面的例子里，菜农是期权的卖方（义务方，只有义务没有权利），餐馆老板是期权的买方（权利方，只有权利没有义务）。当买方需要行权买货的时候，卖方必须履约，哪怕大白菜的市场价已经上涨到了 6 元/公斤，他也必须忍痛割爱。而他之所以“吃亏”，是因为之前他签订了一份错误的协议——他成了期权的卖方，所以必须愿赌服输。他为什么会犯这种“错误”呢？换言之，他为什么会成为期权的卖方呢？这多半是因为他看中了“定金”（“权利金”或“期权费”），而且他判断到期行权的概率很低，至少大白菜的市场价在期权到期的时候，不会超过 3 元/公斤，否则他不会签这份协议。要知道，金融市场中大大小小的机构，有许多都在扮演着“菜农”的角色，即把卖出期权当成一种生财之道。

不可否认，多数情况下他们是赚钱的，但是也可以赔得很惨——如果他们卖出那些不该卖出的期权的话。因为作为期权的卖方，他们的风险是无限的——在牛市中卖出认购期权的情况下尤其如此。其实，与卖出认购期权相比，“菜农”还可以通过买入认沽期权来保护自己的利益。买入认沽期权的本意是想“价跌不跟跌，贱货高价卖”。就是当菜农成为认沽期权买方的时候，是否行权取决于大白菜的市场价与行权价相比两者孰高。假设该期权的行权价仍为 3 元/公斤，当认沽期权到期的时候，大白菜的市场价低于 3 元/公斤，他依然可以通过行权，将手中的大白菜以 3 元/公斤的价格卖给认沽期权的卖方（即履约义务方）。如果此时大白菜的市场价高于 3 元/公斤，那么他将放弃行权，直接在市场上抛售大白菜。

综上所述，下面给出期权的定义（以股票期权为例）：

期权是未来权利间的买卖，包括认购期权（看涨期权）与认沽期权（看跌期权）。其中，认购期权的买方有权买入标的资产，从认购期权的卖方买入，卖方必须供货，但买方没有必须购买的义务；换言之，买方只有当有利可图（即行权价低于正标市场价）时才会行权，无利可图则会放弃行权，同时损失权利金（期权费）。认沽期权的买方有权卖出标的资产，卖给认沽期权的卖方，卖方必须接收，但是认沽期权的买方没有必须卖出的义务；换言之，买方只有当有利可图（即行权价高于正标市场价）时才会行权，无利可图则会放弃行权，同时损失权利金（期权费）。因此，认购期权与认沽期权的标准定义是：

认购期权是买方有权在约定的时间（行权日），以约定的价格（行权价），买入约定数量（合约单位或合约乘数）约定资产（即标的资产，包括股票、股指、ETF、期货、外汇或国债）的权利。认沽期权是买方有权在约定的时间（行权日），以约定的价格（行权价），卖出约定数量（合约单位或合约乘数）约定资产（同认购期权）的权利。无论是认购期权还是认沽期权，买方都是权利方，只有权利没有义务；卖方是义务方，只有义务没有权利。买方支付了权利金，买来了一份未来的权利；卖方则在收取权利金后，给予买方一份未来的权利。

股票期权（也包括股指、ETF、期货、外汇、国债期权）是交易所统一制定的标准化合约，规定买方有权在未来某一时间以行权价买入或卖出标的资产。买方以支付权利金为代价获得该权利，但不承担必须买进或卖出的义务。而卖方则在收取权利金之后，在规定时间内必须无条件履行约定义务，即为期权买方供货（认购期权）或为期权买方的卖出行为接盘（认沽期权）。期权买方的如意算盘是：“（标的资产）将来如果涨了，我可以低价（从期权卖方那里）买；将来如果跌了，我可以高价卖（给期权卖方）”，而期权卖方的观点则与买方相反。因此，认购期权的买方是看涨标的资产，而认沽期权的买方则看跌标的资产。

下面给出期权合约的要素：

1. 标的资产（Underlying Assets）：期权买卖双方权利和义务所指向

的资产。包括股票、股指、ETF、期货、外汇或国债。

2. 权利金(Option Premium):也称“期权费”,指期权的市场价格。期权买方(权利方)将权利金支付给卖方(义务方),以此获得未来买入或卖出标的资产的权利。

3. 行权价(Strike Price):期权合约规定的、期权买方行权时标的资产的执行价格。

4. 合约单位(Contract Size):1 手(或 1 张)期权合约所对应标的资产的数量。注意,期权通常是以“1 份”为单位定价的,却是以“1 手”的整数倍为单位进行买卖的,因此期权合约的“合约单位”类似于期货合约的“合约乘数”。

5. 到期日(Maturity):合约的最后有效日。中国 A 股市场上的股票期权都是欧式的,到期日=行权日=最后交易日。

6. 合约类型(Contract Type):即认购(Call Option)或认沽(Put Option)。

7. 行权方式(Option Style):即美式(可以在购买日与到期日之间的任何时间行权)或欧式(只能在到期日行权)。美式期权在行权方面对期权卖方要求更高,而且二级市场的价格不会出现太严重的偏差,否则会被“即时行权”所纠正。

期权的概念与分类如图 6—2 所示。

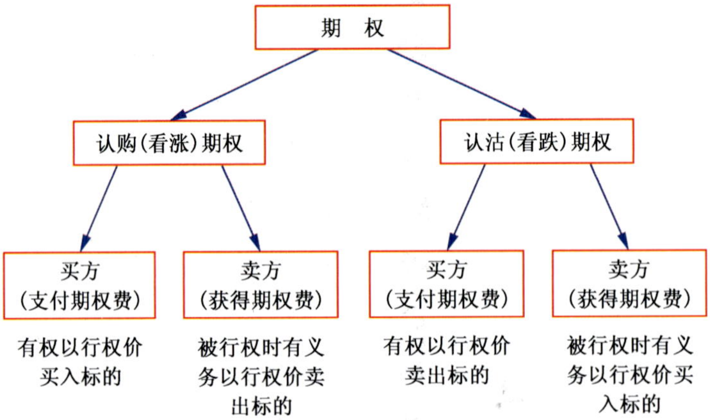

图 6—2 期权的概念与分类

第七章　魔鬼心中坐

第一节　毋意、毋必、毋固、毋我

在我看来，在金融市场上赚钱可以很容易，但也可以很难，难如登天——如果你的想法或做法错误的话。作为一名交易员要想在市场上凭能力明明白白、可复制地赢钱，而非仅仅靠运气或旁门左道获利，他首先应该是一位追求真理甚于重视金钱的人。就是说，我们应该致力于把交易赚钱的原理、方法搞明白并以之为乐趣，而非一心想着只要能赚到钱就成，至于钱是怎样来的却毫不关心。这样想，恰恰是对财富最大的不尊重。每一位意欲在市场上存活并长期盈利的交易员，除了认真学习交易技术，还应该好好学习《孙子兵法》这部关于在战争中——当然也包括一切对抗性博弈领域——生存并制胜的规律性宝典。

《孙子兵法》重点讲述将帅之道。统领千军之将帅，其最重要的人格素养，就是《论语·子罕第九》中所说的："子绝四：毋意，毋必，毋固，毋我。"用今天的话来说就是：不要主观臆断、不要自以为是、不要顽固不化、不要妄自尊大。君子日常修身处事尚且如此，带兵打仗、交易操盘更是同理。合格的将帅，总是灵活机动、知变应变，当进则进、当退则退，以保存实力为上、求胜次之为最高行为准则；合格的交易员，亦应例行公事、恬淡无争，不贪不惧、不亢不卑，以控制风险为先、其次求胜之理念贯穿整个交易生涯的始终。

交易员最重要的人格特质，是保持弹性、勇于纠错和勇于负责。因此，执拗的人、面子意识浓厚的人不适合交易；拒绝认输、不愿对自己的交易结果负责的人不适合交易；贪婪妄动、孤注一掷，总想毕其功于一役的人不适合交易。金融交易是考验耐心的职业。等待进场时机需要耐心，持有盈利的头寸需要耐心，严格控制风险、与市场先生周旋需要耐心，乃至由穷变富的过程，也需要耐心。“不要催促河流，它只按自己的节奏前进。”前人古语，饱含智慧。对待标的走势应该如此态度，对待自己的命运亦应作如是观。实际上，无论你是否愿意，要想成功，要求交易者在整个交易生涯中必须很好地控制和管理自己。

交易者遵循系统、恪守纪律或许能够导向成功，放纵自己则意味着自取灭亡。欲在交易市场上立足，仅有一颗追求真理并且愿意自我约束的心仍然不够，还要有足够的韧性。看看这条路上的失败者，有多少是因为心灰意冷半途而废的就知道了。成功的交易员不仅愿意承受风险，具备承认错误的勇气，还必须能摆脱情绪波动的影响，不能让前一次败绩影响到以后的交易，否则就会重蹈覆辙。让每一笔交易自行负责，互不干涉，一旦结束就过去了。撇开失败，重整旗鼓，这不是习得的能力，而是生性坚强。当颇费心血的战略部署被打乱，合格的将帅不会泄气，合格的交易员同样如此，因为在他们的信念里，胜利志在必得。

金融交易员最重要的职业敏感性，是知道什么时候交易标的或整个市场是在随机漫步，什么时候即将或正有大事发生，以及行情走势何为正常、何为不正常，何为常规走势，何为极端走势。当待在场内的时候，要知道什么事情是绝对不允许发生的，一旦发生，必须立即调整头寸。你需要证据确凿才能行动，所以不能太超前；但只有精明人才能赚钱，所以也不能太迟钝。在正确的时间做正确的事，就是对一名交易员要求的全部。金融市场是个大名利场，其黑似漆，深不见底。各色人等，混杂其中，各有所求，各执一词。有的人知道自己在干什么，有的人不知道。有的人清楚自己怎么干，有的人不清楚，这一点无关盈亏。

在这行，有人辞官归故里，有人漏夜赶科场。有人欲展拳脚，有人铩羽而归。这里有赢家，有输家，也有偏执狂、妄想狂、精神病和疯子。你若问我金融交易的本质是什么？我会回答：“追逐价差。”金融交易者的本质是什么？那自然就是“价差追逐者”。这和你是谁、在哪个市场交易无关；也和你如何标榜自己、宣称自己属于哪门哪派以及采用何种交易方法无关。不是所有人都知道自己在做什么和该如何做。试图让真心热爱这一行的年轻一代交易员明白，他们来这里可以干些什么以及如何干，是这本金融交易教科书将要完成的任务。

总结我们以往的交易，不难发现交易市场上的一切失败，都可以从没有认真落实“顺势、待机、控仓、止损、持盈、止盈”的“交易六环”（其中，前四项与开仓有关，称为“开仓四环”，其含义是：不顺势不开仓、非临界点不开仓、标准化控仓、开仓后采取止损措施），或落实得不够好上找原因。除此之外，还有 4 件有关“想法”的事应当先厘清。它们是：

1. 你到底是要贯彻《孙子兵法》中带兵打仗的原则，始终以保全自己为第一要务，主动把年化收益率定在 20%～50%；还是喜欢要么灰飞烟灭，要么一战成名？20%～50%的年化收益率倘若真能年年做到，你的盈利能力就是宇宙第一，绝对有资格成为华尔街大亨的座上宾。要知道，巴菲特的年化收益率还不到 20%。相比之下，那些试图一年 N 倍的交易者，简直就是作死的节奏。如果某一年有幸翻倍，那也是行情配合的结果，倘若以之作为刻意追求的目标，最终会发现就连 30%、20%也做不到了，因为速富心理本来就是亏损之源。请记住：任何时候都不要孤注一掷，即使打了败仗也不允许自己遭受重创或者死掉。

这个问题务必想清楚。有些人不喜欢稳健地赚钱，认为那样不刺激。他们不仅要求赚钱，而且要求赚快钱、赚大钱，否则就认为没有意义。这样的人有一个共性，就是当你问他期望中的年化收益率是多少的时候，他会告诉你：“一年 N 倍，上不封顶。”非但如此，他还深信存在某种正待发现的方法确实可以做到这一点。如果你是此类人，趁早走开，我对你无能为力。而且假以时日，我认为你在这一行除非洗心革面，否则无论取得多大成绩，最终必死无疑。实际情况是：你可能永远无法做大。每次你都在某个节骨眼上掉下来。好不容易爬上去又再次掉下来……最终沦为乞丐。因为这种想法本身就是祸根，是取败之道。要知道，这个世界上不存在既高速盈利又安全的交易方式，就和开车一样，高速必翻车，无一例外。

2. 在交易过程中，到底是应以自我为中心，还是以市场为中心？

这个问题的正确答案应该是：进场前以自我为中心，进场后以市场为中心。进场前以自我为中心的意思是：交易亏损的常见原因，是对交易信号降格以求。降格以求的动机是急于盈利或担心踏空。输家与赢家的区别就在于前者对踏空感到担心和恐惧，而后者根本不为这件事所困扰，也不急于盈利。这一点，只有在交易员真正成为赢家之后才能确切理解。让市场迁就我们，而我们绝不再迁就市场，是作为一名交易员走向成熟的标志。因此，在进场时机的选择上，要有耐心等待市场先生向我们屈服，而不是相反。

所谓等待市场先生向我屈服，更准确的说法是等待市场给我发送请柬。因为我是纯粹的图表交易者，所以我特别强调非“必多图形”不做多，非“必空图形”不做空（本质上还是以市场为中心，只不过进场条件比较严格，要求符合交易系统罢了）。进场后以市场为中心，是说有些交易者不够客观，对手中的头寸过于执着，无视其真实走势早已走坏而导致大败。或者某些人被市场先生接连掌掴羞辱之后，怀恨在心，伺机“狠狠报复”。“重拳出击”的结果可想而知——被揍得狼狈不堪，鲜有例外。还有的人，非但不尊重市场，还整天在骂市场为什么“不听话”？为什么“不给面子”？听上去就像市场先生是他的不孝之子。

3. 你需要问一问自己，你对于利润到底是有所取舍，即只致力于赚取可掌握的、确定的利润，还是钱不分来路和种类，什么钱都想赚？什么“机会”都想抓住？

如果是前者，那么善根犹存，常识还在，尚有希望。如果是后者，结果恐怕就不太妙了。清点交易者脑海里那些错误的、有些是错误到离谱的想法，无非有两个来源：一是源于无知——就是说，因为没人教，所以他不懂，故而情有可原。二是来源于业障深重的无止境的贪欲。当贪婪和愚痴相遇，会发生什么？对于这样的人，你就是耳提面命都不能让他明白金融交易的基本原理。非但不明白，他还会记恨你，因为他认为你挡了他的道。一般来说，一个人的认知层次越低，就越固执。他们往往把自己的思想观念与自身价值混为一谈。你如果试图改变他的思想观念，他会有非常激烈的反应。

4. 对行情的各种判断，你认为仅仅是一种概率，还是深信“必定”会发生什么事?

交易是用真金白银支持自己的判断，所以你总得信点什么;但切不可一根筋，规定行情必须怎样。如果标的走势与自己的判断不一致，明智的做法是以市场的实际走势为准，及时减持或干脆认输。拒绝认输只会导致损失无限扩大。作为交易员，切忌妄自尊大，以为自己绝对正确;或无视市场变化，思想麻木，缺乏变通。必须承认人终归是人，经常会犯错误。我们对行情的判断仅仅是一种判断，就算你的看法一开始正确，依然要走一步验证一步，没人能保证你一直正确下去。须知市场不是我们乖巧听话的儿子。即便大方向相对容易看对，中间具体运行路径之繁复却是你不知道的，诸多逆向波动也不一定是你能承受得了的。当仓位太重、账户权益巨幅震荡之时，照样会将你“原本正确”的头寸清洗出局。

如果你认为对行情的判断只是一种概率，那么在进场的时候就不难接受标准化控仓的做法，为可能犯的错误留下余地;这样在发生不利走势的某个不能承受的节点，你自然会减仓或清仓。如果你认为行情一定会怎样，那么大概率你会死扛错误。然而在亏损面前，“信念”是多么苍白虚妄的字眼。当浮亏超限，止损就是你唯一的选择。就像当你举起 200 公斤的杠铃再也支撑不住的时候，扔掉就是你唯一的出路。这跟你是谁无关。所以一定要从理论的高度，认识标准化控仓和执行止损的必要性，切忌因为固执己见、期待一战大胜而将风控措施置之脑后。你所“坚信”的，恰恰就是某一天让你遭受重创甚至毁灭你的东西。祖师爷杰西·利维摩尔说过:“在投机操作中，没有什么事情能够绝对预定”，信哉斯言。

第二节　戒狂、戒急、戒忧、戒惧

金融交易这个名利场是一个激发人性之恶的地方。凭借“高杠杆＋大波动”的魅力，交易市场将众多年轻人迷惑得颠三倒四，陷入贪婪和轻浮之境而不自知，偶尔的暴利更是让一些人的自信与野心急剧膨胀，变得像得了失心疯一般谵妄。我曾在课上说过释迦牟尼佛祖夜睹明星而悟道，而我是日观蚁群而“悟道”。我不敢与佛祖相提并论，他悟的是解脱生死的“大道”，我悟的是鸡毛蒜皮、不足挂齿的“小道”。何谓日观蚁群而“悟道”？就是我们这些在地球上忙忙碌碌、不知所终的人类，其实与同样忙忙碌碌、不知所终的蚁群无二无别。经常将自己想为蚂蚁，有助于保持一颗谦卑之心。保持谦卑就是保持理智与清醒。

巴菲特年化收益不过才 20%，已经算是金融市场上无人可以超越的奇迹了。关键是年年盈利。就像开车，倘若一直以 100～200 公里/小时的速度飙车，翻车的概率是 100%。但若把速度降到 50 公里/小时，则有望安全抵达目的地。巴菲特主动把速度降到 20 公里/小时，成为世界首富。1977～1990 年，彼得 · 林奇以“区区”年均 29%的收益率，连续 13 年，被归入世界上最伟大的基金经理之列。“一年 N 倍”并非是中国散户的专利。世界上不存在既高速盈利又安全的交易方式，西方交易家早就看透了这一点——人家是主动牺牲速度换来安全性和稳定性。

有了正确的交易系统，做交易成败的关键就在于是否“管得住”自己，也就是通常所说的“自律”，即自我管理水平的高低。比如右侧交易的优势和道理不难理解，问题在于面对左侧交易的诱惑，你作为一名交易员是“忍得了”还是“忍不了”？对于非临界点交易的诱惑，你“忍得了”还是“忍不了”？对于重仓交易的诱惑，你“忍得了”还是“忍不了”？这还只是对进场的要求，出场也有很多讲究：什么时候该止损？什么时候该持盈？什么时候该止盈？只能一个环节一个环节地练了。我做了 20 多年的交易，偶尔还是会做些左侧交易、非临界点交易，甚至时不时地冒出一些“即兴创作”——不过仓位一般不重，结果无伤大雅。生而为人违反交易规则之事要完全杜绝似乎太过强求，不过以不造成重大损失为底线。

任何行业的成败，都事关人的多项技能、素养和资源的协同作战，是从业者世界观、人生观与价值观的综合比拼。任何专业对人的要求都一样：第一条，深入实践、摸清细节、成为专家；第二条，按规律办事，无忧无惧、听天由命。交易员与其他行业的从业者并无本质不同。只要交易方法是正确的，交易结果就应该是盈利的。这就像一粒种子放在合适的土壤里自会生根发芽、鲜花到了春天自会盛开一样，是自然之力、自然之理。所谓成功的交易员，无非就是正确的事情重复做。他们平时要么因为待机而无所事事，要么因为持盈而无所事事，绝对不会像短线交易者那样毫无头绪地忙碌，甚至连上个厕所都担心账户上会失去几万、十几万、几十万元。那种状态当然不正常。真正的市场赢家比你们想象的要清闲。

无论是谁，哪怕你心如铁石、意志顽强，也难免有脆弱的时刻。必须承认：人的心是需要“养护”的。在漫长的交易生涯里，在这个时常需要做出各种判断和决定，因而饱受考验和煎熬的行业，在你为种种困惑苦苦思索而不得的日子里，尤其如此。为了把金融交易这条路坚定地走下去，为了不被市场打败也不被自己打败，你需要把自己那颗患得患失、忧惧不安的心“放下”，而且这件事别人靠不上，只能靠自己。人生在世，不外乎要搞明白两种道理：做事的道理和做人的道理。做事的道理就是你所在行业的规律，合规则兴，不合则亡。所以无论干哪一行，至少要成为这行的专家，否则没什么好谈的。做人的道理，我们希望找到的不是小道理，而是究竟的大道理，一举扫除所有的疑惑，恰似拨云见日、荡涤阴霾。

为此，我翻遍了世间书籍，涵盖了世间法、出世间法……最终，我在《华严经》“觉林菩萨偈”中看到了如下一段话：“心如工画师，能画诸世间，五蕴悉从生，无法而不造”；“若人欲了知，三世一切佛，应观法界性，一切唯心造”。另外还有“唯心所现，唯识所变”“三界唯心，万法唯识”等类似的说法。后人引申为“一切法从心想生”。这些话用现代的语言来说，就是幸福与成就是自己创造的，欲享有幸福与成就，先从培养幸福感与成就感做起。为达此目的，你甚至可以先假装幸福与成功。时间久了，自会导向真实的幸福与成功。这个原理，极少有人知道；即便知道，也未必肯信。但知道并相信这一原理的人，都是古往今来成就非凡的杰出人物。我将这一原理概括为：“不乐观，无好运；先乐观，后好运。”

金融交易是一个容易令人沮丧气馁的行业。其实哪个行业又不是如此？激烈的竞争、巨大的压力，对失败的恐惧，如影随形地考验着芸芸众生。面对高速旋转的世界，我想给读者诸君一条 8 个字的建议：“柔软谦和，化性心安”。柔软代表慈悲，谦和代表修养。“化性”就是改掉自己损人利己、心如铁石，善化不足、恶化有余的毛病；“心安”就是安守本分、怡然自得。随时随地、每时每刻，人都要警惕自己的心念：是善是恶？是忧是惧？即时觉察，即时处理。思想、实相，环境、关系……这些概念或事物并不是孤立存在的。你所处的环境和关系虽然部分来源于你的习气，但也有很大一部分来源于你的思想，而通过改变思想可以改变你所处的环境和关系。因此，积极的思想会带来积极的环境和关系，反之亦然。

广而言之，我们的生活状态是自己“选择”的结果，今世的选择就叫作“思想”。如果思想里负面因素居多，那么它就会破坏原本还算良好的环境和关系。如果思想里正面的因素居多，那么它也能改变原本并不太好的环境和关系。倘若“心能转物、境随心转”对你来说太过高深，就连“积极的心态”对你来说也有难度，那么不妨退而求其次，从“心安”做起。何谓“心安”？不为过去后悔，不为未来恐惧，不为今天烦恼，谓之“心安”。简单说，就是心安理得、随遇而安。就是“事能知足心常泰，人到无求品自高”。所以《大学》里说：“知止而后有定，定而后能静，静而后能安，安而后能虑，虑而后能得。物有本末，事有终始，知所先后，则近道矣。”

做股票也好、期货也好、外汇也好，应该像农民尊重农时一样。比如小麦一般是秋季播种，次年夏天收割。若是春天播种，则必定绝收。也就是说，必须有大势的配合才能有良好的收益。有个小故事是这样说的：佛陀与弟子出游，到小溪取水喝。恰好有马车经过，溪水被搅浑了。弟子想做点什么让溪水清澈，佛陀却说：“什么都不用做，在岸上等着就好。”不一会儿，溪水就清澈了。世事无常，在所有事物中看到暂时性，不要急，不要试图做些什么。全然无为地等待。如果能够等，蜕变就在那里。作为交易员，那颗急于盈利，好迅速脱贫致富、跻身上流社会的心不放下；或者急于证明自己，好在这一行扬名立万的心不放下，就永远没有好日子过。荣格说过：“你所抵抗的，会持续存在。”越是急于扭亏，亏损越是持续存在。不要试图做些什么，全然无为地等，等到趋势行情来临，你的蜕变就在眼前。

第三节 融会贯通、综合运用、知变应变

金融交易界的真相就是没有几个人具备持续盈利能力。通常人们眼中所谓的“赢家”，一部分是假的，另一部分不过是一些“暂时的赢家”而已。只要把考察时间拉得够长，假以时日，他们终究还是会回归输家行列。这是因为，金融交易需要对市场宏观与微观两个层面具备洁净精微的洞察力，以及对机会与风险具备强大的掌控力——包括抓住行情、创造利润的能力与限制回撤、保住利润的能力。在这一行偶尔赚点钱根本不算什么，能保住利润才算本事。哪个新手没有盈利的经历？但是那并没有什么用，时间对交易员的淘汰犹如大浪淘沙；只要交易次数够多、时间够久，那些利润都会雨打风吹去，还要交上高昂的罚金。

我把家庭交易员重仓猛干、资金曲线大起大落的粗放型交易风格称为“挥斧”，把优秀基金经理以仓位控制细腻化与限制回撤精细化为特征的集约型交易风格称为“绣花”。“挥斧”是本能，人人都会——正因为如此，家庭交易员也称为“原始交易员”或“本能交易员”；而“绣花”的功力却只能靠后天习得。要想成为这一行的赢家，交易者必须具备过硬的宏观交易学功底，从而拥有预测趋势行情的能力——这是从事金融交易的先导，是一切事情得以开始的前提；同时熟稔微观交易学，明了正确的进出时机。交易员想赚大钱还要有部署大战役的能力，同时不乏纠错的勇气——交易中犯错误不可避免但又不能太频繁；并且当你的计划被市场撕破和粉碎，你必须像章鱼一样及时收缩爪子，以免它们被无情斩断。

在交易过程中，无论耗费了多少心血，受了多少挫折，你永远都没有泄气的权利。相反，你必须当作什么事都没有发生那样，为下一次的战斗作准备。无论历经多少磨难，你都不能动怒——因为“主不可怒而兴师，将不可愠而致战”，在交易中发脾气只会酿成更大的损失和灾难。你不但要用正确的技术系统管理行情，还要用完善的下注策略管理资金，同时用强大的自律人格管理自己。成功的交易员坚忍顽强、知变应变，他们就这

样日复一日、年复一年地重复着早已熟悉的游戏，并且及时迅速地处理突发情况。一个人阶段性地保持冷静和理性不算太难，但交易却要求他们一直冷静、永远理性，这才是难中之难、无过此难。

生活中做成功一件事足以令人自豪很久。但在我们这一行，就算打了胜仗，永远还有下一笔胜负未知的交易在等着你；就算度过了一个丰收年份，永远还有下一年的盈利任务有待完成。除非已经光荣退休，否则一次大败足以毁掉一世英名。无论是谁，敢不小心翼翼，如临深渊、如履薄冰？金融交易不是学会三招两式就能持续盈利的简单游戏，而是系统工程，是三项管理的协同作战。正如祖师爷杰西·利维摩尔说过的："人们把投资获利仅仅看成一种技巧、一种三言两语就可以传授的简单东西；而没有将其视为一门像医学、法学等是依靠知识积累、技能培养最后才能应用的赚钱手段。他们只看见一买一卖就可能获利的简单快捷，却不想知道在买入卖出的委托发出前，一个投资者对所选投资标的的思考，对价位的判断，对市场的研读，和自己人性的斗争，以及在获利之前的惨败，他们都不会去看。"

20 多年来，我在交易方面最大的感悟就是重仓短线害死人。重仓短线，不死也难，因为没有持续性。那些据说依靠重仓短线赚了很多钱的人，后来怎么销声匿迹了？那些人是否还活着都是未知数，纵然辉煌一时，但仿佛流星划过天际，又有何意义？在交易这一行，只要存在杠杆工具，水平越低，某个时期收益率反而有可能越高，但特点是资金曲线大起大落，利润留不住。你如果想成为一名真正的赢家，就必须在这条路上走得稳稳当当，而不是大赚大赔。当你奋斗了 20 年、30 年，成为白发老人的时候，只要交易方式不改，你一样会赔光自己的一切，何苦呢？所以不要炫耀重仓短线，那种交易方式很丢脸。

下面这篇短文，来自网络，观点颇具说服力，特录在这里，与读者朋友们共赏。

为什么说交易者90%以上都是不称职的赌徒?

我们这里说的赌徒不同于日常生活中所言。赌徒在股票、商品交易中不是贬义词,至少是一个中性的称谓。赌徒要求有严格、精准的执行力,机敏地捕捉、把握时机的能力,铁一样的资金管理制度,当机立断、从容不迫的判断力和心理素质,一丝不苟、明察秋毫的洞察力。仅从资金管理这一点来讲,不光是90%的交易者,就是许多基金经理、私募基金的操盘手也是不称职的赌徒。

赌徒也好,赌棍也罢,他们都是深谙资金管理、时机掌控和市场交易的进退之道,并且游刃有余的。

刚刚开户的交易者

一个普遍的现象就是刚刚开户准备从事交易的新手,开户所在的期货公司不会嘱咐他们必须要谨慎交易,仓位控制一定要低。往往情况是:一个新手的账户入金10万,建仓时既买了橡胶,又买了豆油,在资金已经所剩无几的情况下,还要买上一手菜粕。这样所建仓位,行情稍微一动荡,最多只需两周时间,三折腾两折腾账户资金或者拦腰斩半,或者所剩无几了。

其实期货公司发展一个开户者是很难的。我们都知道内地股民有上亿人,而从事期货交易的就是两百来万的小众群体。长期以来,期货公司的生存一直是举步维艰,与券商的财大气粗是无法比较的。期货公司是靠赚取交易中微薄的手续费赖以维持生存的,它们似乎永远弄不清一个简单到极点的道理:期货公司是从长期生存的交易者那里赚取的手续费多,还是从一个开户不足两周便爆仓出局的短命的期民哪里赚取的多?

期货公司在运营管理、客户服务等方面做得都很不到位,导致诸多不良状况长期恶性循环。好不容易从居间人那里发展来一个开户的期民,开户时,鼓吹、宣传期货有天大的财富效应,没有几天这个期民就爆仓离开了这个市场,并且有上当受骗的感觉和伤痛。这一离开,是永远不会再回来了;并且此后会像"宣传队和播放机"一样逢人便说:"期货是最混蛋的市场,做什么也不要去做期货。"

绝大多数来到市场的开户者,只是浮皮潦草地做了一回不称职的

“赌徒”。

年过花甲的老盘手

一个今年该年过花甲的老盘手，他应当是90年代最早介入期货交易的那批交易者。他和我讲，他操盘年回报率是8%～10%。我几次问他要可以展示的账户，他都婉言谢绝或王顾左右而言他。我终于忍不住自己的好奇心，给他一个账户操作，想看看他老到的交易手法。而他一建仓就叫我大吃一惊：完全是初生牛犊不怕虎的新手之生涩——全仓杀入。待到次日开盘时亏损已经接近30%，期货公司的工作人员就开始反反复复地来电要追加保证金。自此以后，催缴声不绝于耳。

他和我解释说：我是做中长线的，这个单子要拿上1～3个月才会有盈利。我平静地和他讲：您这单子拿不住呀，不砍单也会被强平的。您要做中长线只用8%的资金建仓还可以，您动用96%的资金建中长线的仓位，而且回报率只有8%～10%。风险和回报也太不成正比了。由于和开户期货公司的长期合作关系，单子一直没有被强平，但是在一周后，亏损已经大于40%，在我吩咐下，工作人员无奈地平仓时，资金已经腰斩过半。

这个老盘手是朋友推荐来的，他和我接触过的许多盘手一样都是愣头青一般地满仓杀进杀出。我对自己的盘手们一再反复地叮嘱，行情不明朗时，只应当用8%～10%的资金操作。只有这样，在突如其来、无法预见的深幅回调时账户资金才可以承受住风险。一个操盘10年的盘手不解地问我：“照您的说法，我们不如去做股票呀！”我对他报以深切的理解和同情：他这10年，至少打爆了上百个账户，却还一贫如洗。盘手懂得并践行资金管理的其实微乎其微，他们作为赌徒并不称职，也没有属于自己的筹码，因为“牌桌上的筹码”都是人家的。

在QQ群带盘的居间人

当今在QQ群里带盘的个人、公司越来越多，尤其是山东、辽宁等一带省份。带盘自然是为了有利可图，有的收取服务费，有的把交易的手续费弄得很高。比如现在一般期货公司开户，豆油加1角钱，他们却会加到一手5～10元。

我也被邀请加入一个QQ群，账户建仓我只做了一手豆粕，几乎3个月没有动，盈利有2 000多元。不久后，带盘的老师在QQ群里说："有的人账户上百万资金，只做一手豆粕。要是这样就不要在群里耽误时间混日子了。"这个所谓的带盘老师，不但不应该抱怨我，反而应该感谢我才对，因为我敢肯定，自己是这个群里唯一赚钱的交易者。他每天带着群里的人炒短线瞎折腾，弄得大家伤痕累累、普遍巨亏。唯一能稳住大家的就是靠不断重复的"励志格言"："马上大行情就来了。我将带着大家做一波2 000～4 000点的大手笔。今年是10年不遇的商品大牛市，大家一定不要错过机会。"明眼人看了都明白，说是在带盘，其实就是杀鸡取卵。

在期货市场，我见到过的盈利者寥寥无几，即便是什么交易大赛冠军、高频短炒高手，长则2年、短则3个月就消失得无影无踪了。我们所看到的是：每一个生存下来的盈利者都是严格地执行着资金管理。在这个市场上，唯一能够控制风险的方法就是严格的资金管理。至于技术分析、行情研判、交易策略均在其次。90%以上的交易者都会认为资金管理束缚手脚，它彻底毁灭了来期货市场赚大钱的希望。这90%的交易者包括：散户期民、主力机构、操盘手、带盘的居间人，甚至期货公司的客户经理。

在这个市场中，90%以上的交易者都是不称职的赌徒。电子交易的杠杆使他们在期货的高速公路上醉驾狂奔，但他们都是没有到达下一个路口就彻底销声匿迹了。

好一个"醉驾狂奔"，这真是对以"重仓、短线、逆势、死扛"为特征的"原始交易员"或"本能交易员"的最佳描述。我以前也做了十几年的短线交易，发现最多只能跟市场打个平手，一点便宜都没有占到。我通过重仓赚的那些"暴利"全都回吐了。因为重仓短线，亏钱的速度和赚钱一样快，甚至更快。我早年曾以20万元的资金重仓短线，一天能赚4万元，也就是20%；但是我赔起来更厉害。有那么一天，我只是睡了一觉，早晨一看账户上少了6万元。受外盘影响逆向跳空嘛，正常。然后又睡了一觉，起来一看又少了5万元。才睡了两觉就搞掉了11万元，我睡在自己的床

上，却支付了总统套房的价格。我意识到不能继续采用这种安全隐患巨大的原始的交易方式，无论技术系统还是资金管理都必须细化，否则很快就会亏光。

大家一定要吸取我当年的经验教训，树立大信号、轻仓位、宽止损、长持盈的系统化交易思想，彻底摒弃重仓短线。只要你还抱着重仓短线的思维不变，就永远不可能成为一名真正的赢家。因为你既然从事这一行，不可能赚一笔就把钱提出来不干了，你还要继续在这个行业里边泡；只要你的行事方式不改变，接下来就该付出代价了。在交易这一行，任何一项单独的技术方法，都可以通过“传授一学习”的方式掌握，唯独“融会贯通、综合运用、知变应变”这 12 个字我无法教会你们。因为实盘经验需要自己积累，我无法代替。就拿临界点战法来讲，什么是临界点？用一句话简单概括就是：开仓之后能快速脱离成本线的进场点，往往是形态结束、趋势再起的那个点，所以重点是研判反转或中继形态何时结束。

你开仓之后迟迟不能脱离成本线，那就是你作为一名交易者，最重要的一项基本功还没修炼到家。因为交易不赚钱就会亏钱，你马上就会面临是去是留、要不要止损的问题——那是相当令人不快的。所以进场点的选择要非常精准。就像我用一支手枪瞄准眼前飞过的一只鸟，“砰”一声就把它击落，早一点不行，晚一点也不行。这就是临界点进场，要比离场点的选择困难得多。一般人都说“会买是徒弟，会卖是师傅”，我看未必。会进场才是师傅。只要你技术过关、经验老到，能正确掌握进场时机；又懂得三步锁定、临界加码、波段持盈，焉有不赢之理？因此进场点的选择基本就决定了胜负。不要过于强调盈亏比、忽视胜率。你们的资金量都还比较小，赔不起，要非常小心翼翼地对待你们宝贵的资金。

第四节　例行公事，恬淡无争

金融交易是众多行业中的一行，是一种职业行为或专业行为。有些人的性格天生适合做交易，有些人则相反。市场赢家的行为习惯和思维模式与输家有何不同？如果仔细观察，会发现他们之间有着显著的差异。其中最大的不同之处，在于如下几个方面：

1. 市场赢家生性坚强、百折不挠，拥有无与伦比的进取心，无论面临顺境还是逆境，在任何情况下都不丧失对于交易获利的信心。

2. 市场赢家主见分明，不人云亦云；他们认为盈利只不过是真理的副产品，重视真理甚于金钱本身，不为“必要的亏损”而痛心。

3. 市场赢家兼顾大局与细节，能够知变应变。他们知道自己在做什么，也总能及时地知道市场在做什么，以及将来最有可能做什么。

4. 市场赢家掌控力强大，攻守兼备。既有掌握机会、创造利润的能力，又有限制回撤、保住利润的能力。做到了风险控制的精细化。

5. 市场赢家人格自律，金钱观健康；不会不拿钱当钱，也不会因为太重视钱而迈不开步子。他们的信条是“例行公事，恬淡无争”。

现在大家都重视交易心理学。但如果交易员没有全面掌握交易技术——具体来说，就是以宏观交易学研判趋势行情何时到来，并以微观交易学决定进出时机，以及正确的资金管理方法——包括标准化控仓方案与“试探一加码”策略，空谈交易心理学是有害无益的。以上几条关于市场赢家的行为模式与心理特点，其实就是对我本人性格的描述。当前市面上关于交易心理学的书籍泛滥成灾，但基本上都是无用的；因为这些书籍的作者实战经验不足，更缺乏掌控大资金的经验。我算得上是天生的交易员，又有长达 25 年的交易经历，因此关于交易心理学，我有资格说上几句话。在我看来，交易心理学的最高境界无非就是上面提到的 8 个字：“例行公事，恬淡无争”。什么意思呢？首先“例行公事”有五重内涵：

1. 按照与天网系统相关的高胜算图形定式进场，执行系统化交易。

2. 按照标准化控仓的要求，也就是我们资金管理的圣杯，执行标准化控仓。

3. 科学合理地设置止损位，到了止损位坚决出局，不到止损位一般不出局。

4. 对脱离成本区的正确头寸，如果判断为集体行情，临界加码，坚定持盈。

5. 仓位随着行情演进迅速提升，当波段利润达标——例如 20%～30%——择机出局，兑现利润。如果行情结束，则操作随之结束；如果行情没有结束，则从标准化的小初始头寸重新做起，逐步把小的浮动利润“养”成 20%以上的“大利润”。

细心的读者会发现，以上过程包括了“顺势、待机、控仓、止损、持盈、止盈”全部“交易六环”。所谓“正确的事情重复做”，不正是如此么？这就叫“例行公事”。

那什么是“恬淡无争”呢？它也有如下几重含义：

1. 按照与天网系统相关的高胜算的图形定式进场，执行系统化交易，不恐惧。

2. 按照标准化控仓的要求，即资金管理的圣杯，执行标准化控仓，不贪婪。

3. 科学合理地设置止损，到了止损位出局，不到不出局，进退有据，不后悔。

4. 对脱离成本区的正确头寸，若是集体行情，临界加码，坚定持盈，不放过。

5. 当波段利润达标，如 20%以上，择机出局，兑现利润，保住战果，不恋战。

交易之难，在于它和利益挂钩。加上杠杆的运用，一瞬间账户权益就能巨幅波动，影响人的基本生活，当然也就会影响到人的情绪。患得患失之间，以至于天下鲜有人能做好金融交易。很多朋友在交易中都倾向于重仓。要么一出手就重仓，要么好不容易控制了一回仓位，又总觉得自己的仓位太轻了，翻一番还觉得不过瘾，再翻一番。有些朋友如果发现股票账户上还剩下 1 000 元“闲钱”，那就找出一只 10 元的股票，买上 100 股；要是期货账户上还有 3 000 元“富余资金”，那就开一手豆粕，绝不能让它闲着！总之，他们要让每一个“士兵”都投入战斗，让每一分钱都发挥最大的“效用”。相信几乎每一个散户朋友都有过类似这样的经历，而且结局也都一样：每当资金链紧绷到极致的时候，交易结果一定是亏损！

其实，“例行公事，恬淡无争”还有更加宽泛的含义：人的一生就是一

场例行公事,作为个人奋斗、抗争到最终的结果就应该是恬淡无争。世界是个舞台,每个人都是演员。作为男人,要演好儿子、丈夫、父亲、伯父、叔叔、哥哥、弟弟……的角色;作为女人,要演好女儿、妻子、母亲、婶婶、阿姨、姐姐、妹妹……的角色。你们要演好你们的角色,而我也要演好"投资家 1973"这个角色。说是演戏并无贬义,因为要演好自己的角色,意味着称职、尽责和本分,并不容易。睁眼看看这个复杂的世界,姑且不论天灾人祸中成批量、一瞬间消失的人口,就是那些活到高龄并且寿终正寝的人,一生又会经历多少痛苦!

退一万步讲,就算你一生顺风顺水,从未遭受过任何磨难,也没有诸如爱别离、怨憎会之类的痛苦,甚至从未经历过病痛的折磨,可是你的理想实现了吗?你的种种愿望达成了吗?你想照顾的人照顾到了吗?那些求不得、放不下、不欲临性质的痛苦,你能避免吗?本书行将结束,让我们说点题外话吧。朋友,你有过濒死体验吗?如果有,那么你对交易、金钱乃至整个人生,绝对有非同常人的理解。我一生也算读遍天下书,如今能让我服膺的,唯有佛经。为何?因其义理宏深故。

随着年岁渐长,长辈亲属相继离世,其中有些人我得以有机会亲自为他们送终,也因此曾经目睹了几个人临终时的全过程。我经历了父亲的去世、母亲的去世,参加过外婆的葬礼和我太太的奶奶的葬礼。经过这一系列事件,已到不惑之年的我,无论是否愿意,都必须开始思考诸如生死大事、人生的意义这样一些课题。我思考的结果,就是人世间的一切都是暂时的,唯有"无常"这两个字是永恒的。人们通常为欲望牵引、为赚钱驱动、为生计奔波,往往容易忽视这一点。虽然每天都有大量的人以各种方式告别这个世界,但不熟悉者的死亡,我们很难心有所感;只有亲朋好友、同事邻居等比较熟悉的人的死亡,才能真正触动我们。特别是当他们是以一种比较惨烈的方式英年早逝时,这种触动才能称得上震撼。

再说说我们这些依然活着、整天忙于挣钱的人吧。在我幼年的时候,我远在农村的伯父生前曾经写过一副对联,我至今记忆犹新。这副对联写的是:"年轻做的发财梦,到老欠债未还清"。无论何时,只要我想起这副对联,总是感慨万千。可怜芸芸众生,哪个不希望发财?虽然发财梦几乎人人都做，但最终梦想成真的能有几人，就很难说了。因此我时常想起我那文化程度并不算高的伯父，他老人家何以会写出如此发人深省又令人扼腕叹息的对联？他悲剧的一生，是万千底层农民辛苦人生的典型。他意识到了自己的悲剧，却无力挣脱。

几十年过后，当我们从这个世界上消失，所有的财富、名声和权力都会随风消散。感恩老天爷，我现在每天都能吃饱饭，能自己穿衣服，还走得动路。比起那些生活不能自理的病人和残疾人，比起非洲饥荒和中东战乱中的难民，不是已经很幸福了吗？何况今世幸生华夏，又逢国力蒸蒸日上，堪称河清海晏、民安国泰。头顶上再也没有了日本飞机的轮番轰炸，无须担惊受怕；亦无前辈们“宁为太平犬，莫作乱离人”之悲鸣。在新冠疫情肆虐全球的今天，我身处美丽的淀山湖，犹如世外散人。向那些保护国家、保护人民的英雄们致敬！行文至此，要和读者作别了。引用一首偈子送给各位，希望大家多保重，同时终止此书：

左列钟铭右谤书，人间随处有乘除；
低头一拜弥陀佛，万事浮云过太虚。

许多人一生不能成就，不是因为他不聪明或不够勤奋，而是因为他不肯死心塌地做个好人。

——投资家 1973

附录一　心灵的圣杯

金融交易是风险莫测、充满挑战的事业。交易员的世界观、价值观与人生观在一定程度上决定了他的交易理念、策略和方法，进而决定其绩效高低。在金融交易过程中，无论是技术系统还是资金管理，最终都必须落实到自我管理。换言之，交易员必须学会如何与市场相处，如何与他人相处，以及如何与自己相处。在我看来，这个世界上没有任何一个人应该被称为垃圾。每个人从他出生的那一刻起，就开始面临他和命运之间的一场艰苦的战斗。所有的世间人，从帝王将相到贩夫走卒，无一不在受苦之中，无一不是真正的可怜悯者。美国心理学家亚伯拉罕·马斯洛（Abraham Maslow，1908—1970）把人的需求分为 5 个层次：生理需求、安全需求、爱与被爱的需求、受人尊重的需求和自我实现的需求。这 5 种需求的划分受到学界高度肯定与好评，下面我们从金融交易的角度，对此逐一进行分析。

生理需求

每个人都有一个肚子要吃饭，要吃饭就得给人打工，就要服人管。不给人打工你就得想办法赚钱，如此一来你就不自由了。肉体究竟是你的优点还是弱点？是你享受的资本，还是受苦的根源？是你的财富还是你的包袱？老子在《道德经》里说：“吾有大患，为吾有身；及吾无身，吾有何患？”他说我有一个受苦受难的根源，有一个大包袱、大弱点、大缺陷，就是我这个身体；等到我没有身体的时候，还有什么可担心的呢？你要是成了神仙，没有身体，就是一个能量团、一个光体，想去哪里，一个意念就到了。这就是没有身体的好处。

你有身体就得为它奔忙,你就不自由了。你就得看人脸色,受人支配,就有上级管着你了。所以说,肉体是灵魂的枷锁,是非常大的缺陷,所以要舍此秽身,求生极乐;即舍掉我们这个肮脏拙劣的肉体,求生西方极乐世界。人的需求本质上就是人的弱点和缺陷,人有多少需求就有多少弱点和缺陷。因为你有个身体有个胃,天天都得喂东西给它吃,不吃就饿得慌,这跟一个枷锁没什么不同。为此我们就得拼命地挣钱,养活自己养活家人。因此生理需求是我们很大的一个弱点和缺陷,这个弱点和缺陷足以牵着你的鼻子走,控制你的一生。

安全需求

安全需求既包括人身安全也包括精神安全。比如说职业要安全。《弟子规》里所说的“居有常,业无变”,就是指不能从事危险行业。精神层面,我们经常会感到恐惧。我们恐惧会失去物质,比如说因为失业而失去收入。我们恐惧会踏空一波行情,与潜在的收益说拜拜。另外,我们还恐惧失去家人的爱,失去我们在乎的人的爱。然而我有一句话送给大家,叫作:“仁者无忧,智者无惑;既忧且惑,仁智稀薄。”这句话是说有智慧的人没有忧愁和疑惑,不然就是还没开悟。再来一句:“不与天斗,不与命争;乐天知命,无惧无忧。”有时不妨检查一下我们的内心,到底在担忧什么?是担忧失去物质利益,还是担忧失去家人的爱、下属的尊敬或社会公众的尊敬?是担忧一些实实在在的东西,还是担忧我们的虚荣面子或者别的什么?只要耐心与自己的心沟通,相信很快就能找出答案与对策。

爱与被爱的需求

马斯洛对人的五种需求的划分,一个层次比一个层次高。生理需求层次最低,也是最基本的需求。安全需求比生理需求的层次要高一点,但还是属于比较低的层次。只有较低层次的需求被满足之后,才能谈得上去满足较高层次的需求。第三个层次是爱与被爱的需求,也可以说是归属感的需求。首先我想说的是,一个人是否有人爱与他是否值得爱,以及是否活得有价值之间没有必然联系。我们为什么恐惧失去家人的爱、朋友的爱,以及公众对我们的爱?实际上是因为我们的心太脆弱。我们觉得没有人爱就意味着我们不值得爱,我们因此也就相应地活得没有价值,活得没有面子，活得很孤独和孤立。这是一个很大的误解。古人云：“人法地，地法天，天法道，道法自然。”就是说人最终一切都要效法自然。

如何效法自然？现在请你抬头看看天上的太阳，它需要你爱吗？太阳不管你是爱它、恨它，赞美它、诅咒它，它都是太阳，你的看法对它没有任何影响，早上从东方升起，晚上从西方落下，照耀天地，生长万物。再看看大海，你爱它、恨它，歌颂它、唾弃它，对它没有丝毫影响，它依然容纳百川，该怎样就怎样。你那么需要人爱，唯一的原因就是你太渺小、太脆弱。你还不够强大。你要是够强大，就不需要整天凄凄哀哀等着别人来爱，没人爱你就要死要活，活不下去。你要把自己当作太阳整天发热发光，你哪还有时间、哪还有精力、哪还有心思来计较别人爱不爱你呢？请大家记住我的话：“把自己当作太阳，发热发光，就永远不会匮乏，无论是物质还是精神层面。”这是第三个层次，爱与被爱的需求。

受人尊重的需求

第四个层次是被理解、被赏识、被尊重的需求。我们总想让别人理解自己、赏识自己，这是一个很难改掉的陋习，也是很难消除的执着。世俗之人如果缺乏理解，他就会感觉非常孤立甚至活不下去；但是我们只有战胜这种情绪，站得更高、看得更远，才能迎来精神世界的解放。我们在做交易的早年几乎从来没有赚过钱，这种情况下，还指望别人理解自己、赏识自己，不是痴心妄想吗？现在你成了一个赚货，难道你就该报复别人了吗？比如说你的家人，你的老伴，你现在可以羞辱他了：我现在很牛啊，我是赚货！朋友，你是一个亏货的时候，你都不需要别人理解，不需要别人赏识；现在你是一个赚货了，应该保持本色，还是不需要别人的理解和赏识才对。你有报仇雪耻、扬眉吐气的想法，说明你这颗心不平静！

事实上，无论是盈是亏，我都是我。有没有人理解、有没有人赏识都一样。你要是成为赢家之后和成为赢家之前判若两人，说明你这个人太势利，你得意忘形了，还没有做到平心静气。关于理解和赏识，孔夫子说过一句名言：“君子病无能焉，不病人之不己知也。”这句话的意思是：学问良好、道德高尚的君子，只担心自己无能，包括自己学问不好、道德不高，而不担心没有人理解自己、赏识自己。请大家一定要深刻理解这句话。

平时要学会把我们所遭受的一切指责、一切非难、一切批评都归咎于自己。失意时不忘形,得意时也不忘形。自始至终做到就像古人所说的"水深流去慢,贵人话语迟",得有这样一种涵养。

所以如果家人也好,朋友也好,邻居也好,社会大众也好,他们对我们有什么意见,有什么看法,统统归咎于我们自己。别人不理解很正常,我们理解别人的不理解。我们不强求别人理解,我们只检查自己是否真的有本事,能力怎么样,学识怎么样,道德怎么样,检查自己的毛病。我们不必担心别人不理解我们,不赏识我们。有人说,当我们的学识达到一定程度,道德达到一定的高度,自然就会有人赏识我们。朋友们,就连这种想法也要放弃。就算到死都没有一个人理解、没有一个人赏识,我们也心甘情愿,这话说得够透彻了吧?对这个问题还有任何执着吗?要真正做到看破放下,把你那个面子问题看破放下。

自我实现的需求

第五个层次的需求是自我实现的需求。自我实现好理解,就是发挥潜能成为自己想做的人,成为自己理想中的那个样子。一个人如果没有自我实现,没有成为他理想中的人,就算衣食无忧,一辈子过得舒舒服服,身体健康也不缺钱,他也依然会感到不幸福。所以从世间法的角度看,自我实现的需求非常重要。如果我们这一辈子没有自我实现,那么即使我们不缺钱花,也不缺少爱,即使我们什么都不缺,依然会感到不幸。只有自我实现了,做自己想做的人了,我们才会感到幸福,不然就是人生之大不幸。这与人生顺利与否无关,与是否有人爱无关,也与贫富贵贱无关。所以自我实现是人世俗意义上的终极目标。

如果从出世间法的角度看这个问题,所谓的自我实现也不是必不可少的。前面不是说过"不与天斗,不与命争"了吗?什么叫不与天斗、不与命争?就是"命里有时终须有,命里无时莫强求";就是"小富由己,大富由天"。无忧谓之仁,无惑谓之智,无惧谓之勇;一个人倘若既仁且智且勇,夫复何求?试问你要是真能做到无忧无惑无惧,你能不快乐吗?这就叫乐天知命。就像历史上的诸葛武侯,他早年在南阳(一说是襄阳)卧龙岗,隐居在茅草房里。如果不是刘备三顾茅庐请他出山,他充其量不过就是当一辈子农民而已。

他在草庐隐居的时候好作“梁父吟”，常以管仲、乐毅自比。管仲是春秋时期齐国的宰相，他写过一本书《管子》。这个人是伟大的政治家、谋略家。乐毅是战国时期燕国文武双全的大将，著名军事家。以此二人自比，那自然是抱负远大、自视甚高的了。因为他有一些英雄情结想建功立业，刚好先主刘备慕名而来，请他出山；于是两人一拍即合，干了一番轰轰烈烈的大事业。可是如果没人请他，他一辈子就是一个农民，他的名字又如何能流传千古呢？所以，从出世间法的角度看，所谓的成功也是可有可无的，也要看破放下。

下面我用五句话，对上面的内容作个小结。这五句话是：

“我不拒绝爱，可是如果没有爱，日子也便那么过。我不刻意追求被爱，也不会觉得没有爱就活不下去，我可以在没有爱的环境中生活，不觉得困扰；因为我是独立、完整的存在，我的存在不依赖任何外部条件。

“我不拒绝被人理解，可是如果没人理解，日子也便那么过。我不刻意追求理解，也不会觉得没人理解就活不下去。我可以在没人理解的环境中生活，不觉得困扰；因为我是独立、完整的存在，我的存在不依赖任何外部条件。

“我不拒绝被人赏识，可是如果没人赏识，日子也便那么过。我不刻意追求赏识，也不会觉得没人赏识就活不下去。我可以在没人赏识的环境中生活，不觉得困扰；因为我是独立、完整的存在，我的存在不依赖任何外部条件。

“我不拒绝被人尊重，可是如果没人尊重，日子也便那么过。我不刻意追求尊重，也不会觉得没人尊重就活不下去。我可以在没人尊重的环境中生活，不觉得困扰；因为我是独立、完整的存在，我的存在不依赖任何外部条件。

“我不拒绝成功，可是如果没有成功，日子也便那么过。我不要求自己必然成功，也不会觉得没有成功就活不下去。我可以在不成功的环境中生活，不觉得困扰；因为我是独立、完整的存在，我的存在不依赖任何外部条件。”

我们抬头看太阳,低头看大海。它们不需要被人爱,它们只是发热发光,包容一切。你爱也好、不爱也好,它们都是独立完整的存在,它们的存在不依赖任何外部条件。它们乐善好施、无所畏惧,没有安全感的需要。太阳从来不会觉得自己不安全,它没有那么脆弱、那么渺小。没事的时候就抬头看太阳,低头看大海,会有一些启发和领悟给我们。

你若是真正听懂了我今天所说的话,从今以后这个世界上就再也没有任何事物能威胁到你的心理健康。有些朋友很执着于夫妻恩爱,他把老伴看成是自己的一切。可是一旦老伴先他而去,他立马觉得人生失去了意义,面临一场精神危机。在郁闷了一段时间之后,很快便追随老伴而去。还有的人和父母感情很深,可是一旦父母先他们而去,他顿时感到天都塌了,失去了活下去的勇气和信心,整天神思恍惚不知道该怎么办。有些朋友说,你这个人没有人爱你也能活,没人理解、没人赏识、没人尊重你也能活,甚至你的一生是个失败你还能活,你活着干吗啊?你活着不是很无趣吗?

朋友们,我刚才说了,身体发肤,受之父母,不敢毁伤。任何人都没有权利自杀。其次,你何以见得没有人爱,没有人理解,没有人赏识,没有人尊重,甚至一生都不成功的人,他活着就没有意义呢?他活着就没有乐趣呢?我看未必!你可以怎么样?你可以读圣贤书啊!你在读圣贤书的过程当中,与古圣贤心意相通,与天地精神独往来,你怎么会寂寞呢?你怎么会活得没有意义呢?比如我们看古书的时候,我们在看《论语》《孟子》《老子》《庄子》《诗经》以及佛经的时候,我们会觉得自己的这颗心与孔子、孟子、老子、庄子息息相通,与古圣贤息息相通,你说又有何寂寞可言呢?

诗仙李白写过这样一句诗,“古来圣贤皆寂寞”。你要说寂寞,孔子寂寞不寂寞?孟子寂寞不寂寞?老子寂寞不寂寞?庄子寂寞不寂寞?哪个人不寂寞啊?只有世俗之人才怕寂寞,圣贤不怕寂寞,这寂寞不是谁都够资格享受的。这世上许多人荒唐一生,究其行为本质,不过是在追寻对曾经缺失的爱的补偿。有些朋友小时候父母离婚了,生活在单亲家庭里;或者一直生活在父母的可怕争吵之中,这种无休止的争吵贯穿了他整个的童年时代,使其身心遭受严重创伤。长大以后,他肯定试图从配偶那里得到补偿；可是如果因为种种原因这种愿望落空了，他会开始干什么呢？他要搞婚外情，从婚外去寻求爱的补偿，没错吧？

当然婚外情不止这一种。有的当事人他并不缺少爱，父母也不是不宠他，配偶也不是对他不好，一切都很好，他幸福得很；但是他不懂得珍惜，他就是幼稚，就是贪玩，结果他出轨了。所以婚外情的发生机制通常就是这两种：要么是父母的爱缺位，父母对他一直比较粗暴冷漠，他有补偿心理；要么就是人格幼稚不成熟，做人不严谨、不严肃所导致的。我们要透过现象看本质，学会看透人的行为动机，同时也反思自己的行为。朋友们，听了我的课你还有补偿心理吗？我的建议是：时过境迁，放弃补偿。好吗？如果做不到这一点，就是我们摆不平自己的事，摆不平自己的内心世界，也就谈不上教育好孩子。

因为你在外面搞婚外情，在寻找对曾经缺失的爱的补偿，你就会忽视对孩子的教育，甚至你会离婚；那到最后会是什么结果呢？你的孩子长大以后，他也继续寻找对曾经缺失的爱的补偿，他也会不专注于家庭，也会离婚。这就是离婚会一再遗传的原因。所以今天这节课主要是解决我们自己的心理问题，就是让大家正视自己的内心。所谓生理需求，对安全的需求，爱与被爱的需求，对理解、赏识、尊重的需求，对自我实现也就是世俗意义上"成功"的需求，统统都是我们的弱点和缺陷。我们有多少需求就有多少弱点和缺陷。要把这些问题认识得清清楚楚、明明白白。你之所以那么渴望爱，那么渴望被人理解，那么渴望被人赏识，那么渴望被人尊重，那么渴望取得成功，只有一个理由，那就是你还很弱小。

如果你够强大，世俗意义上的爱也好、理解也好、赏识也好、尊重也好、成功也好，全都是可有可无的。太阳和大海不在乎你爱或不爱它，古圣贤孔子、孟子、老子、庄子，不在乎有没有人理解他们、尊重他们、赏识他们。我们看特蕾莎修女（Mother Teresa，1910—1997），曾经获得过1979年诺贝尔和平奖，她老人家一辈子在印度贫民窟做慈善事业，后来又把慈善事业的范围扩大到全世界。世人都亲切地叫她特蕾莎妈妈。她老人家一辈子就像太阳一样，发热发光。她不在乎你是否理解她、赏识她，她也不在乎成功与失败。她的胸怀就像大海一样宽广，她被全球的人称为特蕾莎妈妈，她是我们所有众生的妈妈。

在从事金融交易过程中以及交易之外，我要求大家学会探索自己的内心，管理自己的内心，这就是自我管理。只有良好的自我管理，才能使掌控欲望和战胜情绪成为可能。大家要在认识欲望和情绪的前提下，逐渐学会掌控欲望而非为欲望所掌控，战胜情绪而非为情绪所战胜。自我管理的目的，正是掌控欲望、管理情绪、降服自心，最终达至身心自在。广义的自我管理，是对身口意的全面管理或者说自我约束。展开说，就是口无恶言、身无恶行、心无恶念。要始终保持一颗至善纯善的心，使我们的善行善念与天地宇宙的大道相吻合、相感应，这就叫天人合一、道法自然。无论是恶言伤人、恶行害人还是恶念恼人，都是与天地宇宙的大道精神相违背，这样的人难以盈利，终其一生也难以取得像样的成功。

须知，许多人一生无所成就，不是因为他不够聪明或不够勤奋，而是因为他不肯死心塌地做个好人。所以，我们每天需要多次地反躬自省，看看是否管住了自己的身口意，做到三业清净。现在回到我们交流的宗旨：礼让、谦和、求知、敬人。之前我曾经说过这么一句话，叫作："谦卑心生起，利于求知；恭敬心生起，利于交友；惭愧心生起，利于止恶；忏悔心生起，利于改过；柔和心生起，怡然自乐；慈悲心（拔众生苦、予众生乐）生起，拯济群萌；菩提心（上求佛道、下化众生）生起，惠利群生。"下面先从谦卑心谈起。

我们这一生最难放下的，是我们那颗看似高傲、实则蠢笨的心。学会谦卑，才算是有救了；学会恭敬，才算是上道了；学会慈悲，才算是开窍了。我们不妨先来看看这个命运的"命"字，是如何写的。上面是一个人，下面是叩首的叩字，中间隔了一横。所谓叩首，就是向人磕头啊。磕头干什么？认错和认罪啊，就是把一切错归咎于自己，把功劳和荣誉让给别人。只要你肯低头，你这一叩首不要紧，"命"就会立即得到改观。不磕头、不认错，也不认罪，就是放不下自己那颗高傲的心，低不下自己那颗高傲的头，"命"也就永远改不了，就会一直贫穷下去、倒霉下去、困顿下去……周而复始，至死方休。这就叫"刚强难化"。

先要给自己的祖先叩首，再给父母长辈叩首，进而给历代圣贤叩首。

当叩首成为习惯，谦卑心自然就生起了，贡高我慢的心就冰消雪融了，刚强难化的心就变得柔和了，紧绷的脸上开始有笑容了，慈悲心也就慢慢生起来了。因此说，改变命运，应从改变自己待人接物的态度做起。把自己的毛病改干净了，也就接近于圣贤了。做交易也是同理。作为一名交易员需要经常反躬自问：重仓豪赌的毛病改了吗？频繁交易的毛病改了吗？喜欢逆势的毛病改了吗？死扛亏损的毛病改了吗？……最重要的是，那颗急于赚钱的心安静下来了吗？赚钱强迫症和发财焦虑症的顽疾被疗愈了吗？——总而言之，你的毛病越少，也就越接近于成功。所以生活也好，交易也好，就是一个不断改过自新、自我升华的过程。

什么是恭敬心？就是古人讲的“主敬存诚”。一个人待人恭敬到极点、诚恳到极点，就回复到我们刚出生时的那种状态，拥有一颗“赤子之心”。新生的婴儿，笑容特别灿烂，记忆力惊人，学习能力强大；可是一旦到了13岁之后，记忆力急剧下降，23岁以后基本定型，跟成年人没有什么不同。所以小孩学知识要趁早，13岁之前要跟着音视频大量地阅读、背诵经典名篇。为什么小孩的记忆力那么强？他的笑容那么灿烂？皮肤看上去晶莹透明？就因为他那颗“赤子之心”没有被污染过，这时候就像我们通常所说的——“看山是山，看水是水”，这是第一重境界。等到我们经历了很多事，犯了很多错，这个时候我们看好人不像好人，看坏人也不像坏人，即所谓的“看山不是山，看水不是水”，这是第二重境界。

再等到我们研究了一大堆《老狐狸经》《厚黑学》之后，我们发现效果不佳，于是干脆把它扔了，回归到赤子之心，这就是第三重境界：“看山还是山，看水还是水”。所以什么叫赤子之心？实际上就是回复我们那颗谦卑、至诚、恭敬的心。曾子曰：“吾日三省吾身。与人谋而不忠乎？与朋友交而不信乎？传不习乎？”意思是：“我一天多次反省自己，与人出谋划策是否尽心竭力？和朋友打交道是否恪守信用？以及老师的教导是否真正做到了？”这段话里有一个忠字，也有一个信字，都是古人立身做人的根本。忠也好，信也好，敬也好，诚也好，说到底就是要回复到我们刚出生时的那种“赤子之心”，对人没有邪思邪见。

因此我们要经常向曾子他老人家学习，检查自己的心念，特别是对人

有没有不满和怨恨？要想自己不痛苦，要想解脱自己，最重要的一件事就是检查自己的心念，看看有没有恶的意念？有没有想害人的意念？有没有嗔恨的意念？有没有嫉妒的意念？有些朋友恨自己的父母，因为父母在他小时候离婚了，或者虽然没有离婚但是经常吵架。他在心里怨恨自己的父母，尽管可能只是停留在潜意识层面，没有上升到显意识层面。还有的朋友怨恨领导，领导给我小鞋穿；或者认为同事对我不好，某某害了我、骗了我；等等，不一而足。请大家记住，凡是怨恨一类的心念统统属于恶念，也就谈不上对人主敬存诚。

请大家把自己的心念看管好，要学会经常检视它，看它是不是正常。有嗔恨心的，要把它移除掉、清理掉、释放掉，只留下完完全全的感恩、完完全全的谦卑，以及完完全全的恭敬，这才称得上诚意正心，然后才轮得到修身齐家。任何时候，只要发现我们的内心有丝毫的怨恨和不满，统统都应该像清扫垃圾一样把它清除掉，不让它有机会污染和毒害我们的身心。“恭敬心生起，利于交友”，是说如果一个人与朋友交往的时候没有任何看不起人的意思，就是恢复了赤子之心。有些朋友喜欢说：“我这辈子总吃亏上当就是因为我太老实了。”错了，他不懂得他之所以一辈子吃亏上当，不是因为他太老实了，而可能是因为他太不老实了。不信君且看，上当受骗者，尽是精明人！此话怎讲？老实的人有憨福啊！

一个人如果失去了赤子之心的本色、被严重地染污了，那他就享受不到“憨福”了。而如果一个人始终保有一颗纯净、纯善的心；待人恭敬、诚恳到极点；从不抱怨什么，只知道感恩，那么在这个人身上往往就会有奇迹发生，这叫作“养成大拙方为巧，学到如愚始见奇”。在我们所从事的金融交易这个行业，十几二十年来，它给我们带来了很多物质层面的损失和精神层面的痛苦。前者容易衡量，后者无法衡量。有的痛苦与输钱有关，有的无关。与输钱有关的痛苦可以在成为赢家之后被消除，与输钱无关的痛苦却仍将继续存在，这不是一套能持续盈利的交易系统就能够解决的。审视这些痛苦，大家知道其来源和本质是什么吗？人之所以会痛苦，根源在于，人是受欲望驱使和受习气支配的双重奴隶。

痛苦的本质，就是欲望的无法餍足和人受到习气摆布时的身不由己。

欲望有哪些？回答是财、色、名、食、睡，简称“五欲”；习气有哪些？回答是贪、嗔、痴、慢、疑，简称“五毒”。世俗之人欲火炽盛，五毒俱全，焉能不苦？然而仁能治嗔，义能治贪，智能治痴，礼能治慢，信能治疑，原来传统道德，就是专门用来对治习气、疗愈痛苦的。慈悲至善谓之仁，尽职守分谓之义，知所进退谓之智，谦卑恭敬谓之礼，至诚无欺谓之信。这样转了一圈，我们又回到原地。现在我们终于明白古人为什么那么在乎自己的道德水准了。原来道德水准越高，痛苦就越少，快乐就越多啊！懂得了这个道理，我们现在应该怎样做才能平和地交易、平和地生活、平和地面对自己和他人呢？

这个问题的答案显而易见：那就是首先要谦卑，其次至诚无欺地对待他人和自己的内心，最终达到“无欲无求”的境界。就像古人经常讲的：“事能知足心常泰，人到无求品自高。”无欲无求不是说咱们都不去赚钱了，而是要以一种相对淡泊和较为洒脱的态度来赚钱。须知急于赚钱就是最大的心魔。当我们不再急于赚钱，我们才真正开始赚钱。如果你处于无欲无求、恬淡无争的状态，那么做交易就成了例行公事。你会很容易照章办事，毫无困难地采纳交易系统发出的信号。何况，无欲无求的交易员心比较静，容易对整个金融市场的变化洞察入微，无论是大局观还是细节层面的掌握，无不清楚明白、正确无误。

如果一名交易员多欲多求，则势必心乱智昏。因此，作为个人修养的最高境界，无欲无求或寡欲少求是交易者自我管理层面至高无上的圣杯。金融交易的六项关键词：顺势、待机、控仓、止损、持盈、止盈，作为一名交易员自我管理的功夫只要差那么一点，就会做不全或做不好；而只要有一个环节做不好，就容易招致损失和失败。以控仓为例，我们说操作规范化等于进出系统化加控仓标准化。现在，高胜算的、无比强悍的天网技术系统，我已经教给你们了；资金管理的圣杯——分别适用于股期汇债四大市场的四级控仓方案，我也交给你们了。按说，经过适当的训练，按照我所讲的规范化操作，变输家为赢家理应不难。但是为什么“控仓标准化”在实际执行过程中看起来却似乎“难中之难、无过此难”呢？

原因很简单：你摆不平自己那颗躁狂的心。因为保证金交易中的杠杆放大了人性中的恶——贪婪即恶行，贪心即恶念。这样的话，你对自己的仓位永远都嫌太轻。你会在不知不觉中把自己的仓位翻倍再翻倍，甚至用足杠杆，满仓而上，直至完全失控为止。请朋友们牢记：贪婪是我们内心最可怕的敌人，它经常以重仓、短线，或者重仓加短线的形式向我们发起攻击，企图毁掉我们。按照我的理解，所谓成功的交易员，就是对重仓、短线、逆势、死扛这四种不良习惯彻底死心、彻底对其放弃幻想的人。以待机为例，“合于利而动，不合于利而止”，《孙子兵法》中的这句话，概括了交易的全部，也概括了人生的全部。日出而作，日落而息，循环往复，这就是生活本身。读懂生活之道，就能理解交易之道。

在交易市场上，我们那颗急于赚钱、过于活跃的心，往往就是亏损之源。只有对已经拥有的感到满足，才能让我们那颗奔腾不止、总想折腾点什么的心停息下来。剔除欲望的干扰，才能谈得上客观。到那时，我们就会对重仓豪赌的恶行彻底失去兴趣，对市场每天的小波动视若不见，对似是而非的“机会”毫不动心……只要没有胜算，我们就不出手。我们耐心等着市场先生发出郑重邀请我们入场的请柬。交易就是规则，我们只是执行它而已。当我们把世俗意义上的一切全都看破放下，只剩下一颗求真理、求解脱的心，我们就会发现自己再也不会为俗世间的任何利益而蠢动；而盈利，总是在我们不再急于盈利时不期而至。

作为一名交易员要想做到无欲无求或寡欲少求，他还应该养成舍弃小我、成就大我的思维。因为我们的这个“我”字实在太小——永不满足的欲望也好，根深蒂固的习气也好，无不因之而起作用。倘若无“我”，则欲望也好、习气也好，皆无归依之处。因此，这个总也看不破、放不下的“我”字，才是导致我们一生受苦受难的根源。所以，要想方设法，从这个小我中跳出来，找到那个大我。大我是谁？大我就是众生。要与众生融为一体，关注他们的苦与乐。众生未必全是人，也包括动物。你要是能够感知他们的苦与乐，就会有助于你放下自我、离苦得乐。相反，如果你太专注于小我的得与失、苦与乐，你就会沉沦在这个小圈子里不能自拔，成就大我也就成为一句空话。

无论何时，慈悲的人才是最强大的。如果我们对小我的得与失、苦与乐过于执着，则势必会再次沦为欲望和习气的奴隶，任其驱使和摆布而无法出离。然后，我们就会陷入得则喜、失则悲，胜则欣、败则怒的情绪陷阱，进而会在情绪的支配下意恶、语恶、行恶，身语意三恶。所谓的“心魔”，就是这样炼成的。所以你瞧，过分专注自身利益的结果往往就是得不到任何利益，反而招致损失。这就是交易界那些为情绪所掌控的傻瓜们每天都在做的事。古人云：“威震四海，勇冠三军；只没本事，降服自心”，自我管理何其重要！就算我们穷其一生，一直都在和我们的这颗心打交道，企图管理好它、降服住它，让它不至于兴风作浪，给我们带来灾难；可是只要不从道德层面入手，就会永远不得要领，效果不彰。

多少年来，我们刻意地回避这一点。我们一直不肯死心塌地做个好人。我们欺骗自己说交易绩效与操盘手的品性无关。可是这么多年来，一次又一次的残酷亏损告诉我们，在我们心中实际上生活着一个魔鬼，任何时候，只要我们对它的管束有丝毫放松，它就会大摇大摆地从幕后走到台前，企图砸烂一切、统治一切。只有至善纯善的力量是它的克星，只有无欲无求的品格才能将其战胜。因此，人的需求本质上就是人的弱点和缺陷。人有多少需求就有多少弱点和缺陷。你无欲无求，做交易就成了例行公事，就不会那么容易被市场先生抓住弱点。所以说，无欲无求是金融交易员自我管理的圣杯。

我不知道诸位是否有过这样的体验：感觉自己很长时间被困在某个环境里，动弹不得；无论付出多少努力都没有结果，无论做任何事都不成功，呼天不应，叫地不灵，运气差到极点。表面上看，你有充裕的时间，可以去任何地方；但实际上，你去不了任何地方，因为你没有钱。你整天活得乱糟糟的，你的心里也是一团乱糟糟的。要想改命，唯一的办法就是为自己培育福德，采用明代袁了凡先生在他的名著《了凡四训》里所说的方法，即所谓立命之学、改过之法、积善之方、谦德之效。

袁了凡先生在书中说，他人生的前几十年曾经遇到过一位算命先生，把他的人生步步算定。诸如他什么时候参加考试、考第几名……一切生活大事全部算定，结果之准令他非常佩服。但是，算命算得准针对的是凡夫，修行人的命就没那么好算了。因为凡夫的行为模式基本固定，其未来也相对确定，这对懂命理的人来说不难算定；而修行人积功累德很快，故其未来是变动不拘、不易确定的；当然，也可以说是前途无可限量的。何以见得命运能被改变呢？我相信凡是有过儿童读经教育经验的家长都见过一件事，那就是只要让儿童坚持读圣贤书，哪怕其原本是猴急下劣之品性，也慢慢会变得温文儒雅，神采气质如玉树临风。

这足以说明儿童的气质可以改，办法就是读圣贤书，长时熏修；日久则气质必改，成人亦然。非但人的气质可以改，就连相貌都可以改；因为相由心生、境随心转。修行人为什么相貌庄严，世人钦敬，有大威势？你们不好好想想原因吗？既然通过修行连人的相貌、气质、性格都能改，试问还有什么是改变不了的？我深信，哪怕是一个人人轻贱、衣不蔽体的乞丐，只要他发大心、立大愿一心向道，他的相貌会变、气质会变，命运也很快可以改变。他会受到世人的尊敬，得到具备最基本物质条件的生活水平。相反，那些作恶的、忤逆父母的、邪淫的……其运气会直线下降，严重衰败。终有一天，他们会沦落到无论如何努力就是不能成功，无论如何卖命就是赚不到钱，已经赚到的钱也会莫名其妙散失的地步。

归根结底，命运其实是掌握在我们自己手中的。古人云：行有不得，反求诸己。奉劝身处逆境的人们，既然无论如何都没办法摆脱困境，那么止恶、忏悔、改过、积善……就成为改变命运的唯一途径。我们只有对命运真正感到服气，才谈得上改变命运；意欲改命，须先"认命"。就是说，你先得"接受"你现有的一切，死心塌地地接受。如果还有任何心不甘、情不愿，你就还会总想着去穷折腾……折腾就是轮回，就是无意义行为的总称。最后随着死亡的来临，万般带不去，唯有业随身。"认命"不是消极，"认命"是活在当下。须知各种各样的不满足，恰恰就是我们受苦和犯错的根源。

我们之所以一生稀里糊涂地受苦，往往就是因为对于现实和规律感到怀疑和不服气。我本人也是如此。在受了那么多的苦，走了那么多的弯路，并且付出那么多的无效努力之后，我终于服气了、低头了。有生以来第一次，我不再想凭借自己的小聪明去折腾点什么。同时在交易方面，我遵循交易系统，做到控仓标准化、操作规范化。因为我已经弯路走遍，对所谓的折腾彻底死心。当我平静地面对自己，我发现自己拥有的其实并不少。我不再替自己感到难过和不幸，因为还有太多的人远比我活得艰难。跟他们相比，我甚至可以称得上幸运。

至少，我不必从事艰苦的体力劳动才能糊口。我甚至不必朝九晚五，我只不过是不能随心所欲而已……现在我只需要保持最简单的生活方式和最低限度的物质水平就能够怡然自乐。因为活在当下，故烦恼日减；减之又减，以至于无为。随着年岁渐长，道心日坚；求道不息，死而后已。这就是我当前的生活模式。交易于我而言，充其量不过是例行公事而已。朋友们，我如果不发心修行，想摆脱困境是完全不可能的。不信的话，看看我们周围的朋友，他们几十年如一日，性格脾气一直没有丝毫变化。

他们怎么可能改得了命呢？改命的唯一途径就是修行。我们平时心里就要豁达一点，物欲要淡泊一点。就像诸葛武侯曾经说过的："非宁静无以致远，非淡泊无以明志。"所谓淡泊明志、宁静致远，说白了就是无欲无求或者寡欲少求，就是少一点抱怨、多一点知足和感恩。

所以从现在开始，请大家把各自的成功强迫症和发财焦虑症，放一放、缓一缓，让它淡泊一点，最好能放下。就算我们这一生都不成功又如何呢？有些朋友他很执着，这件事必须成功，那件事也必须成功，否则活得没意思了。朋友，你活得有意思、没意思，跟你在世俗意义上是否成功没有必然联系。要把我们一意追求成功的那颗心也看破、也放下。要对任何东西都不执着。执着就是往你身上绑绳子。只有把绳子解开了你才能获得自由、获得解放，身心的解放。

现在我们几乎每一个人都患有成功强迫症和发财焦虑症，包括一些很有钱的朋友。已经有几百万的就和千万级别的比；等到了千万级别又跟上亿的比。身家上亿的眼睛盯着李嘉诚，真成了李嘉诚眼睛盯着比尔·盖茨，真成了比尔·盖茨眼睛恐怕又已经看到火星了。所以当今时代，人们的成功强迫症和发财焦虑症是很严重的，而且是全民性的。我们不但自己有各种各样的焦虑症，并且还正在传染给孩子们，向他们施加压力。说："你一定要成功，你不能输在起跑线上"，为此甚至不惜让孩子学习所谓的"狼性文化"，这是典型的成功强迫症、发财焦虑症。我们很多朋

友得了病自己还没意识到，还在摧残孩子，让其饱受折磨。

他们不懂得，这样一心一意地求名求利，到头来充其量也不过就是混个温饱而已。可怜，他们绞尽脑汁、机关算尽，最终只不过得到一个最低限度的生活水平。可以说既丧失了做人的乐趣，又没有得到想要的财富。所以从今以后，要让我们这颗心悠闲起来，把成功强迫症放一放，把发财焦虑症缓一缓。让我们这颗心得以释放。没事的时候想想这些道理，让自己放松。如果总是被这些病症困扰，可能一辈子在贫困中打转。古人有句话："善恶之报，如影随形；祸福无门，唯人自召。"如果我们满脑子都是权谋阴谋，言恶语恶，行恶意恶，说的是恶言，做的是恶事，脑子里是恶念，那么就会感召那些和我们一样的恶人。

比如说，假如你是街头打架斗殴的小混混。最后你会发现，你周围的朋友都是跟你一样的人，没错吧？假如你是一个佛弟子，你周围的朋友也都是佛弟子。假如你是一个基督徒，很快你会发现你的朋友也都是基督徒，这是不是"物以类聚，人以群分"呢？这是不是互相感召啊？如果我们总是记恨别人，脑子里有恶念，不懂得感恩，不谦卑，不老实，整天研究《老狐狸经》《厚黑学》，最后我们身边所围绕的都是些和我们一样的人。所以我们要警惕自己的心念。我这个心念是善的还是恶的？是不是纯善之念？可以说，你心里想什么你就感召什么。你要是个骗子，你就会感召更大的骗子来把你给骗了。你总想利用别人，到头来你发现自己被别人给利用了。所以我们转了一圈，发现还是老老实实做人吧！

在《道德经》里有这样一句话："天地所以能长且久者，以其不自生，故能长生。是以圣人后其身而身先，外其身而身存，非以其无私邪？故能成其私。"意思就是说，天地之所以能长久存在，在于它的一切运作都不为自己；正因为不为自己，所以大到日月星辰的运转，四时寒暑的更替；小到万物的生长、兴衰与荣枯，都由它来主宰。"圣人后其身而身先"，是说有智慧的人，他总是把自己放在卑微低下的位置，反而赢得众人的爱戴，就像大海位置最低反而容纳百川。那么什么叫"外其身而身存"呢？就是把自己的利益置之度外，最后所得的收获反而超过自己的本意。最后老子评价说："非以其无私邪？故能成其私。"

老子的意思是说，“难道不正是由于他的无私奉献，反而成就了他自身的利益吗?”由此可见，《道德经》就是完全地效法自然。它所讲的都是宇宙人生的真理。我可以用比较通俗的语言来解释上面的话，那就是：“专为名利，无名无利；不为名利，有名有利”。或者，“专为名利，颗粒无收；不为名利，名利双收”。我们在现实生活中看到过很多这样的现象，但是我们没有智慧，不知其道理何在。其实就是因为这样做符合天地宇宙的大道。在我们这个世界，只要你有一颗至善纯善的心，为众生服务的心，以及把自己的利益置之度外的心，那么慢慢地，你最终所得一定会超出你的本意。

我们看那些从不考虑自己的人，他也没有饿死，他活得好好的，受人尊敬而且有一定的社会地位。就算他的收入不是很稳定，但足够他花销。而我们这些整天绞尽脑汁、机关算尽的家伙，最终又是个什么结果呢？一言以蔽之：温饱而已。你看看人家李嘉诚光是善款就捐了上百亿港元，人家的财富还有两千多亿港元，越布施越富有。同样都是一个脑袋，他有个脑袋我们也有个脑袋。他是两只手、两条腿，我们也是两只手、两条腿，做人的差别咋就这么大呢？儒释道都是相通的，孔子他老人家也说过类似的话。他说：“夫仁者，已欲立而立人，已欲达而达人。”成就别人就是成就自己。所谓君子成人之美，不成人之恶。

真正仁爱的人——佛家讲慈悲的人——自己想成家立业也好，成就一番事业也好，他也会帮别人成就事业。你想想看，他这么做朋友是不是越来越多？路是不是越走越宽？朋友越多助推的力量就越大，想不成功也难。反之，你要是只为自己，没有时间为别人考虑，最后就是孤家寡人一个，路越走越窄，运气也会越来越差，机遇一天天江河日下。其实要让我说，凡夫俗子想改命比登天都难。难在何处呢？难就难在我们改变不了自己的心性，也就改变不了自己的行为方式，所谓“江山易改，禀性难移”。你要真的发了大心，肯改变自己，那么命运就会随之改变。

现在请大家把眼界放开，遵循古圣先贤的教导。就像老子在《道德经》中所说的：“以其无私，故能成其私”；或者像孔子所说的：“已欲立而立人，已欲达而达人。”这样的话，我们的命就改了，命中的财库就满了。对此我自己有很深的体会。我做过几年生意，那时候要风得风、要雨得雨。我最大的竞争对手在我开业那天关门了，事先我根本没想到。但是后来也有一段时间，不管怎么努力都没有结果，而且这种日子苦熬了好几年。所以说我顺境有过，逆境也有过。我的经验是：有些事情我们单凭自身的努力并不靠谱，所谓努力就一定有结果那也未必。

付出与所得并不一定成正比。如果我们无论怎样努力都不能脱困，不妨干脆把我们那颗严重焦虑的心放一放、缓一缓；放宽心，多帮助别人；这样就能改命又改运，最终达到命运双改。这就是我今天要讲的主题之一——“惠利群生”。有些朋友他不懂这个道理，不懂大道。他听我的课，一听我讲这些扭头就走。他说范老师爱唱高调，他讲技术我就听，讲这些我不爱听，所以一辈子改不了命。结果就像一只勤劳的蚂蚁一样，忙忙碌碌、不知所终。

下面回到我们敬爱的特蕾莎妈妈。她老人家 1910 年出生，1997 年去世，活了八十七岁。从十几岁就开始从事慈善事业，可以说几乎一天也没有为自己而活过。作为一名天主教徒的她，生前曾给世人留下几句话，非常有名而且文字优美，我想在这里与各位分享：

“人们经常是不讲道理的、没有逻辑的和以自我为中心的，不管怎样，你要原谅他们。”

这是一位饱经风霜的老人，凭着一双看透世事的老眼，说出的一句饱含人生智慧的话语，很值得我们细细深思。我们平时立身处世，当我们发现周围的人，他想要面子时我们就给他面子，他想要虚荣时我们就给他虚荣，他要实利时我们就给他实利，他想要别人让步时我们就让步给他，一直让到不能再让，给到不能再给为止。我们说为什么修行人对周围人的心理意念洞若观火？就因为修行人他心静，所以他很容易知道你在想什么。

这可以理解为一种经验。有些凡夫俗子以为修行人比较笨、比较傻，那可真是大错特错了。修行人非但不傻不笨，他比一般人反而要敏感得多。他只是不爱说话，并且把物质利益看淡了而已。世俗之人多欲多求，故而心乱智昏；并且经常是不讲道理的、没有逻辑的和以自我为中心的。

但是不管怎样，你要原谅他们。

“即使你是友善的，人们可能还是会说你自私和动机不良，不管怎样，你还是要友善。”

因为友善符合天地宇宙的大道。你若有一颗至善纯善的心，与天地宇宙的大道相合相应，自然万事顺遂、吉祥如意。一直坚持这样做下去，就是“但行好事，莫问前程”。

“当你功成名就，你会有一些虚假的朋友和一些真实的敌人。不管怎样，你还是要成功。”

“即使你是诚实的和率直的，人们可能还是会欺骗你，不管怎样，你还是要诚实和率直。”

特蕾莎修女拥有高度的智慧。她一眼就把我们这些凡夫俗子看穿了。我们那点私心杂念根本没法瞒过她的眼睛。看看她所说的这些话，我们能说得出来吗？她对众生的了解，就像一位母亲对她的孩子们的了解。她老人家不是凡人啊！

“你多年来营造的东西，有人会一夜之间把它摧毁，不管怎样，你还是要去营造。”

我们说成就一件事需要很多人付出很多心血，但把一件事搞砸只需要一个人、一件事就够了。但是你不要气馁，因为特蕾莎修女教导我们：“你多年来营造的东西，有人会一夜之间把它摧毁，不管怎样，你还是要去营造。”

“如果你找到了平静和幸福，人们可能会嫉妒你，不管怎样，你还是要幸福。”

“你今天做的善事，人们往往明天就会忘记，不管怎样，你还是要做善事。”

“即使你把最好的东西给了这个世界，也许这些东西永远都不够，不管怎样，把你最好的东西给这个世界。”

朋友们，你们看看，特蕾莎修女会穷吗？一个说出上述睿智之语的人，她会精神贫乏吗？她有时间为自己痛苦烦恼吗？虽然她老人家从来不为自己打算，但是她活得很充实，人生很美丽。她把我们这些凡夫俗子都给比下去了，她让我们自惭形秽、自愧不如。

最后，我作偈一首送给今天在座的朋友们，并且结束今天的演讲，感恩大家。

佛子心似海，求道志如山。

举头观日月，低头思圣贤。

附录二　何以保命？唯有轻仓

——保证金交易中仓位管控的秘密

内盘商品期货市场的保证金比率通常是10%，它的倒数——理论杠杆倍率，是10倍；而外汇现货和伦敦金，理论杠杆一般是100倍。但我可以负责任地告诉大家，对于期货交易的合并初始头寸来说，整体账户总的杠杆倍率，不要说100倍，1倍以上都不可以。具体原因请容我后述。杠杆这个东西，要认清它的真面目。人们通常以为，杠杆同步放大了收益和风险，因此是个中性的工具。但是，因为赢家是极少数，所以杠杆实际上是个负面的工具。如果使用了中等倍数的杠杆工具，例如5倍以下，那么它对赢家有利，对输家不利；如果采用了超高倍数的杠杆工具，例如10倍以上，那么它将成为所有人的毒药。因为对于10倍杠杆而言，10%的逆向波动将会亏光；而100倍的杠杆，1%的逆向波动就会亏光。

虽然从理论上讲，100倍杠杆的情况下1%的正向波动也会导致账户翻倍，但我们不要忘了一个基本事实——虽然市场上的资金数不胜数，但属于我们的资金是有限的，是可以亏完的，这是讨论一切问题的前提。我长期使用杠杆工具，在各类金融市场上摸爬滚打，对此问题有一定的发言权。10～100倍的杠杆，放大了人性中的恶，其实就是唆使你重仓豪赌的。有些朋友一开始也是小心翼翼，准备小赌怡情；但是做着做着，他衣袖一挽，开始大干特干了。有多少次，我们满仓而上，心里在说："这回要赚把大的。"可结果如何呢？也许曾经真的大赚一把，但是长期来看，你的资金会迅速缩水，直至有一天彻底失去反抗能力。

海龟的仓位控制方案

我们应该寻找这样一种仓位控制方案：哪怕我们判断错了，也不至于招致严重后果。比如说，我们用10%的仓位比例，乘以10倍的理论杠杆，就是1倍的实际杠杆。这样风险相对容易控制。但实际上，即便1倍杠杆作为初始仓位，都太高了。下面我说说《海龟交易法则》这本书中海龟们的仓位控制方案。海龟交易系统是投机大师理查德·丹尼斯(Richard Dennis)制定的，理应引起重视。我认为，一切成功交易家所使用的都是相同或近似的仓位控制方案，不会有第二种完全不同却又可以同样成功的仓位控制方案。这个方案的核心，简单说就是"初始轻仓，分批进场，择机加码"这12个字。

海龟用ATR(真实波幅均值)来决定仓位，他们叫作N值。

以内盘塑料为例，它的N值大约是300，这是20天以来的平均波幅。意思是最近20天以来，平均每天波动300点。因为塑料合约规定的是每手5吨(即"合约乘数"等于5)或者说每点代表5元，那么塑料每天每手波动1 500元。

有人问交易是不是需要一直不停地试错？不是让你一直不停地试错。不是有个"确定性法则"吗？就是说进场点必须是你最有把握的点。整部《金融交易学》(第二卷)，都是告诉你怎样捕捉大行情的。而且我们的天网系统，其胜算之高更是达到了足够使用的地步。但是，即便你真的抓住了大行情，也无论你的自信程度有多高，你都必须既实现对单品种初始头寸杠杆倍率的控制，又实现对整体账户总杠杆倍率的控制。下面我会告诉你们为什么。

为了讨论的方便，我先给出计算实际杠杆倍率的两个公式：

1. 实际杠杆倍率＝仓位比例×理论杠杆倍率

2. 实际杠杆倍率＝持仓总市值/账户总资金

在第1个公式中：

仓位比例＝保证金占用金额/账户总资金

理论杠杆倍率＝持仓总市值/保证金占用金额＝1/保证金比率

将仓位比例和理论杠杆倍率代入公式1，即可得到公式2。因此，二者是等价的，这是就整体账户总的杠杆倍率而言的。对于单品种(单只股票或期货合约)的实际杠杆倍率，其计算方法如下：

单品种实际杠杆倍率＝单品种持仓市值/账户总资金

因为“持仓总市值”等于“单品种持仓市值之和”，所以整体账户总的杠杆倍率也就等于各单品种实际杠杆倍率之和。用公式表示就是：

整体账户实际杠杆倍率＝∑各单品种（单只股票或单期货合约）实际杠杆倍率

有朋友会说，当各个持仓品种走势负相关的时候，其杠杆倍率会互相抵消，因此整体账户总的杠杆倍率可能小于各单品种杠杆倍率累加之和。但这种情况基本可以不予考虑。以期货市场为例，总共不到 60 个可交易的品种，其走势几乎从来都是齐涨共跌的，对于大级别的牛市或熊市来说尤其是这样。以工业品为例，如果有色、钢铁、煤炭、化工等板块的走势是相反的——有些板块上涨，有些板块下跌——那么可以断定，这两者必定有一方是在“玩假的”，即趋势发展失败。不是上涨的板块发展失败，就是下跌的板块发展失败。

当然，也可能两者均不会走太远。换言之，它们所运行的一定是小级别行情，非大级别行情。真正的牛市或熊市，工业品各大板块一定是齐涨共跌的，这一点可以从各板块指数的走势图上清晰地看出来。而且我们是趋势跟踪交易者，不是套利交易者；也就是说，我们所持有的头寸要么全部是做多的，要么全部是做空的，极少会出现部分品种做多、部分品种做空的现象。而且实践证明，一旦我们这样做——部分品种做多，部分品种做空——我们一定赚不到大钱。因此我们总是把各单品种的杠杆直接相加，即假设它们走势正相关。

现在回到塑料。假设海龟的持仓是 1 手，假设对应总资金的波动是 1%，我们来看看他们用多少钱锁定这一手塑料，从而计算出他们所使用的实际杠杆倍率。

$X\times1\%=300\times5=1\ 500$（元）；$X=15$（万元）

通过这个公式，我们不难算出海龟如果做内盘塑料的话，他们的初始头寸是用 15 万元锁定一手塑料！当然，如果账户规模是 30 万元的话，那么初始头寸就是 2 手，以此类推。

不要吃惊，没错，是 15 万元！1 手塑料的市值＝10 000 元/吨×5 吨/手

=5 万元，那么他们初始头寸的实际杠杆倍率=5 万元/15 万元=0.33。

在文华财经赢顺软件界面键入 ATR，这个指标会自动显示出来。因为这个值每天在变，所以取 20 日指数平均。基于同样的原因，海龟每周依据 ATR 值调整一次仓位。不过我可以告诉大家，实际上不必这么复杂，我们甚至可以不关心 ATR 值，而是透过现象看本质，直接看他们所使用的实际杠杆倍率。

如果接下来的市场走势证明他们这笔交易正确，那么他们的极限仓位会扩大到初始仓位的 4 倍，即 1.3 倍杠杆。有 3 种计算方法可以得到同样的结果：

(1)0.33×4=1.3；

(2)当他们持有 4 手塑料的时候，它们锁定每手塑料的资金=15/4=3.75(万元)，实际杠杆倍率=单手持仓市值/单手分配资金=5 万元/3.75 万元=1.3；

(3)还可以这样计算：

实际杠杆倍率=持仓总市值/账户总资金=(5 万元/手×4 手)/15 万元=1.3。

上述计算方法所得到的结果都是一样的。

无论股票、期货还是外汇，关于仓位控制的核心问题都是相似的。如果初始仓位出现不错的利润，而且看样子行情仍有发展余地，那么海龟还会把仓位再放大 3 倍。也就是说，他们的极限总杠杆倍率是 3×1.3=4 倍。这就是他们的最大“胆量”，他们管这个叫“账户满仓”，而把前面约 1.3 倍的杠杆倍率叫“单品种满仓”。所以你瞧，他们就这点胆量，难怪他们叫作“海龟”——当然，也难怪他们如此成功。而我们一般交易界的朋友，却胆大包天，天天都是 8 倍、10 倍的杠杆，乃至 20 倍、50 倍、100 倍的杠杆，仿佛我们比全球知名的交易家都伟大。但事实如何呢？人家是伟大的交易家，而我们却破产了。

下面再说一下海龟们的止损方案。

有人认为海龟的初始头寸每波动一个 N 值，对应账户总值 1%的波动；而他们采取逆向波动 2 个 N 值为止损点，所以每次止损额应该是账户总值的 2%，当其持仓量放大为初始头寸 4 倍的时候，止损额应该是账户总值的 8%。但实际上，因为他们把仓位放大 4 倍的过程是渐进的，即每隔 0.5N 加仓一次，而止损线只与最后一笔进场的成交价保持 2N 的距离，所以实际上的损失并没有 8%那样大。下面仍以塑料为例说明问题。

这里假设海龟做多，塑料现价 Y＝10 000 元/吨，N＝300 元/吨。

第一笔进场价为 Y，数量 1 手；止损价为 Y－2N；

第二笔进场价为 Y＋0.5N；数量 1 手，2 手合并止损价为 Y＋0.5N－2N＝Y－1.5N；

第三笔进场价为 Y＋N；数量 1 手，3 手合并止损价为 Y＋N－2N＝Y－N；

第四笔进场价为 Y＋1.5N；数量 1 手，4 手合并止损价为 Y＋1.5N－2N＝Y－0.5N。

好了，假如现在市场价格触发了合并头寸的止损价 Y－0.5N，那么海龟会把 4 手塑料全部平仓，假设成交价也是 Y－0.5N，那么第一笔亏损 0.5N；第二笔亏损 N；第三笔亏损 1.5N；第四笔亏损 2N，合计亏损 5N。平均每笔亏损 1.25N＝1.25×300 元/吨＝375 元/吨。

总止损额＝375 元/吨×5 吨/手×4 手＝7 500 元

损失百分比＝7 500 元/15 万元＝5%＜8%

损失百分比还可以这样计算：

平均每笔亏损 375 元/吨，塑料的初始市价为 10 000 元/吨，即价格下跌 375/10 000＝3.75%，那么损失百分比＝3.75%×1.3 倍杠杆＝5%＜8%。

诸位看到了吗？海龟采用 1.3 倍这样低的杠杆，又是采用如此谨慎的仓位控制策略，尚且一次性止损掉总资金的 5%，如果换作是你，又将如何呢？有人说海龟之所以一次性止损比例太大是因为止损价格范围定得太宽，如这里是 375 元，即 3.75%。而 3.75%的价格波动范围属于正常。但是即便把止损宽度减少一半，即定为 1.875%，这样一次性止损掉总资金的 2.5%，依然太多了。对基金经理来说，一次交易失败损失总资金的 1%都太多了。

综上所述,海龟的杠杆倍率依次是:0.33—1.3 倍—4 倍。

而实际上,我几乎可以肯定,海龟经常会停留在 1.3 倍的杠杆,不肯再加仓了。4 倍杠杆只是极限值,不是常态。那么 4 倍杠杆是什么意思呢?就是如果你做理论杠杆倍率为 100 倍的伦敦金,你必须把仓位比例限制在 4%,试问有几个人是这样做的?

下面以上海橡胶为例,继续阐明这个问题。

2017 年 12 月初,沪胶市价 25 000 元,每点波动对应 5 元人民币(即合约乘数为 5 吨/手,后来改为 10 吨/手),每手市值 12.5 万元。沪胶的 ATR 值是 1 000,也就是说,最近 20 天以来,它平均每天波动 1 000 点,每手波动 5 000 元。

$X\times1\%=1\,000\times5=5\,000$(元),$X=50$ 万元

通过上述公式,我们不难算出海龟如果做内盘橡胶的话,他们的初始头寸是用 50 万元锁定一手橡胶。如果是 100 万元的账户,那么初始头寸的规模是 2 手,以此类推。

他们初始头寸的杠杆倍率是多少呢?很简单:

12.5 万元/50 万元=0.25

你感到吃惊吗?是的,没错,0.25 的杠杆。

如果市场走势证明海龟正确,他们会在“单一品种上满仓”,也就是仓位扩大为初始仓位的 4 倍。这时候,锁定每手橡胶的资金(记住这是总资金平均下来的,不是保证金占用数值)下降为:50 万元/4=12.5 万元。他们的杠杆倍率=12.5 万元/12.5 万元=1 倍。什么意思呢?就是他们把期货当作现货来做了。

上面的新杠杆倍率还可以这样计算:0.25×4=1 倍,和上面通过市值计算是一样的。

而如果我们的账户中有 50 万元,就敢满仓持有 40 手,而不是海龟的 4 手。所以,你们看,在胆量方面,海龟确实不如我们啊!

总结沪胶的例子,我们发现海龟所使用的杠杆倍率依次是:“0.25—1 倍”,和前面的“0.33—1.3 倍”差不了多少。

再举股指期货的例子:

2017年12月初，IF股指期货的点位为2 500点，ATR值为50，合约乘数为每点300元，每手每天波动50×300＝1.5万元。按照海龟杠杆倍率的中间值——1倍杠杆计算，每手沪深300股指期货的市值＝2 500点×300元/点=75万元，那么，锁定一手股指期货的资金也应该是75万元。换言之，如果你有150万元，你最多只能持有2手；若有750万元，最多持有10手。可事实上我们的“投资者”是怎样干的呢？他75万元的资金，敢持有6手以上！其盲目与鲁莽一目了然！

有朋友问糖的问题。他有10万元资金，让我帮忙设计仓位控制方案。

诸位，我想在这里插上一句:通常传说中“以小博大”的说法是带有欺骗和误导性质的，属于“哄死人不偿命”。事实上，我没见过有几个人把小账户博成大账户，相反的情况倒是见过不少。

如果这位朋友只对糖一个品种感兴趣，即他不想为别的品种预留资金，那么我们来看一看整个账户只做一个品种——糖——的仓位控制方案。

我发现有些朋友总是把大资金和小资金区别对待，并且觉得大资金的运作方法充满了神秘感。但实际上，大资金和小资金在仓位控制和风险管理方面没有任何不同。在实战中你必须把小资金当作大资金一样谨小慎微地对待，甚至比运作大资金还要更谨慎，它才能有机会成长为大资金。事实上，小资金的账户在内盘期货市场上根本不应该做铜、橡胶、金这些大品种。否则的话，以铜为例，它每手的保证金为3万元，你如果有一个5万元的账户，建仓1手铜，此时你的杠杆倍率将是8～10倍。散户对此习以为常，似乎比海龟有能耐多了。

大品种会导致建仓1手就满仓，即冒10倍或接近10倍杠杆的风险，从而导致失控，这就是小资金不能做大品种的原因。所以无论你账户上有多少钱，控仓方案都是一样的，仅仅是建仓手数不同而已。你只需要搞清楚你所使用的实际杠杆倍率究竟是多少就行了。

2017年12月8日，郑糖SR205合约收盘价为6 275元，每手市值＝6.275万元，你先投入6 275元的保证金，建仓1手。此时杠杆为0.627 5，这叫初始头寸。

如果市场证明你是正确的，可以再增仓 1 手。此时，你的实际杠杆倍率是 1.255 倍，相当于你在做这只叫作“白糖”的股票，已经满仓了。

现在请大家忘记白糖是期货合约的事实，你就把它当成一只股票，100%保证金，杠杆 1 倍，然后扪心自问：这笔交易你保证能赢吗？你一定能战胜它吗？恐怕未必！

如果行情证明你是正确的，情况正在向对你有利的方向发展——当然，如果不是这样，你就不是需要加仓，而是要面临止损出局的问题了。现在，假设你有了不错的初始利润——请记住：初始利润通常不是用来兑现的，而是应该放在账户里，准备迎接接下来必将出现的回撤和震荡的——这是必须经历的考验和必然支付的代价。如果你轻易地兑现了初始利润，那么你那种“任凭风浪起，稳坐钓鱼船”或“不管风吹浪打，胜似闲庭信步”的优势持仓心态就可能再也找不回来了。

因为在“收割”初始利润之后，如果发现价格的趋势运动并没有结束，你会在它的诱惑下再度进场。这一次你持有的是失去浮动利润保护的新头寸，其成本价与市场最新价非常接近。那么只需要一个小小的逆向波动，你就可能被迫止损了……类似这样的错误连犯几次，就足以把之前的利润全部回吐殆尽。所以，如果你在一波明显的趋势行情中做了一次短线，就会被迫一直不停地做下去，直到这波行情结束为止。这个问题属于如何持盈的范畴。在天网系统里，我们以“三步锁定”的方法解决该问题。

每变动一次仓位，你都必须知道你所使用的实际杠杆倍率究竟是多少。杠杆有多大，风险就有多大。当你持有 4 手糖的时候——请注意，按照前面所讲的海龟的仓位控制方案，这已经是极限了。此时你的实际杠杆倍率是：

持仓总市值/账户总资金＝6 275 元/吨×10 吨/手×4 手/10 万元

＝2.5(倍)

注意，这就是你需要警惕的时候，不能再轻易加仓了！4 倍总杠杆倍率是高风险区，超过 4 倍，在止损出局的时候，就会遭受重创。倘若你的止损范围定得过窄，又太容易被触发。你将会发现左也不对、右也不对，怎么做都不对。问题的根源，就在于杠杆太高了。

股期汇债四级标准化控仓方案

实际上，根据我25年的交易经验，我认为海龟的初始头寸的杠杆倍率有些偏高了。这会导致不理想的实战效果。交易者如果照搬海龟的控仓方案很容易爆仓出局。我们趋势跟踪一派不管多么强调确定性法则和临界点战法，仍然不可避免地会从事一些试探性交易。而试探性交易造成的损失必须足够小，才能坚持到趋势行情真正来临的那一天。初始头寸不是越大越好，也不是越小越好，而是存在最大值和最小值。现在我们来设计出一套分别适用于股票、期货、外汇和国债四大金融市场的仓位控制办法，我称之为“股期汇债四级标准化控仓方案”，直接给出了单品种初始头寸的最大值与最小值。从实战效果来看，这套控仓方案进可以攻，退可以守；简洁明晰，量化稳健，风险可控，可操作性极强。

其具体设计是(以期货市场为例)：

期货交易单品种初始头寸实际杠杆倍率：

0.25(最大头寸)—0.125(大头寸)—0.062 5(小头寸)—0.031 25(最小头寸)

下面我来解释一下以上公式的具体含义。

控仓公式中把0.03(系0.031 25取整，下文当中对其他几档也做类似处理)的单品种初始头寸实际杠杆倍率界定为“轻仓”。因为实战经验告诉我们，这是“试探性交易”中所能采用的最让人“感到舒服”的杠杆倍率。

举例来说，一个160万元的账户，建仓1手市价为9 600元、合约乘数为5，即单手市值为4.8万元的塑料，其杠杆就是0.03(4.8万元/160万元=0.03)。如果是320万元的账户，同样采用0.03的杠杆，那么起手就应该建仓2手。如果是800万元的账户，初始头寸就应该是5手……随着账户规模的扩大，初始头寸按倍数放大，用这种方法能操作任意规模的资金。实战证明，这是令人舒服的初始头寸，通常可以用于“试多”或“试空”交易，错了就止损，对了就再择机加码。不要以为这个头寸太小，赚不到像样的钱。别忘了，我们注重指数级别的交易机会，往往同时持有几个、十几个甚至几十个期货合约。

如果一段时间内行情比较流畅，交易也比较顺手，那么不妨一出手就在刚才头寸规模的基础上把持有量增大一倍，即直接使用 0.06 的杠杆，甚至直接使用 0.12 的杠杆。合适的杠杆，赢会赢得你满意，亏会亏得你心疼。如果我们在操作中受挫，就应该迅速向小的杠杆倍率靠拢。比如说我们原本采用 0.12 杠杆的单品种初始头寸，如果出师不利，就应该立即退回到 0.06……直至稳住阵脚为止，这叫作“减量经营”。倘若这样仍然不能遏制住亏损和失败，就暂停交易，休息一段时间后择机再战。

内盘商品期货或股指期货市场的单日波幅一般介于 0～3%。股票的波幅大约是商品期货或股指期货的 3 倍，即一般介于 0～10%。外汇市场波幅通常是内盘期货市场的一半，即一般介于 0～1.5%。国债市场波幅通常又是外汇市场的一半，即一般介于 0～0.75%。所以，将内盘期货市场四级控仓方案中的杠杆倍率分别乘以 2，就得到外汇市场的四级控仓方案；再乘以 2，就得到国债市场的四级控仓方案。如果除以 3（表格里面实际是除以 3.125），则得到适用于股票市场的四级控仓方案。也就是说，以止损之后对账户造成的损失相等为原则，真实波幅均值（ATR）越大的市场，初始头寸应该越小，反之亦然。

上述四级控仓方案如下表所示：

	止损宽度	最大头寸	大头寸	小头寸	最小头寸
国债	0.75%	1	0.5	0.25	0.125
外汇	1.5%	0.5	0.25	0.125	0.062 5
期货	3%	0.25	0.125	0.062 5	0.031 25
股票	10%	0.08(8/100=2/25)	0.04(4/100=1/25)	0.02(2/100=1/50)	0.01(1/100)

0.03 的杠杆倍率，实际上就是要求单品种初始头寸的持仓市值占总资金的比例为 1/33。这个数值是我经过长期实战、无数笔交易之后测试出来的。在一个保证金比率为 10%、理论杠杆为 10 倍的市场，如内盘期货市场，就是要求拿来“试仓”的头寸，其所投入的保证金只占总资金的 1/330！这个结论揭开了金融交易界秘不示人的高度的商业机密，是不懂仓位控制和风险管理的新手和老手们连做梦都想不到的。我为了得出这个结论耗费了大量的时光，支付了千万级别的学费，请年轻后学务必珍惜和重视。相应

的，用这一档控仓公式除以股票/期货市场 ATR 之间 3 倍的差值，即可得出股票交易的标准化头寸是 0.01，即单只股票的市值只占总资金的 1%！如果是百亿级别的大型基金，1%都太大了，只能用 0.5%。

我们的选股软件"黑马集中营"内置的"神骁骏战法"全自动选股股票池功能，每个交易日会将月图符合"月线神牛"、周图符合"周线骏马"、日图符合"日线骁龙"的个股自动推送到 888 板块，5 秒钟更新一次选股结果。辅之以肉眼过滤，即可挑选出标的个股。第一批买入 1～3 只——注意，图形符合系统一个则买入一个，切不可为了凑数而买入。当且仅当首批买入的市值产生 5%～10%的利润，方可投入下一批资金。如此滚动操作，满仓且动用融资款时，可同时持有 100～200 只股票。这种资金管理策略叫作"分散持仓，分批进场；先锋不赢，后续不进"。散户必须按照这种大资金、集团军作战的方式操作，才有机会做大做强，否则就会让账户一个接一个地爆仓、归零，周而复始，永无出头之日。

以上讨论全部是针对初始头寸的仓位控制而展开的。初始头寸建好以后，如果接下来进入止损环节，则立即止损；如果进入持盈环节，则视行情级别大小，我们还可以随着行情的发展而不断加仓。行情级别越大、价格波动的空间越广阔，时间越持久，则加仓点就越多。一般而言，我们以波段交易的观点对待行情，通常以天然趋势线——10 日均线锁定盈利头寸，10 日均线不转向不平仓。当我们认识到行情的级别很大，同时浮盈也足够丰厚的时候，可以转为用 20 日甚至 30 日均线锁定盈利头寸。在持盈期间，只要系统不翻转，我们就一直持有仓位不动摇。用斯坦利·克罗的话说就是：

"成功的交易者跟绝大多数可怜的交易者不同——他们在客观技术指标证实新趋势确实出现后才上车，而且一直待在车上。待多久？要多久才算久？这个问题问得好。答案是：只要趋势继续对自己有利，在交易系统未发出平仓信号之前，系统交易者都必须持有仓位，不管是几周、几月还是几年！"

显然，克罗的话是针对大级别牛熊市而言的。而我认为，即便是大级别的牛熊市，也应该波段操作。30 日均线应该是最大级别的持盈系统。还应该强调的是,所有的加仓点都必须选择在“临界点”。这样可以确保加仓之后交易品种立即出现大的价格位移,从而使新增加的仓位快速脱离成本区,处于浮动利润的保护之下。

交易者如果不刻意选择临界点加仓,而是胡乱加仓、任意加仓,就会导致新增加的仓位迅速出现浮亏,该浮亏又会急剧扩大,严重侵蚀老仓利润。最糟的情况是使合并头寸出现总体亏损。这样的话,交易者就不得不全部止损,仓皇出逃——国内交易软件总是默认先平旧单,后平新单;这样平掉旧单之后,新单会出现“可观的”亏损。一般交易者不会容忍这种情况继续下去,所以会继续平掉新单。如此一来,交易者平新留旧的愿望就会落空,这就是不当加仓所导致的“三振出局”现象。正确的加仓方法是:将“初始头寸的初始头寸”向正式的“初始头寸”过渡的加仓行为,称为“一级加仓”。当足够大的、不可再增加的“初始头寸”建立完成以后,下一个加仓点必须是“宏观临界点”,这叫作“二级加仓”。

所谓“宏观临界点”,就是日线图上回撤结束、趋势再起的点。在这些点可以等额加仓——例如初始头寸为 10 手,就加仓 10 手;也可以金字塔加仓——例如初始头寸为 10 手,则加仓 5 手。不管是一级还是二级加仓,也不管是等额还是金字塔加仓,都必须遵循两个规则:(1)加仓量不超过既有头寸;(2)预估加仓之后的“综合成本线”所处的位置,务必使之与市场最新价之间距离足够。该距离既是你的浮盈,也是你对抗回撤的资本和“安全边际”。假如标的价格回撤到综合成本线,你至少可以保本退出。如果加仓位置不对,很容易弄巧成拙,效果还不如不加。掌握在正确的时机加减码,代表金融交易的最高境界。

如果交易者严格按照期货交易四级控仓方案的要求来操作,那么就可以把单品种操作失败所导致的损失限定在可承受范围之内,并可进一步将整体账户的回撤局限在清盘线以内。以 0.03 这一档杠杆倍率为例,假设同时持有 4 个合约,总杠杆倍率是 0.12。假设止损宽度是 2%,则当 4 个合约全部止损的时候,将损失总资金的 0.24%。当这样的事情连续发生 100 次,才会触发清盘线(假设亏损 25%清盘)。显然,100 这个数字既不是太大,也不是太小,而是“恰好合适”的。这是针对基金的操作方法。如果是 20 万元的个人账户，假设持有 0.25 倍杠杆的某个单品种，倘若价格逆向波动 2%，会导致整体账户出现 0.5%的损失，浮亏 1 000 元；如果持有 4 个同杠杆的品种，则浮亏 4 000 元，占总资金的 2%。

因此，对初始头寸实施分级控仓的真正目的，就是想使每次的止损金额不超过总资金的 1%～2%(基金为 0.25%～0.5%)。在控仓过程中，我们始终把实际杠杆作为衡量账户风险的唯一变量，而实际杠杆是可以由交易者自行控制的，与期货公司所执行的保证金比率或理论杠杆的高低无关。搞明白了期货交易的控仓方案，那么外汇交易的控仓方案也就不难理解。以一个 10 万美元的账户为例，如果想交易欧元/美元外汇期货，那么无论多空，这个账户应该持有的正确的仓位量是多少呢？按照上面设计的外汇交易控仓方案，这很容易计算。欧元/美元外汇期货以 12.5 万欧元市值为 1 个标准手，按照当前 1∶1.1 的汇价计算，那么 1 手欧元/美元的市值就是 12.5 万欧元，或者是 13.75 万美元。

用 13.75 万美元除以 10 万美元的账户总资金，不难得出实际的杠杆倍率为 1.375 倍，这个数值大于 1 倍，已经超限了。就算整体账户总的杠杆倍率不超限，但对欧元/美元这一品种而言，却无法再增仓了。所以，该账户持有欧元/美元的数量，只能是 1 手，不能是 2 手。而对于一个 100 万美元的账户而言，它以 1 倍杠杆持有欧元/美元的数量最多只能是 7 手(100 万/13.75 万＝7 手)。通过这种方式，我们可以很容易知道单品种仓位的轻重，以及整体账户总仓位的轻重。这就叫作“标准化控仓”。“标准化控仓”是资金管理的核心步骤。

下面再来看股票的控仓方案。个股单品种初始头寸 0.01 的杠杆，实际上就是以 1%的资金买入一只股票，同一批次买入的股票数量以不超过 4 只为宜，然后在进展顺利的情况下分 25 批满仓，这种持仓结构简称为“1%×4×25”模式。当然，也可以演变为“1%×2×50”或“2%×2×25”模式，还可以是 1%、2%的头寸相互混用，道理相同。对于标准头寸，你可以在 1%、2%、3%、4%当中任选一种，一批最多买入的股票数量也可以修改，相应的满仓批次随之改变；但无论怎样修改持仓模式，只能改动三个参数，“分散持仓，分批进场；先锋不赢，后续不进”的原则框架不能

改。另外要注意，超过4%的头寸要慎用。

我们认为，最好不要在初始头寸上“重拳出击”，在初始头寸上下重手是一名交易员不成熟的表现。“标准化控仓”的优势，是我们可以像拼积木一样，管理任意规模的资金。我再强调一次：大资金和小资金在仓位控制方面是没有任何本质区别的。小资金更容易死，没有理由冒比大资金更大的风险。相反，因为仓位调整的余地很大，越是大资金就越容易操作。对我来说，无论是千万、亿、十亿还是百亿规模的账户，仓位的控制方法都是一样的。对于超大规模的资金，我会将它分散到股票、期货和外汇市场中分别去操作。一般来说，实战过程中我们应该注意兼顾单品种初始头寸的控仓与账户的整体控仓。前者代表对单品种风险的控制，后者代表对账户整体风险的控制。两个目标都要达到，不可顾此失彼。

标仓波段交易策略的本质是依靠复利机制走向成功

无论股票、期货、外汇还是债券交易，仓位控制的原理都一样，即稳健、保守的特性，以及“初始轻仓，分批进场，择机加码”这个12字诀。大家总是误以为“高胜算高仓位，低胜算低仓位”；或者“高胜算高杠杆，低胜算低杠杆”；非也。正确的做法是“高胜算低仓位，低胜算零仓位”。稳健的仓位控制方案，是我们在金融市场上操作生死存亡的关键。在金融交易中，以为高胜算就不需要控仓是极大的误解。事实上，任何时候都必须控仓。关于这个问题，赖瑞·海特(Larry Hite)有过精辟的论述。他说：“首先，你要有一套有效的价格预测系统，更重要的是良好的资金管理和风险控制机制。用‘分散’而‘持久’的眼光对待交易，在投机市场上长期占有概率优势，而不是孤注一掷，这就是金融交易的全部。”

重仓、短线、逆势、死扛，是导致交易者在金融市场上爆仓和失败的四种最为常见的原因。这四个词，每一个皆有无量义，值得我们咀嚼一生。当代最伟大的交易家杰西·利维摩尔就是失利于重仓交易。没错，后来的杰出交易家可以说全部是他的学生。他们在吸取他的经验教训的基础上，采用了类似于以上所述的稳健保守的仓位控制方案，所以一个个成就斐然。我们应该学习伟大作手杰西·利维摩尔的一切优点，唯独他老人家“大手笔交易”的习惯，在建立初始头寸甚至“初始头寸的初始头寸”过程中应该竭力避免。这样当“大手笔头寸”形成的时候，一定是多次加码之后的结果，并且其间始终伴随着浮动利润的保护，综合成本线与市场最新价之间始终留有足够安全的距离。

其实，我们通常所谓的“掌控心魔”，指的就是“急于赚钱”这个魔。我们为什么重仓？因为急于赚钱；为什么短线？因为急于赚钱……总之，许多的愚蠢，无数的失败，都可以归结到这一点上。通过重仓，你在一波趋势行情中，用极短的时间，可能赚上好几倍。但是，只要你缺乏仓位管控的意识，可能很快就在下一次交易中遭受巨额损失甚至爆仓。就算你有止损准备，但是一次重创、两次重创……连割几次大肉，你的资金大幅缩水，结果如同高位截瘫，再也难以翻身了。因此，金融交易的重点不在于一时盈利，而在于长久生存并且盈利。稳健的仓位控制方案为一切成功交易者所必须。通常“重仓赚快钱”的做法，实际上就是在用错误的方法赚钱。这种做法不能长久，因为这从策略品质上来讲就是错的。

初始头寸重仓是失败的第一根源。我们应该采用即使判断失误也不至于招致重大损失的仓位控制方案，而不应该采用那些存在重大安全隐患的仓位控制方案。有人会说，在期货交易中使用1倍杠杆我还不如直接去做股票或商品现货好了。没错。可是即使把期货当作现货来做，100%保证金，1倍杠杆，你就保证能赢吗？那种连续出错所导致的止损，是你能承受得起的吗？连1倍杠杆都没有赢的把握，何况是高杠杆，那岂不是亏得更多、死得更快吗？如此一想，你就会豁然开朗：原来杠杆这个工具，更多的是摆在那里让人看的，而不是让人用的。很多时候，我们应该对杠杆采取“存而不用”的态度来对待。

只有在胜算极高且优势已备的情况下，才能在浮盈保护下通过递进加码而采用有约束、可控制的杠杆倍率，比如1～4倍……但这就是极限了，不要轻易变得更高了，否则风险很容易失控。根据我的研究，但凡成功的交易家，都是采用我们前面所说的比较偏向于稳健甚至保守的仓位控制方案。无论股票、期货、外汇还是债券，这四大交易市场仓位控制的原理相同，区别只在于理论杠杆的高低不同。你把仓位比例降下来，全部或部分地抵消理论杠杆，让实际杠杆倍率处于受控状态，那么这几个市

场，对你来说不就都一样了吗？保证金交易的奥秘就是把它当作非保证金交易来做，很多时候将杠杆工具“存而不用”。

比如10倍的理论杠杆，仓位比例轻易不要超过10%；100倍的理论杠杆，仓位比例轻易不要超过1%。总之，你每时每刻都要知道你所采用的实际杠杆倍率——也就是你所冒的风险——到底是多少。把仓位降下来，你就是走上了稳健之路，可以在这行活得更久。所以，即便是整体账户总的杠杆倍率只用1倍，也不应该被嘲笑。如果我们今天不在这里给出正确的仓位控制方案，让你知道你的仓位的最高极限在哪里；那么在保证金交易的世界里，你无论如何努力、无论怎样做都不会成功。高杠杆这把利剑会杀死一切敢于玩弄它的人。这就是资金管理的圣杯——股期汇债四级标准化控仓方案的意义所在。

关于短线频繁交易，系统化交易是对治它的良药。首先管住你那颗“急于赚钱的心”，这个毛病就好了一半；遵循交易系统，又会好了另一半。有些朋友急于通过交易来摆脱财务困境，或者在“急于回本”的想法驱使下，不自觉地频繁交易；甚至在明知市道艰难、盈利不易的情况下，仍然试图依靠技术优势，从市场中强行取利——这种行为称为“强行交易”。还有些人下意识地追求频繁操作本身——哪怕是赔钱——所带来的刺激。但事实上，无论是“急于盈利”还是“急于回本”，也无论是频繁交易还是强行交易，所造成的亏损都是天文数字。一定要清楚地认识这些敌人的本来面目，才能安全地从事交易。如果一个交易者同时拥有“短线＋重仓”两种嗜好，那么亏损将产生乘法效应，以惊人的速度飞奔。

关于逆势交易，一般来说，除了无知所导致的逆势，凡有意为之的逆势交易，其心理动机不外乎两种：一是企图实现利润最大化，即做多在最低点或做空在最高点；二是想证明自己的英明正确，并且打算一旦侥幸成功之后就可以作为向他人炫耀的谈资。在所有的逆势交易中，危害最大的莫过于在跌停板做多或在涨停板做空（这里仅指存在涨跌幅限制的市场）。何谓跌停板？就是指市场出现多空力量极度失衡、买盘为零的局面，涨停板的方向与之相反。达到涨跌幅限制的品种，次日继续顺势大幅位移的概率大，故其对逆势盘有致命的杀伤力。关于止损，需要注意止损

的金额不能太大，即在初始仓位既定为轻仓的前提下，止损的范围不能设得太宽。大家要学会在交易技术的指导下，科学、合理地设定止损。

我们通常以“标志性 K 线”的开盘价为止损价，或在锁定初始头寸的微观出场系统出现反转时止损。止损不能太频繁。要做到这一点，需要严格限制交易频次。因为交易质量与交易数量成反比，这对任何人来说都不例外。克制短线频繁交易的利器是系统化交易。系统化交易最大的优势是客观——进场点客观，出场点同样客观。金融交易是关于胜算的游戏，身为交易员的职责，是找出正期望值的交易系统与稳健的资金管理方案，从而把这场游戏持久地玩下去。在金融市场上操作不能凭主观愿望，一定要按系统交易。因为我们的系统是趋势跟踪交易系统，依赖系统等同于依赖趋势。一旦找到千锤百炼的正期望值的交易系统——正如我们的天网系统所表现的那样——金融交易将从此变得相对清晰和简单。

有了高效强悍的交易系统，就能将交易简单化，交易员就能享受正常的个人生活。否则，交易的结果一定是一团糟，由此连带个人生活也是一团糟。想想看，那些在行情发展明显对其不利的时候仍然持有头寸、一心渴望全身而退的交易者，他们的内心该是何等煎熬！这些交易者不仅是不懂交易，他们也不懂生活。他们难道不明白，身心的煎熬本身就是生活质量很糟的表现吗？为什么不直接认输从而获得解脱呢？只有头寸被市场证明为正确，并且正在向着良好的势头发展，耐心持有才谈得上是一种美德；不然的话，对于错误头寸不恰当、不正确地“耐心持有”，只会给我们带来金钱和精神层面的双重损失。

一旦出现这种情况，就要做到早砍仓早省心，犹豫不决不是一名合格的交易员应有的表现。交易员对账户的风险管理包括仓位控制与止损措施两个方面，此二者也是在市场上交易的两大防守措施。在金融交易的 6 项关键环节——顺势、待机、控仓、止损、持盈、止盈里，技术系统只能解决除“控仓”之外的其余 5 个问题，无法解决控仓问题。因为控仓高度依赖交易员本人的自我管理，无法被纳入技术性交易系统，只能纳入广义交易系统，即包含仓位控制方案的交易系统，才能予以解决。我在《金融交易学》（第一卷）里曾经说过这样一句话：“重仓必短线，长线必轻仓；吃足重仓苦，方能不重仓。”

这句话的意思是说，初始头寸重仓是系统化交易的天敌。因为当你出手就重仓的时候，根本无法做到我们一直倡导的理念：“标仓波段，趋势跟踪，系统锁定”。除非你一进场做多就涨停，或者一进场做空就跌停，你的初始头寸远离成本线，浮盈规模庞大，相对于其他交易者取得了绝对优势的地位，这样你才能心态良好地把重仓拿下去。若非如此，你无论如何都坚持不下去，因为你不能经受哪怕是一点点的逆向波动，所以亏损或三振出局就成为必然。为什么要提倡“标仓波段，趋势跟踪，系统锁定”？这涉及交易行为的本质。其中“标仓”是为了反对初始头寸重仓而提出来的，“波段”是用来对治短线频繁交易的——以持仓周期论，我们不算真正意义上的长线交易者，实际上只不过是一种波段持仓而已。

即便如此，也已经与短线和超短线交易者明显区分开来。所谓“趋势跟踪，系统锁定”，就是要求交易客观化，其意义不言自明。有些朋友会问，在初始头寸轻仓的条件下，我们好像赚不到大钱啊？换言之，究竟应该如何做才能赚到足够的钱呢？我在这里告诉大家，除了通过加码让头寸变大变多，我们真正希望赚的是价格移动空间的钱——价格移动的空间越大，赚的钱就越多——所以我们总是专注于捕捉大级别行情，至少是波段行情。因为我们是从初始头寸轻仓入手，那么价格移动的空间大所带来的丰厚利润，就是对轻仓操作所导致的利润减少的一种“补偿”。但是，价格的大幅移动需要时间来完成，所以在出现浮动盈利的前提下，我们的持仓时间要尽量延长，让价格位移得以有时间完成。

但是“持盈”又不能过头，以至于来回坐电梯。所以，我们对于何时出场必须给出明确的规定。这就是天网交易系统量化出场时点的意义所在。同理，空谈“截断亏损、让利润奔跑”也是毫无意义的——问题在于，出现什么情况时应该截断亏损，以及应该让利润奔跑到何时何处？所有这些，交易者只有在掌握天网系统的前提下，才能真正落到实处。当我们依靠天网系统，通过标仓波段积累了一笔又一笔利润，我们的账户资金自然会不断壮大。这时，同样的控仓方案，例如单品种初始头寸 0.03 的杠杆也好，或 0.06 的杠杆也好，其相应的头寸规模就会随着账户的不断成长而越来越大。这种效果就叫作“复利”。事实上,所有真正意义上的赢家都是依靠复利机制走向成功,而不是依靠重仓短线。

重仓豪赌是以牺牲账户的安全性来追求暴利,灰飞烟灭是其必然结局。从现在开始,我提出“操作规范化＝进出系统化＋控仓标准化”的概念,作为我们今后的操盘纪律。须知金融市场是最好的拳击手。和它比赛,需要过硬的技术、高明的策略,以及耐心、纪律的配合。总之,你必须一切都做对才能赢它,而做错一件事就足以导致失败。因此,不能采用那些有安全隐患的仓位控制方案。你怎么判断是一回事,是否正确还需要市场来验证。所以,要想提高仓位,只能在初始头寸被市场证明为正确的情况下,在浮盈保护下顺势加码才是唯一正确和明智的做法。金融交易的残酷性犹如用兵打仗,你必须懂得这一行的绝对真理。

你不能看见一个人赚了大钱就贸然跟他学交易。你要看他对自己的操作体系能否说得出个一二三,以及他所说的是否符合金融交易的基本原理。通过这种方式,你才能分辨出这是一个真正的赢家,或仅仅是一个撞了大运的傻瓜而已。一般来说,我们不预设年度盈利率。我们的年度盈利率是一次又一次的盈利和亏损自然累加的结果。同理,我们也不太在意一城一地的得失,我们在意的是长期的总的交易效果。我们不急于盈利,而是让盈利自己送上门来。我们也不急于发财,因为我们最终必将发财。我们的这种态度来自对复利的信心。

诚如青泽先生在他的名著《十年一梦——一个操盘手的自白》中所言:“在期货市场中赚大钱并非不可能,但需要时间。只有量的积累,才有质的飞跃。重仓交易者企图战胜时间的束缚,一夜暴富。辉煌的成功依靠的是以命相搏。这往往是短暂的。一次意外,就会命丧九泉。金融交易的秘诀在于很好地利用复利机制。”在云谲波诡的金融市场里,我期待你能走得更远。为了做到这一点,你需要检查你的交易系统和仓位控制方案,二者是否皆是可持续的?最后,我要把一句话送给各位,结束今天的发言。我希望你们今后能经常在心里默念这句话,让它将你们带出持续亏损的怪圈。这句话就是——“何以保命?唯有轻仓。”

附录三　交易习惯与建仓比例对投资权益曲线的影响

南华期货研究所深圳分所　王兆先

事实上，今天反思2008年金融危机期间期货市场的这段下跌走势或风险的释放过程，使我们对期货建仓比例、趋势交易策略、隔夜交易风险、止损点的设置、加码时机的判断等都有了更深刻的理解和认识。建仓比例对投资者权益曲线的影响、不同建仓比例的可能收益水平以及潜在风险水平的合理比值等问题，更是引起了我们深思。

在系统正确的交易信号随机分布的情况下，到底是轻仓趋势交易长线持有能赚到更多的钱，还是看准机会重仓博一把快进快出更能赚到大钱呢？这个问题在以往的教科书和投资指导书籍中仅仅是用4～10次交易来简单地演算和说明，并不能提供具有足够说服力和震撼力的模拟结果，从而无法让投资者意识到个人智慧无法改变这个世界资金增长曲线的内在规律。

其实，一些期货大师和老交易员已经意识到资金增长曲线存在某种内在规律。他们都认为，以人的智力，投资业绩很难长期保持年均30％的收益率。巴菲特年均20％的收益率是一个特例，还是反映出了"宇宙"中某种内在的法则呢？

基于上面的思考，笔者对以上问题进行了大量模拟统计分析，希望通过大量的分析，能发现一些超出目前我们习惯思维所能认识到的现象，或者通过这种模拟分析，以数值的方法寻找或逼近某种理想的交易策略或资金管理模式。本文的研究主题限于以下三个方面：

（1）"抢帽子"者与趋势交易者的权益曲线有什么特点？

(2)轻仓者和重仓者在同样交易条件下的权益曲线有什么区别?

(3)轻仓趋势者与重仓短炒者的权益曲线有什么特点?

真实的交易数据难以包含小概率事件

对于金融行业来说,检测交易模型或交易策略的有效性和安全性的模拟分析会遇到这样的问题,即在现实中我们很难得到大量的真实交易信号序列。由于有效数据的时间跨度不够,分析中有可能漏掉风险较大的小概率事件,因此无法检测交易模型或交易策略在小概率事件发生时的有效性和安全性。

对于趋势交易来说,每年有三四次信号就应该是比较多了,如果需要得到 100 次的信号进行测试和统计分析,需要 25～30 年的交易数据。虽然我们可以用 123 年来的道琼斯指数进行测试,但道琼斯指数的买卖信号序列中成功信号的分布模式是唯一的,这种对唯一分布的真实信号的测试,很难看出各种可能的风险所带来的影响。例如,可能在某个交易信号序列中,前期失败的信号较多,这种信号序列的分布不仅会对收益曲线有较大的负面影响,而且会对投资者的心理产生较大压力,使其怀疑所采用交易系统的有效性。一旦放弃,将导致该程式化交易的人为失败。很显然,信号序列中成功信号分布结构的影响,难以通过对道琼斯指数或其他真实的交易数据的模拟测试分析得出。

此外,在真实的交易数据中,成功和失败信号的分布是较为均匀的。但在现实中,我们仍然可能遇到这样分布不均匀的交易信号序列。例如,一个交易者通过对其交易数据的分析,发现其成功交易的概率始终保持在 33.33%左右,那么其未来的交易数据就构成了一个信号序列。如果他遵从某一个合理的资金管理模式,应该能够获得较好的投资收益,但若其资金管理模式不合适(比如建仓比例过大),最终的收益可能就不甚理想,甚至可能亏损。我们假设,在这个投资者的一系列交易中,失败的交易既可能集中在后期,也有可能集中在前期(真实的指标信号是不太可能出现这样的情况的),显然这样的买卖信号序列所面临的风险状态是不同的。我们希望测试的效果是,无论其信号序列中成功信号是如何分布的,只要这种分布符合市场的随机概率,只要成功的概率在给定的水平上,他应该采取怎样的资金管理策略才能稳操胜券。

因此，即使能够获得大量的真实交易数据，但在检测建仓比例对收益曲线的影响时，我们仍然需要模拟出成功信号具有不同分布模式的多种信号序列，使所检测的数据尽可能涵盖不同的信号分布或奇异的信号分布，以便能够更全面地反映建仓比例或资金管理策略对收益曲线的影响。

利用随机函数生成系统买卖信号序列数据

在模拟分析时，假设交易模型取某一个止损比例（比如投入资金的20%），同时信号成功时的最大收益是对收益最小值的界定（比如设定为止损额的 1 倍或 3 倍）。在这样的假设下，我们不必考虑两次信号之间的时间跨度，也无须考虑每次信号成功时是否可能获得更高的收益，仅仅需要考虑的是每次信号可能的最大损失和可能的平均最小收益。因此，我们可以用计算机中的随机函数生成一组（本文取 100 个数据）介于 0～1 的随机数据，并通过某个规则来划分失败信号和成功信号。例如，假设该组随机数据小于某个数值时（比如小于 0.666 7）意味着是失败的交易信号，而大于等于该数值时表示是成功的交易信号，通过这种规则就可以模拟出一组获胜率满足我们分析要求的交易信号序列。显然，这组交易信号序列成功信号出现的时间是随机的，尤其符合炒手凭感觉得出的真实交易信号序列的特点，能够用来模拟真实的交易状况。

为了说服质疑者，我们需要重现本文统计分析中所发现的现象。为此，笔者对随机函数生成的 1 000 组信号序列进行了一系列模拟分析，并保存了 100 组虚拟交易信号序列，每组均包含 100 个交易信号数据。本文分析的数据为信号序列 3、4 和 27 三组。所谓信号序列 4，即指这 100 组虚拟交易信号序列中的第 4 组。笔者欢迎业界同行索取相关信号序列，并对同样的信号序列进行其他角度的模拟分析，以便发现或归纳出更多更好的资金管理信息，或者按照笔者的思路重现类似的分析，验证笔者的分析结论。本文仅给出信号序列 4，其成功信号分布模式参见表 1。

表 1　　信号序列 4（随机函数生成，大于等于 0.666 7 为盈利信号）

序号	随机数	盈利点	序号	随机数	盈利点	序号	随机数	盈利点	序号	随机数	盈利点	序号	随机数	盈利点
1	0.131 5		21	0.900 8	盈利	41	0.485 8		61	0.502 5		81	0.128 7	
2	0.097 4		22	0.490 0		42	0.683 4	盈利	62	0.924 2	盈利	82	0.987 9	盈利
3	0.849 9	盈利	23	0.904 5	盈利	43	0.211 5		63	0.954 6	盈利	83	0.827 7	盈利
4	0.804 2	盈利	24	0.506 0		44	0.738 6	盈利	64	0.270 7		84	0.552 5	
5	0.029 2		25	0.264 7		45	0.626 6		65	0.787 4	盈利	85	0.272 0	
6	0.861 8	盈利	26	0.373 8		46	0.993 2	盈利	66	0.847 2	盈利	86	0.432 1	
7	0.278 3		27	0.455 2		47	0.046 9		67	0.009 4		87	0.567 0	
8	0.315 5		28	0.274 5		48	0.295 7		68	0.561 8		88	0.500 5	
9	0.207 5		29	0.055 8		49	0.474 5		69	0.971 0	盈利	89	0.810 1	盈利
10	0.550 5		30	0.149 8		50	0.061 1		70	0.515 5		90	0.641 3	
11	0.133 2		31	0.597 2		51	0.436 9		71	0.115 7		91	0.274 9	
12	0.134 1		32	0.290 8		52	0.624 7		72	0.904 7	盈利	92	0.271 1	
13	0.547 1		33	0.631 8		53	0.830 0	盈利	73	0.491 7		93	0.164 3	
14	0.147 9		34	0.405 3		54	0.841 5	盈利	74	0.482 7		94	0.634 5	
15	0.107 5		35	0.899 3	盈利	55	0.911 9	盈利	75	0.342 4		95	0.104 5	
16	0.200 4		36	0.238 2		56	0.971 3	盈利	76	0.198 9		96	0.074 8	
17	0.938 5	盈利	37	0.781 4	盈利	57	0.602 4		77	0.819 9	盈利	97	0.036 1	
18	0.923 8	盈利	38	0.887 6	盈利	58	0.184 1		78	0.230 6		98	0.131 7	
19	0.539 2		39	0.379 6		59	0.850 3	盈利	79	0.241 6		99	0.307 3	
20	0.024 7		40	0.142 1		60	0.172 6		80	0.702 4	盈利	100	0.500 5	

"抢帽子"者与趋势交易者的权益曲线特点

为什么散户喜欢短线交易？为什么大部分人是亏损的？如果从心理学的层面看，这与投资者是否持有仓位有关。心理学家的研究发现，投资者的风险爱好或厌恶倾向是随着所持有仓位的浮动盈亏而变化的。对于大部分投资者来说，当其所持有的仓位有浮盈时，常常急急忙忙平仓了结，呈现风险厌恶者的特征；而当仓位处在浮亏状态下时，投资者往往不断补仓或持有"硬抗"，呈现出风险爱好者的特征。散户不良的交易习惯及投资者的风险偏好随持仓盈亏变化的特点，导致大部分投资者的交易呈现"小赚大赔"的特点。其实，散户喜欢短线交易有其错觉的因素，认为集小利成大盈也是一种可接受的策略。事实果真如此吗？

为了使投资者克服不良的交易习惯，避免小赚大赔的结局，笔者编程做了这样一个模拟分析。假设市场上有两个投资者 A 和 B，A 为频繁交易的"抢帽子"者，B 为趋势交易者，两者的共同特点是都能够严格止损，并且止损线都设置在开仓资金亏损 20％的点位。两者的不同是，A 有点盈利就急忙平仓，落袋为安，平均每次盈利只是同一仓位一旦出现止损时的止损额，而 B 的止盈位设置在该止损额的 3 倍位置(假设成功信号是能获得这样收益的信号)。显然，A 的交易策略的盈亏比为 1，而 B 的交易策略的盈亏比为 3。如果两者在同一时间入场交易同一个品种，采用的是完全相同的开仓信号策略(信号序列 4，相当于某个交易系统发出的信号)，100 次交易过后，两者的期货投资权益曲线会有怎样的不同呢？

图 1 给出的是"抢帽子"者 A 和趋势交易者 B 的权益曲线对照图(模拟分析中没有考虑到交易成本)。图中右侧文字部分显示了对应资产在 100 次交易中的权益峰值、权益谷值和权益终值。两位投资者每次的建仓比例均为资产的 20％。建仓比例缩放系数是指在上次交易失败的情况下，本次交易是减少建仓比例(小于 1)还是赌一把加大建仓比例(大于 1)。在图 1 的模拟案例中，假设两者的建仓比例缩放系数均为 1，即投资者既没有加大建仓比例，也没有缩小建仓比例。

观察图 1 可以看出，在其他条件相同，仅盈亏比不同的情况下，"抢帽子"者的权益曲线是一路震荡走低的，其运作后权益峰值为 997 万元，权

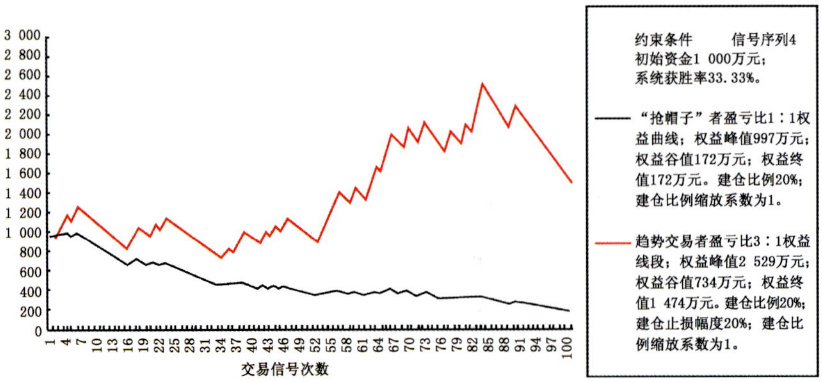

图 1 相同约束条件下短线交易者与趋势交易者权益曲线对比

益谷值为 172 万元，权益终值也为 172 万元，100 次交易后收在了最低点；而趋势交易者的权益曲线虽然有震荡，但总的趋势是上升的，其权益峰值为 2 529 万元，权益谷值为 724 万元，权益终值为 1 474 万元。这说明，只要交易系统的获胜率超过 33.33%，遵循趋势交易并且将止盈点设置在可能的止损额的 3 倍位置处，投资者的权益曲线一般呈现震荡盘升态势，“趋势为金”的理念在本次模拟分析中得到了初步验证。

图 2 是盈亏比分别为 1、2、3 和 4 情况下的权益曲线对照图（信号序列 3）。从图中可以明显看出，只要你的交易系统的获胜率超过 33.33%，并遵循趋势交易的进出原则，而且有严格的止损，趋势交易者的权益曲线与“抢帽子”者的权益曲线之间的差距会越来越大。与信号序列 4 相比，根据信号序列 3 进行的 100 次交易的收益要差一些，但在盈亏比大于 3 的情况下，总体还是盈利的。进一步分析显示，在系统获胜率小于 33.33%的情况下，每次交易的盈利平仓应该大于 2.5 倍才能保证长期交易后盈亏平衡，而要获得正的收益，盈亏比一定要大于 3。图 1 和图 2 验证了市场要求收益风险比要大于 3 才入场的铁律。

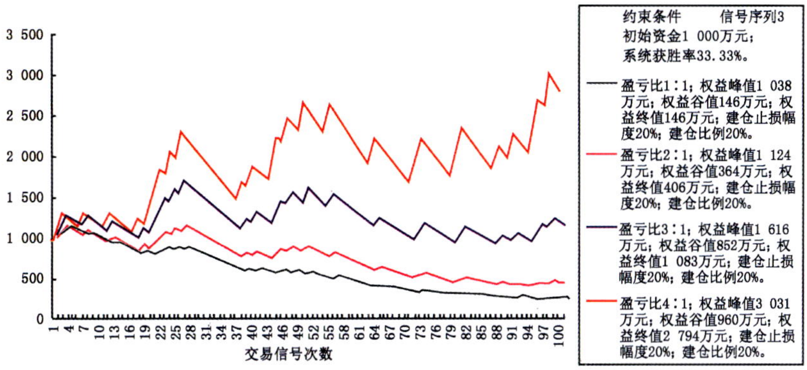

图 2　不同盈亏比对投资者权益曲线的影响(信号序列 3)

图 1 和图 2 带给我们的启示是，要在期货市场中胜出，短炒很难成功，趋势交易是唯一可行的交易策略。

轻仓者和重仓者在同样条件下的不同结果

由上面的分析可知，同样的交易信号和同样的交易约束条件(即建仓比例和止损比例均相同)，仅仅因为投资者的不同交易习惯，“抢帽子”者和趋势交易者的权益曲线就会出现巨大差别。那么，当改变其他条件时，不同交易者的权益曲线会发生怎样的变化呢？下面我们来比较以下 4 个投资者的交易成绩(见图 3)。假定除建仓比例不同外，其他条件都一样，即都遵循同样的交易信号开仓，恪守同样的止盈准则，触发同样的止损条件时坚决止损。

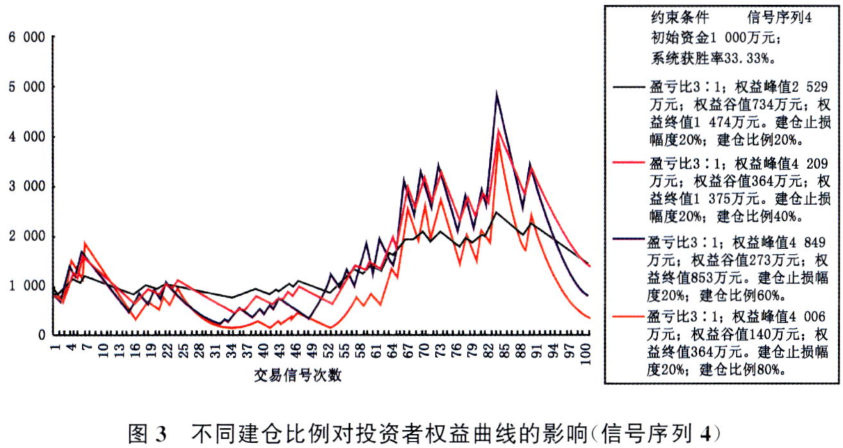

图 3　不同建仓比例对投资者权益曲线的影响(信号序列 4)

图 3 中我们比较的是每次建仓比例分别为 20%、40%、60%和 80%的 4 个投资者的权益曲线，交易信号取信号序列 4，止损原则为建仓资金亏损 20%后止损，都是趋势交易者，即止盈点都设置在盈亏比为 3 的位置。事实上，将不同建仓比例的投资者的盈亏比都设置为 3，是不符合真实的交易状况的，因为重仓者守不住仓位，往往呈现“抢帽子”者的交易特点，有点盈利立刻平仓。但是，在这里进行这样的假设，能够让我们清晰地看到某个条件变化后对权益曲线的影响。

观察图 3 我们可以得出这样的结论：在一切条件相同的情况下，在以信号序列 4 作为交易信号的假设下，建仓比例为 20%的投资者的权益曲线较为平缓，其权益峰值为 2 529 万元，最大收益率为 152.90%，权益谷值为 734 万元，最大亏损率为 26.60%，这个亏损水平是可以承受的，最大收益也比较合理，100 次交易后的终盘收益率为 47.40%，符合市场的正常回报水平。

建仓比例 80%的投资者的权益曲线波动幅度最大，因为重仓情况下可能的收益和风险都在放大。该投资者权益峰值为 4 006 万元，最大收益率 300.60%，符合我们看到的和听到的神秘交易者或幸运者账户的权益波动情况。但在重仓情况下，其权益谷值曾经达到 140 万元，尽管权益达到低谷之后一度上升到 4 006 万元，但我们很难想象一个投资者在资金已亏损 86%之后，还能够坚信他所采纳的交易信号系统的可靠性（怀疑模型）和合理的概率分布（担心错误信号的分布过于集中，自己的资金坚持不到成功信号密集出现的时间）。一旦他放弃了这个交易系统，他也就与后来信号正确所带来的收益无关了。此外，在 100 次交易的大部分时间里，重仓者的风险大于轻仓者的风险，这也与高回报必然伴随高风险的市场特点一致，而不仅仅是认为重仓者的风险只对应于可能出现的少数几次交易。

图 3 中另外一个值得注意的现象是，重仓投资者即使曾经某个时间的权益大幅超过轻仓投资者的权益，但交易时间拉长后，其权益反而有可能小于轻仓投资者的权益，甚至危及本金。在图 3 中，100 次交易过后，建仓比例为 80%的投资者的权益又从 4 006 万元回落到 384 万元，远小

于建仓比例为 20%的投资者的 1 474 万元，这有点类似“龟兔赛跑”寓言所揭示的哲理。

图 3 带给我们这样的启示是，一旦你凭运气重仓获得暴利，要立刻将仓位降下来，以保住胜利果实，因为从概率的角度看，重仓交易，爆仓是迟早的事。

也许投资者要问，上面的模拟分析仅仅基于信号序列 4，其他信号序列情况又如何呢？那么让我们来看图 3A 所揭示出的重仓交易者与轻仓交易者权益变化的一些新的特点。

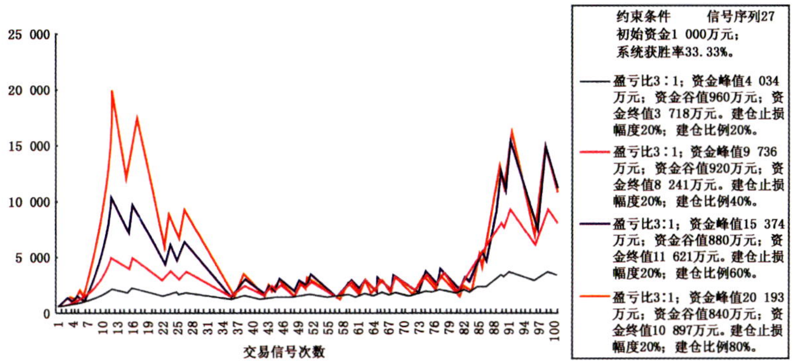

图 3A　不同建仓比例对投资者权益曲线的影响(信号序列 27)

图 3A 的分析方法与图 3 完全一样，两者不同的仅仅是图 3 的分析基于信号序列 4，图 3A 的分析基于信号序列 27。

观察图 3A 可以发现，如果以权益谷值作为风险评估的指标，那么根据信号序列 27 买卖时，重仓投资者的风险与轻仓投资者的风险比较接近，比如，建仓比例为 20%的投资者的权益曲线谷值为 960 万元，建仓比例 80%的投资者的权益谷值为 840 万元，后者与前者之比为 0.875，远大于信号序列 4 时的 0.191 的比值。但是，如果从权益峰值之后权益的回落速度看，建仓比例大的投资者所面临的风险当然大，图 3A 中建仓比例为 80%的投资者的权益峰值为 20 193 万元，之后回落到 840 万元，相对峰值时的权益损失了 95.84%。从资本资产定价模型风险定义的角度看，建仓比例为 80%的投资者的权益曲线收益率的方差是最大的，因此风险最大。尽管继续遵循信号序列 27 交易下去，资产有可能再次回升

(如图 3A 所示),权益又回升到接近峰值的水平,但在投资过程中资产以这样的速度缩水,显然是基金或机构投资者不能接受的。由此可见,无论是从资产的安全性还是从资产的稳定性看,重仓既不适合散户,也不适合机构投资者。

图 3A 带给我们的启示是,建仓比例大,确实能够给投资者带来获得暴利的机会,但也会导致资产快速大幅缩水,这种缩水的速度会摧毁你的意志,最终你会放弃你辛苦研究得到的交易系统而选择新的系统或随机交易,最后的结局是被市场所淘汰。

轻仓趋势者与重仓短炒者的权益曲线特点

在上面图 3 和图 3A 的例子中,都假设轻仓者与重仓者的交易习惯是一样的,即都是趋势交易者。但是有交易经验的投资者都知道,重仓情况下很难按照趋势交易的原则进出,往往呈现出超级短线的交易特点。也就是说,对重仓交易者来说,其每次盈利额与每次止损额的大小接近。

在图 4 中,我们比较的是每次建仓比例分别为 20%、40%、60%和80%的 4 个趋势交易者(盈亏比均为 3)的权益曲线。本次分析中比较的是不同建仓比例的交易者持仓时间成反比或盈亏比呈现反比特点的权益曲线。相同的是,图 4 案例中交易信号仍然取信号序列 4,止损原则均为建仓资金亏损 20%后止损,但建仓比例为 20%、40%、60%和 80%的投资者的盈亏比分别为 3、2.5、2 和 1.5。也就是说,仓位越重的投资者,越守不住盈利,在仓位重的情况下,可能出现较大浮动亏损,因此,仓位越重,从建仓到平仓的时间越短,平均盈亏比也就越小。

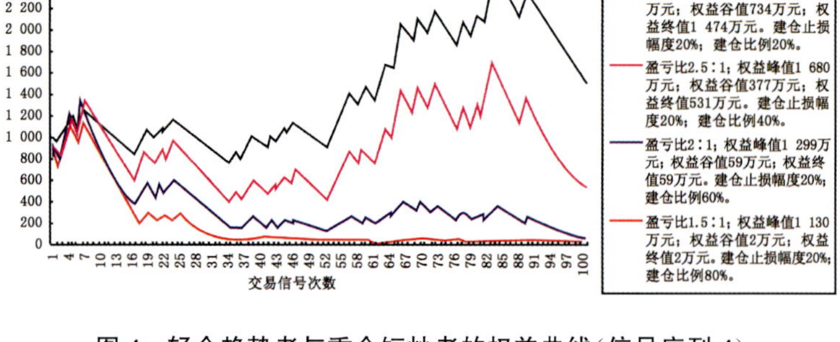

图 4 轻仓趋势者与重仓短炒者的权益曲线(信号序列 4)

观察图 4 可以看出，仅仅是将图 3 中的盈亏比根据仓位的不同做了符合真实交易情况的设定，4 位投资者的权益曲线就产生了质的变化。建仓比例为 20％的轻仓者的盈亏比为 3，其曲线与图 3 中的曲线完全一样，而建仓比例为 40％的投资者的权益曲线则发生了明显变化。由于建仓比例为 40％的投资者的盈亏比从 3 下降到 2.5，因此该投资者的权益峰值相应从 4 209 万元下降到 1 680 万元，降幅达 60.09％，但权益谷值仅从 474 万元下降到 377 万元，降幅仅 20.46％。可见，增加建仓比例、缩短交易时间能够获得的盈利并不比减少建仓比例、增加持仓时间的盈利高。为了获得更高的投资收益，投资者不应该从提高建仓比例(相应就必然缩短持仓时间，潜在的盈亏比自然下降)着手，而应该通过降低建仓比例延长持有时间的方式提高盈利能力。例如，将建仓比例为 40％的投资者的建仓比例调低到 20％，同时延长持仓时间，也就意味着将盈亏比提高到 3 的水平，权益峰值就会从 1 680 万元大幅提高到 2 529 万元。

从图 4 中还可以看到，重仓投资者的下场都非常惨。建仓比例为 60％的投资者，即使其盈亏比能够达到 2 的水平，其资金的亏损也是相当快的，权益谷值和权益终值都只剩下 59 万元，亏损了 94.10％；而建仓比例为 80％的投资者，虽然其盈亏比为 1.5，但根据获胜率只有 33.33％的交易系统发出的交易信号进出，权益谷值和权益终值在 100 次交易后仅剩下可怜的 2 万元，这正是市场上大部分重仓交易者真实的交易写照。按照交易者每天交易 4 次的频率，一般不到 1 个月的时间，重仓投资者的资金就会亏完。

图 4 带给我们的重要启示是，要提高盈利能力，提高自己投资期货的收益率，不能通过提高建仓比例的模式来实现，因为那样会面临太大的风险。从长期的角度看，偶然的大赚难以保证你笑到最后。

也许有投资者会产生这样的疑问：或许你的交易系统的信号序列比较倒霉，我的交易系统的信号序列可能产生不同的收益率。那么，让我们来看一看在其他交易条件完全一样，仅仅根据信号序列 3 进行交易时可能出现的结果。

观察图 4A 可以看出，当采取信号序列 3 作为交易信号进行买卖时，建仓比例为20%的趋势交易者，在盈亏比为3的情况下，权益终值只有1 083万元，这与我们真实的交易经验所感觉到的盈利能力有较大差距，原因是我们在分析中假设每次成功都只获得建仓后可能止损额的3倍，但在真实的交易过程中，有些成功信号带来的收益往往远大于这个比值，我们限定盈亏比为3，没有考虑到其中一些大赚机会给我们带来的巨大收益。

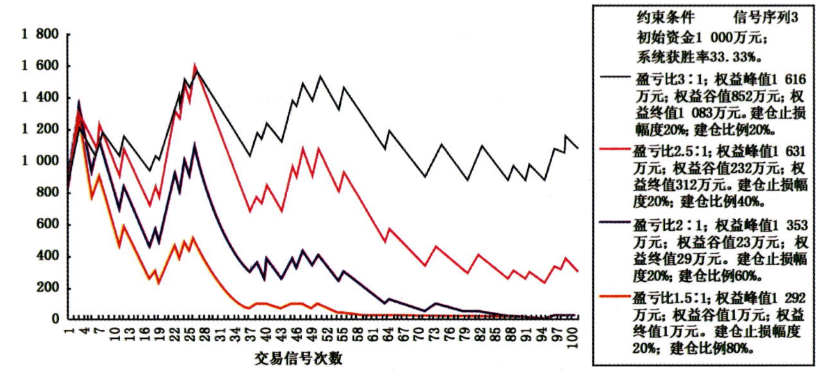

图4A　轻仓趋势者与重仓短炒者的权益曲线(信号序列3)

在图4A中，可以发现重仓投资者的资金衰退速度更快，仓位越重的投资者，权益的峰值越低，这说明在某些交易系统发出的信号序列下，或者当你采用该交易系统的起始时间不同时，重仓交易者连瞬间的成功都难以见到。既然如此，我们为什么要押宝重仓交易一定能够获得大胜呢？

图4B采用的是信号序列27，在该信号序列下，重仓投资者在10多次交易后，权益就翻了4倍，但随后在失败信号连续出现阶段，权益快速回落，基本上呈现单边下降态势。而轻仓的投资者虽然采用同样的成功信号分布不利的交易信号序列，但权益还是能够缓慢地震荡走高。图4B和图3A的不同之处仅仅在于，图4B投资者持仓的时间(或盈亏比)是随仓位的增加而缩短的(或者下降的)。当然，在本例中，我们假定交易者的持仓时间是随仓位的增加而递减的，这个假设是符合市场的真实状况的，每个交易者都会有这样的深刻体会：仓位越重，越容易被震出市场。

结　论

通过上面的各种模拟分析，可以看出，期货投资中的资金管理确实是

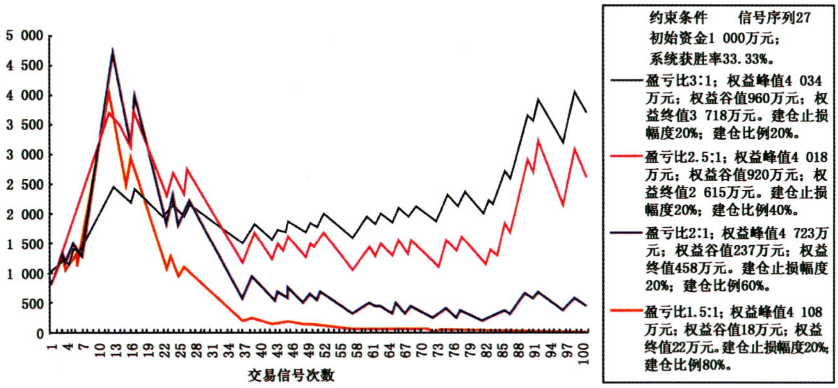

图 4B　轻仓趋势者与重仓短炒者的权益曲线（信号序列 27）

期货投资能否成功的关键。“抢帽子”者看似聪明，似乎要将市场的每个波动都赚到，但他忘记了任何交易系统的获胜率都不可能达到 100%，甚至连超过 40%都很难。因此，随着时间的拉长，频繁交易者必然是失败的下场。人性的贪婪会促使你重仓交易，但分析显示，即使你运气很好，你真正能够大赚的机会也并不多，反而巨大的风险时刻伴随着你。既然如此，你为何不采取轻仓稳健的交易策略呢？长期来看，轻仓者不仅不会被重仓者可能面临的巨大风险所折磨，而且在大部分时间内权益还高于重仓者的权益，这颠覆了轻仓交易难以赚到大钱的直感。有这样的好事，我们为什么还要重仓交易呢？

在这次国内商品期货市场系统性下跌风险的释放过程中，即使你逆势交易了，如果你遵循轻仓交易策略，也不至于遭遇灭顶之灾，还能保存实力来日再战。而对空头来说，如果你坚守趋势交易原则，在新的趋势没有形成前，坚守你的仓位，赚得的会超出你的想象。

根据上面的模拟分析以及没有公开的模拟计算结果，短线是“银”的观点或许在大家心中动摇了，趋势是“金”的理念则在头脑中被强化了。不同的建仓比例，不同的交易习惯以及不同的止损幅度等资金管理方面的策略所导致的交易结果的巨大差别，让我们感受到了策略为“钻”的至尊地位。

附录四　读者来信

至诚恳切地拜投资家 1973 先生为师（之一）

尊敬的投资家 1973 老师：

您好！很高兴在茫茫人海中认识您，在我最低落的时候遇到您，让我这艘迷失方向的小舟在股市的汪洋中找到了前进的方向。您的书和视频令我周围的朋友们受益，也给了我莫大的力量，真的非常感谢您……2009 年的 7、8 月，我的朋友们只要在一起就会谈起股票，今天涨了多少多少，今天亏了多少多少。我觉得很刺激很好玩。慢慢地我也有了浓厚的兴趣和很强的好奇心。最后在弟弟指导下去开了户，开始了我的股市人生。

记得第一只股票是 601899 紫金矿业，是听朋友们的意见一大早就买进的，9 元不到的成本，第二天就赚了。我开心坏了，卖了。朋友们都说还会涨，我应该是 9.5 元不到卖的，后来以 10 元左右买回来的，又赚了。就这样来来回回很多次，每次都是赚的。于是我觉得做股票很简单……现在回想，我入市时正好赶上大盘从 2 700 点到 3 361 点的好时候。真像师父您说过的，有些人福报大，什么都不懂就赚钱，上辈子好事做多了。

因为我炒股票一开始太顺了，朋友们也很佩服我，他们后来买什么股票都来问我，我这个一窍不通的人，就像大师一样指点江山了。慢慢地我迷上了股票，把它当老婆一样了。白天空了就研究，晚上也研究。看股评听消息，有点走火入魔的样子。2010 年初，炒海南国际旅游岛概念。我记得很清楚。我在刚开始炒作时买进了 000886 海南高速，第一个让我翻倍的股票。现在回想起来，也不知道当时为什么会一直拿着，在顶点 11 元左右卖出，一个月时间资金翻倍。那时真把自己当大师了。海南岛炒完以后，热点开始扩散。

新疆是我后来看好的板块，也是炒得很热的。在海南高速中尝到甜头后，我把海南高速卖了，买进了新疆城建，成本在 14 元左右，想再大赚它一笔。买了之后就下跌了，一边跌一边网上电视上各路专家都在推荐新疆股，怎么怎么好。我忍着，觉得专家们是对的，后来真的急跌反弹了，但是反弹快到我的成本区 14 元的时候又下去了，从此反反复复地重心一直在下移，整整半年多的时间，我在 8 元左右时，受不了割了，损失惨重。

我真正开始学股票应该是 2012 年，那时开始看书。第一本书是石勇刚的《私募是怎样炼成的：十年磨剑》，这本书让我初步了解了资本市场。后来看《十年一梦》《股票作手回忆录》《战胜华尔街》等等。后来专攻技术，各种乱七八糟的技术都学。2012 年 10 月左右，买了超日太阳，后来拿到 2012 年底，无缘无故停牌了。一般停牌想到的都是好事，但是停牌没几天就爆出老板跑了，那时我天天都活在恐慌中。2013 年初，停牌几个月的超日太阳复牌了，一字跌停。我在这股票上也是损失惨重。那时我已经准备放弃炒股票。

2013 年 3 月份，我在网上无意间看见了 1973 老师您的视频，听了几节课就喜欢上了。特别喜欢老师的天网系统。天网系统中的技术系统、资金管理、自我管理、大局观已经清楚地阐述了金融交易的基本原理了。天网系统为市场量身定做了一套动态的、自适应的跟踪框架，不管是宏观还是微观，几乎能将有交易价值的行情一网打尽。如您所说，天网系统就是市场本身，通过它能将市场全貌看得清清楚楚。当然这需要功力，需要不断地学习，由会到熟、由熟到精，需要一个过程。我能在这么短的时间，这么全面、系统地学习天网系统真是三生有幸。要是单靠自己，穷尽一生，不知道要走多少弯路、交多少学费！

看了老师的《金融交易学》，自己在金融市场上被金融交易所笼罩的迷雾，是老师一层层把它揭开的。老师对金融交易做出的贡献实在是太了不起了，您的著作简直就是打开金融交易这道大门的金钥匙。顺势、待机、控仓、止损、持盈、止盈；共振、N 型底、磁悬浮、反振、N 型顶、反悬浮；格兰维移动平均线 8 法则；标志性 K 线、临界点；尤其是资金管理，不听课根本不知道运用杠杆的精髓。我总结自己输钱最关键的一点是对资金管理一窍不通，动辄满仓，结果苦不堪言。两年的课听完后，操作股票和融券开始很有成效了。

遵循老师的教诲，我在交易中学会了先看大盘指数和分类板块指数是否处于上升趋势，再根据高胜算图形定式找领头羊，然后在标志性 K 线所在的临界点用小头寸试仓，做对的加码，做错的止损。我牢记老师说的一定要在“第一时间进场”，结合 K 线定式、均线技术、成交量技术……这些基础知识在实战中都派上了用场。我现在已经开始盈利了。我这次来信，除了向老师致谢，还想加入老师的高端投资圈。听说入圈将享受您长期不限年份的实盘指导和多次参加面授高级班，并且可以拥有您开发的“黑马集中营”选股程序标准版终身使用权，这些对我来说有不可抗拒的诱惑力。恳请老师收下我，让我加入您弟子的队伍中去。

至诚恳切地拜投资家 1973 先生为师（之二）

尊敬的 1973 老师：

您好！我是一名业余交易者。今年有幸经网友介绍，看到您的视频，让我受益匪浅。通过学习您的著作和课程，我已经从以前的爆仓到今天的账户表现稳定。非常感恩老师！我是两个孩子的妈妈，平时需要工作，还要照顾家庭，时间不多；加上我比较笨，学习的速度也很慢。您讲的 K 线突破所有均线、放量标志性阳线出现，这个进场规则我记得很牢。出场则是按照利润大就 20 天线锁定，利润小就 10 天线锁定的交易规则。您经常强调的控仓方案，我一直没有弄清楚。我对数字概念很差，数学一直是我最差的学科。另外我资金量不大，就 2 万美元在做外盘期货。因为资金量小，一般情况只能做一手单。所以，控仓这部分我一直没能好好地学习和掌握。总之在您的一千多名学生中我算不上优秀，对不住老师！

我是 2006 年先接触的股票，刚开始连股票是什么都不懂，不会看财务报表,不知道市盈率,更看不懂K线图。反正那个时候,大家都在炒股,我也跟着朋友们在网上买进卖出。在2007年的最后一天,全部清仓,资金翻了一倍。在股票市场2010年上扬的时候,听朋友的话又冲了进去,到现在套得牢牢的,还没出来。后来2011年的时候,也是因为朋友的介绍,接触了现货黄金白银,100倍的杠杆。我也不懂杠杆是什么,就投资金进去做了,只有爆仓的份儿,也不懂啥原因,还是继续投资金进去,爆仓了很多次。后来,感觉专门做黄金白银不好做,以为是品种单一的原因,就开始做外汇了。在福汇、嘉盛平台开了账户,也是频繁爆仓。在那个时候,才开始听说有技术分析。然后买来几十本国外、国内的交易书籍学习。虽然懂了一些皮毛,但依然还是不断地亏钱,只是亏的速度比以前稍微慢一些。

老师,在这灰暗的两年时间,我怎么交易怎么亏,怎么做都逃不出爆仓的宿命。累计亏了大概30万~40万吧。对我这个不算富裕的家庭来说是一笔不小的损失。就这样断断续续地一直做到今年2月份,在我都快放弃交易的时候,经一个网友的介绍接触到您的著作和课程,才让我对技术面有了全新的认识。听了您的课程,我今年做了四个品种都比较顺利:澳元、豆油、糖11和日元。我全部是按照您讲的K线突破均线族、标志性K线出现时才进场的。在今年4月份1.025附近做空澳元,我做的是澳元的远期合约。因为在福汇和嘉盛做空澳元是现货,要付利息的,持有空单不划算。加上资金量不大,我只拿了一张空单,持有着。刚开始澳元跌得很顺畅,10日线就可以锁定。当第一次反弹出一根大阳线,靠近20天线的地方,我就怕了,在0.97附近就平仓了,第二天继续跌。我的单子虽然盈利但出场过早。

然后我又根据从您那里学到的一点皮毛知识,做空12月份的豆油合约。也是按照您经常讲的K线突破所有均线,而且是在一个巨阴包阳时的47.2美分进场,拿了一张合约;在突破45美分支撑位的时候,根据K线突破所有均线,加仓了一次,然后用20天线锁定一直到43美分出局,大获全胜。今年做的第三个商品是糖。在8月份的时候,看糖11在16.7美分一直跌不下去,而且筑了一个双底。然后就在您上课经常讲到的,K

线突破均线、标志性阳线出现的时候以17.2美分入场买了一手多单，之后价格一路上扬，用20天线锁定到18.8美分出局，再次成功。最后一次就是做空日元。日元今年从5月份到11月初，一直在横盘走形态。我也是用老师的天网系统，当K线突破所有均线、标志性K线出来的时候进场，止损设在标志性阳线的最低价。我是在99元进去的，盈利丰厚，到现在还没有平仓出场。

因为我平时时间不多，没有办法时刻盯盘。白天偶尔用手机看下图形、价格，晚上时间稍微多一点，才回到家仔细看看图表，所以做的商品不多，大多数以外盘为主。国内商品期货上蹿下跳，我把握不了，也没时间盯盘，资金放在那里现在没操作了。现在基本上都是利用业余时间做比较好把握的商品或者外汇。说真话，老师深厚的交易知识我虽然只学了一点皮毛，但我非常感恩您。古往今来多少交易大师，他们各自的交易策略从来都不肯轻易示人，就算看了他们写的书也是语焉不详，缺乏可操作性。而您，在网上公开授课两年，分文不取。您牺牲每天的休息时间给大家授课，您的无私只有极少数人能够做到！在这2年间，在您的教导下，有将近2 000名像我这样迷茫的交易员从中受益。您真是太伟大了。

回忆我的交易生涯，从对交易一无所知、误打误撞地进入这个行业，到2年来不断地炒短线、不断地爆仓，我深知爆仓后绝望的滋味！今年用您教给我的交易系统，到现在为止，破天荒第一次踏上盈利之路。1973老师，我现在遵从您的教导，已经彻底不做短线了。在我最苦闷无助的时候，是您的课程让我把交易的核心简单化了，堪称拨云见日，让我重新燃起对交易的信心！我对老师的感恩之情溢满心田，千言万语表达不尽！同时我也是一名佛弟子，知道老师那颗仁爱无私的心！虽然我不是个好学生，但我希望能有机缘在老师的指导下继续前进！为此，我申请成为老师的高圈学员，接受您长期的实盘指导和多次培训，也想使用您耗时多年研发的“黑马集中营”选股程序。希望在老师指导下我能走得更远一点！

至诚恳切地拜投资家 1973 先生为师(之三)

敬爱的范老师:

我于 2008 年 5 月正式踏入了金融交易这条路,当时跟着浩浩荡荡的抄底大军一起进入了 A 股市场这架绞肉机。一开始啥都不懂,也无人指导。就这样在稀里糊涂的情况下,我开始了学习加实践的漫漫炒股旅程。我自认为是个好学生,加上时间充裕,几乎所有和股票有关的书都读过,还记了十几本笔记。但是这些付出不但没有回报,反而让我得到比别人更多的打击。因为涉猎得多,亏损的模式也多。其间尝试过各种不同的交易策略,但仍然无法摆脱亏损,这简直令我抓狂。兴奋、失落、妄想、迷茫、沮丧……是接下来四年时光的真实写照。2012 年 1 月又跑到乌鲁木齐一家投资公司上班,开始做外盘的黄金、白银和外汇。无知的我起初的交易是根据公司老总的操作建议做日内短线,初尝甜头后以为可以在这个市场轻松赚钱。没想到这是又一段噩梦的开始。频繁的短线交易、不断的止损,让我的账户的资金曲线图走出一波大熊市,丝毫没有见底的迹象,只有偶尔的小反弹。

慢慢地我意识到公司的操作建议有问题,客户基本全部在赔钱,我也把二十多万的资金折腾光了。也就是从这时起,我下定决心做好这一行。于是开始重新学习金融知识、交易技巧和技术分析。这期间对我影响最大的是杰西·利维摩尔、维克托·斯波朗迪和青泽先生。通过自己的努力学习,我确实取得一些进步,最厉害的一次是连续 22 笔交易正确,盈利百分之三十多。但是只要交易的次数足够多、时间足够久,结果仍然走不出赢小亏大、资金曲线节节败退的怪圈。直到 4 月 13～15 日黄金暴跌,我通过重仓短线把客户的损失基本上都赚了回来,但是 4 月 16 日又将利润全部回吐给市场之后,我的心态完全崩溃了。关键时刻我提起最后一点勇气重新站起,但万万没想到我竟然把客户的 10 万块钱又做没了。我这么多年没日没夜地付出到底为了什么? 如今一切都成为徒劳。我知道这个市场能赚钱，也知道顺势而为的道理，但不知道具体做法。想拜师却不知师门在何处……

为了生存我只能去做我不想做的业务，遭受别人的冷眼，说些违背良心的话。那段时间我的状态糟透了，再这样下去我不得抑郁症恐怕都说不过去了。也是机缘巧合，一次偶然在网上看到老师的授课视频，您诙谐幽默的语言、生动易懂的话语深深地打动了我。数天后，网购了您的著作《金融交易学》第一、第二卷，当时的兴奋劲，现在依然记忆犹新。我废寝忘食地读了起来，一连几天从头至尾地读，近乎忘我的境界。当读完书本最后一页的一刹那，回想这几天的感觉就只有两个字——“震撼”。因为面对如此复杂纷繁的市场和这么多杂乱无章的图表，竟然有人能这么精炼准确地描述出交易的方向和进出场的位置，以及市场处于不同发展阶段时人们不同的心理状态。这才是交易的真谛和交易者应该拥有的圣杯。写到此处，心里酸酸的，为没能早些遇见老师而失落，也为没能更早地看到这两本书而悲愤！虽然过去也没少读书，但是直到遇上《金融交易学》，才让我的实盘操作有了可靠的依据。

老师的每一集视频我都视若珍宝，其中每一字每一句都在揭开我的困惑，让身处黑暗的我看到黎明的曙光。我在笔记本上认真记录重点，靠着这些，我终于找到了走出迷宫的坐标。老师这样无私地帮助交易者，让我又重新相信爱了！在这个鱼龙混杂、利益至上的社会里，您为我们树立了很好的榜样。通过课程，老师让我理解了顺势待机、标仓波段、止损止盈，明白了简易柔顺法则、确定性法则、稳健性法则和成长性法则四项法则。最让我佩服的是老师发明的以“K 五十”系统锁定盈利头寸的交易方式和对格兰维移动平均线八法则的新解读，解开了我最为困惑的谜团，简单就是王道。以前自己的交易虽然也能判断正确，却不知道何时出场最恰当，往往是做对了方向，稍有风吹草动就被吓得惊慌失措。我相信缘分、相信因果。如果我没有之前那样失败的投资经历和努力学习的过程，也不会在寻找答案的途中遇到老师，也不会知道今天老师所讲内容的重要性，当然也不会懂得珍惜。

跟随老师学习以后才发现，以前所读的书籍，大多是把本质的东西披上一件华丽的外衣，让人们在七彩的棱镜中失去方向。那些所谓的大师把实质的东西用浮华的辞藻包裹起来，提高自身的形象与魅力，却忽略了读者的理解能力。本来散户就没什么经验，现在却需要重新理解那些名词，从而失去对事物本质的判断能力。例如老师告诉我们，价格指明了所有指标的运动方向，不同周期的 K 五十是天然趋势线，它们的多排和空排指明了相应周期的趋势方向，这就是本质。而那些大师本末倒置地用各种指标教散户测算未来，买进卖出，真是太不负责任了。以我学了两年的缠论为例，它把“盘整”描述成“中枢”，并让大家去次级别印证，找买卖点打短差。这种降低成本的方式以及华丽的语言谁能抗拒得了？让本身经验不足的人在所有级别里像无头苍蝇一样乱撞，又是一件多么疯狂的事情。本来容易理解的“盘整”概念，反而变得更加的混乱和无所适从，交易者最终因为打短差而亏损累累。

用老师的技术系统对交易对象进行分析，交易时机和止损位置无比清晰，完全能够把握住趋势，用来抓捕今年黄金的下跌更是一目了然，让我们从事趋势跟踪交易有了正确依据。

反思自己之前的交易，大部分时间在没有满意的利润出现时已经出现较大的亏损，想尽快回本的心理使自己不能按照正确的仓位比例和交易方式操作，陷入一种越做越赔、越赔越做的恶性循环当中；从而更加验证了导致交易失败的四大原因：重仓、短线、逆势、死扛。接下来我会继续学习和巩固 K 线技术、均线技术、成交量技术和形态学技术。感谢老师无私地教授我们交易知识，让我们这些迷途的羔羊在迷宫般的金融市场里找到一条正确的道路。您不仅是一个引导后辈的领路人，更是一个精神导师。这段时间通过学习老师的技术，让我浮躁的心终于平静了下来，不再为短期的利润而逆势操作，坚定了我在金融市场继续走下去的决心。老师，我会非常用心和努力的，因为我和您一样热爱这一行。借此机会，我诚恳地希望加入老师的高端投资圈，继续跟老师学习，我有自信成为老师的得意门生。

一日为师，终生为师，学生××敬上！

至诚恳切地拜投资家 1973 先生为师(之四)

敬爱的 1973 老师:

首先感谢您无私的奉献,与您结师生缘是我今生最大的幸运!有了您的倾囊相授,我们这些新手少走了很多弯路,真的是拯救了我们。对我来说,老师的睿智博学和对生活的态度,一直像灯塔一样在前方指明着方向,永远值得我敬仰。

迄今为止,我已经跌跌撞撞地在期货之路上走了三年多,回想起这三年真的是痛苦艰难!我在做期货之前是一个极其讨厌赌博的人,对做期货和股票的人也没什么好印象。就是像我这样一个人,有一次一个做期货的朋友出差,她打电话让我操作一下她的账户。当时我从来没有接触过期货,只是偶尔听这个朋友提起,也不懂怎么操作。听了她的简单介绍之后,我当时想不必管那么多,开盘就给她平仓,做什么期货,简直是不务正业……可就是这么一次操作,我竟然掉进去无法自拔了。也是在这个时候,我经历了枕边人的背叛,对象竟然是自己一直当妹妹一样培养的属下……就这样我结束了一段十几年的婚姻,离开了之前和老公一起创办的公司,开始了自己的期货生涯。

我当时感觉做期货赚多赚少凭的是自己的本事,不用去经历生意场上的尔虞我诈。不过我也很清楚,单凭自己是不可能做好的,我需要拜师学艺。于是我开始关注各类财经节目,拜访我认为不错的财经大师。从北京到上海,从上海到深圳,跑来跑去地学习。钱花了不少,到头来还是一头雾水,越学越觉得复杂深奥。在听了一些老师的建议之后,我开始自己操作。刚开始投入一点,试着做竟然还赚钱了。于是就满仓操作,最多的时候一天可以赚十几万。我的胆子越来越大,习惯了重仓。可想而知,这样操作没过多久就把自己赚的钱都赔进去了。越赔越急,越急越做,于是乎,我真的过上了赌徒的生活。那段时间真是感觉生活无望。在没有生活来源的情况下,还把自己的积蓄赔进去一百多万。我不知道自己的积蓄还能不能坚持到赚钱的那一天,也不知道这是不是一条错误的道路。

在我绝望的时候,一位朋友向我介绍了1973老师的视频。我一看如获至宝、相见恨晚!我责怪自己为什么没有早点接触老师的博客和课程,直到现在才看到?真不知是老天对我的惩罚,还是老天对我的眷顾。老师的大局观、天网系统,轻仓试探、波段持盈、趋势跟踪、系统锁定,以及共振、反振,磁悬浮、反悬浮,N型底、N型顶,临界点、标志性K线,高胜算图形定式、标准化控仓方案……我都如饥似渴地学习。回想自己之前的交易,真是惨不忍睹、毫无章法,大把的钱亏得不明不白。就这样仅仅学习了六个月之后,我亏损的状态戛然而止。我的学习兴趣越来越浓厚,开始补看老师之前的录像。格兰维八法则、形态突破、标志性K线带动均线族共振……这些技术太好了,让我知道了什么时候做多、什么时候做空、什么时候加码。运用到实际操作中非常具体。

老师的理念"例行公事,恬淡无争"是何等境界啊!我现在把标仓波段、趋势跟踪、均线锁定看成是交易员的生命要素和不可违背的生存之本。只在老师教的必多或必空图形定式出现时才下单,下单的同时用多大的杠杆以及行情的级别都有考量。虽然免不了犯错,但和以前相比进步明显。我通过以前的交易经历认识到:交易中一旦重仓就会影响心态,对局势的判断容易失真,更容易陷入赌博的状态。在金融市场中风险控制是第一位的,轻仓试探、对则加码、错则止损,是控制风险的最好策略。至于均线锁定就更妙了,它不仅锁定了趋势,也锁定了人的弱点。我以前有了利润,不是出场太早就是出场太晚,总找不出合适的出场位置。现在有了老师的"K五十"锁单技术,这个问题也就迎刃而解了。

老师的大局观能起到开阔思维和眼界的作用。我以前从不看月图和周图,外盘也不用心关注。自从学习了老师的大局观和跨市场作战理念,这些方面都有所改进。最让我开心的是现在感觉生活有了希望,不再迷茫。并且做的每一笔单子自己都知道为什么做,知道对在哪里,错在哪里,绝不会做错方向。虽然老师以前在网上授课时留下的400多集录像我还没有全部看完,对老师的技术要领认识还很肤浅,运用还不自如,但已初步学会怎样看K线图。我在11月15日以12.4元买进永安林业,按老师讲的这是一个三角形突破，标K带动均线向上发散，于是大胆跟进，上周五以15.9元获利了结。这一单做得很有章法，感觉非常好。相信只要遵照老师的交易系统和理念，一定会有成功的那一天。

通过学习我还认识到：太小级别的图表就是市场的漩涡，人一旦陷进去就会变得目光短浅，接下来就会迷失方向。而重仓交易，则是埋葬杠杆交易者的一条不归路。“金融交易的最高境界是平淡无奇，不是惊心动魄，也不是精彩刺激。要尽可能地安全，尽可能地少犯错误。绝地脱险不算高明，根本不陷入那种险境才是真正的高明。金融交易犹如战争，必须灵活自如，绝不弄险，绝不逞强。”老师的教诲学生时刻记在心上。老师，您太伟大了，不仅是技术伟大，更伟大的是您有一颗菩提心，把自己艰辛研究的技术无私地传播给大众。这不是普通人能做到的。我想借此机会，恳求老师让我进入您的高端投资圈，参加您主持的面授高级班和不限年份的实盘指导。无论结果如何，您都是我一生的老师，永远都是。

至诚恳切地拜投资家1973先生为师（之五）

敬爱的投资家1973老师：

您好！人生是一场交易。我做过的最遗憾的交易就是寒窗苦读16载，考上了大学，毕业后却找不到适合的工作，只好勉强找了一件自己不喜欢的差事。大学毕业那一年，我打球弄伤了脚，在家休养了半年才去找的工作。这半年，我发觉对金融交易有很大的兴趣，然后一直研究基本面分析。最近半年，我实在忍受不了自己碌碌无为和没有目标的人生，然后在网络上我认识了个期货高手，从此进入期货交易。我发觉自己喜欢做金融交易，梦想做个操盘手，过上美好的生活。半年来买了几十本技术分析的书籍，其中最喜爱的书籍是老师的《金融交易学》。老师的技术是我见过最实用可靠的，每当我对交易感到迷茫的时候就会拿起老师的书研究和分析，寻求突破交易“瓶颈”的方法。

正如老师书中所言，资质平平的人，如果勤奋努力，一直孜孜不倦地研究和总结，经过 10 年以上也能有所成。看了老师的书，如果还能拜您为师，对我这种寒门子弟来说是多大的福分呢？要是让我 10 年后能在交易领域有所成就该有多好。我虽然不才，但还算勤奋；每天都很认真地做交易，空余时间研究技术。加上自己对金融市场的基本面和货币理论有一定的理解，相信我在老师门下，能展现自己的潜力。交易的确是门很难的学问，抛开心态和资金管理不说，单是技术不到家，就很容易爆仓，以致血本无归。我的交易是在文华商品指数 106 点大底的区域开始的。我跟着那个期货高手，在期货市场来回拼杀。那时候我对 K 线稍微懂一点，一边学习一边跟着人家的单子，开始有所盈利；然而后来在大连豆粕 1605 合约上的交易，却让我受到严重打击和深刻教育。

那时候我们群有一个豆粕专业户，他判断大连豆粕会迎来牛市。而我分析美豆的 K 线走势跟上次上证指数盘整的走势一模一样，并且我很早留意到一个新闻，就是"世界贸易组织"部长级会议 12 月 19 日表态：包括中国在内的世贸组织成员国首次承诺，全面取消农业出口补贴。发达国家必须立即取消它们的农产品补贴政策，发展中国家必须在 2018 年底前终结对农产品的直接出口支持。这使我更加坚信豆粕的牛市轨迹。然后我拿了 8 手豆粕多单，均价在 2 414 元附近。就在我渴望并等待着一手赚一万元的行情到来的时候，大连豆粕却一路暴跌到 2 288 元附近，而我实在忍受不了这种暴跌，在 2 350 元平了多单，反手做空了 4 手豆粕，赚了点小钱，但却错过了后面豆粕起飞的大行情。

那时候跟随美豆起飞的是豆油。我后来发现，豆粕与豆油之间存在套利关系。主力或许同时做多豆油和做空豆粕来套利。而从基本面分析，豆油需求多的时候，豆粕会供给过剩，导致豆粕价格短期内上不去。从周期上来说，4 月份才是豆粕涨价的时间点，我们做多太早了。从 K 线上分析，1 月 18 日的一根大阳线高挂的 K 线图形，明显多头占优，而后五连阴切断所有均线，接着回撤三天再跌一天，构成一个明显的做空形态，不知那个期货高手为何却视而不见？至于后来，或许是美豆起飞的同时豆粕却连续回踩，让所有人都大跌眼镜，从而失去判断能力，以至于这次豆粕牛市不但没让我赚钱，还亏了钱。我从多次的操盘经历中悟出一个道理，就是必须要有自己的操盘纪律和守则。

例如，不过分追单，不做逆势交易。而何为逆势？用老师书中的话来说就是，均线空排或者均线聚拢时大阴线带动均线族反振不做多，反之亦然。我跟单的那个期货高手在 4 月 18 日文华指数强势走高那天开始逆势重仓做空，濒临破产。我当时却很理智，通过对指数周线图的分析，坚信多头行情，一直做多。4 月 21 日那天，我的资金刚好翻倍了，7 万资金盈利成 14 万，这让我一度过于自信，开始飘飘然。而后的三次抄底多单，让我的资金亏损得还剩 9 万，足足交了 5 万学费。反思我这次操盘，各大指数和龙头品种如螺纹钢的 K 线图明显呈现顶部形态，预示暴跌开始，而我却无动于衷，太过相信自己对大宗商品基本面的分析，觉得回调不多，幻想着顶部小幅调整后继续大涨。这三次抄底，可以说是我逆势做单的惨痛经历。自此，我对自己的技术深感无奈。半年来，虽然遍阅群书，但是实盘做起来，依然无所适从。市场如战场，交易有多难，我已经深切体会到。正如老师所言，没有 10 年以上的努力和交易经验，恐怕依然还是一个门外汉。

我一度研究波浪理论和江恩技术，但是这些技术晦涩难懂。说白了，就是太过玄幻，无法应用于实战。而反观老师您的技术，却是非常实用的。比如通过对蜡烛图和形态的分析，以及对均线与均线位置关系的分析，可以很直观地判断多空力量的强弱对比。待一方战败，立刻押注另一方。这些技术但凡有些实战经验的人都不难学会。但是因为我对微观交易学知之甚少，具体的进出时机一直掌握不好。而最让我疑惑的是，如何根据均线之间的排列与距离来对大势做一个正确的判断，这个问题对我来说很难，无力参透。还有就是成交量和持仓量的变化，我也不太会分析。所有这些问题，只有老师您能给出确切的答案。因此我非常想加入老师的高端投资圈，缩短我成才的时间。据说老师的入圈弟子将享有多次轮训的机会、多年的实盘指导，以及您所研发的“黑马集中营”选股程序标准版的终身使用权，这些待遇对我来说都非常有吸引力。希望老师收下我。

如果问我做交易这么久最失败的事情是什么，我会回答：我失去了最喜欢的人。我女朋友因为我太痴迷期货交易而离开了我。正如《十年一梦》的作者所言，交易要远离所有亲近的人和朋友。交易是一个孤独的行业，你不要妄想带任何亲近的人进去。因为对于他们来说，那里是地狱。对于把女朋友带入期货这个行业，我确实是个不负责的人。我应该做一名孤独的交易员，让所有亲近的人远离期货。我更应该给自己多点时间做别的事情。人生不是只有交易。我还年轻，应该多花点时间和朋友一起出去游玩。人生必须有更多的精彩，而不应单纯沉迷于交易。作为一名交易者，我觉得不应该让自己太累，我有时给自己施加了太大的压力。老师也在“刀锋解盘”录音中说过，交易肯定是要轻松愉快地做啊！希望能跟随老师轻松愉快地做交易，忘记以前所有的不快！

一名股市输家的自白——参加“淀湖论剑”高级实战面授班的心得体会

4 月 2～3 日两天有幸在上海虹桥西侧美丽的淀山湖畔当面聆听范老师的指导，对我来说这是我交易生涯的里程碑和新起点。我进入股市有 10 年了，应该算是老股民了，这么些年的折腾，结果是毫无悬念的亏损。其间也耗费了很多时间和精力，家人抱怨颇多，甚至不许我再做交易。毫不避讳地说，我是市场中的 loser。然而我又是一个不甘心的人，认定的事情不会轻易放弃。虽然说市场中的现实是 7 亏 2 平 1 赢，但是我为什么不能做那个 1 呢？一年前有幸接触到范老师的著作，给我豁然开朗的感觉。

老师的交易理念和技术让我深信：虽然市场是不可预测的，但确实有方法能够稳定盈利。这一年多来，我不断地在实践范老师的技术，确实有很大提升，行情好的时候常常能抓到大牛股。但因为遇到世所罕见的股灾和总体熊市，业绩依然不理想。经过这次面授，我觉得有必要将自己的心得做一个总结；一方面让自己系统提升，另一方面也希望对如我之前一样在市场中迷茫的人们能提供些参考和帮助。我从“交易技术”“交易策略”“交易心态”三个方面来总结，这也是逐步递进的境界。

交易技术

首先，我想对交易中的技术是否有用这个话题做一个讨论。回顾以往，对于交易中的技术，我是将信将疑的、是摇摆的，更多的时候是不相信的。我总认为市场，特别是 A 股市场，技术是不靠谱的，这个市场中的股票涨跌更多的是靠消息面和基本面，而非技术面。因此，总是希望了解股票的基本面和消息面。然而，作为一个普通散户，基本面对我们来说就如一座冰山，我们连水面上的部分尚且不能看全，更别说水下的主体部分。再加上 A 股市场上存在业绩造假的现状，因此，基本面对散户来说根本是毫无意义的，甚至不如抛硬币来得靠谱。消息面就更不用谈了，真正有价值的消息都是掌握在少数人手里，普通散户都能知道的消息是已经过了时效的，更多时候反而是诱骗散户的反向消息。相信大部分散户如我一样尝过听利好消息接盘的苦头。

好了，结论非常明显，基本面和消息对于散户来说是没有意义的，所以，放弃对基本面和消息的追逐、回归技术分析才是正道。有人说技术面就靠谱吗？对！对于散户来说技术分析是唯一靠谱的方法。趋势交易也是迄今为止最为靠谱的交易技术。大盘也好、个股也好，整个市场看似无序，实际上有其内在的规律性。任何一只股票运行的各个阶段都有明显规律。范老师的技术能够帮助我们找到即将主升的股票和即将升势再起的股票，我们要买入的就是这样的股票。范老师开发的“黑马集中营”选股程序非常强大，解决了买什么和何时买的问题。这是关键的一步，也是第一步，但仅仅是这一步还不够，我们还需要知道何时加仓、何时减仓、何时清仓……所有这一切问题，范老师的技术都给了我们明确的答案。

我认为下面的话体现了范老师交易技术的精髓：要尽一切可能提高胜算，胜算再怎么强调都不过分，提高胜算的方法是只做完美的临界点，坚持顺势定理和临界定理，在必多图形出现时做多，在必空图形出现时做空。要懂得“指数如母、周图如父”，其中母比父还要重要。交易标的如果呈现集体行动，交易价值要远远高于单个品种的行动。并且范老师的技术是通用的,不仅适用于股票,也适用于期货、外汇、国债和期权。正所谓一通百通,学会了范老师的技术就能通吃所有市场和一切趋势。

交易策略

仅有交易技术是无法从市场中稳定获利的,交易策略非常重要。有了良好的技术,就是有了高的获胜概率。但市场上不存在100%的胜算,如果没有正确的交易策略,最终可能一败涂地。要想成为赢家,必须将交易技术与下注策略结合起来才行。简单地举一个例子来说,如果资金管理不当,有可能你赢了9次,第10次却全部还给市场。为了应对市场的不确定性,必须有正确的下注策略作为支撑。仓位控制和资金管理很重要,对此我深有体会。

我从来都是满仓操作。有时抓住了行情,有时满仓套牢。有时明明选中的是好股,但是仓位太重受不了回撤,割肉后它就开始飙升,经常处于被动状态。我认为下面这些东西体现了范老师交易策略的精髓:受赛马理论支持的标准化控仓方案,以"分散持仓,分批进场;先锋不赢,后续不进"为特征的下注技巧,以"宏微结合,知变应变;赢扩输缩,波段兑现"为特征的处理大局与细节关系的能力,以及顺利时加码、受挫时减码的灵活进退能力。

交易心态

作为一名普通散户,这么多年来,我最深的体会就是:急于发财,总想抓住黑马,一年恨不得翻几番。殊不知急于赚钱的想法本身就是交易者最大的敌人。它会让我们重仓、逆势和短线频繁交易,这些都是在交易这一行必死的途径。难怪辛辛苦苦折腾了这么多年,到头来却是亏损。我从范老师那里学会的关于心态管理方面的精髓是:急于赚钱是最大的心魔;重仓必死、短线必死、逆势必死、死扛必死;金融市场不是逞勇斗狠的场所,如果不把防守放在第一位,所有的胜利都将没有任何意义。交易中要注意攻不忘守、守不忘攻、攻守兼备。

另外,想做好交易还要加强个人修养。恬淡、平和、善良是做人的高境界,范老师给我的印象就是这样的,虽身怀绝技却虚怀若谷。老师信佛,一心向善,教导我们做人要平和善良,从市场中赚到钱了要多做善事,多去帮助这个世界上需要帮助的人。授课期间恰逢冷空气南下，感谢老师拿出自己的衣服给我保暖，让我渡过难关。老师平易近人的作风让我认识到：交易不应该是整天打打杀杀，运筹帷幄、恬淡平和才是交易的高境界。感恩老师对我的指引，感谢薇薇师姐对我的帮助。希望我在交易之路上越走越远，有一天也能达到至高境界。我也衷心希望有更多处在迷惘中的人能得到老师的指引，尽早踏上正确的交易之路。

实现持续盈利的梦想——参加“淀湖论剑”高级实战面授班的心得体会

八月的淀山湖畔，炽热的骄阳挡不住求学的热情。为了实现在投资市场持续稳健盈利的梦想，我参加了第 7 期“淀湖论剑”高级实战面授班，接受 1 天连续 6 个小时高强度的“灌顶”培训。1973 老师的分享报告内容精彩纷呈，信息量之大令人震撼。好在我不算太笨，基本掌握了老师发言的主旨，下面谈谈我的心得体会以抛砖引玉：

1. 选“明师”。此明师非彼名师，明师未必名头响亮，但明师德为先，立足实战，有真才实学。1973 老师坦荡的胸怀、20 年如一日孜孜不倦钻研金融交易的精神以及强大的学习开悟能力令人叹服。我在 2011 年底认识投资家 1973 老师，1973 老师不仅在呱呱网免费讲授金融交易课程两年，还宣扬佛法，使我不仅在股票、期货、外汇、国债市场入了门，更是唤醒我浑浑噩噩的精神，重新寻找到 15 年前结缘的金刚上师。感恩 1973 老师！

2. 此次授课，1973 老师结合 4 年来操盘大资金的经验教训，详细讲解：(1)扒车理论(解决顺势问题——逆势交易不做、震荡筑底或震荡筑顶不能做、趋势不确立不做、非临界点交易不做)。(2)赛马理论(如何下注——股期汇债四级标准化控仓方案)。(3)摸奖理论(解决胜率问题——日、周、月三套选股程序联合作战)。(4)“分散持仓，分批进场；先锋不赢，后续不进；宏微结合，知变应变；赢扩输缩，波段兑现”等口诀的实

战操作要点，演示了“黑马集中营”选股程序的编写原理、使用方法。该程序可筛选多空市场中趋势刚刚确立可能领涨/领跌的板块及龙头股，是操作龙头股及其股票期权的利器。

3.“分散持仓，分批进场；先锋不赢，后续不进”的资金管理方法深深地触动了我，若非亲临现场，听1973老师亲自讲解具体的实现方法，很难想象仓位控制如此精细、抵抗回撤如此严密的同时到底如何盈利。但老师用亲身经历告诉我们如何2周盈利20%并且及时止盈退出，然后给投资者分红。纠正了我小资金不必控仓及精细化控仓不能赚大钱的错误观念，体会到精耕细作、步步为营的资金管理方法的伟大。先锋不赢通常意味着进场不正确，短期内再补仓或加仓其他品种将导致损失进一步扩大的概率很大。这就是交易的客观性原则。老师还强调周图如父、指数如母。“周线型机会”与“指数型机会”交易价值高。养成“只在大行情里才持仓”的习惯，学会“只在明显的趋势行情里下注”，才能成为赢家。反思自己的交易，经常忽视大局，导致成功率不高，结果是瞎忙一场。

4.1973老师将金融交易分为两类：正标交易（股票、期货、外汇、国债）与衍生交易（期权）。1973老师化繁为简，用大白菜期权、房子期权、书籍期权、巴菲特可口可乐认沽期权实例讲解了期权基本概念及控仓方案，比较了期权和期货、期权和权证的异同，给出了选择期权合约的方法，演示了常用的期权交易软件及实战技巧，并强调对正标走势的研判才是期权交易的核心。例如股票期权的标的资产可以叫作“正股”。对正标交易的要求是既要看对方向，又要看对路径（即各个临界点）。因为价格运行的路径往往较为繁复，所以会出现一再止损的现象，这也是重仓交易者必死无疑的原因所在——他们会死在细节上。

而期权操作的重点是在正标的趋势“已经确立”的前提下，在临界点以小单量进场，进场后做好亏完的准备，尽量不止损，其间忽略正标演变路径的细节。只要期权到期之前正标走出预想中的走势，那些被“打残”的期权还能“满血复活”，反败为胜。期权同步放大正标的风险与收益，其与正标交易的最主要区别是：期权波动更大，要么很快翻倍甚至翻几倍，要么亏光。因此将头寸大小限制在总资金的1%～5%非常必要。短短1

天，让我们拨云见日，禁不住跃跃欲试。虽然国内目前只有上证 50ETF 期权，开户门槛 50 万，但感觉这是一个令人向往的报风比诱人的市场，愿交易品种和成交量大幅增加的好日子早日到来。

6 个小时的面授信息量非常大，听众必须要有良好的学习状态，与老师相呼应，才会有好的收获。老师滔滔不绝，信手拈来；大家听得津津有味，意犹未尽。面授期间，从报名、住宿、饮食、上课、接送等都离不开佳豪师兄和薇臻师姐的悉心安排，在此感恩！师父领进门，修行靠个人。通过学习，不断优化自己的交易系统，若能加强对大局的判断，坚持执行控仓方案，规避假标 K、假突破，必将实现我在金融市场持续稳健盈利的梦想。诚然，任何成功都是有德配位，都离不开心性的修持，让时间来检验一切吧。感恩 1973 老师！

从基本分析到技术分析——参加“淀湖论剑”高级实战面授班的心得体会

我从 2014 年底开始接触期货与外汇交易，之前有做股票，但是技术分析基础几乎是零。2014 年开始是跟一位研究宏观经济趋势的老师学习，一直学到 2016 年初。因为宏观经济体系庞大，很难自行研究，因此主要听老师的结论来指导投资。结果可想而知，一直不断亏损。当时因为听这位老师的话，心里对技术分析有些排斥和抵触；加上自己愚钝，对市面上像砖头一样厚的技术分析类交易书籍完全看不懂。一个偶然的机会，在 2016 年上半年，接触到投资家 1973 老师的书与视频。老师讲课深入浅出、专业实用，我听得津津有味、相见恨晚。2016 年 7 月在微信公众号“投资家 1973 谈投资”上得知老师要举办“淀湖论剑”高级实战面授班，非常想去，但是考虑到自己技术底子太薄，不知是否适合；与吴佳豪师兄通过电话后，才打消顾虑，买了去上海的高铁票，向着美丽的淀山湖出发了。

参加完这次面授高级班，总的感受是：收获丰硕、不虚此行。1973 老师发言的内容涵盖了宏观交易学、微观交易学与资金管理的精华，包括老师操盘基金四年以来的交易感悟及对交易系统的完善和更新。具体来说，主要有以下几点：

1. 老师发言之初开宗明义、直击要害，说道：金融交易就是要解决四大课题：买卖什么、何时进场、买卖多少、何时出场。其中第一个要解决的问题就是：什么样的股票能涨？这是做交易最值得关心的问题。对于什么样的股票能涨，老师讲得很透彻，堪称高度精练与概括，那就是临界点战法＋月、周、日图表的支持。知道了这些，我对于所有想买进的品种，都拿这个标准来对照，看是否符合条件；如果不符合，是哪一条不符？如不是临界点、形态可能未结束、均线排列乱七八糟、没有成交量配合、周图没有表态等等。慢慢开始知道去区分哪些是必做图形，哪些是可做可不做的图形，哪些是还要继续等待的图形。也知道了自己还有太多的课要补：包括 K 线定式、均线技术、成交量技术和经典形态学等。

2. 老师给出一条清晰的主线，即分散持仓、分批进场，先锋不赢、后续不进；宏微结合、知变应变，赢扩输缩、波段兑现。我觉得这就是做交易的守则，无论是进场、出场还是加仓、减仓时都应该时时想到这几句话，并且知行合一。趋势跟踪的本质是试探或试错，被市场证明为正确的头寸应该坚守和加码，被市场证明为错误的头寸应该止损出局。

3. 关于控仓，老师给出了最新的控仓方案，更贴心地做了控仓表，要进场的时候直接在表格中通过修改最新价即可自动计算出正确的建仓数量。我以前完全不知道控仓，现在才晓得自己以前做交易是多么盲目，失败完全在情理之中。我以前做交易还经常有一夜暴富的幻想，其实这就是重仓思维，难怪不断亏钱。现在知道“轻仓试探＋临界加码＋波段持盈”才是在交易这行持续稳定盈利的王道。关于资金管理，老师讲的“赛马理论”对我来说耳目一新、无可辩驳。我以前买股票都是重仓在几只股票上，亏钱很快，百思不得其解。现在通过学习控仓原理和控仓方案，终于找出了问题的症结所在。

4. 老师讲解了很多高胜算图形定式。在课后，我也将这些图形一一找出来，反复看，原来在趋势的形成过程中，有这么多的路标，而我就像一个盲人在充满陷阱的道路上摸索，每走一步，都危机四伏、危险万分。每次想到这里，就对老师充满感恩。再加上老师编写的威力无穷的“黑马集中营”选股程序，把“上涨的大盘指数＋领涨的行业板块指数＋领涨的牛股”一并选出，时间上只需要 15～20 秒钟，堪称在股市上赚钱的绝招。

5. 彻底与宏观经济分析说 Bye Bye 了。之前我一直非常在意非农数据、美国农业部数据、石油增减产、各国财长的讲话等数据与信息，搞得整天神经兮兮的。现在慢慢体会到任何信息或数据都是服从于趋势的，都会体现在行情走势里。在走出明显趋势行情的市场里，很少有逆势的重大信息；就算有，市场也会低调处理。就如同这次的美国非农，公布之前我感觉可能低于预期值，不然的话，美元的整体趋势不会是偏空的。总之，我决心今后做交易一切以 K 线图为准，加强对趋势的研判。消息或数据在浩浩荡荡的趋势行情面前，最多只能溅起一点小浪花，影响一到两个交易日的行情，一般无力撼动趋势。关于这一点，我虽然一时还不能完全放下，但心里确实轻松好多，之前在数据公布前都是非常紧张的。

6. 向历史学习。老师的这个观点真是太有价值了。老师以前讲课时也曾经说过，但是当时我并不知道它的重要性。我在高端投资圈里看到老师讲过这样一句话：你们一定要研究那些主升浪（或主跌浪）运行的时候，均线与 K 线的位置关系究竟是怎样排列的。老师还曾经说过：调匀均线族。那么走出趋势的品种，是如何调匀均线族的？我开始去找这些历史走势图，看看在趋势走出来之前，均线族是怎么样被调匀的。结果非常令人惊讶，原来自己多少次的亏损就是进场在均线自我调匀期，即不可交易区。均线族调匀在不同品种和同一品种的不同运行阶段上都是类似的。老师随口讲的一句话，就包括这么丰富、深刻的内容。

7. 上完课后再去看老师的书和视频，有不一样的感悟。以前觉得知识点好多，记住了后面的，前面的也忘记了。最近我将听课笔记与案例图形反复复习，发现更有体系了，同时看书与视频也更细致了，可以从中体会出每一个案例，老师那样分析的依据是什么？不像以前，好像在赶进度似的，看完了也忘完了。这次老师用 1 天的时间将他 20 年的交易经验和心得体会浓缩后传授给我们，我们能把这些宝贵的知识变成自己的本事吗？我觉得还是应该与实战相结合，通过对自己做过的交易认真做笔记，多积累经验；再将老师讲的 K 线定式、典型图形分别标记出来，截图保存，一方面加深记忆，一方面便于复习。不然的话，看上去好像老师讲的大部分案例听明白了，但这与将其变成自己的本事依然有距离。总之，正如老师所言，警惕你那颗急于赚钱的心。所谓知难行更难，交易之路上还得好好修炼。

征服期权——参加淀山湖期权实战高级班的心得体会

2016 年 8 月 28 日，在淀山湖畔神州数码科技创新产业园，我荣幸地参加了投资家 1973 老师亲授的第 2 期期权实战高级班，收获颇丰。此前我曾经尝试了解期权这个衍生品，通过上百度搜索后，觉得极其复杂，无从下手，只好无奈地放弃了。可以说在参加学习之前，脑袋中对期权是什么并不清楚，只是在一本书上看到过某位交易大师对期权的看法，大致是风险极高；如果股票、期货、外汇的交易盈利了，不妨用一部分利润去尝试一下。倘若盈利，算是额外的奖赏，如果赔了就拉倒。这次通过 1 天的学习，在老师的生动讲解下，我掌握了期权的本质，知道了如何选择期权合约，以及怎样在风险可控的情况下交易。

期权作为金融衍生品，种类之繁多令人眼花缭乱。而期权之所以种类繁多是因为金融产品的种类繁多。这里的金融产品又叫正标，期权则是受正标的操纵，随着正标的波动而波动。正标有股票、期货、外汇、国债、股指还有 ETF。期货又分商品期货、股指期货、国债期货和外汇期货。期权既然是衍生品，根据正标的不同，种类相应也会有很多，如股票期权、股指期权、ETF 期权、国债期权、商品期货期权，外汇期货期权……真是纷繁复杂。我认为目前无论在国内还是国际上，投资家 1973 老师是能把这些期权说得清楚的少数几个人之一。并且期权的技术指标同样种类繁多，如果不是跟随 1973 老师学习，几乎不可能通过阅读复杂晦涩的期权书籍来找出交易期权的方法，并且达到能够获利的程度。从完全不懂期权，到能够从期权交易中盈利，这个过程犹如唐僧师徒四人去西天取经，要经历九九八十一难。因为期权中的每一个知识点都有可能成为交易失败的原因。

期权的本质是在合约到期以前，购权买方有按行权价、从期权卖方那里买入期权合约所规定的特定数量标的资产的权利；或者沽权买方有按行权价、卖给期权卖方期权合约规定的特定数量标的资产的权利。注意，这里所指的仅仅是期权买方以期权卖方为交易对手，买进或卖出标的资产的权利，而不承担必须买进或必须卖出的义务。换言之，期权买方可以行权，也可以不行权，是否行权取决于是否“有利可图”——当标的资产市场价高于行权价的时候，认购期权的行权将会有利可图；当标的资产市场价低于行权价的时候，认沽期权的行权将会有利可图。当有利可图的时候，期权买方会选择行权，当无利可图的时候，期权买方会放弃行权，但损失权利金（相当于订金）。而一旦期权买方要求行权，期权卖方必须履行行权的义务。一般来说，交易所会对期权卖方征收保证金，以确保能够行权成功。

了解期货的人都知道，期货有合约之分；期权与期货在这方面相似，同样是分合约的。但是期权合约的选择，要比期货合约的选择复杂高深得多。期货合约的选择没什么好说的，直接买卖持仓量和成交量最大的合约，也就是“主力合约”就可以了。但期权呢？期权不仅有不同的到期月份，而且通常还有十几种不同的行权价，再加上认购与认沽之分，一个品种往往有几十个期权合约同时在挂牌交易。如果不是内行，很容易做出荒谬可笑的选择。期权还有很多技术指标，每一个技术指标都有其道理。有的技术指标是期权交易的重要参考，有的则对交易本身并无用处，但是会分散新手大量的时间、精力和注意力。这又像迷宫一样，路有很多，但是出去的路就那么一条，我们得知道如何判断所选道路是否正确。在期权交易中赢家必须知道哪些指标是至关重要的或有用的，哪些是无关紧要、可以忽略的。

交易者即使知道了如何选择期权合约，还是不一定会赚钱。交易赢家还需要具备判断期权正标运行方向的能力。如果方向判断错误，或趋势迟迟不能展开，再加上仓位控制不当，照样会赔得倾家荡产。这里的正标就是指上面提到的标的资产，如股票、期货、外汇、ETF、股指等。老师还特别给我们讲解了如何研判正标趋势的技术方法，并为我们演示了以此为基础开发出来的“黑马集中营”选股程序，当场由学员们任意挑一只股票进行验证，悉数通过。除了介绍交易技术，老师还介绍了资金管理的客观性，深入浅出地讲述了风险到底应该如何得到控制。作为一名有十几年股龄的老交易员，我很清楚这些其实是金融交易成败的关键，也是价值连城的不传之秘。老师的技术系统已然登峰造极，再与这套资金管理方案相匹配，从此以后在金融市场上行走再无疑难问题。28 日下午，老师又带领大家学习了曾经出现过的认股权证及其与期权的异同，十分烧脑。这里就不再赘述了。

总体来说，交易者学会判断期权正标的运行方向，以及正确地选择期权合约是决定交易成败的两大关键；在此基础上，还要知道如何控制仓位和管理风险，把这个游戏长期稳定地玩下去，才是我们最终要达到的目的。期权面授课程虽然信息量非常大，但是在老师耐心生动的讲解下，大家基本上都能听懂；何况这是由操作大资金数年的基金经理为学员们亲自讲授，含金量之高自不待言。通过这次学习，我不仅掌握了如何进行期权交易，还对如何精细地限制回撤有了更深刻的认识。感恩 1973 老师的精彩分享，感谢师兄们的悉心照顾。

一个股市老手的自白——跟随投资家 1973 老师学习的心得体会

写这篇文字之前，首先向投资家 1973 老师致以诚挚的敬意和谢意，感谢老师为我的交易之路指引方向以及通过多次面授对我的悉心指导。

一、盈亏同源——我的交易之路

从 2004 年阴差阳错地进入股市开始，一晃竟在这个市场上摸爬滚打了 12 年。起初的经历和所有的投资者几乎是一样的，然后开始读书学习，各种先贤的书读了很多；但与其他投资者有一点不同的是，我读的投资方面的书偏少，大多数是历史和哲学方面的，逐渐形成了自己的交易思路——跟踪推动市场的各种力量的变化，分析它们之间的相互关系，寻找合力共振的机会。十年间使用满仓进出的方法，资金不断地稳定增长，在朋友圈里也小有名气，2015 年高峰时操盘的资金超过 600 多万。当然这里面有一部分亲友的资金，但是自有资金已经相当可观了。虽然在 2015 年所谓的“股灾”中躲过了第一波，但在 8 月份第二波下跌前满仓压上几只互联网股票，结果在短短两周内总资金亏掉了将近 70%，账户处于失控状态。在接近心理崩溃的时候，做了最后一个交易决定：全部平仓。然后盘点剩余资金，将亲友资金全部退回并对出现的亏损做出了赔偿，财务上直接回到 2006 年。

这些做完之后，整个人陷入极度的自责、失落和迷茫之中，接近半年多没有再打开账户做过一笔交易。身边的朋友有的说，你这个人没有强大的心脏，根本不适合做投资，因为他们看到了后面的反弹行情中有些股票确实回到了我的建仓价位之上；有些朋友则说你胆子吓破了，不敢再交易了。说实话，我的心脏确实不够强大，我在那个时候的确胆怯了，更让我心有余悸的是另外一件事：当市场行情疯狂时证券公司屡次要给我配资，我拒绝了；因为隐约记得有个人好像说过这么一句话：“杠杆是把双刃剑，很多时候应该是存而不用的。”因为这句话，我一直对加杠杆心存抵触。现在回想起来，如果当时经不住证券公司的屡次游说而配资了，凭借当时“豪情万丈”的操盘手法，基本上以我的小心脏只有登上天台跳楼的份。我的交易之路将戛然而止，我的生命也将完结。我停止交易以后除了自责、失落和迷茫，也在思考问题到底出在哪里？后来在我的博客链接里找到了那个对我有救命之恩的有缘人——投资家 1973 老师。仔细翻看他一篇篇的博文，我好像找到了答案。

二、例行公事——我的涅槃重生

通过读老师的博客、看老师的书、参加老师的面授高级班，我一点点解开困惑并拨开迷雾。就像在远处观察一个陌生人一样，我看到了自己的样子原来是这样：

1. 把太多的愿景、太多的欲望强加在了交易上。希望通过交易来改变太多的东西,美好的、邪恶的都有,以至于单纯的交易行为变得负重累累;急于想证明自己,获得别人的尊重和认可。当得到的那点东西不复存在时,我的世界崩塌了。

2. 重仓豪赌,逆势加仓。由于长期使用重仓豪赌这种无方案的“资金管理方案”,十年来竟不知它是错的。也因为此,在短短十年间从一穷二白,累积了可观的资金。但是正如前面讲到的盈亏同源,那个巨大的陷阱就在前面某个时间、某个地方等待着我。回想一下,如果 2015 年的豪赌成功了,它只会更加强化我的这种思维模式,然后再在某个时间、某个地方将一切收回。所以 2015 年我损失的不是金钱,而是获得了改变我交易之路的福报。

3. 交易技术单薄,技术系统粗枝大叶。也许这和我的性格有关,比较以自我为中心,习惯性的自负,对市场理解实质上仍然处于浅薄的状态。只不过这些年交易之路上有运气的成分比较顺利,自编使用的判断行情的一些指标也在一些时段确实有些效果,在一个小环境中得到一些吹捧更不知天高地厚。这些在心理层面放大了我的自负,而全然不知自己的交易技术,实质上很不完善。以至于技术系统存在巨大的漏洞,直到被市场先生教育。

说完这些,列位看官一定想知道,通过跟随投资家 1973 老师学习,我究竟学到了什么?正在改变什么?从我自己的经历来看,在国内投资界能将干货无私地分享出来的,投资家 1973 老师的确是凤毛麟角。投资家 1973 老师确实是菩萨心肠,不知道有多少弟子与我有同样的感受。能将高度的商业机密定性、定量地和盘托出的前辈高人,确实仅此一人。

1. 首先要立志做一个好人,谦虚礼敬,乐天知命,与人为善,助人为乐。也就是说,价值取向必须是正向的,须将承载于交易之上的负重慢慢清理掉。交易是单纯的、是严肃的,交易需要一个正能量体来支持。一个人的性格先天形成改变起来比较困难,而后天的修行,可以弱化性格中的极端化特征。所以正确的交易理念也可以在后天像修行一样慢慢训练。跟着前辈高人学习可以少走许多弯路,尽早在思维方式上切换到正确的道路上来。

2. 金融交易是一个系统工程，它是技术系统、资金管理、自我管理的协同作战体系。坚守“顺势、待机、控仓、止损、持盈、止盈”的交易精髓和要领，是通向正确之路的钥匙。一切交易行为都是围绕着它们展开，一切失败和成功都能在这里找到缘由。这12个字足够交易者品味一生了。但它们又不是泛泛的框架，有强大的量化系统来执行和贯彻。在嵌入了交易需要解决的四大问题之后，这12字方针马上变得有的放矢、鲜活生动起来。

(1)买卖什么？存在集体趋势行情的领导板块的领涨(领跌)标的物；而在无趋势行情或零星的个体趋势行情中，保持观望和待机状态。

(2)何时进场？按照天网交易系统确立的高胜算定式的临界点进场。非临界点不强行交易，不降低标准交易，坚守高胜算和安全化原则。

(3)买卖多少？按照标准化控仓方案，查表下单。

(4)何时出场？合理地设置止损，到达止损位坚决出局；对脱离成本区的正确头寸，如果判断为集体行情，在浮盈保护下再次在临界点果断加仓，变小头寸为大头寸，变少头寸为多头寸，坚定持盈。当行情演进顺利、利润达到预期目标择机出局，兑现利润。若行情结束，则操作结束；若行情仍在继续，则从标准化小头寸重新做起，重复以上作业。

3. 这两次学习中，老师又将系统进一步完善，在技术系统之外提出了另一套更精细化的资金管理系统——“分散持仓、分批进场；先锋不赢、后续不进；宏微结合、知变应变；赢扩输缩、波段兑现”。将金融交易精耕细作化。我将目前这个系统归纳为：指数、板块、标的的月、周、日多周期联合趋势跟踪；宏微结合、双管齐下、知变应变，以达到仓位控制细腻化和限制回撤精细化。这两次授课整体围绕宏微结合的思想，内容丰富，大开眼界。尤其是老师倾注巨大精力研发的“黑马集中营”选股程序，从我个人来讲真是梦寐以求的东西，对于交易员来讲，它的价值无可估量。这套强大工具，在会用、用熟、用精后，也许交易员还会发现它不为人所知的其他作用，我个人隐隐有些思路，但还不成熟。

行文至此，仍觉得自己是在泛泛空谈。从老师的书中和授课中我依稀看到他为交易付出的巨大精力和受过的种种考验，自己受的这点挫折与之相比简直不值一提。每每读到老师书中经典的句子时，我都有一种拍案叫绝的兴奋感。可以说投资家1973老师为国内金融交易界做出了巨大的贡献。能够向老师学习、能够成为老师的高圈弟子是莫大的荣幸，他为我们这些草根交易员指引了方向，为我们拨开迷雾接近金融交易的本质点亮了明灯。虽然接触老师的交易思想到现在只有一年多时间，但很多理念与我天然契合，没有丝毫抵触。

从今往后，学习和实战的结合仍将继续，有些方面还处于一知半解，过去的交易体系仍有强大的惯性在阻挠现在这套系统的执行。经过十几年的交易经历和2015年巨大的资金回撤，我找到了我的问题所在，对学习过程中需要的时间和耐心已经有心理准备。作为学生，对老师的再造之恩无以为报，只有在自己以后的交易生涯中，以精细化的操盘成果来回应老师的帮助，并且以绵薄之力传递投资家1973老师的交易思想与技术方法，惠及更多的有缘人。最后再次感谢投资家1973老师，恭祝老师修行精进、身体健康、万事胜意！

中英文人物译名对照表

英文原名	中文译名
Abraham Maslow	亚伯拉罕・马斯洛
Carl Friedrich Gauss	卡尔・弗里德里希・高斯
James Simons	詹姆斯・西蒙斯
Jesse Livermore	杰西・利维摩尔
John Meriwether	约翰・麦利威瑟
Jon Corzine	乔恩・科赞
Larry Hite	赖瑞・海特
Larry Williams	拉瑞・威廉姆斯
Lawrence Cunningham	劳伦斯・坎宁安
Mother Teresa	特蕾莎修女
Myron Scholes	迈伦・斯科尔斯
Paul Volcker	保罗・沃尔克
Peter Bernstein	彼得・伯恩斯坦
Richard Dennis	理查德・丹尼斯
Robert C. Merton	罗伯特・C. 默顿
Robert Mugabe	罗伯特・穆加贝
Robert Rubin	罗伯特・鲁宾
Stanley Kroll	斯坦利・克罗
Thomas Gresham	托马斯・格雷欣
Warren Buffett	沃伦・巴菲特

参考文献

1. 陈标金:《价值投资还是趁火打劫? ——巴菲特投资高盛与所罗门解读》,网络文章。

2. 刘建位:《评价巴菲特的四大误区》,网络文章。

3. 何春梅:《巴菲特复制“高盛局”》,网络文章。

4. 王健著:《还原真实的美联储》,浙江大学出版社 2013 年版。

5. 尤斯塔斯・穆林斯著,肖艳丽译:《美联储的秘密》,吉林出版集团有限公司 2011 年版。

6. G. 爱德华・格里芬著,罗伟、蔡浩宇、董威琪译:《美联储传:一部现代金融史》,中信出版集团 2017 年版。

7. 巴里・埃肯格林著,陈召强译:《嚣张的特权——美元的兴衰和货币的未来》,中信出版社 2011 年版。

8. 默里・罗斯巴德著,谢华育译:《美国大萧条》,上海人民出版社 2009 年版。

9. 默里・罗斯巴德著,李文浩、钟帅译:《银行的秘密——揭开美联储的神秘面纱》,清华大学出版社 2011 年版。

10. 彼得・D. 希夫、约翰・唐斯著,陈召强译:《美元大崩溃》,中信出版社 2010 年版。

11. 罗恩・保罗著,朱悦心、张静译:《终结美联储》,中国人民大学出版社 2010 年版。